北京交通大学哲学社会科学文库
北京交通大学“高铁经济学”专题系列丛书

中国高速铁路的效应

肖 翔 著

北京交通大学出版社
·北京·

内容简介

本书主要研究了中国高速铁路的多重效应。首先，采用定性分析、案例分析与实证检验等研究方法，从社会、经济、创新、国际、环保、政治、文化和综合运输体系优化8个方面分析与评价了我国高速铁路开通发挥的多重效应，各章既有高速铁路线路、高速铁路区域等多种案例的深入分析，也有基于大数据的对经济发展和社会发展的宏观、中观及微观实证分析。其次，进一步分析了虹吸效应、过道效应等可能产生的负面效应及风险，并提出了对策。

本书多维度论证了中国高速铁路产生的多重效应，揭示了高速铁路对我国经济社会发展等做出的巨大贡献，可以为我国高速铁路及其他相关产业的发展提供经验借鉴。

图书在版编目（CIP）数据

中国高速铁路的效应/肖翔著．—北京 ：北京交通大学出版社，2024.5
ISBN 978-7-5121-5199-4

Ⅰ.①中… Ⅱ.①肖… Ⅲ.①高速铁路—铁路运输发展—中国
Ⅳ.①F532.3

中国国家版本馆CIP数据核字(2024)第068201号

中国高速铁路的效应
ZHONGGUO GAOSU TIELU DE XIAOYING

责任编辑：黎丹
出版发行：北京交通大学出版社　　电话：010－51686414
　　　　　北京市海淀区高梁桥斜街44号　　邮编：100044
印 刷 者：北京虎彩文化传播有限公司
经　　销：全国新华书店
开　　本：185 mm×260 mm　印张：13.875　字数：359千字
版 印 次：2024年5月第1版　2024年5月第1次印刷
定　　价：59.00元

本书如有质量问题，请向北京交通大学出版社质监组反映。对您的意见和批评，我们表示欢迎和感谢。
投诉电话：010－51686043，51686008；传真：010－62225406；E-mail：press@bjtu.edu.cn。

前 言

自1964年日本东海道新干线开通运营以来，全球高速铁路陆续掀起了3次建设浪潮，并形成以日本新干线、法国TGV、意大利Pendolino、德国ICE为主的四大高速铁路技术模式。我国高速铁路建设起步较晚，自2009年武广高铁建成通车以来，我国“八横八纵”高速铁路客运专线网络开始逐步形成。近年来，我国高速铁路对于运输行业产生了革命性影响，同时也深刻影响着社会发展的模式，重新塑造了我国的经济地理版图。我国经过10多年高速铁路建设及高速化改造既有铁路，已经成为世界上高速铁路运行速度最快、规模最大的国家。截至2022年底，我国高速铁路总里程突破4.2万km，位居世界第一，成为世界上高速铁路系统技术最全、集成能力最强、运营里程最长、运行速度最快、在建规模最大的国家。

铁路作为交通基础设施最重要的组成部分，在我国社会发展中发挥着极其重要的作用。高速铁路发展作为“一带一路”建设的重要战略支撑，为我国经济的“创新驱动发展”战略起到了至关重要的推动作用。

我国经济已由高速增长阶段进入到平稳发展阶段，要继续深化供给侧结构性改革，加快经济转型升级步伐。习近平总书记曾做出着力推动“三个转变”的重要指示，即“推动中国制造向中国创造转变，中国速度向中国质量转变，中国产品向中国品牌转变”。作为我国高端制造业的黄金名片，我国高速铁路积极响应国家号召，在坚持自主创新过程中不断提速升级，不断淡化时空边界，不断提升国际影响力，不断提交亮眼答卷。

本书在多个理论的指导下，采用定性分析、案例分析与实证分析相结合的方法，针对我国高速铁路产生的多方面效应进行分析与评价，主要包括经济、社会、创新、综合运输体系优化、国际、环保、政治、文化8个方面的正效应，并分析发展高速铁路可能存在的潜在风险。具体内容如下：

第一，经济效应。本书从宏观经济效应、中观经济效应和微观经济效应3个层面入手，探讨高速铁路的经济效应，相对全面客观地评价了高速铁路对我国经济发展的影响。

第二，社会效应。铁路通过交通通达性的改善，能够促进产业经济层面的精准扶贫；通过对沿线人口格局的重塑，使社会收入层面的差距发生变化；通过对生活居住条件的改善，进一步影响生活中细致状态的改变。基于此，本书主要探讨高速铁路对居民出行质量，人员就业与人才流动，产业结构优化，辐射区内土地增值，西部开发、精准扶贫及区域均衡发展，城镇化战略等所产生的影响。

第三，创新效应。本书对我国高速铁路产生的技术创新效应、知识创新效应、供给侧结构性改革创新效应及管理创新效应4个方面进行案例分析，并用数据实证检验高速铁路对微观企业产生的综合创新效应。

第四，综合运输体系优化效应。本书深入分析高速铁路对交通运输体系产生的优化效应，通过案例分析及定量分析揭示高速铁路能够完善综合运输体系、提高我国交通运输服务水平、推动我国交通运输可持续发展，在我国旅客运输系统中发挥主要力量，同时探究“四纵四横”高速铁路项目对沿线地区发展带来的间接效应。

第五，国际效应。在新的历史机遇期，我国高速铁路“走出去”所带来的国际效应会对我国高速铁路的技术转移战略、国家安全效应、国家间的交流与合作，以及我国高速铁路合作国的经济与社会发展起到积极的推动作用。

第六，环保效应。本书研究发展高速铁路能够减少环境污染和交通事故等，研究在科学发展观的指导下交通运输与环境资源和谐而永续的发展。

第七，政治效应。本书研究了构建高速铁路运输体系将产生的政治效应，以及强化国家安全战略、促进交通扶贫、加强民族团结、保障能源安全的作用，并以兰新铁路为例，进一步印证了高速铁路建设具有巨大的政治意义。

第八，文化效应。本书研究了高速铁路建设促进国家及地区间的文化传播、推动企业文化宣传、树立民族文化自信心的作用，并以四川省高速铁路建设、青岛高铁站建设、日本新干线和欧洲铁路项目为案例，进一步分析表明高速铁路建设能够带动区域文化快速高效的发展与融合，打通文化交流的屏障，助力国家及区域文化的传播与传承。

最后，指出高速铁路建设潜在的负面效应，并提出应对措施，旨在帮助高速铁路获得持续健康的发展，进而推动国民经济又快又好的发展。

本书得到了国家铁路局、中央高校基本科研业务费专项资金（2023JBW7001）、北京交通大学社科处、中东欧研究中心和可持续交通创新中心的支持，纳入了北京交通大学“高铁经济学”专题丛书，得到了国家社科基金项目（19BGJ001）的资助及北京交通大学中东欧研究中心李红昌教授、冯华教授、张文松教授、陈娟副教授、郭丽华副教授等的支持，中国铁路北京局集团有限公司财务部高级会计师张浩参与了第1章的写作；中国交通建设股份有限公司财务资金部唐淑玲参与了第1、2章的撰写，北京联合大学管理学院讲师李晓月，南京审计大学会计学院讲师贾丽桓，北京科技大学经管学院副教授赵天骄，北京交通大学经管学院博士生李珍珠、葛格、林伟杰、陈柏彤等分别参与了本书第3～8章的部分写作，硕士生梁煦、徐颖、徐梓钧等参与了本书的大量资料收集和整理工作。本书借鉴了诸多学者的丰富成果，在此一并表示深深感谢。

本书的撰写丰富了中国高速铁路效应和影响力的理论研究，能够为中国高速铁路日后的不断持续领跑提供经验借鉴，同时也有助于客观审视中国高速铁路发展过程中遇到的问题。希望本书能够为我国其他新兴行业的发展提供指导，为助推我国铁路及高速铁路的未来发展贡献力量。

著　者

2023年12月

目 录

第1章　绪　　论

1.1　研究背景

1. 高速铁路发展的现实背景

自1964年日本东海道新干线开通运营以来，全球高速铁路陆续掀起三次建设浪潮，并形成以日本新干线、法国TGV、意大利Pendolino、德国ICE为主的四大高铁技术模式。我国高速铁路建设起步较晚，自2009年武广客运专线建成通车以来，我国“八横八纵”高速铁路客运专线网络开始逐步形成。近年来，中国高速铁路对于运输行业产生了革命性影响，同时也深刻影响着社会发展的模式，重新塑造了我国的经济地理版图。我国经过10多年高速铁路建设及高速化改造既有铁路，已经成为世界上高速铁路速度最快、规模最大的国家。截至2023年底，我国高速铁路总里程达4.5万km，位居世界第一，成为世界上高速铁路系统技术最全、集成能力最强、运营里程最长、运行速度最快、在建规模最大的国家。

铁路作为交通基础设施最重要的组成部分，在我国社会发展中发挥着极其重要的作用。高速铁路发展作为“一带一路”倡议的重要战略支撑，为中国经济的“创新驱动发展”战略起到了至关重要的推动作用。

高速铁路作为现代社会中一种新的运输方式，填补了以往运输工具在200~400 km速度链上的空白。当今世界上，客运铁路按速度一般分为以下几档：时速100~120 km称为常速；时速120~160 km称为中速或准高速；时速160~200 km称为快速；时速200~400 km称为高速；时速400 km以上称为特高速。高速铁路作为一种新型的交通运输工具，相对于民航、公路、水运和普通铁路，在运行速度、便捷性等很多方面都有其独有的优势：运行时间短、运输能力强，年单向运输能力可达8 000万人，而航空运输年单向输送能力为1 500万~1 800万人；发车密度大，可以实现公交化运营；准时准点，正点率高，受天气状况影响小；舒适度高，安全度高；低耗能，环境污染少；可以满足市场上不同群体的需求，极大地提升了铁路运输效能，改变了人们的生活方式，被称为“20世纪末铁路运输的复兴”。

中国高速铁路，简称中国高铁，于2004年开始规划和建设，2008年以后，建设里程快速增加，发展迅速。在运行速度上，我国自主研发的CRH-380系列目前最高时速可达380 km；在运输能力方面，一列固定编组的列车一般可运送定员1 000多人，可以两列固定编组合成一列长编组，载客量可达到2 000人左右；行车间隔最小为3 min，运输能力强大；在对自然环境的适应上，高速铁路依然具有铁路行车的优势，信号系统稳定，基本不受雨、雪、雾天气的影响，可以全天候运行；在行车指挥上，采取高密度、小间隔的“公交化”行车模式，旅客可以随到随走；在节能环保方面，高速铁路是各种运输方式中最为绿色环保的交通工具，其能耗比公路、航空低，满足了节能减排的要求。

我国高速铁路的迅速发展得益于国家的长远规划，可划分为以下 3 个阶段。

（1）初期规划：四纵四横

我国历史上第一个《中长期铁路网规划》，规划了超过 1.2 万 km 的“四纵四横”快速客运专线网，主要目的是连点成线。“四纵”为京沪客运专线（京沪高铁）、京广深港客运专线（京港高铁）、京哈客运专线、杭福深客运专线；“四横”为徐兰客运专线、沪昆客运专线、青太客运专线、沪汉蓉客运专线。

（2）中期规划：五纵六横八连线

中期规划计划通过高速铁路将全国主要省、市、区连接起来，形成国家主要城市网络大框架，主要目的是连线成网，弥补东西部线路东密西疏发展的不平衡。“五纵”为哈沪线、京沪线、京港线、集昆线、西湛线；“六横”为沈兰线、青银线、盐西线、沪蓉线、沪昆线、沪南线；“八连线”为津唐线、开河线、宁南线、宁宁线、金温线、汉福线、南厦线、衡南线。

（3）远期规划：八纵八横

远期规划主要是针对高速铁路网络的规划，使之进一步成熟化和规模化。2016 年 7 月，国家发展与改革委员会、交通运输部、中国铁路总公司联合发布了《中长期铁路网规划》，勾画了新时期“八纵八横”高速铁路网的宏大蓝图，目的是完善高速铁路网络，提升网络的成熟性。“八纵”通道包括沿海通道、京沪通道、京港（台）通道、京哈—京港澳通道、呼南通道、京昆通道、包（银）海通道、兰（西）广通道；“八横”通道包括绥满通道、京兰通道、青银通道、陆桥通道、沿江通道、沪昆通道、厦渝通道、广昆通道。该规划的期限为 2016—2025 年，远期展望到 2030 年。到 2023 年，一批重大标志性项目建成投产，铁路网规模突破 15 万 km，其中高速铁路 4.5 万 km，覆盖 80%以上的大城市，为完成“十三五”规划任务、实现全面建成小康社会目标提供了有力支撑；到 2025 年，铁路网规模将达到 17.5 万 km 左右，其中高速铁路 3.8 万 km 左右，网络覆盖进一步扩大，路网结构更加优化，骨干作用更加显著，更好地发挥了铁路对经济社会发展的保障作用；到 2030 年，基本实现内外互联互通、区际多路畅通、省会高铁连通、地市快速通达、县域基本覆盖。

上述路网方案实现后，远期铁路网规模将达到 20 万 km 左右，其中高速铁路 4.5 万 km 左右。全国铁路网全面连接 20 万人口以上城市，高速铁路网基本连接省会城市和其他 50 万人口以上大中城市，实现相邻大中城市间 1~4 h 交通圈，城市群内 0.5~2 h 交通圈。

高速铁路的建设与运营，极大地缩短了时空距离，加快了要素流动，节约了成本，打破了地域的限制，给我国的各方面发展都带来了显著的效应，其溢出效应和拉动效应极其显著。它极大地方便了国民的生活交通出行，带动了周边城市区域的建设和发展，并促进了市场的拓宽，促使形成新的经济增长点，带动了关联产业的发展，优化了地区产业结构，重塑了中国区域经济增长的新格局，也推动了沿线区域的知识技术创新。

2. 高速铁路的特性

（1）运行速度快，运输时间短

高速铁路的行车速度在 200 km/h 以上，随着运营速度的不断提升，时间压缩空间依然巨大。不仅如此，高速铁路在“最后一公里”与城市配套交通相互连接的便捷性与通达性方面优势巨大。在时间利用效用上，相对于航空，高速铁路能较好地满足乘客的需求，特别是在1 200 km运输圈内，这种效用较为明显。以京沪高速铁路为例，在正常的飞行状态下，乘飞机从北京至上海的整体时间为5 h左右（包括市区到机场、候机时间），乘坐高速铁路时间也为5 h左右。

高速铁路缩短区域间各城市、城镇之间的时空距离，延伸区域的可进入范围，同时与区域交通网络内的其他交通运输方式有机结合，提高了区域可达性，带来了时空收缩效应。从表1-1可以看出，京沪高速铁路具有强大的时空效应，短时间内实现了长距离的运输，大大缩短了运输时间。京沪高速铁路的开通不仅提高了线路两端中心城市之间的通达性，而且提高了铁路沿线各地区的通达性。从北京到济南仅需1 h 22 min，从济南到南京仅需2 h，从南京到上海只需1 h 5 min。高速铁路沿途各地区因为高速铁路的速度优势更容易到达其他区域，改善了沿途各地区的区位条件，形成了新的区位优势。

表1-1　京沪线路列车情况表

列车	目标时速/km	沿途城市	里程/km	最快通勤时间/h
京沪高铁	350	北京、南京、上海	1 318	4.18
京沪动车	160	北京、南京、苏州、上海	1 454	11.58
京沪特快	140	北京、天津、沧州、德州、徐州、南京、无锡、苏州、上海	1 463	15.13

（2）运输能力强

高速铁路每节车厢能载客100人左右，采用8节车厢编组的列车一次可以运输800人左右。目前，单架次航班最大的载客量约为550人，单个客运汽车的载客量为50人左右。高速铁路年单向输送能力为8 000万人，航空运输年单向输送能力为1 500万~1 800万人。高速铁路的运能远大于其他运输方式。

（3）发车密度大，实现公交化运营

高速铁路的最小行车间隔时间为3 min，旅客可以实现随到随走，出行受交通运输工具发车与到站时间的影响小，可以自由支配自己的旅行时间，日程安排更加灵活高效。目前，我国民航在北京和上海之间开通的空中快线每半小时一班，这已是飞机架次最密集的航线之一，但与高速铁路的发车密度相比还有一段距离。

（4）列车编组灵活多样，运行效率高

高速铁路可以根据线路的实际需要进行列车编组的调整，不同的线路、不同的日期、不同的时段都可以采用不同的列车编组，同时也提高了资源的利用效率。

（5）列车正点率高，按轨道行驶避免了交通拥堵

旅客选择交通工具的重要依据就是时间安排，期望能够准时达到目的地，以便与其他行程安排协调一致。高速铁路拥有强大的技术保障体系，再加上高标准的列车组织运营水平，能够充分保证列车的高准点率。同时，高速铁路按照列车运行图行驶在固定的轨道上，避免了交通拥堵。

（6）全天候运行，受天气状况影响小

高速铁路的建设标准高，技术水平先进，在全封闭的自动化系统中运行，对于恶劣天气的承受能力强。这样更保证了高速铁路能够准时准点运行。民航运行经常受到大雾、雷雨等恶劣天气影响，特别是夏季，雷雨天气多，航班起降受到很大的制约。公路和水运也经常受气候因素的影响，停运停航的情况时有发生。

（7）舒适度高，安全可靠

高速铁路车厢宽敞、整洁，座位空间大，各类服务设施齐全。列车运行平稳，噪声小，旅行途中安全稳定。高速铁路列车设计中很好地融入了大量的高技术成果，全自动呼叫服务器、光源等设备的应用，大大提升了列车的科技化程度。高速铁路还根据不同人群的出行需要设置了不同等级的座位和铺位，为旅客提供个性化的服务，能够更好地满足旅客对舒适度的要求。高速铁路全线采用封闭的运输线路和自动化控制系统，安全保障措施多，受到干扰少。

（8）节约土地资源

高速铁路的路基比高速公路的路基窄，一条双向 4 车道的高速公路的路基宽度为 28 m，高速铁路的路基宽度为 14 m，高速铁路的路基占地是高速公路的一半。如果采用路桥的建设方式，能够节约更多的土地，京津城际高速铁路采用路桥的建设方式，累计节约用地 4 900余亩。

（9）能耗低，节能效果好，环境污染少

高速铁路采用电力牵引，碳排放基本为零。据测算，京津城际铁路每个旅客的平均耗电量为 7.5 KW · h，低于汽车和民航的能耗。高速铁路全路封闭运行，在路旁加装声障系统，减少列车运行时的噪声污染。

由于高速铁路具有以上特点，使得高速铁路产生了经济、社会、环保、时空、创新等一系列效应。近年来，我国高速铁路的快速发展有效突破了我国运力不足的瓶颈，产生了诸多正面效应，为我国经济的持续快速发展做出了重要贡献，已成为推动经济转型升级、增强区域经济竞争力的重要引擎。但是，现有实证表明高速铁路的建设对一些城市的经济发展产生了负效应，造成一些城市资源与人才流失。本书在这样的背景下综合分析高速铁路建设所产生的各类效应，从而明确高速铁路建设对相关城市的影响力度，进而为以后制定行之有效的措施以趋利避害提供参考。

3. 国内外文献研究背景

目前，国内外学者关于高铁所产生的效应力度及范围有着不同的观点。例如，在对经济增长的影响方面存在争议。部分学者认为高速铁路可以促进地区经济增长，胡天军提出了京沪高铁是一种低成本运输的现代化、高效化交通工具，它的采用将对沿线的经济发展带来积极深远的影响，有利于带动沿线第三产业和旅游业的发展、提供劳动就业岗位，还有助于形成经济通道和区域经济一体化。顾朝林提出京沪、京广等高速铁路的修建对进一步增强上海、北京这些一线城市间的联系和地区体系的发展具有关键作用。齐子翔认为交通基础设施的建设可以加快知识流动，从而提高经济增长率。随着贸易自由度的提高（交通基础设施的改善，使得贸易自由度提高），当外围地区的工业品支出份额足够大，并且由交通设施产生的扩散效应与极化效应超过某一临界值时，会使区域之间经济增长趋同，实现区域经济一体化。金凤君等人指出我国高速铁路主要布局在人口稠密、经济发达的地区，高速铁路的修建提高了城市的通达性，为城市间“同城化”与“一体化”发展创造了条件。国外学者 E. Ortega等以西班牙加利西亚高速铁路为例，分析了建设高速铁路和不建设高速铁路对区域经济格局均衡性变化的影响，结果显示高速铁路可以在增大可达性的同时缩小可达性变异系数从而促进区域经济均衡发展。

此外，也有学者提出在高速铁路的建设和使用运营中，可能会产生一些负面效果。谢泗薪与张洁指出，高速铁路对民航发展具有强有力的冲击，具体表现为各路程航段上高速铁路对民航的替代效应及对航空货运的负面影响，这使航空公司运力投放减少并且航班客座率及盈利水平下滑。易晥等以经过长沙的武广高铁为研究对象，认为高速铁路给长沙带来正面效益的同时，也存在诸如人才外流、与民航竞争加剧等负面效应。国外学者指出高速铁路的开通使中心与外围区域之间的经济差距扩大，加剧了区域经济的不平衡程度（R. Vickerman，J. Preston，P. Hall）。

学者们存在分歧的原因可能是研究范围和研究方法的不同，目前国内关于高速铁路的研究也比较单一，大多数从机理角度加以解释，采用计量模型进行实证研究的仍是少数。本书在这一文献背景下开展，以期填补以往研究的空白。

此外，高速铁路效应涉及的方面多、范围广，按照不同的分类标准，高速铁路效应可进行不同的划分。

从影响领域看，高速铁路效应主要涵盖高速铁路对政治经济、国民经济、社会经济、生态经济、地理经济、区域经济、产业经济、劳动经济、数量经济、运输经济、旅游经济及社会其他方面的影响。

从影响方式看，高速铁路效应包含直接效应和间接效应。其中，直接效应是指高速铁路建设运营对经济社会产生的直接影响，如高速铁路建设对相关产业的拉动、增加就业等。间接效应是指高速铁路建设运营对经济社会产生的间接影响，如高速铁路促进人口合理分布与流动、促进城市化等。

除此之外，按照研究范围的不同可分为：宏观效应、中观效应和微观效应；按照是否可量化可分为：经济效应和社会效应；按照区域可分为：国内效应和国际效应；按照影响的性质可分为正效应和负效应。

可持续发展理论是我国在发展道路中所坚持的基本政策之一，强调的是在考虑人口、经济、环境、社会、资源这五方面相互协调共进的情况下，通过多方位、多角度的评估确定所需的发展。本书在该理论与前人研究的基础上，将高速铁路的效应分为经济效应、社会效应、创新效应、综合运输体系优化效应、国际效应、环保效应、政治效应和文化效应8个层面，也进一步分析高速铁路的开通可能带来的负面效应，并提出相应的防范措施。拓宽高速铁路效应的研究视域，从多维视角解读高速铁路效应，这也是本书的创新点之一。

1.2 研究方法

本书在搜集大量数据及相关理论和文献的基础上，将高速铁路效应分为经济效应、社会效应、创新效应、综合运输体系优化效应、国际效应、环保效应、政治效应和文化效应8个层面，考虑高速铁路建设与发展存在的潜在负面风险，采用定性与定量相结合的方法全面地评价高速铁路建设对国民经济社会各个部门起到的综合作用，给政府和运营公司提出相应的政策和建议，为我国高端装备制造业日后继续深化供给侧结构性改革提供思路借鉴，并对未来高速铁路可持续发展指明方向。具体研究方法如下。

1. 定性分析法

定性分析法主要包括文献分析法和归纳总结法。

文献分析法是指通过对收集到的某方面文献资料进行研究，以探明研究对象的性质和状况，并从中引出自己观点的分析方法。本书在对文献进行搜集、整理和分析的基础上，对国内外高速铁路的发展背景及现状进行总结和概括。

归纳总结法是指人们以一系列经验事物或知识素材为依据，寻找出其服从的基本规律或共同规律，并假设同类事物中的其他事物也服从这些规律，从而将这些规律作为预测同类事物中其他事物的基本原理的一种认知方法。本书通过归纳法总结归纳出高速铁路发展对国民经济社会所产生的各类影响，并采用案例及实证方法证明其影响确实存在。

2. 定量分析法——实证研究法

首先，在评价高速铁路的经济效应时，采用了双重差分模型。本书在倾向得分匹配的基础上利用渐进双重差分（difference-in-difference，DID）模型研究了高速铁路开通对沿线企业的绩效所带来的影响。DID 模型近年来多用于计量经济学中对于公共政策或项目实施效果的定量评估。通常大范围的公共政策有别于普通科研性研究，难以保证对于政策实施组和对照组在样本分配上的完全随机。非随机分配政策实施组和对照组的试验称为自然试验（natural trial），此类试验存在较显著的特点，即不同组间样本在政策实施前可能存在事前差异，仅通过单一前后对比或横向对比的分析方法会忽略这种差异，继而导致对政策实施效果的有偏估计。DID 模型正是基于自然试验得到的数据，通过建模来有效控制研究对象间的事前差异，将政策影响的真正结果有效分离出来。本书将高速铁路的修建看作是一项政策的实施，通过 DID 模型将高速铁路对经济的影响分离出来，进而得出结论。

其次，在分析高速铁路的社会效应时，运用聚类分析的方法，将城市分类定位，研究城市人口流动影响因素和高速铁路的影响程度。聚类分析是指在相似的基础上收集数据，将物理或抽象对象的集合，分组为由类似的对象组成的多个类进行描述数据的分析过程。并且在稳健性检验时，一方面，通过单期 DID 检验，进一步将 2011 年之前开通高速铁路的地级市样本和 2011 年之后开通高速铁路的地级市样本从全样本中剔除，仅保留 2011 年开通高速铁路的地级市样本与从未开通高速铁路的地级市样本。基于该样本，再次采用倾向得分匹配-双重差分法（PSM-DID）评估高速铁路开通对人口密度的影响。另一方面，使用倾向得分匹配法和双重差分法（PSM+DID）模型对高速铁路开通与年均人口密度的关系进行进一步证明。

最后，在评价高速铁路的创新效应时，遵循“文献回顾、假说提出、模型构建、变量定义、样本选取、统计检验、结果分析”的研究思路，综合描述性统计、相关性分析、DID 模型、普通线性回归、固定效应模型及相关稳健性检验来对研究内容进行深入分析，探讨高速铁路开通对企业创新融资、投资、效率的影响。

3. 案例分析法

本书还运用了案例分析的方法，根据搜集的现有案例分析高速铁路的六大效应，与实证方法结果相互印证，全面评价高速铁路对经济的影响，进一步说明研究结论的可靠性。样本的选取包括某些城市点（各地级市）、某条高铁线（京沪线、京津线等）、某个区域（武清区、长三角地区等），涵盖了经济空间结构“点、线、面”分布特征。高速铁路效应通过高速铁路站点体现，多个高速铁路站点串联成线，最终对经济、社会发展产生影响。通过由点到线再到面案例的选取，实现高速铁路效应的整体综合性分析，进一步验证高速铁路的建设会带动核心城市的发展，进而辐射到沿线城市，最终将带动整个经济区的发展。

1.3 研究内容

本书采用定性分析、案例分析、实证分析相结合的方法针对我国高速铁路产生的多方面效应进行分析与评价，主要包括经济、社会、创新、综合运输体系优化、国际、环保、政治、文化 8 个方面的正效应，并分析发展高速铁路可能存在的潜在风险，具体包括以下内容。

（1）经济效应层面

本书将从宏观经济效应、中观经济效应和微观经济效应 3 个层面入手，探讨高速铁路开通的经济效应，相对全面客观地评价高速铁路对我国经济发展的影响。

（2）社会效应层面

铁路通过交通通达性的改善，能够促进产业经济层面的精准扶贫；对沿线人口格局进行重塑，导致社会收入层面的差距变化；通过生活居住条件的改善，进一步影响生活中细致状态的改变。基于此，本书主要探讨高速铁路的开通对居民出行质量，人员就业与人才流动，产业结构优化，辐射区内土地增值，西部开发、精准扶贫及区域均衡发展，城镇化战略等所产生的影响。

（3）创新效应层面

本书对我国高速铁路产生的技术创新效应、知识创新效应、供给侧结构性改革创新效应及管理创新效应 4 个方面进行案例分析，并用大数据实证检验高速铁路的开通对微观企业产生的综合创新效应。

（4）综合运输体系优化效应层面

本书通过深入分析高速铁路对交通运输体系产生的巨大优化效应，通过案例分析及定量分析表明高速铁路能够完善综合交通体系的影响、提高我国交通运输服务水平、推动我国交通运输可持续发展、在我国旅客运输系统中发挥主要力量，同时探究“四纵四横”高速铁路项目对沿线地区的发展带来的间接效应。

（5）国际效应层面

本书研究发现，在新的历史机遇期，中国高速铁路“走出去”所带来的国际效应会对中国高速铁路的技术转移战略、国家安全效应、国家间的交流与合作，以及高速铁路合作国的经济社会发展起到积极的推动作用。

（6）环保效应层面

本书研究发展高速铁路减少的环境污染和交通事故等，研究在科学发展观指导下交通运输与环境资源和谐而永续的发展。

（7）政治效应层面

本书研究高速铁路运输体系的构建将产生的政治效应，研究强化国家安全战略、促进交通扶贫、加强民族团结、保障能源安全的作用，并以兰新铁路为例，进一步印证高速铁路建设具有的巨大政治意义。

（8）文化效应层面

本书研究高速铁路建设对促进国家及地区间的文化传播、推动企业文化宣传、树立民族文化自信心的影响，并以四川省高速铁路建设、青岛高铁站建设、日本新干线和欧洲铁路项目为案例，进一步表明高速铁路建设能够带动区域文化的快速高效的发展与融合，打通文化交流的屏障，也助力国家及区域文化的传播与传承。

最后，本书指出高速铁路建设潜在的负面风险，并提出应对措施。也只有如此，高速铁路才能够获得持续健康的发展，进而推动国民经济又快又好的发展。

本书的研究内容框架如图 1-1 所示。

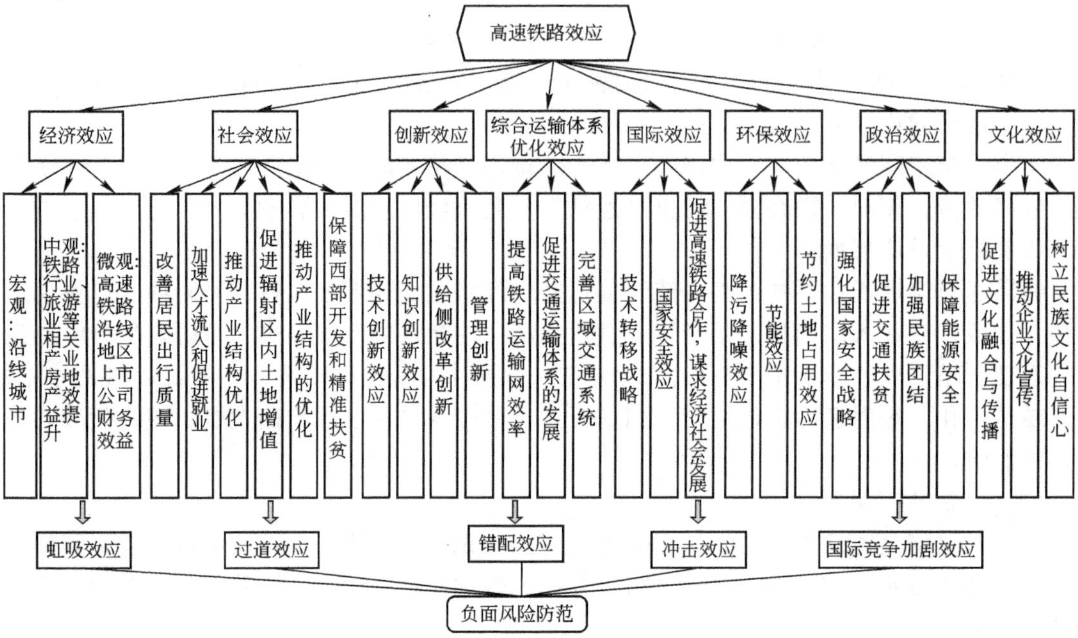

图 1-1　研究内容框架

1.4　研究意义

本书的研究意义主要有以下几点。

一是揭示我国高速铁路项目的综合效应。高速铁路作为我国一项大规模的交通基础设施投资，其对区域发展的影响，更重要的是项目从规划建设到投入运营后，沿线要素资源的快速流动必将对区域发展产生深刻的影响，并改变沿线产业、城市结构等。本书通过研究高速铁路开通后，对经济、社会、创新、综合运输体系优化、国际、环保、政治、文化 8 个层面的影响，探究高速铁路的宏观综合效应。

二是丰富高速铁路与区域发展的研究视角。由于高速铁路是一个新兴的交通运输方式，国内关于交通运输对区域发展的影响研究主要集中在公路、航空、水运和普通铁路等方式对区域发展的作用。高速铁路与其他交通方式相比，具有通过能力大、行车速度快、运输效率高、便捷舒适等突出特点，其对区域发展的作用机理虽然与其他交通运输方式存在类似之处，但还是存在较大的差异。本书试图探究京津城际高速铁路对沿线区域发展的作用，补充目前高速铁路的综合效应的相关研究。

三是研究高速铁路对沿线地区发展的影响，为我国其他线路的高速铁路的规划和发展提供一定的参考依据。我国的高速铁路网还未完成，目前主要集中在高速铁路干线建设方面，整个高速铁路网络的建成还有很长的路要走。高速铁路的规划建设要与区域发展更加紧密地结合起来，才能发挥更大的溢出效应。

四是高速铁路在对社会经济发展起到推动作用的同时，也会带来一定的负面效应。本书以案例为基础，从经济效应、影响评价、可持续性等角度评价高速铁路的效应，分析高速铁路的正负面效应，为高速铁路的建设提供参考。同时，针对负面效应，本书将从过程管理的角度给出建设性的解决方案，以供参考。

第 2 章 高速铁路效应评价相关理论

自从 1964 年第一条高速铁路的出现，国内外学者就开始探讨高铁对经济的影响，逐步形成并完善“高铁经济”相关理论，但是至今国内外文献都没有对“高铁经济”这一概念达成共识。国内较早的定义是由刘继广和沈志群提出的：高铁经济是指由于高铁开通提供的交通便利，促使人、财、物等要素沿着高速铁路沿线加速流动，最终达到优化资本配置、提高要素生产率和实现聚集发展的一种新的经济状态。杜纯布提出：“高铁经济”主要是指通过利用高速铁路带来的巨大发展机遇和发展优势，能够提高货流与人流的效率，在最大程度上发挥交通基础设施在连接城市、连接区域之间的桥梁作用。总而言之，高铁经济主要指的是两个方面：一是要素的集聚与流通；二是要素的资源配置和优化。高速铁路主要通过影响资本的周转流通、优化资本配置等方式来影响地区产业结构的调节进而影响经济的发展，因此可以结合发展经济学和产业经济学等相关经济理论来分析高速铁路开通对风险投资进而对经济发展产生的影响。本章主要从区域空间发展相关理论、相邻效应相关理论、时空压缩理论、运输经济理论、新经济地理学理论及其他相关理论等方面展开讨论。

2.1 区域空间发展相关理论

区域形态是区域内部组成要素及其结构关系的外在表现，大型交通设施是导致区域形态变化的关键性因素之一。区域发展理论是从地区和区域上思考城市发展问题，主要有增长极理论、核心-边缘理论、点-轴渐进扩散理论、点-轴系统理论、生长轴理论、协同理论等。

1. 增长极理论

区域形态是经济社会发展的空间投影，基础设施对区域形态的影响往往通过内在的区域经济结构的变化而表现出来。增长极理论由法国经济学家 Perroux 在 1950 年发表的《经济空间：理论与应用》一文中首次提出，针对古典经济学家的非均衡发展观点，指出经济要素的作用完全是在一种非均衡条件下产生的，并通过 Friedman、Hirschman、Myrdal 等经济学家进一步深入和拓展。增长极理论认为一个国家或地区要实现同时平衡发展是不可能的，经济增长首先会出现在经济发展水平较高、富有创新能力的经济圈中心城市上，然后以不同方式往外扩散，并对整个经济圈产生不同程度的影响，而这个经济圈中心城市被称为增长极。增长极通过溢出效应、连锁效应等方式由大到小逐级传递，最后实现区域经济的共同发展、共同繁荣。增长极是否对周边区域产生影响及产生多大的影响与两地之间经济联系程度有关，而影响两地经济联系程度的主要因素之一是两地之间交通的便利性。交通越便利，各类要素越容易流向增长极，这就增加了形成增长极的概率。而增长极一旦形成，由于交通的便利，增长极对其周边区域的溢出效应也会更加明显。缪尔达尔（G. Myrdal）的累积因果理论，赫希曼（A. O. Hirschman）的极化-涓滴效应等研究了区域经济发展的空间组织形式，将增长极指向城市等地理空间，指出基础设施布局往往是导致地区经济增长差异的重要因素，从而使增长极理论与城市及城市群体的形成与演化过程有机地联系起来。

增长极对于区域经济发展的积极影响有两个方面：一是极化中心本身的经济增长；二是极化中心对周围地区的影响。增长极理论强调经济结构的优化，以发展中心带动整个区域，其后的核心-边缘理论、点-轴理论等均是在增长极理论基础上发展起来的。增长极理论的出现为本书的研究提供了理论支持。

2. 核心-边缘理论

核心-边缘理论于 1996 年由弗里德曼（J. Friedman）提出，是一种关于城市空间相互作用和扩散的理论。理论模型以核心和边缘作为基本的结构要素，核心区是社会地域组织的一个次系统，能产生和吸引大量的革新；边缘区是另一个次系统，与核心区相互依存，其发展方向主要取决于核心区。核心区与边缘区共同组成一个完整的空间系统。该理论试图解释一个区域如何由互不关联、孤立发展，变成彼此联系、发展不平衡，又由极不平衡发展变为相互关联的平衡发展的区域系统。按照核心边缘理论，区域经济增长的同时伴随着经济空间结构的改变。在不同的经济发展阶段，会出现“离散型、聚集型、扩散型、均衡型”四种不同的空间结构形态。

3. 点-轴渐进扩散理论

点-轴渐进扩散理论是由我国经济地理学者陆大道在吸收了增长极理论、中心地理论、核心-边缘理论的基础上所形成的区域开发理论。其核心是：社会经济客体大都是在点上集聚，通过线状基础设施而连成一个有机的空间结构体系。

点-轴开发中的“点”是指区域中的各级中心城市，它们都有各自的吸引范围，是一定区域内人口和产业集中的地方，有较强的经济吸引力和凝聚力。“轴”是联结点的线状基础设施束，包括交通干线、高压输电线、通信设施线路、供水线路等工程性线路。线状基础设施束经过的地带称为轴带。轴带的实质是依托沿轴各级城镇形成的产业带。区域内各个城镇是成等级系统的，同理，联结城镇的发展轴是可分为若干等级的。不同等级的轴线对周围区域具有不同强度的吸引力和凝聚力。

4. 点-轴系统理论

我国著名经济地理学家陆大道结合 Christaller 的相关学说提出了点-轴系统理论，该理论认为区域经济的发展不均衡，属于增长极理论的延伸。点-轴系统理论根据增长极对周边区域经济的影响，衍生出一种点-轴经济发展模式。该发展模式强调经济圈中心城市与交通干线、动力供应线等相关联的作用。地处交通枢纽中心的城市具有优先发展的优势，通过自身的优势吸引周边地区各种经济要素聚集，然后通过溢出效应，带动周边城市经济共同增长，起到“先富带动后富”的效果。因此，可以看出在经济增长极发展的过程中，也对其他城市产生了极化效应与溢出效应。增长极不同的发展阶段，极化效应和溢出效应谁强谁弱是不同的。高速铁路通车改善了地区之间的交通网络，促进了增长极的形成，提高了资本配置的效率，有利于高速铁路城市区域的经济增长，改善了高铁沿线区域的投资环境。

5. 生长轴理论

生长轴理论是 20 世纪 60 年代由德国经济学家 Sombart 提出的，该理论将交通网络与区域经济增长直接结合起来，重点关注交通网络的完善对不同城市经济发展的促进作用。生长轴理论认为随着不同交通干线交汇的城市将会形成有力的区域优势，可以促进人、财、物等要素的流动，降低区域间流动的时间成本，有效合理地配置资源。因此，交通干线的建设增大了沿线城市对产业和人才等要素的吸引力，有利于沿线城市形成良好的投资环境，使产业和劳动力逐步向交通干线附近聚集，进而形成一条以交通干线为“主轴”的经济产业带。张文尝和金凤昌等在其主编的《交通经济带》一书中提出，在 20 世纪 90 年代，美国学者 Sullivan 等对城市间交通线路进行了研究，他们认为要将交通干线的建设与周边经济开发看成一个整体，为实现整体利益最大化进行规划。因此，他们提出在高速公路出入口、在道路沿线、在高速铁路或者火车站附近建设一系列的设施，吸引投资，形成产业园从而以利于经济发展。显然众多学者已充分意识到城市交通运输走廊的规划建设与城市规划相结合的重要性。城市沿交通干线发展建设，利用便利的交通条件实现经济的较快增长，许多国家将这一理论融合到国家产业经济政策的规划上，并获得了不错的效果。将该理论运用最成功的当属于联邦德国的国土整治规划。城市主干道的建设，使我国诸多城市出现生长轴，如北京的长安街、深圳深南大道，而高速铁路线路的建设是联结城市间的“生长轴”。Blum 等认为高速铁路的开通把沿线城市联结在一起，从而建立了一个新型的拥有地区间可达性较好的区域或走廊，并从不同阶段分析这个经济走廊的经济发展整体性。高速铁路通车促进了包括风险投资在内的经济要素的流动，影响风险投资的流向。该理论的提出为解释高速铁路通车对风险投资及高速铁路城市经济的影响提供了理论支持。

现如今，国家在原有的“四纵四横”高速铁路网络框架下提出了“八纵八横”战略，不仅对各增长极城市具有重要意义，增加各增长极城市之间的交流，促进各增长极城市的经济发展，而且对于高速铁路所经过的区域地带也具有重要意义，增加了这些区域本身的地域优越性，促进了这些区域吸收经济要素的能力，从而一定程度上促进了所经过区域的经济发展。

6. 协同理论

德国理论物理学家哈肯于 1971 年提出了协同的概念，1976 年，他系统地论述了协同理论，并发表了《协同学导论》。协同理论主要研究远离平衡态的开放系统在与外界有物质或能量交换的情况下，如何通过自己内部协同作用，自发地出现时间、空间和功能上的有序结构。该理论在高速铁路区域空间发展研究中多次作为基础理论来进行进一步的研究。

协同理论以系统论、信息论、控制论、突变论等为基础，吸取了耗散结构理论的大量“营养”，采用统计学和动力学相结合的方法，通过对不同领域的分析，提出了多维相空间理论，建立了一整套的数学模型和处理方案，在微观到宏观的过渡上，描述了各种系统和现象中从无序到有序转变的共同规律。姜雪梅基于协同理论的思考，认为哈大高速铁路对其沿线的东北三省旅游系统的空间结构产生了重要的协同影响，使该区域旅游系统在高速铁路的促使作用下实现了从无序向有序的演变。

协同理论的主要内容可以概括为协同效应和自组织两个方面。协同效应是指由于协同作用而产生的结果，是指复杂开放系统中大量子系统相互作用而产生的整体效应或集体效应。对千差万别的自然系统或社会系统而言，均存在协同作用。协同作用是系统有序结构形成的内驱力。任何复杂系统，当在外来能量的作用下或物质的聚集态达到某种临界值时，子系统之间就会产生协同作用。这种协同作用能使系统在临界点发生质变产生协同效应，使系统从无序变为有序，从混沌中产生某种稳定结构。协同效应说明了系统自组织现象的观点。自组织是相对于他组织而言的。他组织是指组织指令和组织能力来自系统外部，而自组织则指系统在没有外部指令的条件下，其内部子系统之间能够按照某种规则自动形成一定的结构或功能，具有内在性和自生性特点。自组织原理解释了在一定的外部能量流、信息流和物质流输入的条件下，系统会通过大量子系统之间的协同作用而形成新的时间、空间或功能有序结构。

2.2　相邻效应相关理论

1. 外部性理论

许多经济学家都对外部性理论的发展做出过重要贡献，而具有里程碑意义的是马歇尔、庇古和科斯三位科学家。马歇尔在《经济学原理》一书中提出了外部经济的概念：外部经济是指当整个产业的产量（因企业数量的增加）扩大时（企业外部的因素），该产业各个企业的平均生产成本下降，因而有时也称为外部规模经济或范围经济。马歇尔认为外部经济包括三种类型：市场规模扩大提高中间投入品的规模效益；劳动力市场供应；信息交换和技术扩散。前两者被称为金钱的外部性，后者被称为技术外部性。在正常的经济活动中，对任何稀缺资源的消耗都取决于供求关系的比例，即外部是否经济。从经济学的外部性理论出发，研究交通外部影响的文献一般可分为研究交通的正外部性和负外部性两大类。

孙春霞和李舒畅认为高速铁路的正外部性在于高速铁路的运营减少了乘客的时间成本，乘坐体验舒适度得以上升，高速铁路公交化的便捷性充分展现，直接引起了人员、技术、知识的加速流动继而使得货运输送能力得到释放，产业结构得到调整，地区间经济协调发展，消费和就业增加，生活水平提高等。高速铁路的负外部性给周边社区带来噪声、振动、电磁辐射、水污染等生态环境问题，导致周围房地产存在价值下降的潜在威胁，还割裂了原有社区或村镇空间，对当地居民的日常生活、历史、社会活动造成影响。

严格来说，马歇尔并未明确提出外部性这一概念，但是在其《经济学原理》一书中提出了“外部经济”和“内部经济”的概念。可以知道的是，“内部经济”是指企业内部各种因素的变化导致的生产费用减少。而“外部经济”则是指企业外部各种因素的变化所导致的生产费用的减少。马歇尔主要考察的外部经济是外部因素对本企业的影响。外部性概念的最终确定是由庇古在《福利经济学》中提出的。庇古继承了马歇尔的“外部经济”理论，并大大向前推进一步。庇古的“外部性”主要指的是企业活动对外部的影响，并增加了“外部不经济”的概念。庇古认为外部性是一个企业对另一个企业的“非市场化”的影响，就是不受市场价格调控的影响。那么其中有利的是“外部经济”，反之不利的是“外部不经济”。庇古对这种状况提出了政策建议，后来被称为“庇古税”。“庇古税”在经济活动中得到广泛运用。诺贝尔经济学奖获得者科斯批判了庇古的理论。科斯认为外部性不能简单地看作一方侵害另一方，而是具有相互性的。科斯强化了“市场是美好的”，所以他认为解决外部性问题可以用市场交易形式解决。不仅生产中存在“外部效应”和“外部负效应”，消费活动和空间位置中也存在这两种效应。商业地产也是受外部性影响巨大的产品，这种影响不属于市场交易的内容。

2. 公共产品理论

根据萨缪尔森在《公共支出的纯理论》中的定义，公共产品具有以下特征：①效用的不可分割性。私人产品具有个人属性，是可以分割出售的，公共产品是不可分割的。②受益的非排他性。公共产品的消费不会因为任何人的使用而排除他人的消费，效益是全体共享的。③消费的非竞争性。公共产品在增加使用者时不会因此产生边际成本。例如，灯塔不会因为依靠它导航的人多而增加任何成本。可以看出公共产品也是具有外部效应的，因而作为外部效应一种表现形式的相邻效应，公共产品理论也是具有影响的理论。在城市的开发中，交通设施建设必然会给周边地块带来升值，这是众所周知的。原因很简单，公共交通属于公共产品，它可以惠及大众。人们普遍认为交通的便利通达，会方便自己的出行，减少时间的浪费和带来出行的舒适，所以人们更乐于在这样的地方居住、工作、学习和消费等，也会乐于付出较高的价格来获得这种便利，那么便利通达的交通给相邻地块带来的经济效益是毋庸置疑的。

3. 大都市带理论

1957 年，戈特曼在论著《大都市带：东北海岸的城市化》中用“Megalopolis”来描述美国东北大西洋沿岸 600 英里范围内，拥有 3 000 万居民的特大城市区域。他认为大都市带是在特定地区出现的、沿着特定轴线发展的、巨大的多中心城市网络，通过人口、交通、信息、资金等各种流动要素，城市之间发生着强烈的相互作用。在其 1961 年出版的论著《大都市带：城市化的美国东北海岸》中，又从理论上对大都市带的内涵进行了界定，认为大都市带是一个空间上由各个社区和产业区交织成星云状空间结构的特殊区域，而且大部分为城市建成区。

随着时代的发展，关于大都市带理论的研究也在不断深化。许学强等在研究中把国外大都市带理论的发展历程划分为以下 3 个阶段。

萌芽发展阶段（1898—1945 年）：标志性事件为 1898 年霍华德（E. Huward）首先从城市群体的角度来研究城市，主张统一处理城市和乡村的改造问题，并就此提出城镇集群的概念，是城市群研究的首创。此后，随着工业化与城市化的发展，以广域化的城市空间、空间连绵和跨界成长为基本特征的大都市区空间逐渐出现。许多学者从城市社会学、地租决定论及城市内部结构形态模式等多种角度提出了各种学说，这些理论与实践探索为后期大都市带理论的兴起与发展奠定了基础。

兴起发展阶段（1945—1990 年）：“二战”后随着社会经济的迅猛发展，大都市区在全球许多国家和地区得以形成和发展，从而引导着对大都市带的研究开始向区域化和信息网络化方向发展，代表人物是戈特曼（J. Gottman）。他在研究了美国东北海岸的城市群后，1957 年正式提出了大都市带的概念，并指出了其形成的基本条件和标准。20 世纪 60 年代实证主义兴起，地理界掀起了用数学方法分析地理学问题的定量化研究潮流，这期间出现了增长极理论、空间相互作用理论、经济发展阶段理论、现代空间扩散理论等。其中，弗里德曼于 1966 年提出的区域空间演进理论及核心-边缘理论，从产业空间相互作用角度形成了对区域产业成长的理论认识。

丰富深化阶段（1990 年至今）：随着市场全球化的确立，社会形态处于从工业化社会向后工业化或信息化社会的转型过程中，大都市带理论的研究受到了新区域主义、新城市主义、创新、网络化、文化转向等思想的影响，已有学者注意到经济全球化带来的全球城市区域（gobalcity regions）现象在逐渐形成。它不同于仅有的地域联系形成的城市群或城市连绵区，而是以经济联系为纽带，由核心城市及其腹地的二级大中城市扩展联合而形成。它的出现强化了经济空间的聚集作用和辐射作用，甚至主导着整个国家经济的发展及与全球经济的空间结合。

顾朝林在总结国外城市带相关研究时，从另外的角度出发，把其划分为 3 个阶段，并选择了代表性理论进行描述：第一阶段是工业化时代的都市带研究。戈特曼在 1957 年提出的大都市带理论，以及弗里德曼在 1965 年提出的城市场（The Urban Field）理论，主要叙述了美国对大都市区的界定过程。第二阶段是关于发展中国家都市带研究。1970 年以来，发展中国家大城市增长快速，形成了有别于西方发达国家的城市化地区。相关研究体现在两方面：一是城乡混合区研究，1991 年麦吉（T. G. McGee）用印尼语“Desakota”（城乡混合区）来描述亚洲发展中国家和地区出现的新型城市化地区，并将其归结为日韩型、中印泰型和邻近国家次中心城市地区三种类型。二是扩展型大都市区研究，薛凤旋等认为，受全球化及经济快速发展的影响，中心城市或大城市的发展空间逐渐受限，部分土地和劳动密集型的经济活动需要转移到城郊或农村，逐渐形成了区域广阔的城乡交接带。第三阶段是全球化背景下的都市带研究。

随着生产弹性要素的增加、信息技术的发展、资本和技术的流动加快、经济全球化趋势的形成，全球经济中大城市或中心城市的作用愈加明显，学者们对大都市带的研究也呈现出新的特征。一是巨型城市区域研究。霍尔（Hall）在 2005 年提出，中国和欧洲在 21 世纪将出现巨型城市区域（mega-city region），这是指以世界城市为中心，由数量多达 30~40 个城市及其周边小城镇组成的庞大网络状城市复合体。二是巨型区域研究。美国区域规划协会在编制《美国 2050》中首先提出了超大都市带的概念，其后又正式命名为巨型区域（megaregion），而且提出了 10 项识别标准。在这一概念下，美国最大巨型区域是波士顿-华盛顿巨型区域，人口约 5 000 万。

2.3　时空压缩理论

时空压缩指的是由于交通运输条件的改善和通信技术的进步，克服空间障碍和差异，极大地压缩了跨越空间所需要的时间。简单地说就是空间随着现代技术的进步而逐渐消亡的现象。时空压缩理论就是一种研究因技术进步而引起各要素在时间和空间方面变化的理论，由 David Harvey 在 1991 年出版的 *The Condition of Postmodernity* 一书中首次提出，Harvey 认为随着现代技术的飞速发展，时间正在逐步消灭空间的障碍，使世界浓缩成一个“小村落”。在远古时代，空间距离阻碍了不同区域的人与人之间的交流，使各个区域绝大部分的人按照这个区域的生存方式祖祖辈辈生活下去。交通条件的改善和通信设备的发展，降低了跨越空间距离的成本和难度，方便了各区域之间的互动交流，促进了各区域空间的融合。郝亚楠通过对时空压缩理论的解读发现，时空压缩产生的影响主要包括：第一，从社会的角度来说，时空压缩极大地提高了运输效率，缩短了时空距离，优化了区位条件，放大了各生产要素、资源组合配置的空间范围，降低了人流和物流的成本，而且时空压缩也降低了旅行时间，促进了旅游相关行业的发展，提升了服务业所占的比重，改善了区域经济结构，促进了相关区域与产业的协调发展，对社会经济的发展产生了深远的影响。第二，从个人的角度来说，时空压缩扩大了人们感知时空的范围和出行距离，增加了知识的可达距离，使不同区域的生活方式和社会文化发生碰撞，从而在不同程度上改变了人们的价值观、世界观，使之形成新的意识形态。另外，时空压缩也带来了危机压迫感，资本流通速度的加快刺激了技术的不断更新和竞争意识的增强，改变了人们原有的观念，使人们体验到时间加速的紧迫感，不同区域相互联系的加强，改变了生产要素的流动速度和方向，处在其中的人若想在加速的时间中继续生产下去，就必须适应这种快速的时空转变，提高自己的竞争力和吸引力。

1. 叠加理论

“叠加效应”在经济学中的应用十分深入，但并没有经济学家对此做出一个具体的说明和解释。高速铁路的时空压缩效应将使各城市群的影响范围扩大，逐渐出现城市群相互重叠的现象，产生高速铁路的“叠加效应”。具体表现为：在较大空间范围的区域内，由于没有形成高速铁路交通网络，各个城市是孤立而分散地存在的，城市间的交流合作较少，处于一种相对分离的状态，没有形成一个城市群或城市圈，这就导致处于更远范围的边缘区域难以受到核心城市或区域的辐射和影响，同时核心城市也难以发挥“龙头”作用。高速铁路网络下，高速铁路的时空压缩效应使得城市依靠交通逐渐形成城市群，同时也使各个城市群的影响范围相互交叉重叠，处于“相交”范围的边缘区受到两个核心区域的共同辐射和影响，呈现出高速铁路的“叠加效应”。杨有国以成渝高速铁路为例，在阐述高速铁路对区域人才流动的叠加效应的基础上，应用经济联系强度和改进辐射相关经济社会关系模型，分析研究成渝高速铁路开通后对区域人才流动的叠加效应，发现在两大城市群覆盖区内人才流动频繁，且节点城市发展更快。

2. 时空竞争力理论

时空竞争力理论的提出及其在高速铁路与区域经济关系机理解释中具有重要作用。时空竞争力理论是对时空压缩理论的超越。时空压缩理论认为，随着现代交通技术变革、信息化及网络技术的普及，将造成时空汇聚现象。飞速发展的交通技术降低了出行成本和空间摩擦力，提高了人流、物流克服空间距离的能力；便捷的信息传递使人们接触信息的机会和途径摆脱了空间的制约，使不同地区的人们的文化认知和社会沟通程度提高，心理距离更为接近。将轨道交通的规模经济效应、市场竞争力和所经地区禀赋考虑进模型中，将时空压缩效应发展为时空竞争力，认为高速铁路因其重塑时空的综合品质可以迅速提升区域可达性，实现可观的时间效益，进而增强区域的时空竞争力，这是高速铁路促进经济社会发展基础作用的内在机理。

3. 时间分配理论

林晓言认为，时间分配理论的实证研究主要集中在旅行时间价值规模测度及影响因素分析和旅行时间可靠性评价两个方面。其中，旅行时间价值受到出行目的、个人特征、收入水平、交通方式、旅行距离、舒适性和安全性等多种因素影响。通过实证研究发现，旅行时间价值受到出行目的和工资率的影响，商务出行的时间价值较高，而休闲出行的时间价值相对较低。通过分析长距离的中国高速铁路建设对旅行时间价值变动的影响发现，工资率、运输成本和旅行时间是影响其变动的关键因素。此外，旅行时间价值的评价受到消费者主观因素和其他客观因素的影响，如消费者出行偏好、路面拥堵情况、设施的舒适性和安全性等。整体上，由于影响旅行时间价值的因素呈现出多样化和复杂化的态势，增加了时间价值测度的难度及可靠性，因此，亟须从新的视角综合测度高速铁路建设所引致的旅行时间价值变化。

2.4 运输经济理论

随着现代社会的发展，交通运输也成为日常生活中不可分割的一部分，从而对于交通运输的理论研究也显得尤为重要。运输经济学作为一门研究交通运输业在经济社会中扮演各种角色的学科已经由来已久。早在 19 世纪，经济学家们对于交通运输业就已经有了很大的关注并且发表了很多的论著。马克思在《资本论》中对运输业的性质、运输费用、运输业在社会中所起的作用等方面做出了系统科学的论述。到了近代社会，很多国家都出版了关于运输经济学方面的著作。我国从 20 世纪 30 年代就引入了西方的运输经济学方面的著作，到了改革开放以后，我国交通运输事业发展迅猛，关于交通运输理论的研究也日益增多。交通运输学是以微观经济学理论为基础，同时在完全竞争模型中引入信息、交易成本、政府管制等其他因素，进而分析其与实体经济其他产业之间的关系。高速铁路作为交通运输方式的一种，交通运输理论为研究高速铁路在区域经济发展过程中所起的基础作用提供了有力的理论支持。例如，高速铁路自身发展问题（产业演讲、产业周期、产业发展影响因素等）、高速铁路产业与其他相关产业的关系问题、高速铁路产业政策问题、高速铁路对增加发展的效益问题等，这些都可以在运输经济理论中找到相应的根据。

交通经济带生命周期理论阐述的是：在区域经济发展的不同时期，连接区域间的交通处于不一样的阶段，它分为起步雏形期、起飞膨胀期、成熟扩展期和融合消亡期。

起步雏形期是指在区域经济发展的初期，连接各地的交通方式比较原始或单一，各中心地因彼此间客货和信息交流的阻碍大、数量少且不均衡而处于相对分离孤立的状态，未形成等级体系，从而使区域经济处于低水平的均衡阶段。但随着新兴交通运输方式的建设和发展，沿线的资源得到开发，且被交通连接的两个或两个以上的城市间交流加强，某些城市依托较好的资源优势和地理优势逐渐发展成区域内的核心城市，吸引了大量的人流、物流、信息流的集中，成为区域内新的经济增长极。区域内原有的城市、人口和生产力布局被打破，区域发展不平衡规律开始发挥作用，交通经济带雏形逐步形成。

起飞膨胀期是指随着交通运输方式多样化的发展和运输能力的提高，经济带与外部区域间的交流更加便利，发展开始从交通经济带转向外部，逐渐重视外部市场的需求和资源。依托交通，城镇内部联系日益紧密，区域内产业和地域分工逐渐形成并完善，沿线产业结构得到优化，城镇和人口数量进一步增长，逐渐形成新的城镇集中圈和人口密集区。

运输方式及运输能力的逐步提高使得经济带与外部交流更加便利，与此同时，外部市场供需信息逐渐被沿线地区获得并受到重视。依托交通线、立足生产环节的关联、以满足内部需要为特征的城镇联系日益紧密，区域内部的产业链、地域分工逐渐形成并完善，沿线产业结构普遍提高，城镇数量和实力迅速增强，人口进一步向沿线地区汇集。经济带中区位条件优越的城市利用各种资源逐渐做大做强，成为经济带内的中心增长力量，关键城市的极化效应进一步加强，核心-边缘二元空间结构日益明显。

成熟扩展期是指随着交通能力与运输方式在前面基础上进一步加强，大容量、高速度的综合运输网逐渐形成，区域内外客货、信息交流的规模进一步扩大。交通沿线产业升级、扩散进程大为加快，城镇规模迅速扩大，经济带内部的城市职能分工和联系更加明确。各大城市开始涌现卫星城，由于交通发展带来的扩散效应使城市逐步郊区化，局部地段城市连绵区开始出现，经济带范围不断扩展。经济主中心作为贸易、金融、信息中心的职能和作为龙头城市引领的职能日益重要，且实力更强，以等级扩散的方式沿交通线路向更远的城镇施加影响。

融合消亡期应该包括融合和消亡两种趋势。融合是指综合运输通道能力进一步增强，集聚和扩散效应相伴产生，各中心城市经济腹地相互交叉，城市界限逐渐消失，以综合运输通道为主干的城市连绵区逐渐形成，经济带内部形成由大、中、小城镇之间交错联系构成的均衡网络。同时，相邻经济带的扩展使各大经济带的腹地出现重合交叉并呈现逐渐融为一体的趋势。当诸多交通经济带之间联系更加紧密时，更大、更广范围内的大城市带得以建立。融合阶段可能出现的前提是一定广度地域内的交通通达度高，网络状的线路运输能力大幅提升；消亡则是由于运输技术的落后，导致交通综合运输能力下降，或该经济带受区位条件、区域发展政策等因素的影响，实力逐步萎缩，城市建设进程减慢，产业发展趋于停滞，与邻近交通经济带的差距迅速拉大，导致人口、资金、信息等区域经济发展因素逐渐向其他经济带转移，该经济带的逐渐消亡。

2.5 新经济地理学理论

新经济地理学（又名空间经济学）以制造业的规模报酬递增和不完全竞争理论假设为前提，阐述了规模报酬递增是产业在空间区域内分布不均的原因。综合考虑交通运输成本与规模经济因素，假设存在两区域、两部门、两要素的模型：每个区域内分别有两个部门，即完全竞争且规模报酬不变的农业部门、不完全竞争且规模报酬递增的制造业部门；农民是农业部门的劳动力要素，假设是不可移动的，制造业的工人是可以在不同区域间自由移动的，农产品的贸易不存在运输成本，制造业的贸易则存在正向的运输成本。模型中不可移动的农民代表离心力，向心力包括运输距离与成本等要素。当运输成本愈加减少时，向心力会打破离心力的束缚，原有的两区域间的均衡状态会被改变，慢慢向运输成本小的区域倾斜，当达到一定程度时，该区域就会成为核心区域。现实生活远比模型中要复杂得多，在多种运输方式中，铁路是性价比较高的方式，而高速铁路在速度与时效性上是对传统铁路的重要提升，对区域间的经济结构也会造成影响。

新经济地理学理论是在 20 世纪 90 年代由以克鲁格曼和波特为代表的一批经济学家提出的，与以往的经济学理论不同，该理论将运输成本直接放入理论分析的逻辑中，以此来分析由于运输成本的降低从而引起的产业集聚、规模经济等经济效应，从该路径分析厂商区位选择和区域经济增长。传统的经济学理论往往是基于完全竞争市场和规模报酬不变或递减来分析经济问题，但是对于很多的经济现象无法做到合理解释。比如，新经济增长理论对于投资拉动区域经济增长的机制做了合理解释，却不能解释厂商集聚的问题，而往往把问题归结于外部性，不能很好地解释外部性的来源。新经济地理理论在以往的理论基础上，提出了不完全市场竞争和规模报酬递增的经济假设，通过研究运输成本、生产要素的流动及厂商生产规模报酬递增来解释厂商集聚的经济现象，以此来分析区域经济增长的问题。新经济地理学理论认为，现实生活中产业在空间中不均匀分布而出现集聚的现象是随处可见的，这个和传统经济理论从市场完全竞争和生产规模报酬递减的假设得出的产业在空间均匀分布的经济现象是相互矛盾的，而出现产业空间集聚的原因就在于生产规模报酬递增。当一个工厂建立在一个荒野上时，它肯定是生产规模递减的，但是当它建立在一个城市中心或者周围时，周围的很多厂商为了减少厂商之间的要素运输成本，从而选择不断减少之间的空间距离，进而导致各种厂商最终集聚在一起，而当初选择在城市中选址的工厂的规模报酬也是不断递增的。新经济地理学理论体系中，运输成本成为解释企业生产报酬递增的一个重要因素，厂商为了减少运输成本从而获得更大的利润，选择减少和其他厂商之间的距离，最终形成产业集聚效应，集聚区内的各厂商也因此获得了更高的报酬。高速铁路的大力发展，大大缩短了企业之间的时空距离，加速了企业之间的要素流动，促进了企业之间的集聚效应，也极大地提高了企业的规模报酬，最终促进了产业集聚和区域的经济增长。

2.6　其他相关理论

1. 产业-就业结构理论

结构偏离度和比较劳动生产率是用来衡量就业结构和产业结构偏离程度的常用指标。结构偏离度是指各产业的增加值比重和就业比重之比与 1 的差，用公式表示为：结构偏离度= GDP 的产业构成百分比/就业的产业构成百分比-1。若某一产业的结构偏离度为正，即产业比重高于就业比重，说明该行业相对劳动生产率较高，存在劳动力转入的可能，反之存在劳动力转出的可能。

比较劳动生产率是某产业增加值比重与从业人员比重之比，它反映了该部门 1%的劳动力所生产的产值在整个国民总产值中的比重。比较劳动生产率大致能客观地反映一个部门当年劳动生产率的高低，通常第一产业比较劳动生产率低于 1，而第二、三产业比较劳动生产率高于 1。比较劳动生产率越高，表明本部门的产值与劳动力比值越大。第一产业和第二、三产业的比较劳动生产率的差距越大，经济的二元性越显著。

国内学者对高速铁路建设的经济和社会效应已经从多个角度进行了研究，但仍然没有文献通过产业-就业结构偏差来衡量高速铁路开通对劳动力资源的配置效果。张召华和王昕利用 2007—2016 年中国 246 个地级及以上城市的面板数据，从第二、三产业-就业结构偏差视角剖析了高速铁路建设的劳动力资源配置效应，其研究认为，高速铁路建设通过增加沿线城市劳动力需求促进劳动力流动，进而影响城市产业-就业结构的协调，且高速铁路开通对第三产业的劳动力资源配置效果较为显著。同时，高速铁路建设加快了沿线城市劳动力自由流动，提高了劳动力供给与需求的匹配程度，促进了城市产业-就业结构的协调，缩减了城市产业的结构偏离度，尤其是对经济发达的东部地区及大城市的作用效果显著。

总之，一方面，高速铁路的开通促进了第三产业向城市的聚集，提高了第三产业产出比重；另一方面，高速铁路的建设极大地提高了城市的可达性，使劳动力向第二产业转移的速度大幅加快，提高了第二产业的整体就业水平，总体促使了劳动力就业结构与城市产业结构更加协调地发展，优化了劳动力资源的配置，使第一产业的比较劳动生产率逐渐降低，而第二产业和第三产业，特别是第三产业的比较劳动生产率逐步提高。不管城市规模是大还是小，高速铁路建设均促进了第三产业就业结构与产业结构的协调发展，但对于第二产业，高速铁路建设扩大了大城市和小城市的产业-就业结构偏离度，对中等城市第二产业无显著性影响。

2. “虹吸效应”理论

“虹吸效应”本来是个物理学名词，是指引力和位能差造成的水单向流动现象。2010 年 7 月 1 日开通运行的沪宁城际高速铁路，为这一名词注入了经济学内涵——伴随着列车飞驰，人才、资金、信息等各种发展要素，因城市间的发展梯度落差而产生的由中小城市向中心城市单向转移的“虹吸效应”。高速铁路既能带来人流、物流、资金流、信息流，但也能吸走人流、物流、资金流、信息流。高速铁路加速了城市间、区域间生产要素的流动，也意味着资金、人才和信息会向发展环境更优越、行政效能更高的经济高地聚集，表现出高速铁路的“虹吸效应”或“马太效应”。

此理论多次被学者引用来阐释高速铁路的发展对区域经济的影响。高速铁路快速发展，造成的一个现象是：在高速铁路沿线城市中，原先设想的中小城市利用高速铁路带动交通发展，吸引人才聚集，逐渐扩大发展的想法并不能实现，而是更多的旅游资源、人才、科技等优质发展资源被沿线大城市吸引，造成小城市越来越缺乏活力，而大城市越来越臃肿。“虹吸效应”让强者越强、弱者越弱，大城市不可能主动放弃竞争力，打破“虹吸效应”的唯一出路无疑是中小城市寻找适合自己定位的城市发展战略。

汪德根通过研究发现，城市交通的发展在城市一体集中过程中起着推动作用，同时也加速了区域资源向城市流动的速度。例如，日本东海道新干线的开通极大地促进了东京政治、经济和人口集中化过程，同时也使地方的物质和人才都陆续流入东京，产生“虹吸效应”。在中观层面，一些总部在大阪的大企业，实质上将总部职能转移到东京，表现为“二总部制”，呈现出明显的一极的集中特征。再如佩皮尼昂和巴塞罗那，高速铁路的开通使巴塞罗那极大地提高了旅游吸引力，推动了城市旅游和商务旅游发展，产生了明显的高速铁路“马太效应”。

3. “过道效应”理论

“过道效应”又称过路效应，是指运输载体对其所在运输平台沿线的周边环境没有产生任何实质性影响的现象。这种类型的效应现象几乎发生在任何一种长距离运输体系中，在不同情况下会对该运输体系沿途环境产生多种影响。“过道效应”强调的是运输系统内部没有或较少对运输系统外部环境产生影响。

我国高速铁路网在日趋完善的同时，给不少地区带来了明显的“过道效应”。高速铁路上的车流、人流、物流、资金流和信息流等仅在沿途地区经过，并未对沿线地带产生发展效应。一些地区在高速铁路开通后由于规划发展的定位不明确、路径不清楚而没有很好地发挥当地的优势，错过了利用高速铁路进一步发展区域的好机会。再者，某些城市既没有形成企业总部、分部中心，基础设施也相对落后，更没有利用高速铁路交通资源发展自我的觉悟，使得高速铁路对这些城市和地区衍生出“过道效应”。

城际轨道交通、区域快速铁路、高速铁路干线等各种现代化的高速交通运输系统都或多或少会对沿线周边环境产生“过道效应”，不仅没有促进这些偏远地区的发展，反而加重了它们的边缘化趋势。陈东旭在以肇庆市为例，研究高速铁路经济带、过道效应与非中心区域旅游业发展策略时阐释道：粤桂黔经济圈的迅速发展，不仅拉近了人们之间的空间地理距离，同时还加剧了经济圈内各种资源要素在城市中的优化配置。其中作为节点城市的广州、南宁、桂林、贵阳，是粤桂黔经济圈内高速铁路线路中的区域中心城市或重要旅游目的地，它们吸纳了沿线更多的文化资源，并削弱了沿线包括肇庆在内的非中心区域的文化竞争力。这使得肇庆旅游市场将面临巨大压力，港澳及珠三角的游客将可能大量分流，肇庆可能成为珠三角游客通往大西南或者大西南游客前往广州的过道，并产生“过道效应”。

4. 可达性理论

一般来讲，可达性是指利用一种特定的交通系统从某一给定区位到达活动地点的便利程度。当人群或企业到达的地方能够进行对自己比较重要的活动时，他们在此所获得的机会就是可达性力求概括的含义。在不同的空间尺度上，可达性所衡量的具体对象也不相同。在区域范围内，它衡量的是一个城市或区域与其他城市或区域之间发生相互作用的难易程度。可达性还是引起区域经济发展水平差异的一个重要因素，同时还引起区域内各主体在经济格局中进行角色调整，以便最大限度地发挥优势。因此，可达性是空间经济结构再组织的“发生器”。

Kwan 将可达性分为个体可达性和地方可达性两类，前者是反映个人生活质量的一个很好的指标，后者是指所有人口容易到达的区位或地方所特有的属性，即某一区位“被接近”的能力。

交通运输的发展无疑是影响区域可达性的一个核心因素。对于个人而言，综合交通运输体系的发展提高了个体可达性，减少了个人在交通运输上的时间和金钱的花费，实现了较少时间内的空间位移，给个体生活带来了极大的便利，提升了个人的生活质量。对于区域属性而言，地方可达性的提高为区域内经济发展和对外交流带来了极大的便利。交通体系的建设使区域能够容易地接收外部信息流和资源流动，同时吸引人口集中，这对于区域引进人才有着重要作用。

5. 交通运输通道理论

交通运输通道理论是以交通运输系统思想和理论为指导，综合了系统科学理论、交通运输经济学和交通运输地理学而形成的一个新理论。美国出版的《公共运输词典》对运输通道的定义为：连接主要交通流产生地，有共同流向的宽阔地带，称为通道。公路，尤其是高等级公路在交通运输通道中具有重要作用。路网体系由功能不同、级次不同的公路相互连接所组成，国家高速公路网、国道及省道属于主线网，主要解决的是“通”的问题；县乡公路及农村公路属于支线网，主要解决“达”的问题。通道效应，只有在形成以高等级公路为骨干的便捷、迅速的交通网络时才能发挥它的应有功能。这个便捷、迅速的交通网络体系可以大大缩短两点间的时空距离，有力地加速人流、物流的运行速度，大大提高流通效率，促进道路运输业发展和综合运输通道发展。交通运输通道理论认为，交通基础设施的完善具有时空压缩效应。高速铁路建设缩减了城市间通行时间，淡化了城市的行政边界，加快了生产要素的流动速度与频率。

6.“交通–消费”理论

“交通–消费”理论是对“核心–边缘”理论的拓展，主要分析交通基础设施建设对于我国居民消费区域流向及消费结构的影响。肖挺为了分析交通基础设施建设对消费问题的影响效应，借鉴了 Krugman 提出的“核心–边缘模型”并依据 Baldwinetal 的思想进行拓展，在研究中引入交通建设的因素，从而探究交通对消费的作用：

（1）消费流向

高速铁路的出现彻底改变了人们的认知，由于速度上的巨大优势及乘坐的舒适度，人们的消费会被高速铁路的建设所引导。研究表明，普通铁路带动消费流动的效应并不明显，但是高速铁路对于居民跨区流动性消费则有着颠覆性的作用，某地区可以通过高速交通工具的建设大大提升地区对外的消费吸引力，从而推动本地区的经济发展。

从总体上看，交通基础设施是促进地区吸引消费流入的推动力，但由于经济发展的落差，交通基础设施对于贫富地区的消费流向所起的作用大不相同。交通基础设施建设对于落后地区而言，会导致大量本地消费向发达地区转移外流，转而出现交通的发展进一步拉大地区经济发展差异的问题。但对于经济较为发达地区而言，则呈现大规模消费流入效应，因为发达地区的商品与服务市场更广阔，交通基础设施的改善吸引了潜在的消费群体，扩大了区域的消费市场。

（2）消费结构

交通基础设施的建设使得人们跨区域更为便捷，消费观也会随之改变。人们出行的目的是追求更高档次的产品或是服务，居民的消费结构也会在交通事业发展过程中发生变化。

从肖挺的研究可以看到，交通事业的发展带动了居民在食品、服装及医疗等方面支出比重的增加。但根据传统理论，随着经济的发展，食品支出比重应该下降，而交通基础设施建设则对食品支出比重却带来了正面效应。实际上在现实生活中也确实如此，由于交通的发展，一方面人们外出追求本地没有的、更新颖的美食；另一方面，在网上购美食也早已平常化。但是在与交通的关联度不大的消费领域，如房产、文教娱乐及家用设备等，这些支出比受到交通基础设施改善的提升并不是很显著甚至出现了下滑。值得注意的是，在消费地区流向中扮演重要角色的高速铁路在消费结构中却没有体现突出的作用，且在分地区的检验中，每种交通基础设施都只对特定地区的少数消费领域支出比产生影响。

第 3 章　高速铁路的经济效应

空间隔离是导致地区贫穷和边缘化的主要原因之一，交通服务资源匮乏的地区无法为居民提供与社会经济服务系统相连接的有效通道。而人们生产和生活所需的产品需要通过交通基础设施与交通工具运输到指定的地区，因此无论是近代还是现代，只有货畅其流，城市商业和贸易才会繁荣；只有货畅其流，本地的产品大有销路，工业才会发展；只有货畅其流，城市经济整体才能协调繁荣。因此，运输对经济发展具有显著的影响，经济增长与交通运输条件的改善直接相关。随着中国铁路基础建设的全面展开和铁路网的逐步完善，中国铁路交通正逐步改变中国的经济格局，其所带来的影响是全局性、系统性和战略性的，并且主要反映在经济效应方面。

铁路交通基础设施对促进整个国民经济总产出增加的作用机理主要表现在：首先，铁路交通基础设施作为一项巨大的投资项目，将会极大地拉动需求和资本积累来刺激总产出增加，并且引起较广泛的产业关联效应。增加交通基础设施的投资必然会带动相关产业产出的增加，通过投资乘数效应扩大对区域经济增长的带动作用，乘数效应主要反映区域内一个单位最终产出的变化所带来的影响；其次，铁路交通基础设施作为一项公共品，通过外部性刺激其他生产部门需求，从而间接导致总产出增加，即产生溢出效应。溢出效应又称为外部性效应，是指某种活动不仅对自身带来预期的结果，而且也会对预期之外的主体产生重要影响。铁路交通基础设施主要产生正外部性效应。最后，铁路交通基础设施建设将会极大地促进经济要素在空间上的转移，为经济要素在区域间流动提供便利的通道，影响区域间经济活动的集聚或扩散，增加生产需求，扩大就业，提高居民收入，节约时间成本，即产生经济集聚效应和经济扩散效应。总之，高速铁路的出现，使得其沿线及相关区域内各种要素得到优化配置和集聚发展，从而带动某些产业快速增长，通过区域城镇体系的重构，使得区位优势和交通枢纽的综合作用发挥最大限度的辐射作用，这就是高速铁路的经济效应。

因此，铁路交通基础设施是我国国民经济的基础产业，也是实现社会经济活动、保证资源合理分配、实现可持续发展的重要保证和基石。本章将从宏观经济效应、中观经济效应和微观经济效应 3 个层面入手，探讨高速铁路开通的经济效应，全面客观地评价高速铁路对我国经济发展的影响。

3.1　高速铁路宏观经济效应

自从高速铁路开通以来，中国经济欣欣向荣。国内生产总值从 2007 年的270 844亿元增至 2021 年的 1 143 670 亿元，14 年间增加了 3 倍有余。人均 GDP 在 2007—2021 年间也稳中有升，尤其是在高速铁路线路开通较密集的 2010 年、2011 年和 2012 年均有较快速的增长，2021 年已达到 80 976 元。

图 3-1 显示了高速铁路对宏观经济的影响。高速铁路发展通过带动整个交通运输行业快速发展，进而影响其他行业的技术创新与发展。各行业的快速发展拉动全国主要城市及城市群的经济快速增长，实现了我国国民经济的良性发展。高速铁路的宏观经济效应具体体现在高速铁路对国民经济的拉动效应、乘数效应、扩散效应和溢出效应等方面。

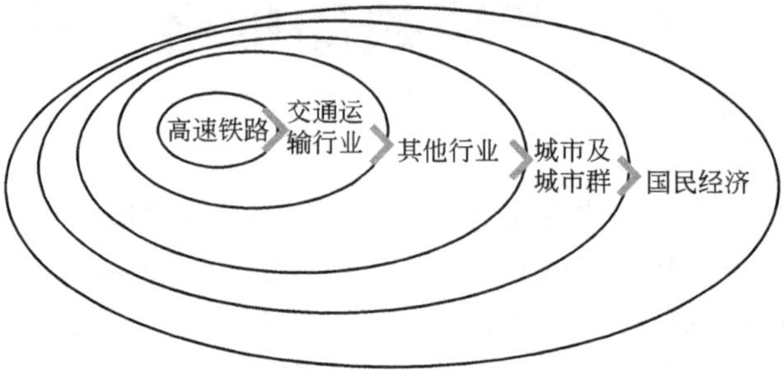

图 3-1 高速铁路的宏观经济效应

1. 调整和优化经济活动空间格局

高速铁路的建设会加深地区间的开放程度，由此带来要素资源的快速流通和频繁交汇，使得市场规模扩大，时空距离的缩短会提高城市之间的可通达性，进而扩大中心城市的辐射范围，因此高速铁路的开通在一定程度上会通过强化经济溢出进而加速经济增长。随着高速铁路网的逐步完善，中国地级及以上城市地区生产总值普遍提高，尤其是在东部沿海和中部六省份出现了明显的经济集聚现象。而且，经济发展水平提升程度和经济集聚程度较为突出的区域恰好与已建成通车的高速铁路线高度拟合。京沪线、京广线及东南沿海客运专线周围已经集结了大量的城市，并且这些城市的经济发展水平提升较快。

高速铁路的大量开通运行，拉近了两个地区的时空距离，一方面使各地区发挥自身的优势，从而提高各地区之间的合作与开发效率。现如今，各省市之间的互促发展明显加快。另一方面，“同城效应”也越来越明显，有助于加快形成新的经济增长带。如今高速铁路已成为大城市持续发展的新动力：从“点”的维度，全新的高速铁路站点变成了城市发展的新增长点；从“线”的维度，高速铁路将促进沿线一带城乡的经济发展；从“面”的维度，高速铁路枢纽城市将被打造成经济大都市。

2. 促进区域经济增长

高速铁路建设投资所引起的中间投入部门就业人员收入增加有利于最终需求增加与经济的增长，发挥乘数效应。由于高速铁路的投资、建设可以产生较广泛的产业关联效应，增加投资必然会带动相关产业产出的增加，通过投资乘数效应扩大对区域经济增长的带动作用。因此铁路基础设施投资作为国民经济的一项要素投入，不仅能引起总产出直接增加，而且还会通过乘数效应影响资本积累，带动几倍于投资额的社会总需求增加，进而提高国民收入，加速社会经济活动。

高速铁路网络覆盖的城市都能通过多向选择融入区域分工体系，而当交通网络密度不断增加时，通过循环累积实现市场规模的进一步扩张，市场需求也随之扩大，通过区域间的经济溢出效应促进总体经济的增长。但除中心城市经济发展水平的提升对其他地区或城市经济发展产生传导、扩散或外溢等正向溢出效应外，还存在铁路等交通基础设施的改善使得中心城市加速要素集聚，通过汲取非中心城市的可移动要素而不断扩大其城市规模，进而造成经济落后地区出现经济不断衰退的负向溢出效应。

3. 提升多行业经济产出

高速铁路作为国家发展的新兴战略，具有较强的产业关联性，这对拉动我国内需起到了十分重要的作用。在高速铁路的建设及运营阶段，会涉及路基、桥梁、轨道等大量基础设施建设，这不仅需要消耗巨大的钢铁、水泥、木材、沙石、沥青等建筑材料，拉动这些行业的经济产出增长，而且还带动了与生产建筑行业有关联性的其他产业的经济产出增长，如矿石、电力、煤炭、石油、机械等产业，而这些产业产值的增长又会进一步拉动其他关联产业的产值增加，如促进和加快了金融、通信、房地产、商贸、物流等相关服务业的发展。如此循环往复，高速铁路的巨额投资将引发更广泛的乘数效应，进而对国民经济产生较强的拉动作用。根据中国土木工程协会测算，在铁路与城市轨道交通建设中，每投资 1 亿元，将带动 GDP 增长 2.63 亿元。根据中国铁路经济规划研究院数据，铁路投资与相关产业产出比例为 1∶10，铁路有 40%的投资通过材料费、人工费和人员费等形式用在当地消费上。据国内专家分析计算，我国铁路建设每投资 1 亿元需要消耗人工 22.86 万工时，钢材 0.333 万 t、水泥 2.00 万 t、燃油 0.055 万 t、木材 0.16 m^3。

以郑西高铁为例，在郑西高铁建设阶段，随着线路、场站、桥隧等基础设施的建设，沿线各相关产业处于投资需求的高峰期，对钢材、水泥及相关设备等产品的消耗量巨大。除对建筑业造成影响外，高速铁路还涉及制造业（如轨道交通设备、通用和专用设备、电气机械等相关制造业）及零部件生产等相关产业。根据相关统计分析，郑西高铁从 2005 年开始建设到 2010 年开通运营的 5 年建设期内，对河南省和陕西省各产业部门创造的总效益达到了 269.172 亿元（见表 3-1）。

表 3-1　郑西铁路建设创造的效益

产业分类	河南省经济效益/亿元	河南省占比	陕西省经济效益/亿元	陕西省占比
第一产业	6.738	10.24%	6.824	3.36%
第二产业	37.834	60.5%	156.401	76.9%
第三产业	21.239	32.26%	40.136	19.74%
合计	65.811	100%	203.361	100%

总之，从投资效益的视角来看，高速铁路项目建设、公路建设都具备投入大于产出特征，且当前高速铁路建设的乘数效应优于公路建设。目前我国高速铁路建设符合整个经济体投资效益的要求，能够带来数倍的投资效益乘数。

4. 拉动城市及城市群经济发展

高速铁路除对国家整体经济增长起到促进作用外，还对城市群及沿线城市的经济起到拉动作用。在高速铁路的连通下，城市群的规模不断扩大，核心城市的辐射范围也同时扩大。在这种情况下，一些原本位于城市群外围的城市也因高速铁路的通达而逐渐纳入该城市群的范围，城市群规模得以扩张。以长三角城市群为例，“十二五”规划合肥并不在长三角城市群的范围内，后来随着合肥、安庆到南京高速铁路的开通，城市之间的时空距离大大缩短，因此“十三五”规划中将合肥及一些高速铁路沿线城市（如芜湖、池州等）也纳入到长三角城市群的范围内，长三角城市群的规模较之以往得到了扩张。

高速铁路的建设和发展影响着城市群内各城市之间的关系，进而影响着城市群的空间布局。同时高速铁路的发展不仅使城市之间的时空距离大大缩短，也使城市群之间更为紧密，城市群的边界日渐模糊，有利于构建全国尺度上的城市网络。图 3-2、图 3-3 分别比较了我国长三角、珠三角、京津冀及西部未开通高速铁路地区的城市群人均 GDP、城市群 GDP 增速及各地区人均 GDP 的变化情况。

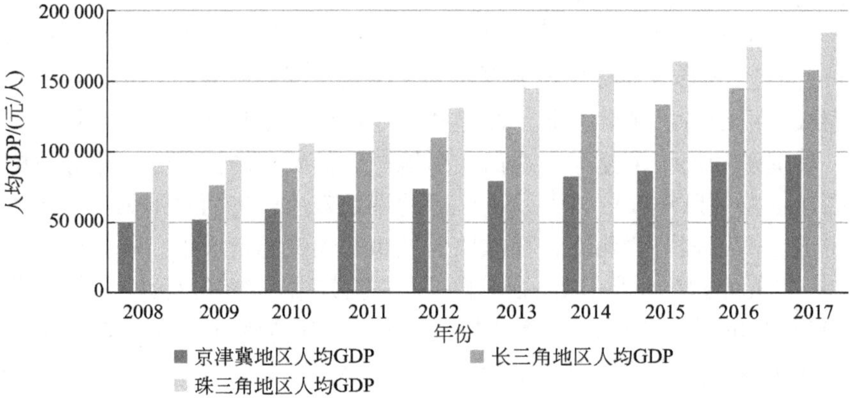

图 3-2　主要城市群人均 GDP

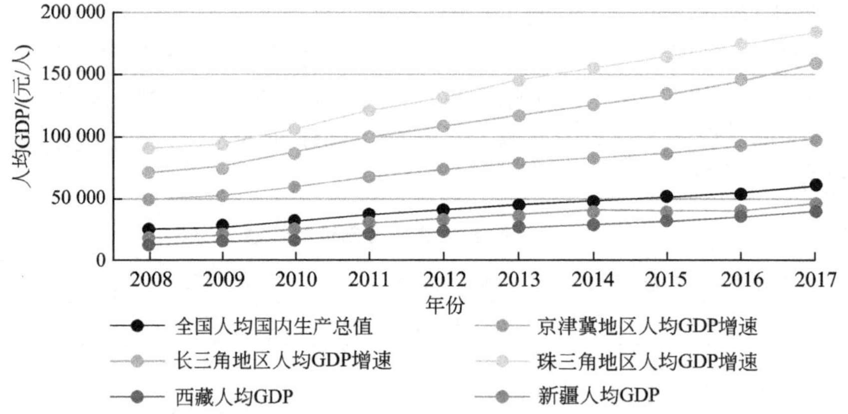

图 3-3　全国及部分地区人均 GDP

图 3-3 显示，主要城市群人均 GDP 不断攀升，且近年来增速较为稳定。比较不同城市群人均 GDP 可以发现，交通发达的京津冀、长江及珠江三角洲地区人均 GDP 显著高于国内整体平均水平且增速较快，而西藏及新疆的人均 GDP 则低于全国人均水平且增速较慢。地区经济发展水平受多种因素影响，交通因素是其中十分重要的一种，因此高速铁路的开通在带动地区交通发展的同时，能够有效拉动城市及城市群的经济发展。

3.2　高速铁路中观经济效应

高速铁路的中观经济效应主要体现在对中观产业的影响上。图 3-4 显示了 2007—2021 年我国主要行业的生产总值变化情况。

从图 3-4 可以看出，2007—2021 年各行业的生产总值均稳中有升。同时图 3-5 显示，从各产业的生产总值情况来看，第二产业和第三产业在 2007—2021 年稳中有升，保持了较快速的增长。

高速铁路作为科学技术高度集成的一体化系统，在改变人们思维方式和生活方式的同

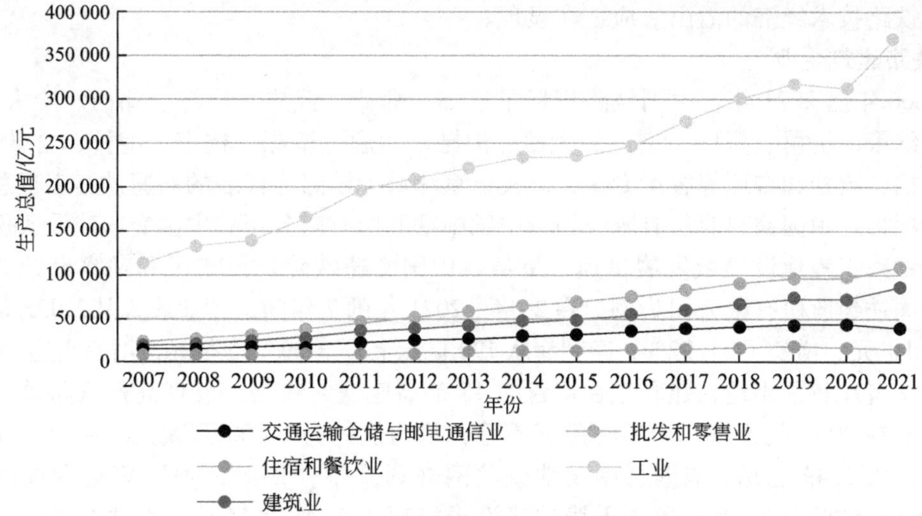

图 3-4　主要行业生产总值变化

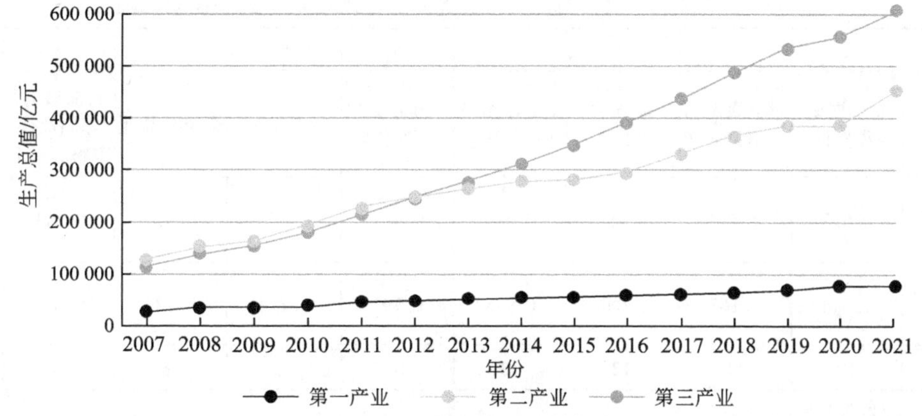

图 3-5　各产业生产总值情况

时，也在推动经济发展。在高速铁路发展的中长期阶段，显现出的产业效应会越来越明显。中观层面的高速铁路经济效应研究主要是针对高速铁路对于不同产业所产生的经济效应展开。高速铁路的发展涉及原料、零部件、装备、基建、机械、配套设施、运营与物流到后续服务整个产业链，且其中不乏高附加值环节，相关受益行业可以涵盖铁路建筑、工程机械、铁路车辆、水泥、电气设备、通信设备、钢材及房地产、旅游、酒店服务、零售等行业。高速铁路的发展将为相关产业带来巨大的市场，产生极大的投资拉动效应。伴随相关行业渐次进入由高速铁路建设及运营所带动的投资高峰，相关衍生产品的市场需求也将进一步扩大，进而整个高速铁路产业链的专业化水平也将得到较大的提高。

3.2.1　铁路相关行业经济效应

高速铁路的建设投资对非金属矿采选业、非金属矿物制品业、金属矿采选业、金属冶炼及压延加工业等产业具有较大的完全经济拉动效应；对铁路建筑企业、交通运输设备制造企业、通用专用设备制造企业等的直接经济拉动效应较大。高速铁路的建设投资拉动铁路建筑业、轨道交通装备制造业和通信信号制造业等企业经济规模的提升，促进了产业技术升级，中国高速铁路技术经济的溢出效应正在显现。

1. 铁路建筑企业

从2006年至2021年，中国铁路招标了京郑、郑武、武广、广深、郑西、哈大、京沪、渝利、成绵俄、杭甬、贵广、南广、大西、沪昆、兰渝、厦深、杭宁、南杭、合蚌、哈齐、石武、合福、云桂和吉珲等客运专线，以及以京津城际铁路为代表的高速铁路工程总承包和勘察设计项目，中国铁建股份有限公司、中国中铁股份有限公司和中国交通建设股份有限公司在高速铁路工程建设领域发展迅速，是从事中国高速铁路建设施工和勘察设计的主要企业。以中国铁建股份有限公司为例，在2014—2021年的7年间，营业收入从5 933亿元上升至10 200.1亿元，增长了11.92%，净利润从120亿元上升至393.15亿元，增幅高达144.29%。

欧洲学者比较了当地在建和正在运营的45条高速铁路线路，发现高速铁路单位公里的建设投资额在900万欧元到4 000万欧元不等，平均值约为1 800万欧元。京沪高铁每公里建设投资额为1.49亿元。依据《中长期铁路网规划》中“四纵四横”客运专线网进行测算，中国高速铁路1.31万公里主干线的建设投资额为1.95万亿元。通过求得完全拉动系数，即可得到高速铁路主干线建设投资对相关产业经济的拉动情况（见表3-2）。

表3-2 铁路建设投资对主要行业的完全拉动系数和经济拉动总额

排序	1	2	3	4	5	6	7	8	9
行业	非金属矿采选业	非金属矿物制品业	金属矿采选业	金属冶炼及压延加工业	石油和天然气开采业	废品废料	金属制品业	石油加工、炼焦及核燃料加工业	木材加工及家具制造业
完全拉动系数	0.622	0.597	0.558	0.486	0.407	0.397	0.377	0.341	0.332
经济拉动额/万亿元	1.214	1.165	1.088	0.948	0.793	0.774	0.734	0.665	0.648
排序	10	11	12	13	14	15	16	17	18
行业	仪器仪表及文化、办公用机械制造业	信息传输、计算机服务和软件业	电力、热力的生产和供应业	电气、机械及器材制造业	交通动输及仓储业	煤炭开采和洗选业	通用、专用设备制造业	化学工业	租赁和商务服务业
完全拉动系数	0.324	0.292	0.262	0.240	0.231	0.227	0.225	0.220	0.208
经济拉动额/万亿元	0.632	0.570	0.512	0.469	0.451	0.443	0.439	0.429	0.405
排序	19	20	21	22	23	24	25	26	…
行业	水的生产和供应业	综合技术服务业	金融保险业	批发和零售贸易业	其他制造业	造纸印刷及文教用品制造业	交通运输设备制造业	通信设备、计算机及其他电子设备制造业	…
完全拉动系数	0.202	0.184	0.181	0.175	0.147	0.128	0.128	0.127	…
经济拉动额/万亿元	0.393	0.359	0.354	0.342	0.287	0.250	0.250	0.247	…

以铁路客运专线为代表的大规模高速铁路建设，推动中国高速铁路基础设施工程建造技术及施工设备技术达到世界先进水平。铁路建筑企业陆续攻克郑西线湿陷性黄土、武广线岩溶地基和哈大线软土沉降变形控制难题，攻克大断面复杂隧道建设技术难题，掌握了路基工程地基加固处理、填筑、沉降控制技术，突破了复杂地质山区高速铁路长大隧道群和水下铁路隧道的多项技术难题。自主研制符合时速 350 km 高速列车要求的高速道岔核心技术，采用了具有自主知识产权的板式无砟轨道系统，为中国高速铁路的发展提供可靠技术保障的同时也创造了经济效应。

2. 轨道交通装备制造企业

高速铁路的建设给我国铁路装备制造业带来了历史性发展机遇。持续增长的高速铁路建设市场需求是推动我国铁路装备制造业快速发展的主要外部因素。伴随着我国高速铁路的发展，2008 年，我国国产时速 350 km“和谐号”动车组（CRH3）在中国北车集团唐山轨道客车有限责任公司下线，标志着我国铁路技术装备现代化取得又一重大成果，铁路装备制造业跻身世界前列，我国由此成为世界上仅有的几个能制造时速 350 km 高速动车组的国家之一。同时，由于产业政策和技术准入壁垒的限制，目前国外轨道交通装备制造企业尚不能在我国独立开展整车生产业务，但借助我国加入 WTO 及和谐铁路发展的契机，国外企业通过合资设厂、技术输出、联合体投标等方式已经进入并拓展了中国市场，成为我国轨道交通装备市场的竞争者。随着我国高速铁路的迅速发展，市场需求巨大，我国被要求加入 GPA 并开放国内采购市场的压力越来越大。一旦市场开放，我国铁路装备制造企业将面临强大的竞争对手及更大范围的竞争。

全球轨道交通市场规模平稳波动。根据德国 SCIVerkehr 预测，2021—2023 年市场规模年复合增长率保持 3%。根据铁路物资采购商务平台，2017—2019 年 9 月 30 日，时速 350 km“复兴号”动车组共招标 11 次，累计招标 621 标准组。随着“八纵八横”的新增需求，未来时速 350 km“复兴号”动车组将保持持续稳定的增长趋势。《中长期铁路网规划》提出：要完善普速铁路网，建成高速铁路网，打造综合交通枢纽，构建现代综合交通运输体系；到 2025 年，铁路网规模达到 17. 5 万 km 左右，其中高速铁路 3. 8 万 km 左右。2022 年，全国铁路营业里程已达到 15. 0 万 km，其中高速铁路近 4. 2 万 km，复线率和电气化率分别达到 59. 5%和 73. 3%左右。同时，轨道交通装备成为国家实施高端装备“走出去”战略的金名片，轨道交通装备行业迎来重大发展机遇。

作为全球规模最大、品种最全、技术领先的轨道交通装备供应商，中国中车把握国内外铁路运输市场变化和技术发展趋势，加快铁路运输装备技术、产品和服务模式创新，加快新技术应用和新产品研制，打造系列化、模块化、标准化的产品结构和技术平台，巩固行业领先地位，不断满足铁路先进适用、智能绿色、安全发展要求。面对国内铁路运输体制机制改革不断深入与铁路装备市场日趋稳定的局面，中国中车加快供给侧结构改革，加强路外和国外市场开发，深化与国铁集团的战略合作，时速 350 km“复兴号”高速动车组批量投入运行，时速 250 km 标准动车组、长编组时速 350 km 标准动车组、时速 160 km 动力集中动车组、3 000 马力调车机车、时速 160～200 km 系列快捷货车、驮背运输车等新产品研制取得进展，持续推进内部业务重组，发展高级修能力，推进服务化转型，铁路装备业务实现稳定增长。以中国中车为核心、以国内主要配套企业为骨干的高速列车制造体系已经建立，一级配套企业辐射 12 个省市 140 余家企业，二级配套企业达 500 余家，遍布 22 个省市，形成了涉及冶金、机械、材料、电子、电气、化工等领域的高速列车制造产业链，推动了相关产业的发展壮大和技术创新。通过研发、生产高速动车组等产品，中国轨道交通装备产业实现了产品和技术的跨越与升级，包括美国通用电气在内的国外装备制造企业纷纷与我国企业展开合作，中国轨道交通装备制造业的技术经济效应正在显现。

3. 通信信号制造企业

中国铁路通信信号股份有限公司（以下简称中国通号）负责高速铁路列车控制系统技术的研发，掌握着中国高速铁路的“神经中枢”，是中国高速铁路轨道交通通信信号系统集成、研发设计、设备制造最主要的供应商，体现了通信信号制造业的产业特征。

随着国家整体经济形势进入新常态，国家铁路和城市轨道交通建设的不断推进，轨道交通市场尤其是通信信号市场成为关注热点，市场竞争激烈。在中国高速铁路控制系统核心产品市场上，中国通号提供的高速铁路核心设备在列控中心、调度集中系统、无线闭塞中心、车辆自动防护系统等方面占有领先地位。

在产业技术升级方面，中国通号也以高速铁路交通通信信号设备提供商的身份，参与到高速铁路通信信号设备和系统集成的研究开发中，在高速铁路通信信号系统集成和列车控制技术领域取得了多项技术突破与升级。例如，在系统掌握了满足时速 250 km 的 CTCS-2 级列车运行控制技术，并成功应用于既有线第六次大面积提速和新建时速 250 km 高速铁路之后，开展了时速 350 km CTCS-3 级列车运行控制技术的研制，使得对高速列车运行速度、运行间隔等进行实时监控和超速防护成为可能，实现以目标距离连续速度控制模式、设备制动优先的方式监控列车安全运行，满足了列车跨线运营要求。武广、郑西等高速铁路应用后，最小追踪间隔时间缩短到 3 min 以内，技术创新产生了价值效应。

当然，必须指出的是，要通过高速铁路发展所带动的巨大市场来加深相关产业链的专业化分工程度，还必须有相应的体制和机制保障。例如，国家有关机关必须能够对高速铁路相关建设项目和所需原料及产品的招投标进行严格有效的监督，严格控制中标企业的工程及产品质量，从严打击不合格产品，防控并依法处置工程引发的贪腐行为及其他违法乱纪行为，从严追究相关人员的法律责任，全力确保高速铁路的建设、运营安全及服务质量。再如，通过相应的财税政策鼓励支持企业进行自主创新，提升科技水平。

3.2.2 其他行业的经济效应

首先，高速铁路的开通使生产要素沿着高速铁路既定的方向高强度地扩散，形成了多条强大的产业发展轴，从而促进了产业分工，不断调整和优化产业结构。其次，高速铁路通过距离弱衰减能够加速相邻城市的同城化进程，使得两地（城市）的行为主体实现跨地（城市）当天往来通勤，并且最终会使不同类型的具有合作或竞争关系的企业、各种机构和组织围绕某一主导产业及其相关产业聚集在一起，从而形成产业聚集区。

1. 对旅游业的影响

交通是促进旅游产业进步的必要条件，是旅游产业基础设施不可缺少的组成部分，是旅游产业实现顺利运营的重要保障。在游客对旅游目的地的选择及出游行程的安排上，交通是否便利具有重要影响。在旅游产业的要素空间配置上，交通成本的高低也同样起着决定作用。因此，各地区旅游交通的可达性程度不仅与降低旅游产业运营成本紧密相连，而且也是扩大游客规模和实现营业收入目标的基础，它在提高旅游产业效率方面发挥着重要作用。

作为以速度快、效率高、运量大及环保舒适等而闻名的现代化交通基础设施，高速铁路对旅游产业效率的促进作用，主要表现在以下 5 个方面：一是高速铁路提高了旅游目的地的可达性，改善了旅游交通区位条件，不仅引发旅游市场边界延伸，拉动旅游产业直接投资，扩大旅游产业规模，而且还大幅降低了旅游产业要素的流动成本，促进旅游产业要素出现集聚效应，形成规模经济，从而提高旅游产业效率；二是高速铁路的“时空压缩”效应将推动旅游资源开发、产品设计、市场营销等供给层面的空间整合，促使区域旅游产业分工与合作，形成跨区域的旅游复合经济体，提高旅游产业运营效率；三是高速铁路的开通，推动了区域对外开放，使得各地区之间人才与信息交流更为频繁，增强了地区之间的知识溢出，为地区旅游产业改进技术和创新提供了良好环境，从而实现各地区旅游产业效率的提高；四是随着高速铁路的开通，游客出行范围得以扩大，游客出行条件日益改善，这有利于高速铁路沿线区域客源市场的有效整合，促使沿线区域旅游客源结构获得优化和完善，提高旅游产业的服务效率；五是高速铁路的开通，大幅度促进了旅游者及旅游产业生产要素到达旅游目的地的速度与效率，使得各旅游目的地间的联系更加紧密，带动了区域之间的文化融合，有利于旅游资源有效整合，从而有助于打造更具特色的旅游产品，实现旅游产品的内涵升级。

以武广高铁为例，自2009年武广高铁开通后，武汉到广州的铁路交通由原来的10 h缩短到4 h，湖北省、湖南省、广东省的多处高速铁路沿线旅游景点被组合成“1小时旅游圈”。武汉、长沙和广州这三大核心城市在高速铁路开通后旅游人次不断上升，其中武汉市在2010—2017年的春节黄金周期间，景区客流量迅速增加，接待人数由181.9万人上升到836.25万人，旅游总收入超过了55亿元（见表3-3)。高速铁路发展不仅为景区带来了收益，提高了当地旅游资源利用率，而且对城市的经济结构及空间结构产生了巨大影响。

表3-3 2010—2017年武汉市春节黄金周旅游接待情况表

类型	2010年	2011年	2012年	2013年	2014年	2015年	2016年	2017年
旅游总收入/亿元	6.36	7.81	12.66	20.34	24.25	28.39	42.83	55.19
接待人数/万人	181.9	221.18	336.88	445.01	474.02	530.9	735.53	836.25

数据来源：武汉市统计局旅游统计数据。

2. 对房地产行业的影响

一是高速铁路开通会带动城市新区及配套基础设施建设，从而直接促进房地产投资进而促进城市房价上涨。二是高速铁路建设会促进城市土地价格上涨，而土地价格上涨将会直接导致城市房价上涨。同时，地方政府的财政收入主要来自土地财政，地方政府追求土地财政的行为会导致城市地价上涨，也会进一步推动城市房价上涨。三是高速铁路开通带来的区域可达性提升，会吸引周边相对不发达地区劳动力的流入，提高劳动力参与度，促进高速铁路城市的就业水平。同时，高速铁路站点的运营会促进城市基础设施的不断完善，良好的居住环境也会不断促进人口流动，而人口的流动对城市房价具有显著的影响。不少学者从理论上论证了人口流动对房价的影响机制，并从实证上发现净流入人口越多的地区，房价上涨越快。下面以贵阳为例，说明高速铁路的开通对贵阳房地产业带来的影响。

（1）推动旅游房地产快速发展

高速铁路时代的到来，极大地缩短贵阳与其他区域的时空距离，使长线旅游变为短线旅游。人们利用高速铁路出行，可以节约旅游的时间成本，减轻旅途劳顿，这将扩大贵阳旅游资源吸引力的范围，旅游市场半径得以快速扩容，来此旅游的人数呈“井喷”之势。仅贵广高铁开通运营后，从省外入黔的游客每年至少增加30%以上。旅游业的快速发展，要解决游客吃、住、行、游、购、娱的需求，必将推动贵阳旅游房地产的快速发展。同时贵阳市作为省会城市和贵州境内极为重要的交通枢纽，承担着旅游客源集散地的重要功能，这些又在另一层面上增加了对旅游房地产的需求，进一步推动旅游房地产的发展。

（2）进一步扩大贵阳房地产市场

高速铁路的开通运营冲击着人们传统的时空观，改变了人们固有的物业区位观念，增加了对不同位置物业的选择机会。从省外市场看，随着贵广高铁的开通运营，沪昆、渝黔等高速铁路将相继开通运营，届时贵阳与高速铁路沿线城市的时空距离极大地缩短。贵阳与周边“火炉”城市相比有两个显著优势：首先是爽朗的气候资源优势；其次，贵阳的房价相对较低。贵阳的这两大显著优势将吸引高速铁路沿线城市的人们来此购房，作为他们的第二居所或者季节性住宅，这将增加贵阳房地产需求。从省内市场来看，全面进入高速铁路时代后，贵阳到都匀、凯里、毕节、遵义等省内其他城市只需 1 h，这将打破贵阳与其他城市之间的时空瓶颈，使得城市边界的概念变得更加模糊，届时京津城际的“双城生活”也将在贵阳上演。在遵义、都匀等城市工作的人，他们很可能在贵阳定居，因为这样可以享受到省会城市更为先进的医疗、教育等服务，这又将进一步拓展贵阳房地产市场。

（3）推动房地产价格上涨

高速铁路开通从外部改善了贵阳的区位条件，省内其他市及省外购房的需求进一步增加，在未来几年之内将推动贵阳房价不断上涨。受从众心理的影响，当外地人不断来此购房时，本地人的购房热情也会更加高涨，进一步带动房价上涨。同时高速铁路通车后，受地缘关系的影响，可能会把广州、重庆、长沙、桂林等地楼市的涨幅传导到沿线城市，进一步带动贵阳房价上涨。

3. 对钢铁等制造业的影响

高速铁路对于钢铁行业的影响主要是增加了对于高精度高耐磨钢轨的制造、高精度高耐磨车轮的制造、轨型车轴的制造及新型弹簧、轴承、阀门钢的开发研制和轻型耐候钢板的开发研制。

我国生产钢轨的主要厂家是攀钢、鞍钢和包钢，这些企业经过长期的努力，特别是近几年，通过一定规模的技术改造，增加了炉外精炼设备，使我国钢轨质量有了一定的提高，基本上可以满足国内铁路对钢轨的需求。

随着我国国民经济的发展和技术进步，国内各钢铁企业也加快了技术改造的步伐，加大了投资的力度。特别是鞍钢已经投资改造其 1953 年从苏联引进的重轨生产线，包括新建重轨平-立复合矫直机、平直度检测仪、涡流探伤仪、超声波探伤仪、四面压力矫直机、高精度锯钻组合机床、步进式加热炉、1150/1100 开坯机、三机架万能轧机等。2003 年攀钢也与德国 SMS 公司签约对重轨生产线进行改造。

4. 对物流业的影响

中国高速铁路的到来给世界铁路掀起了一轮新的建设高潮，高速铁路的建设与运营也对我国现代综合交通运输体系和物流体系产生了革命性的影响，创造了未来发展难得的历史机遇。高速铁路的快速发展不仅改变了我国铁路的面貌，也改变着运输结构与产业结构，对我国物流市场的影响更是举足轻重，因此研究高速铁路运营对我国物流业发展的影响具有重要的现实意义。

高速铁路的开通使货运全部或部分剥离客运后，速度、输送能力、安全性都得到进一步提升和保障，铁路将从整体上提升货物运输的效率，体现物流时间效应，提高服务质量。高速铁路的发展将在物流业中引起“鲶鱼效应”，刺激其他物流方式积极参与竞争，竞争的结果将促使物流企业不断改善服务质量，降低物流成本，进而提升物流业整体发展水平。

发展高速铁路，实现客货分线运输，把既有线运输能力用于满足货运需求，可以极大地提高我国铁路的综合运输能力和运输效率，为推动低碳物流发展创造外部环境条件。2021年底，全国铁路营业总里程突破15万km，覆盖约99%的20万人口及以上城市。其中，高速铁路（含城际铁路）突破4万km，继续领跑世界。铁路在充分满足旅客运输、原材料及大宗物资运输需求的同时，将在构建国家综合交通与物流服务体系、推动低碳物流发展中发挥更大作用。

已经建成投入运行的高速铁路，在提升铁路综合运输能力方面已经发挥出明显作用。武广高速铁路的开通使京广线南段的年货运能力增加8 760万t，而京津、武广、石太、郑西等高速铁路的通车，可使我国铁路的年货运能力增加23亿t。随着新建高速铁路陆续建成投入运营，铁路这种耗能低、污染小的“绿色交通工具”在社会综合交通运输与物流服务体系中的骨干地位和作用将更加强化，在保障产业安全、推动低碳经济发展中的作用将得到更充分的体现。

作为综合服务性产业，物流在过去更多地被当作单一的运输或仓储服务，被当作第三利润源而千方百计地压低成本，现代物流在推动产品与服务创新、完善商业模式、创造供应链价值、提升竞争优势等方面的作用一直没有得到足够的重视，单一的运输、仓储服务业利润已经被一再挤压。由于运能无法满足需求，铁路专业物流发展主要停留在运输、配送、仓储、分拨等基础服务阶段，对于更具价值的供应链管理、金融物流、电子商务物流、经销物流等很少涉及，没有形成应有的市场影响力和份额。高速铁路的发展、铁路货运能力的不断释放，以及18个铁路集装箱中心站、33个集装箱专办站等铁路专业物流服务基础设施的陆续投入使用，使铁路专业运输企业大范围提供适应市场需求的物流服务新产品成为可能，铁路运输这一安全、准时、快捷、大运力、低排放的低碳物流资源，将给我国铁路专业物流业发展带来新的市场机遇。

3.3　高速铁路微观经济效应

3.3.1　提升企业运营效率和全要素生产水平

首先，交通基础设施建设能够缩短不同城市之间人员运输的时间，节约交通成本，进而扩大服务贸易的市场范围，从而通过提高分工水平和发挥各种聚集经济效应来提升服务业的劳动生产率。

亚当·斯密在《国富论》开篇即提出生产率的提高取决于分工的细化和专业化的深化，而分工的水平受限于市场范围的大小，市场范围的决定因素又是贸易成本。因此，降低贸易成本可以扩大市场范围，提高分工水平，进而促进生产率的提高。这一论断同样适用于服务业，即交通条件改善可以降低人员的运输成本，通过扩大市场范围进而提高分工水平，以此可提升贸易服务业的生产效率。

服务业贸易一般是指一个地方生产的服务超过本地的需求而销售到外地。但与制造业、工业等产业产品可以直接运输到消费者手中不同，大部分服务很难或几乎不可能像制造业产品那样生产后存储起来然后销售到需求地，因为服务业贸易需要一个服务的载体。而在当前技术条件下，人依然是服务贸易的重要载体，需要通过人在空间不同位置的移动来使服务的买卖双方可在同一地点、同一时间面对面地进行服务的交易。

WTO 服务贸易总协定定义了 4 种服务业的贸易形式：跨界提供，比如一个地区生产的软件可以通过互联网销售给另一个地区的消费者；跨境消费，比如一个地区的人到另外一个地方旅游度假；在境外的商业代理，比如一个餐馆在其他地区开设分店；自然人的暂时移动，比如一个学者旅行到其他地区做会议报告。由此可以看出，除第一种形式外其他 3 种服务贸易形式都与不同地区之间的人员运输有关，特别是第二种和第四种贸易形式，人员的旅行时间和运输效率直接影响着服务的贸易成本。

因此，铁路基础设施在降低货物运输成本从而有利于制造业发展的同时也大大降低了人员在不同地区之间旅行的时间，提升了人员运输效率，降低了服务业的贸易成本。

其次，高速铁路的开通可以实现企业全要素生产水平的提升。相对于传统的交通方式，高速铁路具有载客量大、耗时少、安全性好及准点率高等优点，极大地优化了原有交通网络，缩小了城市之间的时空距离。中心城市之间可达性的增加有利于黏合区域经济、整合要素市场，通过扩大企业规模和市场规模，使得非中心区域的企业资本和劳动力更多地流向高速铁路沿线区域，从而促进企业高级人才的流动。另外，高速铁路的开通可以极大地优化企业资源配置。具体而言，高速铁路开通使得资本和劳动力在中心城市和非中心城市之间重新分配，提高了资源的优化配置效率，从而增加了企业的全要素生产率，促进了企业人、财、物的流动与革新。例如，随着中心城市用地成本增加、交通拥阻、环境污染等问题的凸显，一方面高速铁路的开通导致企业只将研发部门和总部留在中心城市，利用中心城市地区的人才和科研集聚优势实现企业的创新，提高中心城市企业的全要素生产率水平；另一方面，为降低企业成本，实现企业利益最大化，高速铁路的开通导致中心城市的大量制造业企业将其生产部门等转移到周围开通高速铁路的地区，从而形成产业集聚和规模效应。而与开通地区企业的交流和合作，使得其他企业吸收和学习其先进技术和管理理念，从而提高了周围开通地区企业的全要素生产率水平。因此，高速铁路的开通可以极大地集聚与扩散企业的优良资源，实现资源的优化配置。

3.3.2 降低企业成本

高速铁路能够带来企业成本的节约。新经济地理学认为产品从上一环节到下一环节的过程中存在运输成本，且该成本随着距离的扩大而不断增加，由此限制了产业集聚的影响范围，使其局限于对本地产生经济效应。对于生产性和流通性服务业而言，二者的发展直接依赖于交通运输，运输成本的节约可以促使其在原有优势区域不断集聚。但对于消费性和社会性服务业产品而言，由于其大部分是无形产品，加之交通运输成本的限制使其产品交易局限于本地。因此，运输成本是决定服务业边界延伸的重要因素。高速铁路便捷的运输条件，使得原来需要依靠航空运输的原料和产品可以利用高速铁路来运输。

铁路依托其四通八达的路网，能为其他运输方式提供货运集散量，促进其他运输方式的发展。作为综合运输体系中的骨干力量，如果铁路货运发达，公路和水路货运资源就能得到充分利用，功能就能得到更好的发挥；相反，如果铁路货运发展滞后，既不能承受其他运输方式向铁路干线集中的货运量，也不能为其他运输方式提供足够的货运量，就会制约其他运输方式货运的发展，使综合运输体系不能协调发展。如果充分利用铁路路网资源，发挥其在综合运输中的骨干作用，强化其运输主体的地位，就能达到降低企业物流成本的目的。

从体系层面来看，通过完善铁路路网，形成合理的路网覆盖范围，优化路网结构，消除通道区段性制约；合理规划、建设新型铁路物流园区，有针对性地改造现有货运场站，使各物流园区之间、物流园区与港口、厂矿之间有效接驳，就能充分发挥其支撑路网和吸引货流的作用。通过完善“点+线”的铁路物流网络，能够优化产业空间布局和城市空间布局，压缩时空成本，连接商品生产、流通、消费，提高企业运行效率，降低铁路物流的系统性成本。

从要素层面来看，提高人力资源素质有助于提高劳动生产率。人力资源是铁路物流系统中重要的一部分，高素质人才队伍及合理的人员结构配置对降低企业物流成本有一定的作用。他们能够做出更好的决策，提升铁路货运服务水平；优化运输组织，减少资源浪费；提高铁路物流服务质量，提升铁路货运市场竞争力。同时，提高员工工作效率、优化人员结构，能够降低人工成本，减少管理费用，并通过改善作业设备提高运输效率。改善节点的装卸作业设备，对老旧设施设备进行更新改造，提高设备专业化水平，能够减少人力成本，提高生产效率，同时能够提高节点的接卸能力，减少接取送达车辆的等待时间，加快货物周转，减少站内拥堵现象，从而降低企业运力成本、设备投入、动力成本、人员费用等，达到降低社会物流成本的目的。此外，还可更新研发新设备，降低设备购置成本、维修成本等。

3.3.3　影响企业选址并促进企业聚集

高速铁路的开通会影响企业选址。在当代城市发展中，高速铁路车站及其周边地区已不仅是一个交通枢纽或是一个城市场所的角色，而被赋予了更多功能性的意义。高速铁路车站是城市功能与交通网络的十字交叉点。一方面，车站地区或将成为多样化交通网络的重要节点；另一方面，车站地区也是一个场所，临时或永久地植根于城市的一个区域，而这里通常积聚着高密度且多样化的城市功能与形式。运输指向是决定企业区位的一个关键因子，尤其是工业企业。运输成本下降将引导企业活动发生以发达区域或城市为对象的持续集聚。我国幅员辽阔，工业生产要素和产品的空间流动在较大程度上取决于铁路运输的可能性及运输成本。

高速铁路的开通可能会影响经济活动的地理位置，因为它会对地理位置的可达性产生影响。地理位置的可达性被视为通过传输系统可以从该位置到达其他相关位置的容易程度，高水平的可达性对企业办公室的选址更具吸引力。在选择企业地理位置的背景下，两种不同形式的可达性是相关的：中心性和连通性。中心性关注的是潜在位置相对于可能的起源地和目的地位于传输网络内的何种位置。连通性通常基于传输节点，如火车站、机场或高速公路入口坡道，它可以区分到最近的传输节点的访问（主要是距离和旅行时间）与该传输节点的质量（火车站的服务水平）之间的区别。与中心指标相比，连通性指标在较小的空间尺度上显示出更多的变化，因此这些指标更适合研究区域内区位吸引力的差异，而中心指标则提供有关整个区域经济潜力的更多信息。大多数研究表明，高速铁路的发展对区域或城市规模及更大空间的经济活动产生了集中效应。

中心性和连通性对区域内企业区位选择具有很强的吸引力。与其他地区的主要城市相比，一个地区的中心地位的提高可以使该地区的城市更有可能成为企业办公的地点。另外，由于开通高速铁路的城市的区域间连通性得到改善，增加了其对企业的吸引力。

在高速铁路发挥各种聚集经济效应的行业中，可贸易服务业是降低贸易成本后首先受益的行业。分工潜力较大和聚集经济效应较高的服务业会更加集中地分布，成为可贸易程度比较高的产业，如批发业、软件业和金融业。这些行业的共同特点是既可以通过深化分工和合作来促进劳动生产率的提升，又可以通过集中分布共享信息、劳动力资源和中间投入品来提高生产率。而分工潜力较小和聚集经济效应比较低的行业则会依人口分布而分散布局，因为它们集中布局产生的生产率提升效应很小，不足以克服人员在不同地区之间运输的交通成本，如零售业、餐饮业都属于典型的不可贸易服务业，也称本地服务业。进而，当交通基础设施改进导致人员运输时间下降从而贸易成本降低后，首先受益的是可贸易服务业，因为它们更容易在克服贸易成本的情况下更加集中地布局，以获得专业化和聚集经济的好处。而本地服务业因其较低的聚集经济效应和分工潜力，受交通基础设施改进的直接影响较小。

我国制造业与交通基础设施存量都存在局部集聚现象，且二者在空间分布上表现出很强的一致性，交通基础设施是影响我国制造企业区位选择的重要因素。高速铁路服务可以对企业办公地点的选择产生相当大的影响。高速铁路车站附近区域对办公族特别有吸引力，通常步行时间长达 10~15 min 被认为是合理的，对于较大的距离，公交车的便捷性变得更加重要，具体取决于其可用性和行驶速度。高速铁路服务不仅提高了办公地点的吸引力，而且还可以提高办公的效率。

3.4 高速铁路经济效应的案例分析

从总体来说，高速铁路对城市的经济发展具有一定的促进作用，但是高速铁路的建设运营对不同经济基础的城市经济发展有不同的影响。高速铁路推动以高速铁路新城为中心的服务业加快发展，促进商贸物流、旅游休闲、地产开发、金融创新、商务会展、文化展示、法律咨询等服务功能的不断完善，形成更大的消费需求，从而带动了第三产业的发展。高速铁路开通后由于各方面支出需求，财政支出的增长远远大于财政收入的增长。对于高速铁路沿线城市来说，高速铁路的开通使得沿线城市的房价显著增长，助推了当地房地产行业的发展；大部分城市的工业增加值增长幅度在开通当年迅速增长，增速也较往年加快；提升就业率，社会产品和服务的产出总额增加，人均 GDP 随之增加。然而，研究发现，高速铁路的“虹吸效应”会有以下作用：一方面，高速铁路带来的交通便利性可能加速区域中心城市的技术和知识外溢，通过扩散效应，促进沿途地级市的经济增长；另一方面，高速铁路可能加速市场整合和要素流动，一些要素流出的城市会出现经济发展的负面效应，尤其是对于三、四线城市而言，虹吸效应显著。

本节分别以“珠三角地区”“沪昆高铁”作为案例分析高速铁路的经济效应。

3.4.1 以珠三角地区为例

1. 对珠三角地区 GDP 的影响

高速铁路开通会对城市的整体经济带来影响，下面对高速铁路开通前后珠江三角洲总体及各个城市的 GDP 指标进行分析。

由图 3-6 可知，在 2008—2016 年间，珠江三角洲开通高速铁路的城市群的 GDP 总量和人均 GDP 均稳步增加，说明高速铁路的开通给城市带来了良好的经济效应，在一定程度上促进了城市的经济发展。

2. 对珠三角地区第三产业占 GDP 比重的影响

首先，分析高速铁路开通对沿线城市第三产业占 GDP 比重的影响。至 2016 年，珠三角地区开通高速铁路的地级市和副省级城市共 7 个，利用国泰安数据库获取它们在高速铁路开

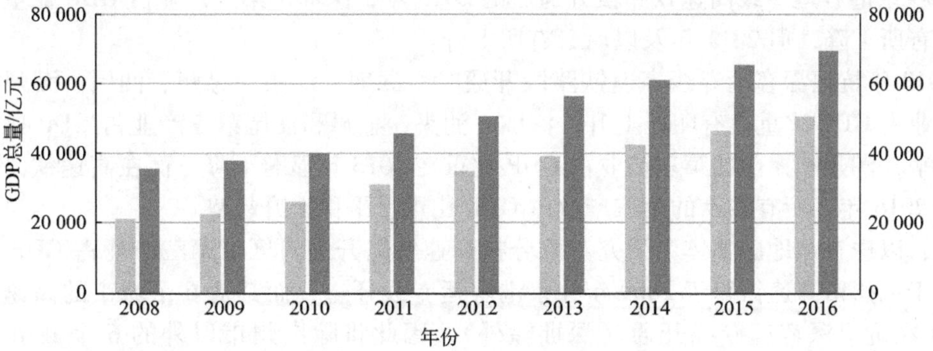

图 3-6　2008—2016 年珠三角地区开通高速铁路城市的 GDP 与人均 GDP 情况

通前后第三产业占 GDP 比重的数据（由于数据缺失，高速铁路开通后的数据截至 2016 年，见表 3-4）。

表 3-4　2006—2016 年珠三角地区高速铁路城市第三产业占 GDP 比重　　单位：%

项目	2006 年	2007 年	2008 年	2009 年	2010 年	2011 年	2012 年	2013 年	2014 年	2015 年	2016 年
广州市	57.6	58.41	59.02	60.85	61.01	61.51	63.59	64.62	65.23	67.11	69.35
深圳市	—	49.84	51.04	53.25	52.72	53.5	55.65	56.54	57.39	58.78	60.05
汕头市	—	—	—	—	38.56	43.29	42.41	42.21	42.01	43.34	44.34
惠州市	—	—	—	—	35.15	35.99	36.57	37	38.74	40.2	41.12
汕尾市	—	—	—	—	37.59	36.7	37.18	36.89	38.21	38.75	39.84
潮州市	—	—	—	—	37.47	38.37	37.99	37.1	38.02	39.73	41.32
揭阳市	—	—	—	—	31.66	29.55	28.44	27.23	29.5	31.52	34.88

注：广州高铁于 2009 年在京港客运专线开通；深圳高铁分别于 2011 年和 2013 年在京港客运专线和杭福深客运专线开通；其余城市高铁为 2013 年在杭福深客运专线开通。

为了更明显地观察这些城市在高速铁路开通前后第三产业占 GDP 比重的变化趋势，利用以上数据得到变化趋势曲线，具体如图 3-7 所示。

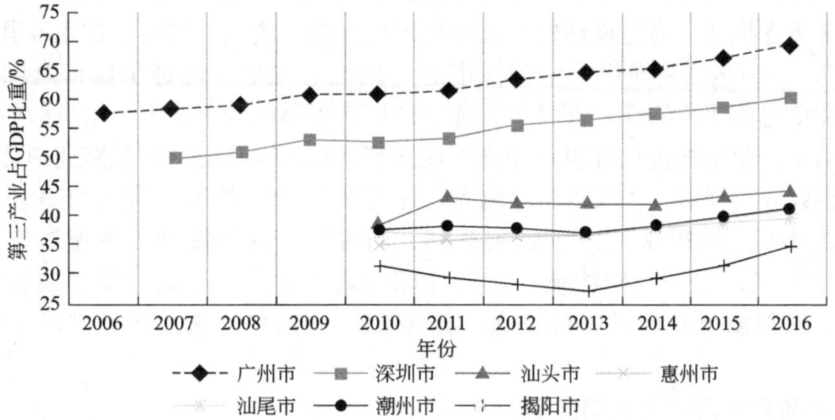

图 3-7　2006—2016 年珠三角地区高速铁路城市第三产业占 GDP 比重变化趋势

由图 3-7 可知，在 2009 年京港客运专线高速铁路段开通时，广州市第三产业占 GDP 比重增长的趋势略微高于开通前的变化趋势，并且在 2009 年，其第三产业占 GDP 比重首次突破60%；在京港客运专线高速铁路段开通后的2010年，深圳市第三产业占GDP比重的增幅较开通前有所下降，但2011年及以后又有所上升。

在2013年杭福深客运专线高速铁路段开通时，深圳、汕头、惠州、汕尾、潮州和揭阳的第三产业占GDP比重没有明显上升，深圳、汕头、惠州和汕尾第三产业占GDP比重基本与之前持平，潮州和揭阳的第三产业占GDP比重在2013年显著下降。而在高速铁路开通后的2014—2016年，所有城市的第三产业占GDP比重呈平稳上升趋势。

其次，以珠三角地区整体为研究对象分析高速铁路开通对区域第三产业占GDP比重的影响。由于广州市高速铁路于2009年在京港客运专线开通，而其他6个城市的高速铁路均于2013年在杭福深客运专线开通（深圳除外），因此将除广州市以外的6个城市2010—2016年第三产业占GDP比重加总求平均，经过计算整理，得到珠三角地区这6个城市（深圳、汕头、惠州、汕尾、潮州和揭阳）开通高速铁路前后整体第三产业占GDP比重的变化趋势，如图3-8所示。

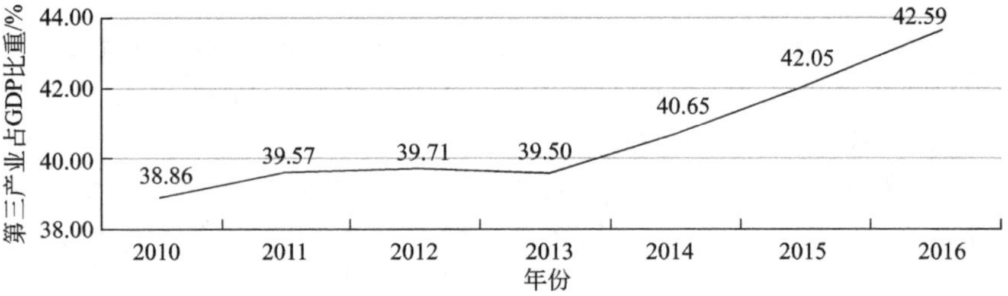

图3-8 2010—2016年珠三角地区第三产业占GDP比重

从图3-8可以看出，在高速铁路开通的2013年，这6个城市第三产业占GDP比重有些许下降，但在开通后的2014—2016年，第三产业占GDP比重显著提升，增长率一直保持在3%左右。

经过以上研究可以发现，在高速铁路开通后的几年里，珠三角地区第三产业占GDP比重呈显著上升趋势，且这种上升的幅度明显高于高速铁路开通前。由此可见，高速铁路的开通助推了珠三角地区沿线城市第三产业的发展。分析其作用机理，高速铁路的开通为第三产业的发展带来更多机会。高速铁路的开通加速形成人口、商品、资金、技术及其他要素汇聚的“高铁经济”，高速铁路强化了相邻城市的“同城”效应，促进了城市之间的人流、物流、资金流和信息流快速流动，并吸引其他生产要素不断向城市集聚，这有效带动了区域经济增长，推动了产业结构优化升级和经济发展转型。高速铁路使原有铁路通道能力紧张地区的货运能力得到较大释放，为实现货运增量、丰富货运产品体系、提升服务质量和更好地满足不同层次市场运输需求奠定了坚实基础，同时高速铁路推动以高速铁路新城为中心的服务业加快发展，促进商贸物流、旅游休闲、地产开发、金融创新、商务会展、文化展示、法律咨询等服务功能的不断完善，形成更大的消费需求，从而带动了第三产业的发展。

3. 对珠三角地区财政收支的影响

1）整体性评价

高速铁路开通给城市带来经济效应的同时也影响了城市的财政收支情况，下面是对总体财政收支情况的分析。图3-9列示了2008—2016年珠三角地区城市财政收支的总体情况。

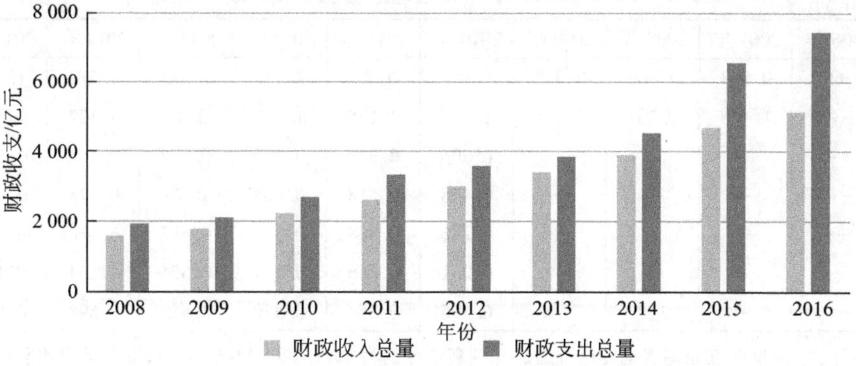

图 3-9　2008—2016 年珠三角地区城市财政收支总体情况

总体来说，高速铁路开通后珠三角地区的财政收支都有所增长，这与珠三角地区的GDP 稳步增长、经济稳步发展的趋势相一致。财政收入均小于财政支出，财政赤字明显，且二者差距不断加大。高速铁路的建设费用也是财政支出极其重要的一部分，包括高速铁路建成后投入使用的维护费用，这些都是促使财政支出增长较快的原因。

2）分城市财政收支影响

根据图 3-10，广州市的财政收支情况与珠三角地区整体情况基本一致，开通高速铁路后财政收支均稳步增长，且财政收支不平衡加剧，财政赤字逐渐增加。在高速铁路开通后的2~3 年内财政支出增长幅度明显大于财政收入，这是由于高速铁路的滞后效应带来的延迟反应，且整体财政收支情况与经济增长趋势相一致。在后期经济增长缓慢时期，广州市的财政支出增长超过财政收入增长，赤字扩大，政府通过加大支出来扩大收入的趋势更加明显。同时，在 2011 年和 2013 年高速铁路建成前后，政府的财政支出均有所提升。

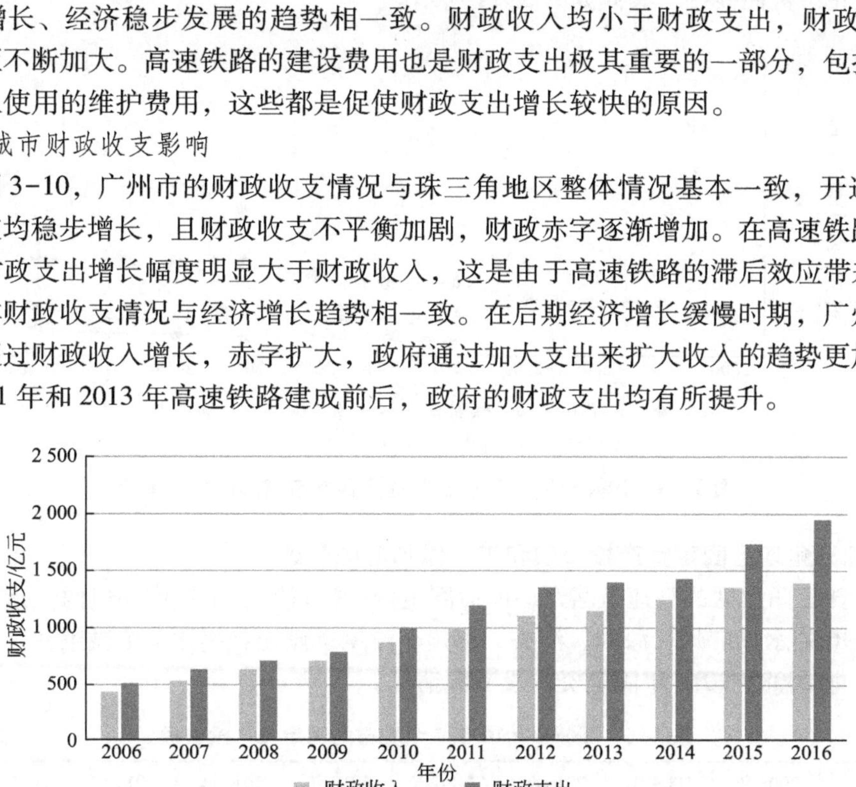

图 3-10　2006—2016 年广州市财政收支总体情况

4. 对珠三角地区房地产行业效益的影响

下面以珠三角地区的城市为研究对象，分析高速铁路开通对沿线城市商品房价格的影响。至 2016 年，珠三角地区开通高速铁路的地级市和副省级城市共 7 个，利用国泰安数据库和 EPS 数据库获取它们在高速铁路开通前后的商品房销售面积和销售额数据（由于数据的缺失，高速铁路开通后的数据截至 2016 年）。将获取的数据进行整理计算，得到珠三角地区开通高速铁路的 7 个城市商品房平均价格的数据如表 3-5 所示。

表 3-5 2006—2016 年珠三角地区各城市商品房平均单价 单位：万元/m^2

城市	2006 年	2007 年	2008 年	2009 年	2010 年	2011 年	2012 年	2013 年	2014 年	2015 年	2016 年
广州	0.655	0.867	0.866	0.935	1.192	1.21	1.316	1.533	1.572	1.461	1.638
深圳	—	1.405	1.267	1.461	1.917	2.135	1.959	2.44	2.472	3.394	4.515
潮州	—	—	—	—	0.306	0.369	0.405	0.532	0.501	0.532	0.548
汕头	—	—	—	—	0.428	0.518	0.604	0.73	0.678	0.737	0.79
汕尾	—	—	—	—	0.286	0.388	0.377	0.472	0.48	0.477	0.482
揭阳	—	—	—	—	0.251	0.266	0.334	0.356	0.354	0.407	0.492
惠州	—	—	—	—	0.496	0.554	0.579	0.585	0.598	0.616	0.799

注：广州高铁为 2009 年在京港客运专线开通；深圳高铁分别为 2011 年和 2013 年在京港客运专线和杭福深客运专线开通；其余城市高铁为 2013 年在杭福深客运专线开通。

为了更明显地观察这些城市在高速铁路开通前后商品房平均价格的变化趋势，利用以上数据得到变化趋势曲线图，具体如图 3-11 所示。

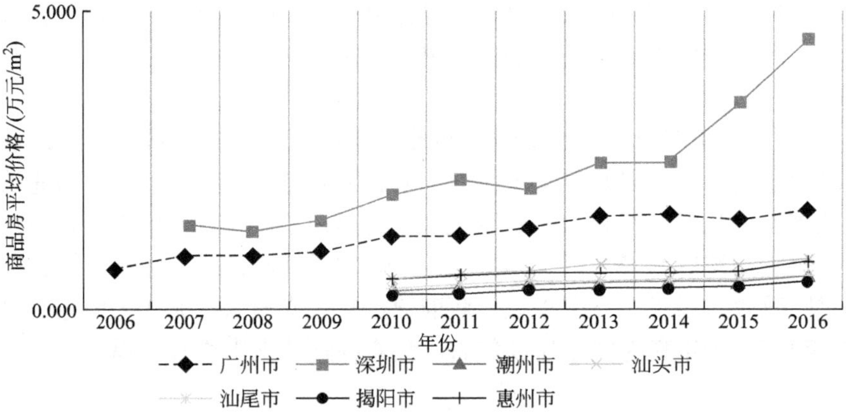

图 3-11 2006—2016 年珠三角地区各城市商品房平均单价

5. 对珠三角地区固定资产投资额和工业增加值的影响

下面对珠三角地区的高速铁路开通前后固定资产投资额、工业增加值两个指标进行对比分析。表 3-6 列示了广州、深圳、汕头、惠州、汕尾、潮州和揭阳 7 个城市在高速铁路开通前后数年，即 2008—2016 年固定资产投资额情况。

表 3-6 2008—2016 年 7 个城市的固定资产投资额 单位：亿元

城市	2008 年	2009 年	2010 年	2011 年	2012 年	2013 年	2014 年	2015 年	2016 年
广州	2 101.45	2 659.85	3 263.57	3 412.20	3 758.39	4 447.30	4 889.50	5 405.95	5 405.95
深圳	1 464.32	1 709.15	1 944.70	2 060.92	2 314.43	2 490.20	2 717.42	3 298.31	3 298.31
汕头	261.36	291.90	361.68	438.15	611.92	780.90	1 002.73	1 274.32	1 274.32
惠州	588.74	758.97	894.02	1 024.21	1 208.68	1 401.30	1 606.71	1 863.93	1 863.93
汕尾	206.27	289.43	366.99	329.65	391.56	462.09	500.97	585.20	585.20
潮州	128.31	162.98	182.78	198.94	224.16	253.63	313.01	391.95	391.95
揭阳	265.79	393.50	564.07	658.08	663.51	829.39	1 093.80	1 362.10	1 362.10

固定资产投资是一项筹建性的经济活动，其过程主要包括资产的新建及更新、扩建等环

节。固定资产投资是社会经济活动中固定资产再生的主要途径，并且其投资数额主要用来反映固定资产的投资规模、结构关系及使用方向。

由表 3-6 可知，2009 年京港客运线在广州开通，次年广州市加大了固定资产投资额，增幅达到了 600 亿元，相较于前后几年增幅最大；杭福深客运专线 2013 年在深圳等 6 个城市开通，这 6 个城市固定资产投资额增长速度较快，汕头在 2014 年突破了 1 000 亿元，相较于 2013 年的 780. 90 亿元增加了 220 亿元，揭阳也于 2014 年突破 1 000 亿元。

交通运输业作为国民经济中固定资产投资数额较大的产业，在固定资产投资过程中需要各种人力资本、物质资本等生产要素的投入，相关行业的市场需求扩大，创造更多的就业机会，不论是经济性基础设施还是社会性基础设施对经济增长都有促进作用。同时，一定规模数量的投资对于国民收入会产生连锁反应和推动作用，交通运输业的固定资产投资相应地会系统性增加对材料、机械等的需求，通过产业间的关联关系，材料、机械等行业生产与服务的需求和消耗也会增加，进而形成价值链上的效应，经济获得增长。高速铁路的建设，不仅需要投入于开通前期，也需要投入于开通后的维修和养护等方面，固定资产投资额的增加，在一定程度上说明了政府对该城市的高速铁路设施建设重视力度加强。此外，固定资产投资越多，城市工业发展越快和城市基础设施越完善，越有利于吸引农村人口向城市聚集；产业结构越高级，可吸引更多的人来城市就业。

表 3-7 列示了 2008—2016 年这 7 个城市的工业增加值情况。

表 3-7　2008—2016 年 7 个城市的工业增加值　　单位：亿元

城市	2008 年	2009 年	2010 年	2011 年	2012 年	2013 年	2014 年	2015 年	2016 年
广州	2 987. 65	3 241. 76	4 073. 35	4 008. 38	3 945. 18	4 446. 93	4 364. 66	4 535. 25	4 387. 90
深圳	4 207. 20	4 014. 36	5 015. 33	4 769. 43	5 107. 24	5 794. 50	6 252. 09	6 426. 39	7 108. 87
汕头	350. 05	389. 59	483. 20	416. 86	510. 21	599. 23	660. 49	694. 62	785. 21
惠州	614. 67	674. 76	881. 16	1 013. 54	1 173. 97	1 423. 20	1 475. 02	1 617. 38	1 763. 69
汕尾	73. 78	88. 55	112. 34	183. 10	185. 74	222. 14	231. 47	245. 10	246. 70
潮州	143. 00	152. 41	194. 91	215. 79	241. 49	301. 41	329. 88	352. 08	377. 20
揭阳	236. 92	307. 48	512. 46	547. 05	685. 73	878. 55	974. 68	1 054. 89	1 062. 21

由表 3-7 可知，2009 年京港客运线在广州开通后，相较于之前每年 3%～10%的增幅甚至存在工业增加值减少的情况，2010 年工业增加值较 2009 年增幅达到了 25. 65%，突破了 4 000亿元大关；2013 年杭福深客运专线在深圳等 6 个城市开通后，每个城市的工业增加值也较往年增幅较大，惠州和揭阳更是在年均增长 150 亿元的基础上，2013 年较 2012 年分别增加了近 250 亿元和 200 亿元。

这 7 个城市均以轻工业为主，它们所在的珠三角工业区，位于我国东南沿海，同香港、澳门毗邻，靠近东南亚，同时是著名的侨乡，有利于吸引海外华人投资。高速铁路开通这一项交通基础设施建设增强了区域的运输能力，提高了区域范围内的要素吸纳能力，使区域市场紧密统一，缩小了区域城市间的相对差异，从而促进了高速铁路区域经济带的产生，有利于工业的发展。因此，在高速铁路开通后，大部分城市的工业增加值增长幅度在开通当年迅速增长，增速也较往年加快。

3.4.2 以沪昆高铁为例

沪昆高速铁路，简称沪昆高铁，又名沪昆客运专线，是一条连接上海市与云南省昆明市的高速铁路。沪昆高铁由上海虹桥站至昆明南站，全长 2 252 km，也是《中长期铁路网规划》(2016 年版）中“八纵八横”高速铁路主通道之一，是中国东西向线路里程最长、速度等级最高、经过省份最多的高速铁路。2009 年 2 月，沪昆高铁沪杭段正式开工，标志着沪昆高铁正式开工；2016 年 12 月 28 日，沪昆高铁贵昆段正式开通运营，标志着沪昆高铁全线正式通车。

2010 年沪昆高铁上海至杭州段开通，2014 年桐乡至长沙段开通，2016 年湘潭至昆明段开通。本节首先选取了 2014 年开通的桐乡至长沙段中 5 个城市，即海宁、义乌、南昌、萍乡和长沙，分析高速铁路对较发达城市和欠发达地区经济效益的影响。其次，将 2014 年开通的桐乡至长沙段沿线所有城市在高速铁路开通前后的经济情况进行对比分析，以验证部分地区经济效应分析结论的合理性。

1. 城市总体经济发展水平

选取城市生产总值、城市工业增加值两个指标量化城市经济发展水平。城市生产总值反映一个地区领土范围内所有常住单位在一定时期内所生产和提供最终使用的产品与劳务的价值，用于反映经济规模；城市工业增加值用于衡量一个地区工业发展状况与规模，反映工业生产活动的最终成果。

表 3-8 列示了海宁、义乌、南昌、萍乡和长沙 5 个城市在高速铁路开通前后三年（以沪昆高铁建成通车的 2014 年为起点），即 2011—2017 年生产总值及其增长率、工业增加值的情况。

表 3-8 2011—2017 年沪昆高铁沿线五城生产总值及其增长率、工业增加值

城市	数据	2011 年	2012 年	2013 年	2014 年	2015 年	2016 年	2017 年
海宁	生产总值/亿元	531.27	575.62	633.65	668.48	700.23	744.09	866.07
	增长率/%	11.00	9.10	9.50	7.20	6.70	6.40	8.00
	工业增加值/亿元	281.36	294.43	316.94	333.42	331.20	341.36	317.98
义乌	生产总值/亿元	729.68	806.03	882.87	971.47	1 045.05	1 131.80	1 155.18
	增长率/%	10.50	10.20	9.60	9.50	9.00	7.70	7.40
	工业增加值/亿元	256.59	284.30	305.60	324.70	320.70	329.10	316.00
南昌	生产总值/亿元	2 688.87	3 000.52	3 336.03	3 667.96	4 000.01	4 354.99	5 003.19
	增长率/%	13.00	12.50	10.7	9.80	9.60	9.00	9.00
	工业增加值/亿元	761.23	967.26	1 159.48	1 380.64	1 451.84	1 611.50	1 764.59
萍乡	生产总值/亿元	658.15	733.06	798.33	864.95	912.39	998.28	1 070.50
	增长率/%	14.30	11.80	9.30	8.60	8.90	9.10	8.90
	工业增加值/亿元	399.23	404.75	428.75	459.57	464.21	492.79	474.09
长沙	生产总值/亿元	5 619.33	6 399.91	7 153.13	7 824.81	8 510.13	9 323.70	10 535.51
	增长率/%	14.50	13.00	12.00	10.50	9.90	9.40	9.00
	工业增加值/亿元	2 662.47	3 051.94	3 352.34	3 574.93	3 228.21	3 727.18	4 01.47

高速铁路开通释放了传统交通运输方式的压力，促进客货运分流，高速铁路的客运承载

量大大提升，普通列车的客运线路有所减少，相应增加了普通列车的货运量，提高了运输效率，物流业发展加快，满足了更大的市场需求，直接推动了线上线下商品贸易的发展。不仅如此，高速铁路还节省了商品进出各站点城市的运输时间和运输费用，提高了市场信息搜寻效率，促使区域贸易增加，商品市场融合加快，商品贸易范围更广。同时，高速铁路必然加速沿线城市的商贸流通，异地商品可获得性增强，购物消费成本降低，经常性的异地购物成为可能。此外，在交通条件改善影响观念、引导消费升级和截流部分消费的背景下，商贸体系自身不断优化结构，提高区域竞争力，以满足新的消费需求。尤其是以零售商品闻名全国的海宁和义乌，在高速铁路的带动下面向更广阔的市场，加快了商品流通的速度。

2. 城市经济实力

城市经济实力可依据人均 GDP、财政总收入来判定。人均 GDP 为城市生产总值与城市总人口之比，用于反映一个地区个人产值的状况，反映经济发展水平；财政总收入，用于反映政府收入水平，主要体现城市经济实力发展带来的收入。

表 3-9 列示了海宁、义乌、南昌、萍乡和长沙 5 个城市在高速铁路开通前后三年，即 2011 年至 2017 年人均 GDP 和财政总收入的情况。

表 3-9　2011—2017 年 5 个城市人均 GDP 和财政总收入

年份	海宁		义乌		南昌		萍乡		长沙	
	人均 GDP/元	财政总收入/亿元	人均 GDP/元	财政总收入/亿元	人均 GDP/元	财政总收入/亿元	人均 GDP/元	财政总收入/亿元	人均 GDP/元	财政总收入/亿元
2011	80 286	71.79	98 127	90.19	53 023	411.19	—	—	79 530	688.95
2012	86 609	—	107 420	101.46	58 715	500.16	—	—	89 903	796.58
2013	94 912	94.26	116 688	109.66	64 678	558.02	42 515	109.80	99 570	883.89
2014	99 556	108.49	127 280	119.02	70 373	638.30	45 867	117.06	107 683	1 003.08
2015	103 718	121.12	135 882	128.33	75 879	727.20	48 133	130.48	115 443	1 113.49
2016	109 575	123.88	89 146	130.69	82 472	790.80	52 330	135.64	124 122	1 231.02
2017	126 251	135.55	89 695	142.06	93 000	782.82	55 767	149.16	131 207	1 403.29

高速铁路建设属于大型基础建设项目，高速铁路建设期间需要大量劳动力；大量的钢铁、水泥等材料需求推动相关企业加大生产，为更多劳动力提供了就业岗位；建设期劳动力人数众多，刺激了沿线地区餐饮、生活必需品的消费，带动相关行业的就业人数增加；高速铁路建成通车后，沿线城市时空距离拉近，人员、物资流动加快，第三产业蓬勃发展。人口流动增加，带动了旅游业的发展，为观光、餐饮、住宿、购物等服务行业提供大量的就业岗位，解决了劳动力就业问题。同时，显著的区位优势还带动了地区的招商引资和产业转移，这也将提供大量的就业岗位。据统计，高速铁路建设每增加 1 亿元投入，就会增加就业岗位 6 500 个左右。因此，高速铁路的开通，带动了沿线城市就业率的上升，社会产品和服务的产出总额增加，人均 GDP 随之增加；服务业、工业等主要行业也在高速铁路的带动下蓬勃发展，增加了当地的财政收入。

3. 城市社会经济发展水平

选取城市规模以上工业的财务指标、旅游总收入、城市客运总量 3 个指标量化城市社会经济发展水平。城市规模以上工业的财务指标用于反映企业的发展能力和当地的经济实力；

旅游总收入从侧面衡量地区的交通发展对于旅游业的贡献水平；城市客运总量是一个地区年度客运量的总和，反映该地区与外界的交流状况，在一定程度上也反映该地区的运输基础设施等情况。

高速铁路首先对自身产业发展具有拉动作用。高速技术本身就属于工业范围，建设铁路能够促进电力工业、冶金化工工业、计算机工业、电子通讯工业等相关产业技术的发展。据统计，高速铁路每投入 1 亿元，工业总产出将增加 0.7 亿元。因此，随着高速铁路产业的发展，各地的规模工业企业主营业务收入也有所增加（尤其是在 2011—2014 年），同时也意味着规模工业企业的利税总额逐年增多（见表 3-10），给当地经济和财政收入都带来了不可忽视的积极影响。

表 3-10　2011—2017 年 5 个城市总体经济发展水平

城市	数据	2011 年	2012 年	2013 年	2014 年	2015 年	2016 年	2017 年
海宁	规模以上工业企业主营业务收入/亿元	1 038.93	1 094.73	1 250.07	1 350.79	1 347.26	1 398.37	1 595.68
	规模以上工业企业实现利税总额/亿元	70.44	67.71	99.90	110.82	122.08	137.15	135.58
	旅游总收入/亿元	92.69	108.00	129.65	143.75	169.68	200.37	224.80
	铁路客运量/万人	197.00	179.00	166.00	188.00	190.00	219.00	244.00
义乌	工业企业单位数/个	616	662	789	837	826	761	680
	规模以上工业企业主营业务收入/亿元	617.93	667.82	—	801.93	734.58	720.49	564.22
	规模以上工业企业实现利税总额/亿元	69.04	65.55	60.90	79.80	78.05	79.80	59.83
	旅游总收入/亿元	103.20	118.75	131.00	151.00	186.30	216.70	250.60
	铁路客运量/万人	43.25	31.18	22.59	24.91	36.35		
南昌	工业企业单位数/个	939	1 016	1 034	1 086	1 227	1 303	1 473
	规模以上工业企业主营业务收入/亿元	3 316.94	3 855.03	4 506.83	5 072.23	5 472.38	6 110.85	6 223.85
	规模以上工业企业实现利税总额/亿元	322.58	391.14	461.56	566.24	585.33	—	—
	旅游总收入/亿元	142.52	198.60	271.99	387.25	537.60	816.80	1 204.60
	铁路客运量/万人	1 420.00	1 401.00	2 372.55	2 415.21	2 941.00	3 126.00	3 515.00
萍乡	规模以上工业企业主营业务收入/亿元	1 190.97	1 340.63	1 514.45	1 641.98	1 682.10	1 740.00	—
	规模以上工业企业实现利税总额/亿元	178.57	222.10	256.16	202.81	277.90	195.20	—
	旅游总收入/亿元	65.49	79.92	111.10	143.10	196.98	263.84	476.03
	铁路客运量/万人	230.86	220.90	250.13	276.45	310.70	326.30	359.28

续表

城市	数据	2011 年	2012 年	2013 年	2014 年	2015 年	2016 年	2017 年
长沙	工业企业单位数/个	2 218	2 281	2 540	2 593	2 710	2 794	2 889
	规模以上工业企业主营业务收入/亿元	5 361.22	6 683.38	7 758.84	8 807.19	9 638.36	10 610.79	11 371.98
	规模以上工业企业实现利税总额/亿元	1 128.26	1 257.18	1 431.12	1 515.49	1 590.73	1 548.49	—
	旅游总收入/亿元	582.82	783.10	1 006.30	1 192.10	1 351.50	1 534.83	1 770.06
	铁路客运量/万人	530 700.00	523 700.00	565 500.00	582 800.00	730 500.00	771 500.00	834 000.00

除此之外，高速铁路开通打破了原有的交通运输格局，对交通运输业造成了巨大影响。高速铁路具有方便快速、安全舒适、运量大等显著优势，与传统铁路、公路和航空相比，具有极强的市场竞争力。随着高速铁路的开通，5 个城市的铁路客运量明显增加，同时对传统普通铁路造成的负面影响也较为明显。传统普通铁路速度较慢、停靠站点较多、停靠时间较长、列车环境较差等问题，导致乘客出行时间较长，乘车舒适度较低。高速铁路开通大大节省了乘客出行时间，并且干净舒适的乘车环境也成为更多乘客出行的选择。高速铁路运输对客流量的分流，使传统交通运输的市场份额减少。但高速铁路对普通铁路客流量的分担，也进一步释放了普通铁路的交通运输能力，有利于客货运分流，提高铁路货运效率。

再次，高速铁路的开通导致出游人数增加，带动了五地旅游业务的增长。海宁历史悠久，且出了不少名人，尤其是王国维的故居静安精舍，更是海宁旅游业的一个金字招牌，每年都有无数的周边游客慕名前来。因此，对于海宁县这座小城市来说，其旅游资源得以更深的挖掘和更广的传播，成为周边城市居民短途出行的选择之一，其 7 年之内的旅游收入更是翻番。同时，随着交通的便利，义乌与上海、杭州这些城市的经济关联更为紧密，尤其在短途旅游购物方面，义乌周边的“1 小时经济圈”发挥了更大的拉动作用。同时，义乌站作为沪昆高铁、沪昆线的一个站点，是去横店影视城最方便的一个火车站。

综合上述分析，沪昆高铁在海宁、义乌、南昌、萍乡和长沙的开通，在早期，加强了区域之间的可达性，增强了城市间的经济业务往来，扩大了设站城市的经济活动范围，设站城市显现出高速铁路对区域经济增长的带动效应，生产总值增加，城市经济实力增强。但在形成增长极的同时，一些要素流出的城市会出现经济发展的负面效应，尤其是对于三、四线城市而言，虹吸效应显著，因此，海宁、义乌和萍乡这三个县级（市）的生产总值增速有所放缓。在中长期，高速铁路的开通对一些敏感性产业有较强的推动作用，如旅游业、餐饮业等，使得当地商贸业务发展、就业岗位增加，人均对生产总值的贡献增加。

3.5　高速铁路经济效应的实证检验

对于高速铁路经济效应的实证检验主要从宏观、中观和微观三个维度展开。其中，宏观效应主要利用 2007—2017 年全国各地级市的面板数据检验高速铁路的开通与地级市经济增长之间的关系。中观效应仅选用与高速铁路开通直接相关及间接相关的行业，利用相关行业 2007—2017 年 A 股上市公司（剔除金融保险行业，ST、*ST 公司）的数据进行分析，研究高速铁路的开通与不同行业经济发展之间的关系。微观效应利用全行业 2007—2017 年 A 股上市公司（剔除金融保险行业，ST、*ST 公司）的数据进行分析，研究高速铁路的开通与沿线企业绩效之间的关系，并进一步探究在不同产权属性、企业所在地区不同市场化进程、不同城市规模下，高速铁路开通对企业绩效的不同影响。

3.5.1 宏观层面经济效应的实证检验

1. 研究设计与模型设定

高速铁路的规划建设属于国家战略，如今交错纵横的高速铁路网络已经连接了全国超过一半的地级市，而高速铁路建设的安排外生于城市一级行政单位特征，城市层面无法影响铁道部门的建设方案与实施。对于沿线上的地级市来说，铁路规划部门在决定是否开通高速铁路时主要看该城市是否在要规划的高速铁路路线走向连线上及站点相隔时间安排，受地区经济情况影响相对较小。换句话说，沿途地级市的经济发展水平并非是决定该城市是否开通高速铁路的直接原因，即便有影响，本节也采用双重差分模型来排除这一影响。本节以各地级市作为研究对象，探究高速铁路的建设对沿途城市经济带来的效应，在一定程度上避免交通设施与经济发展间的反向因果关系导致的内生性问题。本节将高速铁路的建设开通作为一项“准自然实验”进行分析。

1）模型设定

高速铁路的开通作为一个政策项目，会带来两部分的空间影响，一是随着时间变化与大体经济走势而产生的时间效应部分，二是因为高速铁路建设开通带来的高速铁路政策效应部分。由于影响一个城市经济发展的因素很多，其中还受到本身已存在的经济基础条件、资本与劳动力流动、科技创新水平等影响，因此本节构建计量模型，在控制其他因素影响的基础上再来检验高速铁路开通对地级市经济发展的影响。同时，分析高速铁路对全国各城市区域的经济效应会涉及多方面的信息与数据，包括个体、时间与变量指标三方面的数据信息，而面板模型是一种可以同时容纳时间序列与横截面数据的模型，具有容量大和精度高等优点，相比单独的时间序列和截面数据有较高的自由度，模型估计精度较高，而且它还可以控制研究对象样本间的差异，反映研究对象在时间与截面两个维度上的不同特征，可以更好地识别并反映难以被发现的影响因素，能够分析、探究更加复杂的经济活动。

综合以上各方面，本节选择利用 2007—2017 年全国各地级市的面板数据进行建模。另外，城市高速铁路的开通不是集中在某一年度的，而是存在开通时间上的差异，因此采用面板数据建立双重差分模型，通过将“前后差异”和“有无差异”有效结合，一定程度上控制了某些除干预因素以外其他因素的影响；同时在模型中加入其他控制变量，又进一步控制了实验组（干预组）和对照组中存在的某些“噪声”影响因素，以此来补充“自然实验”在样本分配上不能完全随机这一缺陷，从而得到对实验（干预）效果的真实评估。这里使用不同的差异规范来评估高速铁路的开通与地级市经济增长之间的关系。

$$\mathrm{RPGDP}_{it}=\alpha_0+\alpha_1\mathrm{period}_{it}+\alpha_2\mathrm{city}_{it}+\alpha_3\mathrm{period}_{it}\times\mathrm{city}_{it}+X_{it}+\varepsilon_{it}$$

其中，i 和 t 分别表示第 i 个城市和第 t 年；RPGDP_{it}表示高速铁路对城市的经济影响，本节以人均 GDP 增长率衡量经济效应，人均 GDP 增长率（RPGDP）依据本年人均 GDP 与上年人均 GDP 的差值除以上年人均 GDP 计算得到；period_{it}表示时间虚拟变量，在高速铁路通车以前赋值为 0，高速铁路通车以后赋值为 1；系数 α_1 表示全部城市被解释变量从初期到末期的变化情况；city_{it}表示地区虚拟变量，如果该城市处于“四纵四横”线路上，那么其值为

1，否则为 0；系数 α_2 表示与高速铁路通车无关的地区效应；地区虚拟变量和时间虚拟变量的交乘项 $period_{it} \times city_{it}$ 表示双重差分的估计量；系数 α_3 表示高速铁路的开通对经济发展的影响；X_{it} 表示其他控制变量，是指影响人均 GDP 增长率的其他因素；ε_{it} 表示随机扰动项。

对于控制变量 X_{it}，选取人力资本、固定资产投资（替代资本投入）、技术水平、产业结构、财政支出为控制变量（见表 3-11）。人力资本（education）用教育支出占总财政支出的比例表示；固定资产投资（lnasset）用实际固定资产投资的对数进行度量；技术水平（r&d）用科学技术经费支出（统计年度内全社会实际用于基础研究、应用研究和试验发展的经费支出）占总财政支出的比例进行度量；产业结构（industry）依据各市第三产业产值与第二产业产值的比值计算所得；财政支出（lnfiscal）根据各市实际财政支出的对数计算得到。

表 3-11　控制变量定义

变量	名称	含义
education	人力资本	教育支出/财政支出
lnasset	固定资产投资	实际固定资产投资的对数
r&d	技术水平	科学技术支出/财政支出
industry	产业结构	第三产业产值/第二产业产值的比值
lnfiscal	财政支出	实际财政支出的对数

2）研究样本与数据来源

本节基础样本统计数据主要来自 2008—2018 年《中国城市统计年鉴》中的“地级及以上城市统计资料”及 2008—2018 年的《中国统计年鉴》。根据《中国城市统计年鉴》的数据，整理得到 298 个地级以上城市 2007—2017 年的面板数据作为基础样本，相关变量均使用全市范围数据而非市辖区数据。本节将全国 298 个城市的经济数据分为实验组和对照组，实验组为“四纵四横”沿线的地级市，对照组为其余的所有地级市。因为高速铁路站点的建设一般在市郊区，距离中心城区有一段距离，所以本节选择全市数据进行分析，相比市辖区数据会更有说服力。

（1）京沪高铁（纵）

北京、廊坊、天津、沧州、济南、泰安、曲阜（济宁）、滕州（枣庄）、枣庄、徐州、宿州、蚌埠、定远（滁州）、滁州、南京、镇江、丹阳（镇江）、常州、无锡、苏州、昆山、上海。

（2）京哈高铁（纵）

北京、星火（北京）、顺义（北京）、怀柔（北京）、密云（北京）、兴隆（承德）、安匠（承德）、承德、平泉（承德）、牛河梁（朝阳）、喀左（朝阳）、奈林皋（朝阳）、朝阳、北票站（朝阳）、乌兰木图（阜新）、阜新、黑山（锦州）、新民（沈阳）、沈阳、铁岭、开原（铁岭）、昌图（铁岭）、四平、公主岭、长春、德惠（长春）、扶余（松原）、双城（哈尔滨）、哈尔滨。

（3）京港客运专线（纵）

北京、保定、石家庄、邢台、邯郸、安阳、鹤壁、新乡、郑州、许昌、漯河、驻马店、信阳、武汉、咸宁、岳阳、长沙、衡阳、郴州、广州、深圳、香港九龙。

（4）杭福深客运专线（纵）

杭州、绍兴、余姚、庄桥（宁波）、宁波、奉化、宁海（宁波）、三门县（台州）、临海、台州、温岭、雁荡山（乐清）、绅坊（乐清）、乐清、永嘉（温州）、温州、瓯海（温州）、福鼎、霞浦（宁德）、福安、宁德、罗源（福州）、连江（福州）、福州、福清、涵江（莆田）、莆田、仙游（莆田）、惠安（泉州）、泉州、晋江、厦门、前场（厦门）、角美（漳州）、漳浦（漳州）、云霄（漳州）、诏安（漳州）、饶平（漳州）、潮汕（漳州）、汕头、潮阳（汕头）、普宁、葵潭（揭阳）、陆丰、汕尾、鲘门（汕尾）、惠东（惠州）、深圳。

（5）青太客运专线（横）

太原、阳曲（太原）、寿阳（晋中）、盂县（阳泉）、井陉县（石家庄）、鹿泉、石家庄、藁城（石家庄）、辛集、衡水、景州（衡水）、德州、平原（德州）、禹城、齐河（德州）、济南、邹平、淄博、临淄（淄博）、青州、潍坊、高密、胶州、青岛。

（6）沪汉蓉高铁（横）

上海、昆山、苏州、无锡、常州、丹阳、镇江、南京、全椒（滁州）、合肥、六安、麻城（黄冈）、武汉、天门、仙桃、潜江、荆州、宜昌、恩施、重庆、遂宁、成都。

（7）沪昆高铁（横）

上海、嘉兴、杭州、桐乡、海宁、诸暨、义乌、金华、衢州、江山、上饶、鹰潭、抚州、南昌、高安、新余、宜春、萍乡、醴陵、长沙、湘潭、韶关、娄底、邵阳、怀化、铜仁、黔南州、贵阳、安顺、黔西南州、盘州、曲靖、昆明。

（8）徐兰高铁（横）

徐州、萧县（宿州）、永成（商丘）、砀山（宿州）、商丘、民权（商丘）、兰考（开封）、开封、郑州、巩义（郑州）、洛阳、渑池（三门峡）、三门峡、灵宝、华山（华阴）、渭南、西安、咸阳、杨陵（咸阳）、岐山（宝鸡）、宝鸡、东岔（天水）、天水、秦安（天水）、通渭（定西）、定西、榆中（兰州）、兰州。

2. 实证结果及分析

1）描述性统计（见表3-12）

表3-12 描述性统计

变量	N	最小值	最大值	平均数	标准差
RPGDP	3 119	0	3.939 7	0.119 91	0.123 21
period	3 119	0	1	0.178 90	0.383 33
city	3 119	0	1	0.326 71	0.469 08
period×city	3 119	0	1	0.156 14	0.363 05
lnfiscal	3 119	10.437 9	18.139 3	14.416 32	0.882 20
lnasset	3 119	0	19.157 5	15.938 76	1.023 99
industry	3 119	0.094 3	4.236 7	0.818 39	0.422 53
r&d	3 119	0	0.317 4	0.013 33	0.016 50
education	3 119	0	7.710 0	0.148 64	0.152 08

由于个别城市部分年份的数据缺少，在数据处理过程中将无效值剔除，筛选后有效样本共3 119个。由表3-12的描述性统计数据可以看出，不同地级市的人均GDP增长率差异较大，平均增长率约为11.99%，人力资本、技术水平等存在较大差异。

2）基准回归分析

运用Stata 12.0，依次加入控制变量——固定资产投资对数（lnasset）、财政支出对数

(lnfiscal)、产业结构（industry)、教育支出占比（education)、科研支出占比（r&d）后进行回归，研究高速铁路对人均 GDP 增长率（RPGDP）的影响，模型(1)～模型(6) 给出了本节所有城市样本的回归结果，具体见表 3-13 所列。

表 3-13　高速铁路对 GDP 增长率的影响

<table>
<tr><th>解释变量</th><th>模型（1）</th><th>模型（2）</th><th>模型（3）</th><th>模型（4）</th><th>模型（5）</th><th colspan="2">模型（6）</th></tr>
<tr><td>period</td><td>-0.046***
(0.002)</td><td>-0.034**
(0.023)</td><td>-0.027*
(0.069)</td><td>-0.027*
(0.069)</td><td>-0.027*
(0.070)</td><td colspan="2">-0.027*
(0.069)</td></tr>
<tr><td>city</td><td>0.022***
(0.000)</td><td colspan="2">0.025***（0.000）</td><td>0.028***
(0.000)</td><td>0.028***
(0.000)</td><td>0.028***
(0.000)</td><td>0.028***
(0.000)</td></tr>
<tr><td>period×city</td><td>0.013**
(0.040)</td><td colspan="2">0.017***（0.009）</td><td>0.014**
(0.039)</td><td>0.014**
(0.039)</td><td>0.014**
(0.046)</td><td>0.014***
(0.009)</td></tr>
<tr><td>lnfiscal</td><td></td><td colspan="2">-0.019***
(0.000)</td><td>-0.001
(0.821)</td><td>-0.001
(0.844)</td><td>-0.001
(0.809)</td><td>-0.001
(0.802)</td></tr>
<tr><td>lnasset</td><td></td><td></td><td></td><td>-0.022***
(0.000)</td><td>-0.022***
(0.000)</td><td>-0.022***
(0.000)</td><td>-0.022***
(0.000)</td></tr>
<tr><td>industry</td><td></td><td></td><td></td><td></td><td>0.000
(0.936)</td><td>0.000
(0.929)</td><td>0.000
(0.950)</td></tr>
<tr><td>r&d</td><td></td><td></td><td></td><td></td><td></td><td>0.046
(0.756)</td><td>0.044
(0.762)</td></tr>
<tr><td>education</td><td></td><td></td><td></td><td></td><td></td><td></td><td>0.006
(0.680)</td></tr>
</table>

注：模型中每个变量估计值下方小括号内的值为 p 值，***、**、*分别表示在 1%、5%、10%的显著性水平内显著。下同。

从时间因素来看，在不加入任何控制变量的情况下，时间因素（period）的系数显著为负；在逐步加入控制变量以后，时间因素仍然为负并且稳定保持在 10%的显著性水平之上，说明我国人均 GDP 增长率有缓慢下降的趋势，这与该时期中国整体经济增长趋势变化一致。

从地区因素来看，在不加入任何控制变量的情况下，地区因素（city）的系数在 1%的水平上显著为正；在逐步加入控制变量以后，地区因素仍然显著为正，说明处理组人均 GDP 增长率普遍高于控制组人均 GDP 增长率，即经济发达城市经济增长率依旧增长。

从高速铁路因素来看，高速铁路因素即时间因素和地区因素的交叉乘积项（period×city)，在不加入控制变量的情况下，高速铁路对人均 GDP 增长率的影响较为显著；在逐步加入控制变量之后，高速铁路因素（period×city）的系数保持在 5%的水平上显著为正，表明高速铁路的开通显著提高了地区人均 GDP 增长率，成为地区经济发展的一个非常重要的引擎，同时控制变量的增加或减少不会在太大程度上影响交叉乘积项系数值。

从其他控制变量来看，对人均 GDP 增长率影响相对显著的是固定资产投资对数，固定资产投资对数在 5%的水平上对人均 GDP 增长率的影响显著为负，说明固定资产投资额提高不利于人均 GDP 增长率的提高。产业结构、财政支出及教育、科研支出占比对人均 GDP 增长率影响不显著，可能由于全国城市自身特点差异较大，导致产业结构和财政支出方向不同。

综上所述，根据全国 298 个地级以上城市的面板数据回归结果，证明了在当前中国经济整体进入新常态背景下，高速铁路开通显著提高了沿线城市的人均 GDP 增长率，成为地区经济发展的一个非常重要的引擎。

3. 5. 2 中观层面经济效应的实证检验

高速铁路的建设对 GDP 的拉动效应在不同的行业具有不同的特征。首先，铁路建设投资对经济增长具有直接拉动作用，能够扩大内需，使产业链延伸并带动相关产业发展。在高速铁路建设投资过程中必然会促进一部分产业经济的发展，如钢铁产业、水泥产业、建筑业（铁路）、交通运输设备制造业产业等，这些产业都与高速铁路建设投资直接相关。根据国家统计局 2008 年发布的《铁路建设投资对国民经济拉动作用的计算分析》，可以发现在高速铁路建设过程中，建筑业（铁路）、交通运输设备制造业等产业所占比重极大，故将这些行业定义为通过铁路基础设施建设投资而带动的直接相关行业。而在高速铁路建设完成之后，因通行能力增加和行车条件改善，带来运输效率提高、运输费用降低、客货在途时间节约等由铁路使用者直接获得的经济效益将体现在各个行业之中，尤其是对与客流、资金流、信息流、技术流、知识流等关系密切的一些敏感性产业有很强的推动效应。而这些敏感性产业大部分是第三产业，如旅游业、房地产、零售业等。因此本节将旅游业、住宿和餐饮业等行业定义为间接相关行业。总之，这些产业都与高速铁路建设与开通密切相关。而其他行业虽然也会受到高速铁路开通所带来的影响，但是与交通业并不关联，如农、林、牧、渔业、卫生和社会工作等行业。表 3-14 列示了铁路建设投资产业构成情况。

表 3-14 铁路建设投资产业构成情况

投入产出部门	比重/%
木材加工及家具制造业	0. 05
金属制品业	0. 09
通用、专用设备制造业	2. 42
交通运输设备制造业	4. 71
电气、机械及器材制造业	0. 26
通信设备、计算机及其他电子设备制造业	1. 21
仪器仪表及文化办公用机械制造业	0. 24
建筑业（铁路）	91. 02
小计	100

资料来源：中国铁路经济规划研究院、国家统计局《铁路建设投资对国民经济拉动作用的计算分析》。

1. 研究设计与模型设定

鉴于 2008 年起我国的高速铁路建设才开始在全国展开，而全国主要铁路线中大部分铁路都在 2017 或 2018 年才完全开通，考虑到本节数据的可得性，并且为了保证每一条开通的高速铁路都至少有三年的数据来进行实证对比，因此本节将研究的主要目标选为京沪高铁、京港客运专线和东南沿海客运专线等四纵四横铁路线，并将其开通作为准自然实验，通过考察 2007—2019 年这些铁路沿线的企业在高速铁路开通前后的绩效水平的变化来揭示高速铁路开通对行业产生的经济效应。

为了检验高速铁路开通对不同行业所产生的影响，本节选用与高速铁路开通直接相关的行业——制造业，交通运输、仓储、邮政业及与高速铁路开通间接相关的批发和零售业，住宿和餐饮业，旅游业进行分析。本节借鉴李赍的处理方法，首先将开通高速铁路城市的上市公司作为处理组，将未开通高速铁路城市的上市公司作为控制组。其次，根据以下标准对观测值进行筛选：剔除金融保险类公司；剔除 ST、* ST 公司；本节将样本企业所属行业按照 2012 年证监会行业类型进行划分，并且根据前文在中观效应中的分析，仅保留与高速铁路开通相关的行业，剔除存在变量缺漏的样本。最终，对于相关行业，本节共得到 2 118 个制造业企业的 20 338 条数据，124 个批发和零售业企业的 1 382 条数据，74 个交通运输、仓储和邮政业企业的 824 条数据，9 个住宿和餐饮业企业的 79 条数据，41 个旅游企业的 256 条数据。本节所用的高速铁路线路数据（高速铁路开通时间、经过的城市等）来自国家铁路局网站，通过下载后手工整理得到；其他公司财务数据则来自 CSMAR 数据库和 WIND 金融数据库。

1）模型设定

新政策是否会对企业经济产生影响一般采用双重差分（DID）模型来分析，该模型是指在对实验对象进行某种处理后，通过对比实验前后的结果来评价处理的效果。本节将高速铁路开通作为一种“自然实验”，假设注册地位于两条高速铁路所建站点的地区的企业是“处理组”，而将注册地不在两条高速铁路所建站点的地区的企业称为“控制组”，基本假设模型为

$$q_{it}=\alpha_0+\alpha_1 \text{treat}_i \times \text{after}_t+\alpha_2 X_{it}+\alpha_3 u_i+\alpha_4 \lambda_t+\varepsilon_{it} \tag{1}$$

其中，i 表示城市，t 表示年份，q 为被解释变量，treat×after 为解释变量，若该企业注册地在高速铁路开通区域附近，并且在高速铁路开通之后，则 treat×after 为 1，否则为 0，X_{it} 为控制变量；λ_t 代表时间固定效应；u_i 代表城市个体固定效应；ε_{it} 表示随机扰动项。

2）变量解释

被解释变量：本节选用上市公司的托宾 q 值作为被解释变量，符号为 q，并在稳健性检验中用总资产收益率 roa 代替。

解释变量：本节以 treat×after 为解释变量，是高速铁路开通和时间的综合虚拟变量，衡量高速铁路开通对被解释变量的影响，即高速铁路开通对企业的效应，当企业注册地开通高速铁路且时间在高速铁路开通后取 1，否则为 0。

控制变量：综合以前学者的研究，本节选择的主要控制变量为企业上市年限（age）；企业规模（size），用期末总资产的自然对数表示；杠杆系数（lev），用总负债与总资产的比值表示；前 5 名股东持股比例和（h5）；投资支出（inve），用构建固定资产、无形资产及其他资产支付现金与总资产的比值表示；企业产权属性（soe），若为国有企业则 soe 为 1，否则为 0。

2. 基本实证结果

1）描述性统计

表 3-15 是对铁路相关行业企业主要变量的描述性统计结果，为了消除极端值的影响，本节对部分连续性变量按照 1%和 99%进行了缩尾处理。

表 3-15　对铁路相关行业企业主要变量的描述性统计

变量名称	观测数	平均值	标准差	最小值	最大值
q	22 879	2. 216 3	1. 403 3	0. 926 6	9. 330 1

续表

变量名称	观测数	平均值	标准差	最小值	最大值
roa	22 879	0. 043 2	0. 064 2	-0. 237 9	0. 217 8
size	22 879	21. 887 2	1. 214 6	19. 592 2	27. 120 9
age	22 879	8. 909 7	6. 688 4	0	29
lev	22 879	0. 420 7	0. 205 1	0. 050 6	0. 936 9
soe	22 879	0. 371 6	0. 483 2	0	1
h5	22 879	53. 420 7	15. 150 2	19. 442 4	89. 493 2
inve	22 864	0. 055 4	0. 049 6	0. 000 3	0. 238 8

从表 3-15 可以看出，就铁路相关行业而言，被解释变量托宾 q 值最小值为 0. 926 6，最大值为 9. 330 1，标准差较大，为 1. 403 3，这说明即使是就与高速铁路开通的相关行业而言，高速铁路开通对相关的不同行业企业的影响仍存在较大的差异。age 均值为 8. 909 7，表明企业上市年限的均值为 8. 9 年，而且标准差为 6. 688 4，表明不同企业的上市年限差别较大。lev 均值为 0. 420 7，表明大部分企业的资产负债率为 42. 07%左右；soe 均值为 0. 371 6，表明这些企业中有 37. 16%的都为国有控股。其他控制变量也都在较大范围内浮动，这为本节关于高速铁路的开通对不同行业所带来的经济效应是有所差别的研究提供了现实基础。

表 3-16 为分别对全部样本总体及本节中所认定的与高速铁路相关行业的部分样本的被解释变量托宾 q 值进行的描述性分析。

表 3-16 托宾 q 值的描述性分析

变量	观测数	平均值	标准差	最大值	最小值
总体 q 值	30 555	2. 195 9	1. 432 8	9. 330 1	0. 926 6
相关行业 q 值	22 879	2. 216 3	1. 403 3	9. 330 1	0. 926 6

从表 3-16 可以看出，样本总体和本节中所认定的与高速铁路相关行业的部分样本分别对应不同的均值。总体样本的托宾 q 值均值为 2. 195 9，而高速铁路相关行业的托宾 q 值均值则为 2. 216 3，略大于总体样本均值。同时对比发现，总体样本的标准差和相关行业的标准差均较大，这充分表明不同行业之间的差别较大，这进一步为本节的检验，即高速铁路的开通对不同行业所带来的经济效应是有所差别的提供了研究基础。

2）基本回归结果分析

本节首先通过模型(1)检验高速铁路开通对所有行业所带来的经济效应，为此本节以所有行业 A 股上市公司作为样本进行回归，其结果如表 3-17 第一列所示，然后本节筛选出与高速铁路建设开通密切相关的行业作为样本以检验高速铁路开通对这些行业的影响，并通过与模型(1)对比，探究高速铁路开通对二者的影响是否存在显著差异，其结果如表 3-17 第二列所示。

表 3-17　高铁开通对全行业、相关行业的经济效应

变量	模型(1) q	模型(2) q
treat×after	0.048 2**	0.078 1***
	(2.18)	(4.25)
size	−0.670 2***	−0.472 0***
	(−51.65)	(−59.66)
age	0.126 0***	0.042 6***
	(37.96)	(29.28)
lev	0.420 6***	−0.508 3***
	(7.95)	(−11.29)
h5	−0.015 3***	−0.001 6***
	(−20.23)	(−2.84)
inve	0.751 0***	0.401 7**
	(5.07)	(2.43)
constant	16.110 1***	11.489 9***
	(50.13)	(73.01)
year effect	Yes	Yes
industry effect	Yes	Yes
N	30 528	22 864
R_squared	0.312	0.298

从表 3-17 可以看出，模型(1)和模型(2)的被解释变量 treat&after 的系数符号都显著为正，这说明无论是对与高速铁路建设开通密切相关的行业而言，还是对全行业来说，高速铁路开通都能对其带来显著的经济效应。通过对比可以发现，相关行业的系数在 1%的水平上显著，而总体样本的系数在 5%的水平上显著，同时相关行业的系数远大于总体样本的系数，两组间系数差异检验结果显著。因此可以推测，高速铁路开通对全行业和对相关行业所产生的经济效益是存在显著差别的。由于高速铁路的建设需要不断用到原料、零部件、装备、基建、机械等多方位服务，同时高速铁路开通后客流量的增大会推动沿线地区的旅游和酒店服务等第三产业的繁荣，相对于全行业来说，高速铁路开通对相关行业所带来的市场机会更大，经济效应更强。

3. 进一步分析

在验证高速铁路开通能给相关行业带来显著的经济效应的基础上，接下来本节进一步将相关行业分为直接相关行业和间接相关行业，其中直接相关行业为制造业，交通运输、仓储和邮政业；间接相关行业有批发和零售业、住宿和餐饮业及旅游业，检验高速铁路开通对直接相关行业和间接相关行业的不同影响。

表 3-18 为本节按照不同行业对被解释变量进行描述性分析的结果。

表 3-18　托宾 q 值的描述性分析

相关行业	观测数	平均值	标准差	最大值	最小值
制造业	20 338	2.250 3	1.424 5	9.330 1	0.926 6
交通运输、仓储和邮政业	824	1.880 1	1.216 2	9.330 1	0.926 6

续表

相关行业	观测数	平均值	标准差	最大值	最小值
批发和零售业	1 382	1. 900 2	1. 097 8	9. 330 1	0. 926 6
住宿和餐饮业	79	2. 363 3	1. 590 9	9. 330 1	1. 087 0
旅游业	256	2. 255 7	1. 324 2	9. 330 1	0. 926 6
合计	22 879	2. 216 3	1. 403 3	9. 330 1	0. 926 6

从表 3-18 可以看出，制造业，批发和零售业，交通运输、仓储和邮政业，住宿和餐饮业，旅游业这 5 个不同的行业均值差别较大。住宿和餐饮业均值最高，为 2. 363 3，旅游业和制造业的均值分别为 2. 255 7 和 2. 250 3。但是批发和零售业，尤其是交通运输、仓储和邮政业的均值则较小，分别为 1. 900 2 和 1. 880 1。这充分表明不同行业之间的差别较大。同时可以发现，这 5 个行业中住宿和餐饮业、旅游业、制造业的托宾 q 值的标准差较大，均超过 1. 3，而批发和零售业，交通运输、仓储和邮政业的标准差则大约为 1，这也进一步说明不同行业间差别较大，这为本节关于高速铁路的开通对不同行业所带来的经济效应是有所差别的检验提供了研究的基础。

为了检验高速铁路开通所带来的经济效应更多地体现在直接相关行业方面还是间接相关行业方面，本节分别按直接相关行业和间接相关行业进行回归分析。表 3-19 给出了本节所进行的回归分析结果，模型(1)是对相关行业全样本进行分析，即将本节中所认定的所有相关行业全部放在一起进行回归分析；模型(2)则对本节所认定的直接相关行业的样本进行回归分析，即对属于制造业，交通运输、仓储和邮政业的样本合并进行回归；模型(3)则对本节所认定的间接相关行业的样本进行同归分析，即将属于批发和零售业、住宿和餐饮业及旅游业的样本合并进行回归分析。

表 3-19　回归分析结果

变量	模型(1) *q*	模型(2) *q*	模型(3) *q*
treat×after	0. 078 1***	0. 088 2***	0. 103 5***
	(4. 25)	(4. 57)	(3. 17)
size	−0. 472 0***	−0. 474 1***	−0. 326 7***
	(−59. 66)	(−56. 75)	(−33. 85)
age	0. 042 6***	0. 047 5***	0. 003 9**
	(29. 28)	(30. 25)	(2. 01)
lev	−0. 508 3***	−0. 526 4***	−0. 950 1***
	(−11. 29)	(−11. 00)	(−13. 81)
h5	−0. 001 6***	−0. 001 6***	−0. 005 6***
	(−2. 84)	(−2. 64)	(−6. 96)
inve	0. 401 7**	0. 278 5	0. 536 6**
	(2. 43)	(1. 61)	(2. 03)

续表

变量	模型(1) q	模型(2) q	模型(3) q
constant	11.489 9***	11.514 1***	9.225 4***
	(73.01)	(69.32)	(48.30)
year effect	Yes	Yes	Yes
industry effect	Yes	Yes	Yes
N	22 864	21 147	9 381
R_squared	0.298	0.297	0.332

从表3-19可知，模型(1)，即相关行业全样本研究的解释变量的系数为正，并且通过显著性检验，说明高速铁路的开通能够对本节所认定的这些相关行业带来显著的经济效应。与此同时，模型(2)和模型(3)的解释变量系数也都为正，并且均在1%的水平上显著，进一步说明高速铁路开通对直接相关行业和间接相关行业均带来显著的经济效应。但通过对比可以发现，模型(3)的系数远远大于模型(2)，同时二者系数通过了组间系数差异检验，这表明高速铁路开通对直接相关行业和间接相关行业所带来的经济效应是有差别的。进一步地，高速铁路开通对间接相关行业所带来的经济效应明显大于对直接相关行业所带来的经济效应。

对于直接相关行业来说，由于高速铁路建设需要大量的相关制造产业、交通运输行业等进行配合，比如机车装备制造、铁路基础设施建设等，因此高速铁路建设一定会带动这些行业的发展。但是由于这些行业一般都是在高速铁路建设期间进行大量投资，因此高速铁路开通对这些行业所带来的经济效应大部分持续的时间很短。而高速铁路建设之后，除了可以降低运输成本，更多地是带来人员的流动，并且这种效应是长期的。而对于服务业，特别是旅游业、餐饮住宿业来说，这种长期的人员流动就是盈利的根本。因此相对于制造业，交通运输、仓储和邮政业这些直接相关行业来说，高速铁路开通对间接相关行业所带来的经济效应更显著。

为了进一步检验上述分析是否正确，下面将把5种相关的不同行业分开，分别进行回归分析。表3-20中模型(1)是对全样本进行分析，即将本节中所认定的所有相关行业全部放在一起进行回归分析，模型(2)则仅对属于制造业的样本进行回归分析，模型(3)仅对属于交通运输、仓储和邮政业的样本进行回归分析，模型(4)是仅对属于批发和零售业的样本进行回归分析，模型(5)是仅对属于住宿和餐饮业的样本进行回归分析，模型(6)是仅对属于旅游业的样本进行回归分析。

表3-20　分行业回归分析

变量	模型(1) q	模型(2) q	模型(3) q	模型(4) q	模型(5) q	模型(6) q
treat×after	0.078 1***	0.083 8**	0.237 7**	0.148 5***	0.566 9**	0.194 4**
	(4.25)	(2.28)	(2.48)	(3.38)	(2.39)	(2.33)

续表

变量	模型(1) q	模型(2) q	模型(3) q	模型(4) q	模型(5) q	模型(6) q
size	-0.472 0***	-0.501 3***	-0.314 2***	-0.471 8***	-0.861 8***	-0.459 2***
	(-59.66)	(-57.44)	(-8.56)	(-20.60)	(-4.89)	(-5.65)
age	0.042 6***	0.050 2***	0.010 0	0.016 8***	-0.007 2	0.013 3
	(29.28)	(31.23)	(1.28)	(4.27)	(-0.26)	(1.12)
lev	-0.508 3***	-0.531 4***	0.102 5	-0.312 1**	1.779 3**	-0.072 8
	(-11.29)	(-10.88)	(0.45)	(-2.35)	(2.00)	(-0.14)
h5	-0.001 6***	-0.002 5***	0.010 2***	0.002 2	-0.014 5	0.000 8
	(-2.84)	(-4.11)	(3.22)	(1.33)	(-0.85)	(0.14)
inve	0.401 7**	0.342 7*	-0.850 1	0.790 7	-4.753 3	3.881 5***
	(2.43)	(1.92)	(-1.19)	(1.35)	(-1.43)	(3.36)
constant	17.85***	18.60***	12.07***	16.18***	31.37***	17.86***
	(0.263)	(0.303)	(0.871)	(0.717)	(5.208)	(2.833)
year effect	Yes	Yes	Yes	Yes	Yes	Yes
N	22 864	20 324	823	1 382	79	256
R_squared	0.298	0.307	0.191	0.398	0.557	0.371

从表 3-20 可知，首先模型(1)的解释变量与本节上一个检验相同，系数为正，表明高速铁路开通能够对本节所认定的这些相关行业带来显著的经济效应。与此同时，模型(2)~模型(6)的解释变量系数也都为正，全部通过显著性检验，进一步说明高速铁路开通为这些行业带来显著的经济效应。但通过对比可以发现，模型(2)中的系数是这几个模型中系数最小的一个，而批发和零售业的显著性水平最高，住宿和餐饮业的系数在 5%水平上显著且最大，因此高速铁路开通对制造业确实能带来相应的经济效应，但相对于批发和零售业、住宿和餐饮业来说，这些效应较为微小。这一方面验证了高速铁路开通对产业所带来的经济效应，另一方面验证了本节所提出的高速铁路开通对间接相关行业所带来的经济效应比对直接相关行业所带来的经济效应更显著。

4. 稳健性检验

下面采用 PSM-DID 方法进行稳健性检验。由于 DID 方法假设只有在两组样本的考察变量具有相同的时间效应时，实验前后两组结果的变化才是政策处理效应。为了满足该前提假设，本节首先使用倾向得分匹配对处理组和控制组进行处理，从而保证处理组和控制组特征尽可能一致，排除样本选择偏误。另外由于在 2009—2014 年每年均有高速铁路开通，因此本节借鉴李贲的做法，在此基础上采用渐进 DID 模型来测量高速铁路开通对企业带来的经济效应。首先对于每一年的数据采用 PSM 方法为处理组寻找控制组，删除未匹配的数据；然后将匹配的结果对每个行业进行回归，回归结果与上文保持一致。表 3-21 列示了稳健性检验结果。

表 3-21　稳健性检验结果

变量	模型(1) q	模型(2) q	模型(3) q	模型(4) q	模型(5) q	模型(6) q
treat×after	0.079 3***	0.085 1***	0.228 4**	0.145 4**	0.566 9**	0.190 3**
	(4.25)	(4.29)	(2.29)	(2.29)	(1.99)	(2.09)
size	-0.476 6***	-0.505 0***	-0.333 5***	-0.475 5***	-0.861 8***	-0.459 5***
	(-58.92)	(-56.65)	(-8.62)	(-20.45)	(-4.89)	(-5.52)
age	0.042 3***	0.049 8***	0.010 8	0.016 6***	-0.007 2	0.013 5
	(28.72)	(30.60)	(1.33)	(4.19)	(-0.26)	(1.12)
lev	-0.509 8***	-0.539 9***	0.161 3	-0.306 6**	1.779 3**	-0.048 8
	(-11.10)	(-10.84)	(0.67)	(-2.26)	(2.00)	(-0.09)
h5	-0.001 7***	-0.002 7***	0.011 6***	0.002 6	-0.014 5	0.000 9
	(-2.89)	(-4.22)	(3.47)	(1.51)	(-0.85)	(0.16)
inve	0.441 8***	0.358 7**	-0.746 9	0.826 2	-4.753 3	3.872 6***
	(2.61)	(1.96)	(-1.01)	(1.34)	(-1.43)	(3.25)
constant	11.592 2***	12.189 0***	8.021 1***	11.460 3***	20.379 6***	11.110 1***
	(72.06)	(68.32)	(10.96)	(24.61)	(6.37)	(6.40)
year effect	Yes	Yes	Yes	Yes	Yes	Yes
N	22 133	19 656	788	1 358	79	252
R_squared	0.299	0.308	0.189	0.398	0.557	0.370

3.5.3　微观层面经济效应的实证检验

现有文献大都是从宏观或者中观层面探讨高速铁路开通对区域经济增长、就业、人口流动、产业结构等方面的影响，而很少有研究高速铁路开通对企业等方面影响的微观研究，特别是企业的经济效应。因此本节尝试在以下方面做出贡献：第一，从高速铁路开通的微观层面进行讨论，主要检验高速铁路开通对企业经济绩效的影响。第二，本节考察了高速铁路对企业经济效应的异质性作用。考虑到国有企业的资源相对于非国有企业更加丰富，对高速铁路开通的依赖性相对较小，因此按照企业所有制性质分为国有企业和非国有企业，分别讨论高速铁路开通的经济效应。第三，在研究方法上，由于企业绩效可能与企业自身成长有关，因此本节尝试将高速铁路开通作为准自然实验，使用倾向得分匹配克服样本选择问题，在匹配之后进行双重差分，从而获得更准确的结果。

1. 研究设计与模型设定

1）样本选取与数据来源

本节的处理方法与研究中观层面高速铁路对行业所产生的经济效应的处理方法相同，具体方法请参见 3.5.2 节，只不过中观层面选用了相关行业的企业作为样本，而在本节则选用全部 A 股上市公司（剔除金融保险类公司，ST、*ST 公司）作为样本进行分析。最终，本节共得到 2 452 家公司的 30 555 条数据。

2）模型设定、变量解释

本节研究的模型设定、变量均与 3.5.2 节相同，具体模型与变量参见 3.5.2 节。

2. 估计结果与分析

1）描述性统计

表 3-22 是主要变量的描述性统计结果，为了消除极端值的影响，本节对部分连续性变量按照 1% 和 99% 进行了缩尾处理。

表 3-22 描述性统计结果

变量名称	观测数	平均值	标准差	最小值	最大值
q	30 555	2.195 9	1.432 8	0.926 6	9.330 1
size	30 555	22.067 4	1.410 0	19.592 2	27.120 9
h5	30 555	53.517 2	15.616 2	19.442 4	89.493 2
lev	30 555	0.441 4	0.215 0	0.050 6	0.936 9
roa	30 555	0.041 6	0.063 9	-0.237 9	0.217 8
age	30 555	9.297 0	6.820 2	0	29
inve	30 528	0.051 9	0.049 7	0.000 3	0.238 8
soe	30 555	0.403 3	0.490 6	0	1

就企业绩效托宾 q 值而言，其最小值约为 0.93，最大值为 9.33，标准差较大，约为 1.43，这说明不同企业之间的托宾 q 值存在较大的差异。此外，其他控制变量也都在较大范围内浮动，这为本节关于高速铁路开通能给沿线企业带来经济绩效的研究提供了现实基础。

高速铁路开通的过程也伴随着企业落入高速铁路开通沿线区域的动态过程。通过企业的注册地是否在高速铁路开通站点所在省市来识别企业样本中的高速铁路沿线上市企业和非高速铁路沿线上市企业。由表 3-23 可以看出，高速铁路沿线上市企业数量、高速铁路沿线上市企业占总企业数的比例基本上呈现逐年上升的趋势，且在 2009 年上市企业进入高速铁路沿线附近区域占比首次超过 10%，2009—2019 年高速铁路沿线上市企业的数量占比大幅度增长。这说明了一个基本经济现象：随着高速铁路的逐步开通，越来越多的企业落在高速铁路沿线附近。同时也暗示了高速铁路的逐步开通可能对微观企业的发展产生政策影响。

表 3-23 2007—2019 年高速铁路沿线与非高速铁路沿线企业数量情况

年份	2007	2008	2009	2010	2011	2012	2013
高速铁路沿线上市企业数量/家	5	5	209	640	1 150	1 346	1 445
高速铁路沿线上市企业占比/%	0.39	0.36	14.22	35.63	55.47	60.14	64.71
上市公司总数/家	1 264	1 371	1 469	1 796	2 073	2 238	2 233
年份	2014	2015	2016	2017	2018	2019	
高速铁路沿线上市企业数量/家	1 541	1 672	1 914	2 268	2 469	2 452	
高速铁路沿线上市企业占比/%	67.71	68.36	70.65	72.93	76.82	76.79	
上市公司总数/家	2 276	2 446	2 709	3 110	3 214	3 193	

2）基本回归结果分析

表 3-24 报告了根据公式(1)进行的全样本估计的结果，模型(1)仅在控制了行业固定效应和时间固定效应的基础上检验了对解释变量 treat×after 的影响，模型(2)在控制了行业固定效应和时间固定效应的同时加入控制变量，检验了对解释变量 treat×after 的影响。

表 3-24　基本回归结果

变量	模型(1) *q*	模型(2) *q*
treat×after	0. 200 0***	0. 050 0**
	(10. 722 6)	(2. 265 2)
size		-0. 665 5***
		(-51. 219 8)
age		0. 124 4***
		(37. 394 5)
lev		0. 424 9***
		(8. 030 3)
h5		-0. 015 6***
		(-20. 520 0)
inve		0. 722 6***
		(4. 876 1)
soe		-0. 220 1***
		(-5. 657 1)
constant	2. 093 3***	16. 143 7***
	(182. 391 1)	(50. 258 2)
year effect	Yes	Yes
industry effect	Yes	Yes
N	30 555	30 555
R_ squared	0. 004 2	0. 312 9

由表 3-24 可知，最重要的解释变量 treat&after 的估计系数均大于 0，并且通过了显著性检验，由此可知，高速铁路开通会对沿线企业带来正的企业绩效，即高速铁路开通确实会给沿线企业带来经济效益。

高速铁路开通对企业带来的经济效应主要分为两大方面：首先，高速铁路开通会增加各种资源的流通途径，增加企业获得资源的机会，从而使资源配置更有效率，企业也可能获得更多的人才，社会分工也将更加精细化，从而直接有利于企业经济发展；其次，高速铁路开通极大地便利了货物的运输及区域的可通达性，提升了企业自身及合作伙伴的运输能力和效率，带来商品和要素的运输成本的降低，从而间接促进了该企业的经济发展。因此，高速铁路开通必然会给企业带来相应的经济利益。

3. 稳健性检验

为保证实证结果的稳健性，下面进一步做以下检验。

1）使用被解释变量的其他测算方式

在前文的回归估计中，使用托宾 q 值作为被解释变量的度量指标，这里使用企业总资产收益率(roa)作为被解释变量。结果显示：高速铁路开通给企业带来的经济效应依然显著。这表明，本节的核心结论不受被解释变量的选择的影响。表 3-25 是稳健性检验结果。

表 3-25　稳健性检验结果

变量	模型(1) roa	模型(2) roa
treat×after	0.014 9***	0.003 3***
	(6.978 2)	(2.999 6)
size		0.015 2***
		(23.053 1)
age		-0.003 1***
		(-18.587 1)
lev		-0.163 4***
		(-61.027 3)
h5		0.000 7***
		(17.674 9)
inve		0.091 9***
		(12.253 0)
soe		-0.014 5***
		(-7.355 9)
constant	0.049 2***	-0.248 8***
	(90.904 3)	(-15.311 0)
year effect	Yes	Yes
industry effect	Yes	Yes
N	30 555	30 555
R_squared	0.010 4	0.214 6

2）平行趋势检验

参考蒋灵多和陆毅的方法，对于本研究而言，双重差分法要求在高速铁路开通冲击之前，实验组和对照组企业的托宾 q 值维持基本平行的时间趋势。为此本节引入分组变量与高速铁路开通之前各年度虚拟变量的交叉项进行平行趋势检验（见表 3-26）。结果表明，在高速铁路开通之前，实验组与控制组企业托宾 q 值的差异没有发生显著变化，从而验证了双重差分方法的平行趋势假设。

表 3-26　平行趋势检验

变量	模型(1) *q*	模型(2) *q*	模型(3) *q*
treat×after	0.039 0*	0.049 1**	0.052 2**
	(1.677 2)	(2.162 4)	(2.321 5)
treat×afterb1	-0.045 2		
	(-1.507 9)		
treat×afterb2		-0.005 4	
		(-0.175 0)	

续表

变量	模型(1) q	模型(2) q	模型(3) q
treat×afterb3			0.016 3
			(0.514 3)
size	-0.665 7***	-0.665 5***	-0.665 6***
	(-51.228 9)	(-51.217 7)	(-51.221 7)
age	0.125 1***	0.124 5***	0.124 5***
	(37.295 4)	(37.269 4)	(37.395 3)
lev	0.425 4***	0.424 9***	0.425 0***
	(8.039 7)	(8.030 5)	(8.031 3)
h5	-0.015 6***	-0.015 6***	-0.015 6***
	(-20.504 5)	(-20.519 0)	(-20.514 6)
inve	0.723 5***	0.722 6***	0.722 6***
	(4.882 0)	(4.876 3)	(4.876 0)
soe	-0.220 0***	-0.220 1***	-0.220 1***
	(-5.654 5)	(-5.656 8)	(-5.657 0)
constant	16.146 5***	16.143 4***	16.142 5***
	(50.267 3)	(50.256 1)	(50.252 5)
year effect	Yes	Yes	Yes
industry effect	Yes	Yes	Yes
N	30 555	30 555	30 555
R_squared	0.313 0	0.312 9	0.312 9

3）反事实检验

借鉴范子英和田彬彬的研究，假设处理组样本高速铁路开通的年份都提前一年或者两年，如果“处理效应”依旧显著，说明企业经济效应的变化很可能来自其他政策的影响或者随机因素。回归结果显示：高速铁路开通对企业带来的经济效应并不明显的假设不成立，因此说明处理组与控制组的差异不是其他因素导致的，而是高速铁路开通所导致的。表3-27是反事实检验结果。

表 3-27　反事实检验结果

变量	模型(1) q	模型(2) q	模型(3) q
treat×afterb1	-0.061 0		
	(-1.142 8)		
treat×afterb2		-0.049 6	
		(-1.210 3)	
treat×afterb3			-0.039 0

续表

变量	模型(1) q	模型(2) q	模型(3) q
			(-1.135 9)
size	-0.665 8***	-0.665 7***	-0.665 5***
	(-51.238 5)	(-51.228 7)	(-51.214 5)
age	0.127 2***	0.127 2***	0.126 8***
	(40.975 2)	(40.974 3)	(40.774 6)
lev	0.426 5***	0.426 4***	0.426 1***
	(8.061 7)	(8.059 5)	(8.053 3)
h5	-0.015 6***	-0.015 6***	-0.015 6***
	(-20.511 8)	(-20.507 9)	(-20.523 5)
inve	0.725 9***	0.725 8***	0.725 4***
	(4.898 5)	(4.897 7)	(4.895 4)
soe	-0.219 1***	-0.219 2***	-0.219 2***
	(-5.631 4)	(-5.633 7)	(-5.635 2)
constant	16.150 2***	16.146 9***	16.149 5***
	(50.278 4)	(50.268 6)	(50.275 4)
year effect industry effect	Yes Yes	Yes Yes	Yes Yes
N	30 555	30 555	30 555
R_squared	0.312 9	0.312 9	0.312 9

4）采用 PSM-DID 方法

由于 DID 方法假设，只有在两组样本的考察变量具有相同的时间效应时，实验前后两组结果的变化才是政策处理效应。为了满足该假设，本节首先使用倾向得分匹配对处理组和控制组进行处理，从而保证处理组和控制组特征尽可能一致，排除样本选择偏误。此外，由于在 2009—2014 年每年均有高速铁路开通，因此本节首先采用 PSM 方法为处理组寻找控制组，在此基础上采用渐进 DID 模型来测量高速铁路开通对企业带来的经济效应。回归结果均与上文保持一致。表 3-28 为 PSM-DID 检验结果。

表 3-28 PSM-DID 检验结果

变量	模型(1) q	模型(2) q
treat×after	0.148 9***	0.199 3***
	(8.988 5)	(12.789 9)
size		-0.359 9***
		(-53.397 8)
age		0.036 4***

续表

变量	模型(1) q	模型(2) q
		(26.373 3)
lev		-0.794 7***
		(-18.923 2)
h5		-0.004 4***
		(-8.232 5)
inve		-0.753 5***
		(-4.794 2)
soe		-0.189 4***
		(-10.809 1)
constant	2.122 7***	10.338 8***
	(177.280 7)	(77.470 7)
year effect	Yes	Yes
industry effect	Yes	Yes
N	29 930	29 904
R_ squared	0.002 7	0.180 2

4. 进一步分析

1）基于企业产权属性视角的检验

根据企业实际控制人是否是国家政府机构，我国的企业可以分为国有企业和非国有企业两种形式。与非国有企业不同，国有企业的经营并不以创造更多利润、实现企业价值最大化为目标，而是需要承担更多的社会责任，实现特定的政治目的等。由于政府关系的存在，国有企业在日常经营中受到国家的扶植和支持力度更大，同时也更容易获得各种资源。因此企业产权属性的差异可能会导致高速铁路开通对企业带来的经济效应存在差异，本节将样本分为国有企业和非国有企业分别进行讨论，并对比两种情况下相关解释变量的系数。

表 3-29 报告了基于企业所有制视角的检验结果，模型(1)是对所有样本，包括国有企业和非国有企业合并进行回归所得到的结果，模型(2)是仅对非国有企业的样本进行回归所得到的结果，模型(3)是仅对国有企业的样本进行回归所得到的结果。

表 3-29　分国有企业与非国有企业检验结果

变量	模型(1) q	模型(2) q	模型(3) q
treat×after	0.050 0**	0.097 2***	0.017 1
	(2.265 2)	(2.909 1)	(0.638 6)
size	-0.665 5***	-0.704 9***	-0.675 3***
	(-51.219 8)	(-37.648 2)	(-36.411 2)
age	0.124 4***	0.155 8***	0.106 2***
	(37.394 5)	(27.998 0)	(26.190 9)

续表

变量	模型(1) q	模型(2) q	模型(3) q
lev	0.424 9***	0.657 3***	−0.085 0
	(8.030 3)	(8.912 6)	(−1.140 3)
h5	−0.015 6***	−0.016 3***	−0.005 1***
	(−20.520 0)	(−15.088 2)	(−4.482 2)
inve	0.722 6***	0.445 3**	1.292 9***
	(4.876 1)	(2.197 7)	(6.446 5)
constant	16.143 7***	16.869 7***	15.746 3***
	(50.258 2)	(32.938 3)	(36.747 8)
year effect industry effect	Yes Yes	Yes Yes	Yes Yes
N	30 555	18 226	12 329
R_squared	0.312 9	0.349 7	0.312 1

由表 3-29 可知，只有全样本和非国有企业样本的系数显著为正，国有企业的解释变量系数最小，而非国有企业的解释变量系数最大，这说明相对于国有企业来说，高速铁路开通对非国有企业所带来的经济效益更大、更明显。非国有企业由于缺乏较可靠的信用保证，并且在资源获取市场竞争中处于劣势，因此即使非国有企业的效率高于许多国有企业，依然可能无法获得融资而被迫退出市场，使各种资源和市场机会流向低效率的国有企业。而高速铁路开通能在很大程度上缓解这种现象，高速铁路能够极大地促进不同区域、不同企业之间人才及资本的流通，加强企业间合作，满足非国有企业对资源的需求，从而极大地促进非国有企业效率的提升，带来巨大的经济效益。

2）基于市场化进程视角的检验

为了检验企业所属城市的市场化程度的不同是否会导致高速铁路开通对企业带来不同的经济效应影响，本节将样本企业所在城市按市场化程度进行划分，以樊纲等人发布的《中国分省份市场化指数报告（2016）》为标准。为避免特殊年份对市场化指数的影响，选取2008—2014 年各省、市、自治区市场化指数平均值为各地市场化进程评判标准，以市场化指数的中位数为界区分市场化进程，将城市划分为市场化程度高和市场化程度低两种类型。表 3-30 为按市场化程度的高低分别进行的描述性统计结果。

表 3-30　市场化程度的描述性统计

变量名称	观测数 （企业数量）	平均值	标准差	最大值	最小值
q（市场化程度高地区）	25 186	2.225 9	0.020 4	9.330 1	0.926 6
q（市场化程度低地区）	5 369	2.189 5	0.008 9	9.330 1	0.926 6

从表 3-30 可以看出，市场化程度高的地区有 25 186 个样本，而市场化程度低的地区仅有 5 369 个样本，因此上市公司大部分都位于市场化程度高的地区。这与上市情况也较为相

符，一般上市公司都会设立在比较发达的地区，比如北京中关村、上海外滩等商业发达地区聚集了大量的上市公司，这有利于商业往来。同时可以发现，市场化程度高的地区托宾 q 值的均值为 2.225 9，大于市场化程度低的地区的均值 2.189 5，这进一步验证了数据的准确性。因为市场化程度高的地区的公司规模或者公司价值一般都会明显大于市场化程度低的地区，比如聚集在北京新浪、联想、百度等公司的公司价值或规模肯定明显大于西部商业不发达地区的公司。同时由于市场化程度高的地区的公司数量众多，从而导致市场化程度高的地区的托宾 q 值的方差大于市场化程度低的地区。

表 3-31 报告了基于市场化进程视角的检验结果，模型(1)是对所有样本，即将市场化程度高和市场化程度低两种情况合并到一起进行回归所得到的结果，模型(2)是仅对市场化程度高的样本进行回归所得到的结果，模型(3)是仅对市场化程度低的样本进行回归所得到的结果。

表 3-31　基于市场化进程视角的检验结果

变量	模型(1) *q*	模型(2) *q*	模型(3) *q*
treat×after	0.050 0**	0.073 5***	0.063 2
	(2.265 2)	(2.894 7)	(1.215 1)
size	−0.665 5***	−0.640 8***	−0.819 1***
	(−51.219 8)	(−43.322 0)	(−28.215 4)
age	0.124 4***	0.119 6***	0.143 5***
	(37.394 5)	(31.341 5)	(20.357 2)
lev	0.424 9***	0.452 0***	0.286 9**
	(8.030 3)	(7.605 9)	(2.420 2)
h5	−0.015 6***	−0.016 5***	−0.009 3***
	(−20.520 0)	(−19.543 4)	(−5.133 7)
inve	0.722 6***	0.476 5***	1.350 0***
	(4.876 1)	(2.900 4)	(3.940 7)
constant	16.143 7***	15.568 7***	19.061 9***
	(50.258 2)	(42.242 9)	(26.429 3)
year effect	Yes	Yes	Yes
industry effect	Yes	Yes	Yes
observations	30 555	25 186	5 369
R_ squared	0.312 9	0.315 7	0.354 7
N	2 949	2 508	441

从表 3-31 可知，市场化程度高的样本公司的系数在 1%的水平上显著，而市场化程度低的样本并不显著，同时市场化程度高的地区的企业的解释变量系数最大，这说明相对于市场化程度低的地区，高速铁路开通为市场化程度高的地区的企业所带来的经济效益更大、更明显。从样本分布可以发现，大部分上市公司均分布在市场化程度较高的地区，高速铁路开通有利于这些地区上市公司间的交流，促进了人才的流动，降低了出行

成本和空间摩擦力，提高了人流、物流克服空间距离的能力，各城市间也更加容易以经济为纽带，形成经济聚集区，形成协同效应。而在市场化程度低的地区，由于虹吸效应的存在，更多的人会向市场化程度高的地区流动，因此高速铁路开通对市场化程度低的地区所带来的经济效应并不明显。也就是说，地区的市场化程度越高，高速铁路开通对沿线企业所带来的经济效益越明显。

3）基于城市规模视角的检验

为了检验城市规模的差异是否会导致高速铁路开通对企业带来的经济效应产生不同的影响，将样本企业所在城市按城市规模进行划分，根据 2016 年人口普查结果，按照《中国城市建设统计年鉴（2016）》对我国城市的分类标准，将企业注册地所在城市按照城市人口规模划分为超大、特大、大、中、小 5 种（其中小型城市上市公司数量较少，因此和中型城市合并为中小型城市），并按企业注册地所在城市的规模分别进行讨论，表 3-32 是按不同的城市规模对被解释变量进行的描述性统计结果。

表 3-32　不同城市规模企业的描述性统计

企业注册地城市规模	样本数	平均值	标准差	最大值	最小值
超大	7 133	2. 254 3	0. 018 0	9. 330 1	0. 926 6
特大	12 205	2. 188 7	0. 012 9	9. 330 1	0. 926 6
大	10 889	2. 164 9	0. 013 3	9. 330 1	0. 926 6
中小	328	2. 223 4	0. 078 5	9. 330 1	0. 926 6
总计	30 555	2. 195 9	0. 008 2	9. 330 1	0. 926 6

从表 3-32 可以看出，大部分的上市公司都集中在超大规模城市（7 133 个样本）、特大规模城市（12 205 个样本）及大规模城市（10 889 个样本），中小规模城市企业数量极少（328 个样本），并且随着城市规模的递减，被解释变量托宾 q 值的均值存在逐渐减小的趋势，这符合现实情况。

表 3-33 报告了基于城市规模视角的检验结果，模型(1)是对所有样本，即将各种不同大小的城市规模合并到一起进行回归分析所得到的结果，模型(2)是仅对超大型城市的样本进行回归分析所得到的结果，模型(3)是仅对特大型城市的样本进行回归分析所得到的结果，模型(4)是仅对大型城市的样本进行回归分析所得到的结果，模型(5)是仅对中小型城市的样本进行回归分析所得到的结果。

表 3-33　基于城市规模视角的检验

变量	模型(1) q	模型(2) q	模型(3) q	模型(4) q	模型(5) q
treat×after	0. 050 0**	0. 022 4	0. 025 5	0. 127 6***	0. 082 1*
	(2. 265 2)	(0. 313 8)	(0. 741 6)	(3. 389 8)	(1. 893 1)
size	-0. 665 5***	-0. 695 3***	-0. 655 8***	-0. 599 1***	-0. 906 4***
	(-51. 219 8)	(-25. 500 6)	(-30. 374 7)	(-27. 108 1)	(-6. 907 1)
age	0. 124 4***	0. 133 3***	0. 123 2***	0. 112 8***	0. 142 1***
	(37. 394 5)	(15. 632 4)	(23. 117 0)	(20. 995 2)	(4. 969 5)
lev	0. 424 9***	0. 844 8***	0. 268 9***	0. 272 7***	1. 402 8***

续表

变量	模型(1) q	模型(2) q	模型(3) q	模型(4) q	模型(5) q
	(8.030 3)	(7.220 1)	(3.186 9)	(3.087 4)	(3.464 5)
h5	-0.015 6***	-0.016 7***	-0.016 8***	-0.015 5***	-0.005 8
	(-20.520 0)	(-9.735 0)	(-13.630 5)	(-12.491 1)	(-0.841 6)
inve	0.722 6***	1.323 8***	0.359 8	0.735 8***	2.359 6*
	(4.876 1)	(3.767 3)	(1.549 9)	(3.137 2)	(1.889 7)
constant	16.143 7***	16.530 6***	16.762 7***	12.958 4***	19.881 1***
	(50.258 2)	(25.544 0)	(32.861 4)	(19.214 4)	(7.676 5)
year effect industry effect	Yes Yes	Yes Yes	Yes Yes	Yes Yes	Yes Yes
N	30 555	7 133	12 205	10 889	328
R_squared	0.312 9	0.331 5	0.326 4	0.323 2	0.434 3

从表3-33中可知，通过对比可以发现，超大规模城市的企业和特大规模城市的企业的解释变量系数为正，但是并未通过显著性检验，这说明高速铁路开通对特大及以上规模城市企业所带来的经济效应并不明显。模型(4)和模型(5)的解释变量系数均大于模型(1)的解释变量系数，并且都通过显著性检验。同时，可以发现模型(4)的系数及显著性明显大于模型(3)和模型(5)，这主要是因为对于超大城市和特大城市来说，由于本身的经济实力较强，城市内竞争激烈，企业生存成本偏高，开通高速铁路虽然会带来经济增长，但相较于其本身强劲的经济实力而言，提升作用并没有特别明显。而对于中小规模城市来说，虽然其本身的经济体量较小，开通高速铁路必然会带来经济效应，但是由于城市规模较小，高速铁路开通带来的更多的是便利出行的社会公益效应，而非经济效益。由此可以判断高速铁路开通对沿线企业所带来的经济效应明显受到城市规模的影响，并且并非城市规模越大，高速铁路开通所带来的经济效应越明显。

总之，本章基于我国高速铁路发展历程背景与高速铁路的经济优势，结合定性与定量方法展开分析。研究表明，高速铁路能够带来一系列的正面效应，如提升地域之间的可达性，带动生产要素的空间流动，产生产业集聚效应；促进区域经济的发展，产生区域效应。当然，后续研究表明高速铁路也会带来一定的负面效应，如虹吸效应，会使地域发展失衡，加剧极化效应。总之，在当前中国经济整体进入新常态背景下，各城市要抓住机遇，以高速铁路为支撑，打破城市之间的行政藩篱，推进统一大市场建设，着力消除市场壁垒。

第 4 章　高速铁路的社会效应

社会效应泛指某一个人或事物的行为或作用，通过引起他人或事情产生相应变化，进而导致的因果反应或连锁反应。广义的社会效应包括对社会、经济、文化、环境等多个方面的影响；狭义的社会效应主要是指通过某些特定因素的产生或变化而导致的对生活环境与政府服务的影响。

铁路通过交通通达性的改善，促进产业经济层面的精准扶贫；对沿线人口格局进行重塑，导致社会收入层面的差距变化；通过生活居住条件的改善，进一步影响生活中细致状态的改变。基于此，本章将高速铁路的社会效应定义为：因高速铁路的开通对居民出行质量，人员就业与人才流动，产业结构优化，辐射区内土地增值，西部开发、精准扶贫以及区域均衡发展，城镇化战略所产生的影响（见图 4-1）。

4.1　高速铁路社会效应的概念及分类

4.1.1　高速铁路社会效应的内涵

随着社会的不断发展，人们开始反思发展的目的。发展的最终目的是实现物质和精神上的双重进步，实现人类的全面发展。只关注经济效应的项目评价方法往往忽视人的感受，一些项目的建设虽然推动了经济的发展，但却严重影响了人们的生活质量。因此必须对项目进行全方位的社会评价。本章主要讨论狭义范畴的社会效应。

高速铁路作为国家重大交通基础设施，其社会效应既有传统交通运输方式的一般特点，也具有其独特的社会影响，主要体现在以下几个方面。

（1）广泛性

高速铁路的建设会深刻地影响其他行业的发展，不仅仅是铁路上下游产业链，其影响范围包括政治、经济、文化、社会、环境等领域，所以高速铁路的建设绝不仅仅是交通运输方式的进步。

（2）间接性

高速铁路的社会影响部分是以直接方式展开的，主要体现在高速铁路的技术优势方面，而主要的社会影响是以间接的方式展开的，通过市场与其他相关行业进行联系，间接带动相关行业和沿线区域的发展。

（3）长远性

高速铁路的社会效应显现是一个长期的过程，随着时间的推移，其社会效益体现的越来越明显，要从长远的角度对高速铁路社会效应进行评价。

基于此，本章将高速铁路的社会效应定义为：因高速铁路的开通对居民出行质量，人员就业与人才流动，产业结构优化，辐射区内土地增值，西部开发、精准扶贫及区域均衡发展，城镇化战略所产生的影响，具体如图 4-1 所示。

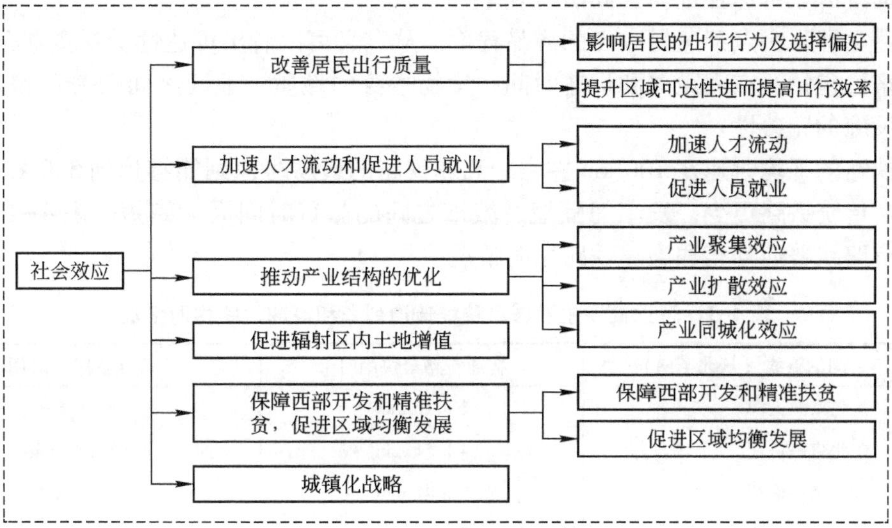

图 4-1　社会效应分类结构图

4.1.2　高速铁路社会效应的分类及表现

1. 改善居民出行质量

高速铁路开通会对居民出行行为产生影响。居民出行是指居民的外出旅行、观光游览，或者车辆、行人从出发地向目的地移动的交通行为。而高速铁路带来的居民出行行为效应具体包括两方面：一方面是高速铁路建成后，居民因高速铁路带来的交通设施改善而导致的出行行为及选择偏好改变，体现为高速铁路在满足社会存量需求的同时，进一步刺激出行增量需求；另一方面是区域可达性的提升提高了出行效率，方便了居民的出行进而改善了居民出行质量。

(1) 影响居民的出行行为及选择偏好

2008 年以来，中国高速铁路乘客人数平均每年增长 30%，截至 2021 年 6 月 30 日，京沪高铁开通运营 10 周年之际，京沪高铁累计开行列车近 120 万列，累计运送旅客 13.5 亿人。京沪高铁、京津城际等线路的全线提速，也进一步刺激了客流量的增长。高速铁路由于其具有的价格优势和定位准确性，不仅在中短途旅行中具有绝对优势，而且在长途旅行中也是乘客的重要选项之一。

全国铁路数据显示，2021 年动车组发送旅客 19.2 亿人，占国家铁路旅客发送量的 75.89%，远超过 2007 年的 45%。

高速铁路的开通在一定程度上缓解了春、暑运的压力。一方面，高速铁路每天成百趟列车运行，分担了既有线路的客运压力；另一方面，高速铁路打造的 8 h 交通圈，加深了城市之间的交流，缩短了城市之间的距离。

高速铁路路网的快速普及正在深刻影响着旅游的发展，陆续诞生了多条“高速铁路风景线”，如京沪高铁、沪昆宁高铁、杭深高铁、京广高铁、西成高铁、合福客运专线，以及广深港高铁香港段等。2018 年 9 月，携程 App 上线了“高铁游”频道，提供高速铁路沿线目的地城市酒店、景点、旅游线路、当地玩乐等产品预订服务，并推出平台购票、订酒店和部分景点门票折扣及返现等优惠。在全国范围内，旅企纷纷打起“高速铁路牌”，一批以高速铁路为卖点的旅游产品和服务正被推向市场。

（2）提升区域可达性进而提高出行效率

可达性，即从一点到达另一点的容易程度。从定义可以看出可达性受到多方面因素的影响，具体来说包括：空间距离和运输时间；货物本身的性质；地区之间的关系和开放程度；交通基础设施的完善性。

传统铁路的平均时速在 100 km 左右，高速铁路的最高时速则能够达到 350 km，并且沿途站点相对传统铁路更少，发车间隔短，城市之间的旅行时间大大缩短。表 4-1 是京沪高铁主要城市路线普通列车和高速铁路用时情况。

表 4-1　京沪高铁主要城市路线普通列车和高速铁路用时情况

主要城市之间的路线（从北至南）	普通铁路最快用时	高速铁路一般用时
北京—天津	1 h 16 min	35 min
北京—济南	4 h 51 min	1 h 45 min
北京—徐州	6 h 41 min	3 h 0 min
北京—南京	10 h 56 min	4 h 25 min
北京—苏州	14 h 6 min	5 h 25 min
北京—上海	15 h 10 min	5 h 40 min
天津—济南	3 h 30 min	1 h 12 min
天津—徐州	5 h 42 min	2 h 33 min
天津—南京	8 h 44 min	4 h 0 min
天津—苏州	10 h 42 min	5 h 5 min
天津—上海	11 h 37 min	5 h 30 min
济南—徐州	3 h 18 min	1 h 23 min
济南—南京	6 h 21 min	2 h 31 min
济南—苏州	8 h 23 min	3 h 32 min
济南—上海	9 h 18 min	4 h 7 min
徐州—南京	2 h 53 min	1 h 20 min
徐州—苏州	4 h 51 min	2 h 23 min
徐州—上海	6 h 0 min	2 h 51 min
南京—苏州	1 h 48 min	1 h 24 min
南京—上海	2 h 37 min	1 h 31 min
苏州—上海	0 h 49 min	0 h 26 min

从表 4-1 能够看出，各主要城市之间的旅行用时普遍下降了一半以上，全程节省时间超过 9 h，这有效压缩了时间和空间距离。济南到北京的时间被压缩到了 2 h 以内，南京到上海的时间也在 2 h 以内，北京和上海同周边城市的日常可达程度逐步深化，社会经济联系更加紧密。上海和北京作为中心城市，能够辐射的范围更加广泛，能够有效带动更大范围的区域发展。同时，高速铁路的高运营时速加快了生产要素的快速转移，增加了客运量。例如高速铁路使得乘客能够在更大规模的空间流动，从而使一些旅游景点的旅游客源市场扩大，

吸引更多游客到边远的优质景区进行旅游活动。

综上所述，高速铁路通达对居民出行质量的改善是通过影响居民的出行行为及选择偏好和提升区域可达性进而提高出行效率这两方面来实现的。

2. 加速人才流动和促进人员就业

知识经济时代，人力资本既是提高企业经营绩效和促进企业创新的基础，也是保持经济长期增长的关键因素。实际上，人力资本是创新的主体和信息流动的重要载体，特别是高附加值的创新往往依赖于人与人直接的接触和沟通。尽管如此，人才的才能能否得以发挥及最终可获得的报酬多寡往往受制于地区市场规模与企业规模的大小。因此，高速铁路的速度快、准点率高等优点能够促进时间价值高的人力资本流动，吸引高级人才到开通高速铁路的城市工作。所以说，高速铁路的开通有利于耦合区域经济、整合要素市场，并能够通过扩大市场规模和企业规模来促进企业人力资本的流动。

人们的居住、出行及企业的选址，首先要考虑交通的通达性。高速铁路沿线停靠地区必然会吸引更多的产业投资和人口居住，推动土地的开发利用。高速铁路的建设有助于改善区域内城镇的交通条件，在沿线交通节点地区形成新的交通区位优势，促进沿线设站城镇的发展，进而影响人口流动的态势。从长期来看，高速铁路的开通可以给沿线设站城市带来人口的流动和就业的增长，从而加速人才流动，促进人员就业。同时，人口的增加会带动相关服务业的发展，也会推动当地基础设施的完善和土地的商业开发。而土地的开发和服务配套设施的完善，又会进一步增强沿线设站地区的吸引力，从而加速人口和产业的集聚。

（1）加速人才流动

国内学者中，魏津生较早提出人口迁移的定义："发生在国内不同省、区或县（市、市辖区）之间的各类改变户籍登记常住地的人口移动及发生在各经济类型地区之间的和各自然类型地区之间的具有人口学意义的改变户籍登记常住地的人口移动。"2022 年我国高速铁路运营里程达到 4.2 万 km，居世界第一位，覆盖 95%的 100 万人口及以上的城市，是世界高速铁路线路最密集的国家之一。高速铁路作为一种与普通铁路相比拥有更快的运营速度的交通运输方式，在大幅降低旅客的出行时间成本、心理成本及其他交易成本的同时，极大地压缩了客运流通时间，进而缩小空间差距、改变区域空间特征，这种交通运输方式必然对人口格局产生重要影响，进而形成人口格局由分散向铁路沿线聚集、由中小城市向大城市聚集和由内陆地区向沿海地区聚集等现象。

近年来，我国省际人口流动规模呈扩大趋势，总体来看，东部地区是我国人口流入数量较多的地区，其流入人口数量约占全国省际总流动人口数量的 80%；而中部地区则是我国的主要人口流出地区，其流出人口数量占全国省际总流出人口数量的 45%左右。其中，东部地区人口流动主要集中在长三角、珠三角、京津冀等经济较发达地区；中部地区的河南、安徽是全国流出人口最多的省份，主要流入东部沿海地区；而西部地区流入人口规模较大的是四川、新疆和重庆，流出人口规模较大的是四川、贵州和重庆。

交通是人口流动的载体，我国人口流动的空间方向反映了交通旅客运输需求的主要方向，而高速铁路作为客运方式，日渐成为省际人口流动的主要运输工具。从我国人口流动的空间方向与高速铁路空间布局的走向关系来看，二者存在较强的空间吻合性，人口流动的主要方向指引了高速铁路空间布局的主要走向。

从我国已建高速铁路的空间分布来看，目前已建成通车运营的高速铁路线路多数位于我国人口分布较为密集的几个区域，如京津冀、长三角地区、珠三角地区，以及哈长地区、中原地区、武汉和长沙地区、成渝地区、东南沿海地区和北部湾地区等。目前全国 200 万以上人口（指城市非农人口）的城市已实现高速铁路全覆盖，如果以高速铁路站点服务范围 50 km或 1 h 计算，则现有高速铁路站点所服务的人口数已超过 50%。此外，我国还有一批在建高速铁路线路，同样也主要经过人口分布密集的地区，基本能够将我国人口集中分布的各大城市群连接起来，建成后我国高速铁路 50 km 或 1 h 范围内至少能覆盖全国 70%的人口。由此可见，我国目前已建和在建高速铁路的走向与人口空间分布基本吻合。

（2）促进人员就业

就业是指具有劳动能力的公民，依法从事某种有报酬或劳动收入的社会活动。我国人口众多，社会就业形势严峻，提高就业率一直是我国社会发展亟待解决的难题之一。就业是民生之本，是社会稳定的基石。国家出台一系列稳增长措施的根本目的是保就业，有就业才有收入，有收入才有好生活，才能使家庭更加稳定和谐。增进民生福祉是社会主义国家各项工作的根本，而增加就业就是保障民生的根本。从直接创造就业机会的角度来看，与高速铁路直接相关的产业，比如铁路基建、铁路装备制造、铁路科技研发、铁路运营维护和管理，这几大产业的就业人数相当庞大。高速铁路的建设与运营无疑为沿线提供了更多的就业岗位。据相关数据资料显示，日本新干线沿线地区的年就业增长率为 1.8%，而非沿线地区的年就业增长率则降低 0.5 个百分点。高速铁路开通与否深刻地影响了地区的就业情况，欧洲建设高速铁路的国家也呈现出这一规律。而高速铁路间接带动的就业人数则更加庞大，高速铁路沿线地区由于交通便利，解除了空间限制的优秀人才会越来越多地向沿线地区集中，以便寻求更好的发展机会。

新经济地理理论认为，较低的运输成本、较强的规模经济及较高的消费份额将促使产业地理集聚，在本地市场效应和价格指数效应下，会吸引更多的外地工人流入，地区的就业机会显著提升。高速铁路所带来的就业效应体现在供给与需求两方面，其中需求又可分为自身产业内部与产业外部两方面。劳动力供给方面，短期内高速铁路带来更高的可达性将增加员工的工作搜寻区域，使员工通过增加通勤距离的方式找到更好的工作，通过增加地区劳动力参与率的方式影响就业；长期而言，有高速铁路城市将逐渐改善居住周边公共设施的便利性，具有人口格局重塑效应，也会吸引一些员工在不改变现有工作的情况下从大城市搬迁至此，增加地区人口，产生劳动力池效应。劳动力需求方面，铁路项目是一项资金投入高度集中的经济行为，项目的建设期需要大量的劳动力参与，创造了大量的就业岗位，这直观地体现为产业内的就业效应。此外，铁路项目的建设对各种建筑材料与基本能源的需求增加，间接带来相关产业的就业效应，具体机理如图 4-2 所示。

3. 推动产业结构的优化

产业结构是指各产业部门在整个经济体系中的相互比例关系及它们内部构成的比例关系。产业结构布局合理与否是衡量生产效率和资源配置效率的重要标志。合理的产业结构是经济发展的动力来源，能够促进生产要素的有效利用，实现经济长期健康发展。产业结构的形成不仅取决于区域的内部条件，也受区域外部环境的影响。

产业布局导向主要是由运输条件决定的，交通运输便利的区域兼有其他生产力布局导向的优点，既能便利地获取原材料等自然资源，也能及时面向市场。也就是说，铁路交通基础设施建设是影响产业布局和一个区域产业结构的重要因素。通过点与点之间跳跃式配置资源要素，进而通过轴带功能，对整个区域经济产生拉动作用，从而解决区域经济发展的不均衡问题。通过“点”“轴”两要素的结合，在空间结构上出现由点而轴、由轴而面的格局，呈

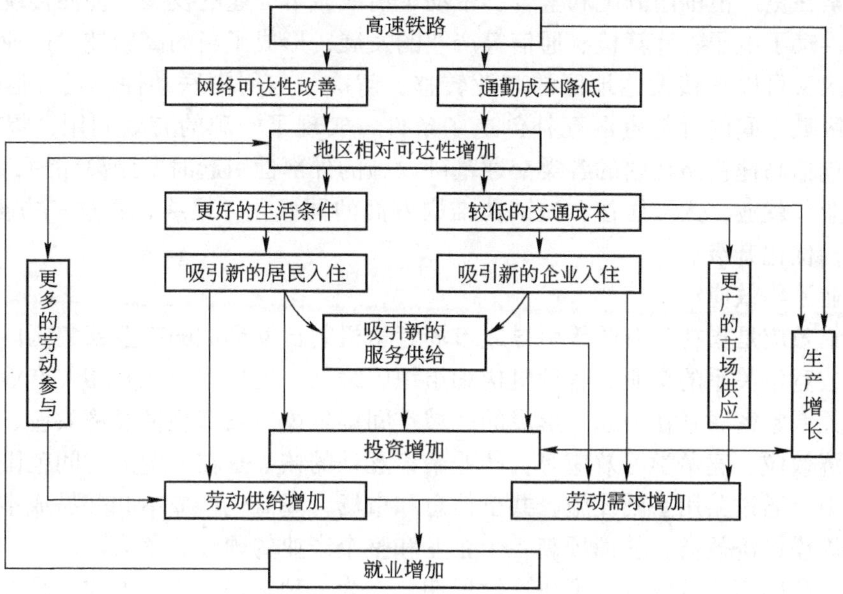

图 4-2　高速铁路影响就业的机理

现出一种立体结构和网格态势，这对于信息的横向流动和经济的横向联系有较大的优势。

高速铁路开通带来最直接的效果是城市之间移动的时间成本大大降低，这使得各个经济发展要素能够实现高速移动。在市场对经济的自动调节机制下，资源配置将会更加优化，随着生产效率的提升，相关产业也将得到进一步升级。

高速铁路对区域产业结构的作用机理如图 4-3 所示，高速铁路沿线区域产业结构调整优化的过程实质上也是产业集聚、扩散、同化的过程。

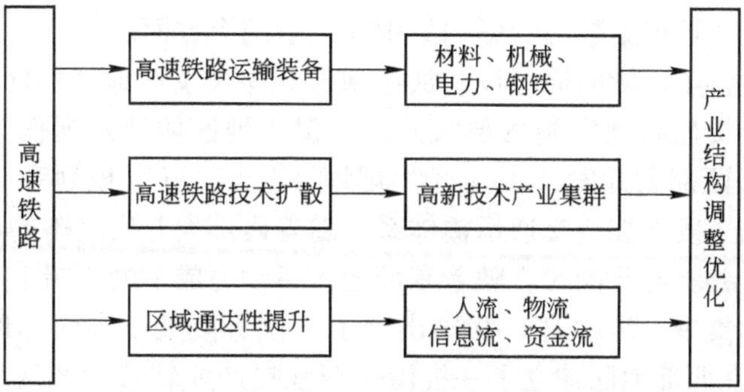

图 4-3　高速铁路对区域产业结构的作用机理

随着高速铁路的发展，高速铁路对于沿线地区产业发展的影响力逐渐增强，特别是对沿线地区产业结构调整的作用更加明显。一方面，高速铁路自身是一项高新技术的集成系统，大量的高科技技术在高速铁路的各个环节中得到了应用，充分展现了高速铁路的技术密集型特征。高速铁路系统中每一个零部件的生产，系统日常的运营、维护和检修都需要大量的高科技企业做支撑，能够带动一大批企业的发展，如钢铁、机械、材料等产业，并且与这些产业相关的其他产业也会随之发展，是促进第二、三产业发展的契机。另一方面，高速铁路的运营缩短了地区之间的时空距离，加强了不同区域之间的经济联系，带动了要素流动，有助于资源和要素在更广范围内分配和整合，带动了沿线城市产业的发展，促使传统产业向新兴行业转移，推动了电子、计算机、通信等产业的发展，形成了新的高新技术产业集群。相应的较落后地区又可以承接发达地区的产业转移，解决了与周围联动性不足、运输短缺的问题，为不同区域之间的优势资源互补创造了条件，实现了资源的有效利用，提高了经济效益。此外，包括高速铁路在内的各类交通基础设施的外部性引起时空距离缩短，并推动了城市群内部产业、就业、人口居住和城镇在结构方面的同城化。最终，在这三方面的作用下，促进产业结构优化升级。

（1）产业聚集效应

产业聚集效应是指在政府政策引导或市场竞争机制自发形成的产业聚集区内，不同类型的具有合作或竞争关系的企业、各种机构和组织围绕某一主导产业及其相关产业，通过纵横交错的网络关系紧密联系在一起，形成的区域空间集聚体，发挥规模经济效应、范围经济效应、外部经济效应、竞争学习效应等。产业聚集互动的核心是在一定的空间范围内，产业组织的高度集中，通过共用基础设施、共享信息和市场，降低生产成本和交易成本，实现范围经济效益和规模经济效益，从而提高各个企业和整个产业的国际竞争力。

近年来，我国高速铁路进入了快速发展期。作为一种新兴的运输方式，高速铁路的快速发展正在深刻地改变着我国的区域交通格局。高速铁路的建设为产业的集聚创造了良好的交通条件，使产业向有利于其发展的地区集中。作为增长极的产业都具有很强的产业联动性和关联性，需要其他的相关企业作为配套。

高速铁路能够使产业的纵向合作在更大范围内展开，更多的企业投入到产业合作中，更多的资源和要素得到流动。随着高速铁路的建成，区域经济增长中心的辐射范围显著扩大。凭借联动效应，高速增长的产业部门会带动与之相关的产业链沿着铁路线向外围扩展，沿线各地还会新建对应的关联产业，从事上下游产品或配套产品的生产。高速铁路大规模的新建及密度的提升，会进一步加大相关产业在区域发展中的聚集作用。

高速铁路对相关产业聚集效应的影响集中在以下两个方面。

一是高速铁路改善了区域的通达性，加速制造业向欠发达地区的转移和聚集。2000 年，中共十五届五中全会提出要把实施西部大开发、促进地区协调发展作为一项战略任务。此后，国家先后制定了西部大开发“十一五”规划、“十二五”规划和“十三五”规划，明确要求西部地区要加快发展综合交通运输体系。随着西部大开发战略的逐步推进，西部地区交通基础设施逐步改善。与此同时，随着东部地区劳动力成本的不断上升，中国制造业也逐步向西部地区转移和集聚。2010 年，我国出台了《国务院关于中西部地区承接产业转移的指导意见》，并先后在西部地区建立了一批国家级承接产业转移示范区。利用高速铁路，不仅能快速获取生产所需的原材料，同时也贴近消费市场，能够获取更多的信息。

二是高速铁路释放了普速铁路的大量运能，缓解了普速铁路的运输压力，改善了普速铁路的运输结构，使普速铁路在客货运上表现出新的优势。普速铁路运输量大、成本低，并且与企业其他运输方式紧密结合在一起，在综合运输体系中能发挥更大的优势。在铁路沿线和各个端点处能够布局更多的传统企业和现代企业，这样带来的产业集聚能更好地推动其他地区的发展。

高速铁路车站的建设使沿线城市成为当地的交通枢纽，由于其“高速度、大运量、高性能、公交化”等优势，加速了人才、信息、技术、知识、资金等资源的流通与传播效率，从而吸引了大量的物资流、资金流、人才流、技术流、信息流等向高速铁路车站附近聚集，众多商业投资蜂拥而至，在高速铁路车站及周边紧密分布，形成空间产业集聚。围绕高速铁路建设与运营，我国形成了一个庞大的高新技术产业集群，以国内十多家机车车辆装备制造骨干企业为核心，整合上下游相关配套企业资源，构成了数百家企业共同参与的高速列车技术装备制造产业链，一级配套企业辐射 12 个省区市，有 140 余家，二级配套企业达 500 余家，遍布 22 个省区市。各地方政府认识到高速铁路为装备制造技术创新带来了发展机遇，积极出台产业扶助和优惠政策，推动产业重组和集群化发展。比如，依托青岛四方机车车辆有限公司，青岛周边集聚了数十家高速动车组零配件制造企业；在长沙、株洲和湘潭形成了电力机车产业集群，促进了长株潭区域的经济一体化发展；山西则以大同机车厂为龙头，联合永济电机、晋西机器、太原重工、太原钢铁，形成了我国北方轨道交通生产基地和轨道交通装备产业集群。

高速铁路能增强沿线城市的吸引力，人口及产业迅速聚集，带动周边经济发展。新入驻企业之间不仅相互竞争，同时也能够相互协作、互补发展，共同为当地创造就业岗位，促进当地经济发展。比如，得益于高速铁路的修建，温州市瓯海区的环高铁站商圈核心区的重点商业（大象城国际商贸中心、港龙城市商业广场、站南商贸城、大西洋银泰城、现代农贸城等）已初具规模。该核心区已成为集现代物流、高端商贸、旅游集散等多功能于一体的高速铁路经济集聚区。

（2）产业扩散效应

产业扩散是指技术和生产方式沿交通轴向未工业化地区不断扩展和传播，从而带动周边地区的发展，缩小两者之间的差异。扩散效应以资源要素的流动为基础，要素流动的深度、广度决定了扩散效应的影响程度。高速铁路的建设使得各地之间的经济交流和联系更广泛，经济合作程度更深，为产业扩散提供了良好的外部环境，有利于产业沿铁路这条交通轴进行迁移，也有利于产业的扩散。一般来说，高速铁路沿线分布的大城市工业化和城市化水平都较高，但产业布局未必合理。从产业扩散的角度看，大城市人口拥挤，土地和劳动力成本高，一些劳动密集型的产业一直在与高新技术产业争夺土地资源，而中小城市恰好相反。高速铁路建成将有可能改善这种局面，区域间的距离不再遥远，更有能力把大城市的资源和一些劳动密集型产业转移到中小城市。经过产业迁移，一方面，为保留在大城市的产业提供更广阔的发展空间；另一方面，那些劳动密集型的产业能够在中小城市中找到新的发展点。企业也有热情利用高速铁路进行产业迁移，因为迁移所带来的土地和劳动力成本的节约，完全能够弥补运输带来的成本增加和时间损失。

因此，高速铁路对产业扩散的影响主要集中在以下两个方面。

一是高速铁路带动要素流动而产生的扩散效应。扩散效应的实现是以要素的流动来体现，高速铁路为要素的流动和扩散提供了载体，改善了要素流动的条件。一般而言，大城市在技术、资本、人才、信息等领域有优势，而中小城市的发展需要这些要素来补充。高速铁路建成之后，相较于以前，大城市的资本、技术、人才、信息能够更容易地流动到周边的中小城镇，为中小城市的发展提供动力。

二是由于拥挤和成本上升带来的扩散效应。由于大量人口在大城市集聚而产生“大城市病”，不仅不利于城市的发展，也给城市中的企业和个人增加了成本负担。成本的上升使得企业向中小城市扩散。企业沿着高速铁路朝周边地区布局既解决了企业成本较高的问题，同时便捷的交通运输条件也方便企业进入大城市，提升了高速铁路沿线地区的吸引力。

（3）产业同城化效应

同城化是指伴随着城市间交通的便捷化和时空距离的不断缩短，各个城市的行政边界趋于模糊，一个城市的基础设施和服务功能越来越多地被其他城市分享。一个城市的人流、物流、信息流、商务流越来越突破传统的行政区域界限，在更广的城市群区域内流动配置，形成了一个紧密联系、共存共荣的城市群或大都市经济体。

同城化效应是指在相邻地区或更大范围内发生重要的作用和联动效应，这是城市未来发展的趋势，而高速铁路路网的完善对这种趋势起到了非常大的促进作用。具有高速度、大运量、全天候等特点的高速铁路，缩短了城市与城市之间的时空距离，提高了从一个城市到达另外一个城市的便利程度，使得各城市圈不再是一个个割裂的个体，加快了区域经济一体化的进程。随着高速铁路的不断发展，城市之间的经济边界越来越模糊，一个城市的基础设施和其他职能能够和其他诸多城市共享，物资流动的范围也更加广泛，城市之间的合作更加紧密，从单一城市独自发展到多城市自主联合形成城市群共同发展，城市群中的各城市之间能够互相取长补短、分工合作，大大提高了各城市的发展速度。例如，京沪高铁开通之后，苏州到上海的时间不足 30 min，这不仅是能够接受的通勤时间，而且使苏州位于上海 1 h 经济圈范围内，得到了非常大的发展机遇。由于上海房价高昂，需求被挤出，许多人选择在距离上海比较近的苏州居住，为当地带来了许多人才和消费；同时，许多企业也出于上海地价高额的原因而选择在苏州设立工厂和研发基地，如博世、耐克、苹果等。通过承接上海的产业转移，苏州的经济发展更加健康和迅速，同时上海也淘汰了相对落后的产能，专注于发展金融业等第三产业和高精尖技术。城市群的城市之间相互呼应、联动，大大提高了效率。

此外，高速铁路通过距离弱衰减能够加速相邻城市的同城化进程，使得两地（城市）中的行为主体实现跨地（城市）当天往来通勤。例如，假设 6 h 为一个人在一天中可能承受的最长通勤时间，在没有高速铁路之前，按照单程 3 h 计算只能在城市内部活动，借助高速铁路出行后就可以实现当天到另外一个城市活动。由此可见，高速铁路能够促进相邻城市实现通勤、就业的同城化，进而促进两个城市之间形成“小时经济圈”，实现两个城市文化娱乐等消费同城化、产业投资发展同城化等。

通勤就业同城化是指跨城市的通勤就业，在很多国际大城市群是一种常态化的就业方式。一方面，高速铁路与城际轨道的发展为城市群内部跨城市通勤就业创造了条件。另一方面，由于大城市的产业不断向周边城市转移，助推了跨城市的通勤就业。伴随着通勤就业的同城化，劳动力要素在城市群内部的流动更加便利，劳动力市场将真正走向区域一体化。

产业布局同城化是指城市群内部的大城市将进一步聚集总部，发挥商务功能，生产、仓储物流外包布局到更具生产优势的周边城市，形成以价值链为导向的产业链分工，从而突破原有行政区划界限，共享不同城市的资源比较优势。

4. 促进辐射区内土地增值

高速铁路能够显著改善沿线地区的交通条件，促进沿线地区房地产产业的发展，土地需求增加，沿线地区的土地价值上涨。

高速铁路的开通使沿线城市可达性提升，城市的区位条件得以改善，对城市土地价值产生较大的影响。高速铁路大幅缩短两地时空距离，提高了沿线城市的可达性，使城市间的联系成本降低，沟通更加便利。在市场的驱动下，产业之间为提高效益、实现双赢而彼此合作，城市之间的经济联系加强，相邻地块间的联动和互补效益得以放大，进而演变成城市与城市之间相互促进、相互支撑的一体化有机发展模式，使城市间经济社会发展更有活力，经济效应明显加强，从而大大增加城市间的经济可达性，使沿线城市的土地价值不同幅度的上涨。

此外，高速铁路的建设在改善城市可达性、促进城市之间经济发展的同时，也强化了城市中各地区的通达性，即站区与周围其他地区的可达性。由高速铁路对站区的影响机理可知，高速铁路的建设带动站区的繁荣，站区随着开发时序的推进逐渐成为城市中经济活动繁荣和人口密度较高的地区，并且土地的集约利用程度较高，站区成为城市的新增长极。根据触媒理论，增长极对城市其他地区具有很强的带动作用，表现为旧城改造、新区开发与相关土地置换，改变土地利用方式，优化城市内部空间，提升城市的土地价值。

5. 保障西部开发和精准扶贫，促进区域均衡发展

高速铁路的开通对保障西部开发、精准扶贫及促进区域均衡发展有深远影响。

（1）保障西部开发和精准扶贫

习近平总书记创新性地提出了“精准扶贫”这一概念，国家逐渐将这一概念上升到政策层面。精准扶贫是相对于粗放扶贫的存在，指针对不同贫困区域环境、不同贫困农户状况，运用科学有效程序对扶贫对象实施精确识别、精确帮扶、精确管理的治贫方式。一般来说，精准扶贫主要是就贫困居民而言的，谁贫困就扶持谁。贫困可分为生理性贫困、地缘性贫困和环境性贫困三种，高速铁路的精准扶贫效应体现在消除地缘性贫困方面，主要分为两种方式：一方面，增加铁路里程建设，将贫困地区纳入经济快速发展区域的辐射范围，加快资源要素流通，破除城乡二元结构，间接地对贫困地区进行精准扶贫；另一方面，高速铁路企业通过对贫困地区进行对口援助，直接准确地对援助地区进行经济补贴，帮助贫困地区早日脱贫。

此外，针对我国东、中、西部一直存在的发展不均衡、资源分布和工业布局现状极不协调的问题，合理规划高速铁路运输网络布局，能够带动偏远地区发展，促进整体区域协调发展。从“十二五”规划的“四纵四横”到的“十三五”规划的“八纵八横”，都意味着高速铁路将在促进东中西部协调发展中发挥重大战略意义。

我国是社会主义国家，消除贫困是国家发展的基本目标。高速铁路的建设在扶贫开发方面具有独特的优势。与一些解决暂时贫困的扶贫方式不同，铁路扶贫更具有根本性与可持续性。高速铁路显著改善了欠发达地区居民的出行条件，加速了欠发达地区的劳动力转移，外出务工人员在经济发达地区学习到的新知识、新技术及积累的资金有助于改善家乡的贫困面貌，欠发达地区的城镇化进程会因此而加快。而从铁路自身角度来看，高速铁路在欠发达地区可能面临亏损，因此高速铁路对欠发达地区的覆盖体现了公益性。

2019 年底，昌赣高铁建成运营，江西正式融入“八纵八横”高速铁路网，境内铁路营业里程达 4 750 km，其中时速 200 km 及以上铁路营业里程达到 1 844 km。逐步织密的高速铁路网，为江西人民开辟了一条快速致富的小康路。2020 年面对新冠疫情的冲击，中国国家铁路集团有限公司本着“人民铁路为人民”的宗旨，助力脱贫攻坚，将铁路优势发挥到极致，采取“点对点、一站式”直达运输服务，按需开行务工人员专列，进一步改善了贫困地区群众出行条件，全力满足企业和务工人员需求，助力企业复工复产。

南广、南昆、贵广等高速铁路的开通，标志着国家“八纵八横”总规模约 45 000 km 的铁路网在广西的布局得到进一步完善。2013 年 12 月 28 日，广西实现高速铁路“零突破”，同时开通高速铁路线路 1 081 km，成为全国首个开通高速铁路列车的自治区，这标志着广西正式进入了“高速铁路时代”。截至 2021 年末，广西的高速铁路运营总里程为 1 769 km。广西作为泛珠三角地区的“颈”，北部湾经济区的“头”，更是中国-东盟自由贸易区的轴心，贫困落后地区一旦被铁路网络覆盖，其与外部的经济联系将会更加紧密，从而加速其融入国民经济整体发展的步伐，对于吸引外来投资、拉动当地产业发展、促进铁路沿线经济发展水平的提升、助推农民增加收入等都具有显著的效应。

(2) 促进区域均衡发展

区域协调发展是国家发展的重要战略之一，关系到我国能否实现整体现代化，能否实现共同富裕这一最终目标。中西部地区由于交通设施匮乏，人员交往与物资流动受阻，使得先进技术难以大范围快速推广，加之由于区位条件限制，在引进资金方面也不具备优势，许多企业会优先将资源投入到教育水平和科研能力更强的东部地区。这就使得地区差距越来越大，形成了恶性循环。

要想改变这种现状，仅靠地方政府和企业是难以做到的，必须从国家层面给予重点扶持。经济发展，交通先行，只有通过完善中西部地区的交通基础设施水平，改善区位条件，才能为引进资金和先进技术打下坚实的基础。丰富的自然资源，较低的人力成本，加之不断改善的区位条件，逐渐形成了中西部地区的特有优势。在各项成本费用不断增长的背景下，许多企业已经选择在中西部地区设立生产基地，甚至将企业总部向内陆迁移。可见，高速铁路对促进区域协调发展有很大的正面意义。

收入差距与收入均等相对应，是指以高低收入水平差别或占有收入比重的不同而表现出的差距。地区收入差距则属于相对差距的一种，是将总人口按照相应地区进行分组，对比它们在总收入中所占的比重，以及地区之间收入的差距。高速铁路通过提高地理上的区域可达性，加速生产要素在区域间的流动，改善区域发展不平衡现象，进而缩小地区经济收入差距。徐兰高铁于 2017 年 7 月正式开通运营，该线具有东西跨度大和沿线城市经济发展差距大的特点。高速铁路开通后，加强了沿线城市之间的相互吸引力与经济活动联系程度，扩大了中心城市的辐射广度，使沿线城市缩小了可达性和经济潜力方面的差距，有助于东中西部地区均衡发展。

高速铁路开通能缩小发达地区与欠发达地区间的经济差距。东北作为老工业基地，近年来地区生产总值落后、人口外流严重，京沈高铁与哈大高铁的开通显著地缓和了东北三省的经济发展疲态。哈大高铁于 2012 年正式运营，成为东北三省内部重要交通枢纽的组成部分，京沈高铁开通于 2018 年 11 月，与哈大高铁相连，大大缩短了东北地区与华北地区之间的时空距离，为我国东北与华北之间的经济共同发展注入了新的活力。

6. 城镇化战略

高速铁路是城镇化发展的前提条件和驱动力之一，具有较强的支撑和引导作用。其直接影响在于：交通本身就是城市公共服务的重要组成部分，一定程度上决定了城市的畅达性水平，进而影响着城市的吸引力。间接影响在于：工业、服务业等产业是城镇化的根本动力，高速铁路为产业的深度发展提供了基础性条件，进而带动城市的发展。高速铁路通过“五大优势”支撑我国经济平稳发展，即有利于我国工业化和城镇化的发展，有利于推动区域和城乡协调发展，有利于资源节约型和环境友好型社会建设，有利于促进产业结构升级，有利于释放我国铁路的货运能力。从城市群成长的角度，高速铁路战略促进了新型城镇化战略的实现，主要体现在推动区域间平衡发展和推动城市产业结构优化及城市间功能互补两个方面。高速铁路拓展了以公共交通为导向的区域发展模式（即 TOD 城镇发展模式），发展了 TOD 新城镇，加快了人口、地域和产业城镇化进程。

一方面，高速铁路强化了其自身对人口流动、聚集的服务能力，加快了新型城镇化进程。从京沪、京广高铁建成运营后前三年既有线和高速线客运量的变化对比来看，高速铁路建成后，既有铁路线客运量没有显著变化，相反高速铁路线的客运量却显著增加，其中京沪高铁年均增长 85%，京广高铁线年均增长 50%，充分说明高速铁路对人口流动具有显著的诱增效应，使原先鲜为人知或知名度高但交通不便的中小城市（镇），因人流涌动和宜居环境，成为吸纳人口的热点。高速铁路建设正全力助推我国新型城镇化进程。

另一方面，高速铁路引发区域“集聚效应”，加快了城市群发展。建设城际高速铁路网，构建城市群内 0.5~2 h 交通圈，是《中长期铁路网规划》的主要目标之一。高速、大容量、集约型、通勤化的城际高速铁路，是城市群内部城市之间联系的重要纽带，通过提高城际可达性，既缩小了城市群的空间范围，也扩大了城市群人口的流动范围。加快城市群城际高速铁路建设，将有效强化交通对城市群空间结构的支撑，推动城市群健康发展。京津城际高速铁路开通前，仅有 16%左右的人有两城职住分离的考虑或意愿；而高速铁路开通后则增至 40%左右。城际高速铁路改变了人们传统的生活方式，对“同城化”产生了积极推动作用。

新型城镇化建设依赖高速铁路战略，高速铁路战略与新型城镇化战略相辅相成。作为一种特殊的交通系统，高速铁路建设提高了国内市场统一性与区域间规划协调性，是连接发展中城市与发达城市之间的命脉，促进了沿线地区经济发展，带动了相关产业升级，改善了人民群众生活，是促进城镇化区域协调的重大战略。高速铁路的持续健康运营同时依赖于新型城镇化建设的人流、物流、资金流、信息流基础，其成本收益平衡需新型城镇化带动。

在推进新型城镇化进程中需要深化区域合作，推动区域良性互动发展，逐步缩小区域发展差距。以大城市为依托，以中小城市为重点，逐步形成辐射作用大的城市群，促进大、中、小城市和小城镇协调发展。在东部地区逐步打造更具国际竞争力的城市群，在中西部有条件的地区培育壮大若干城市群。科学规划城市群内各城市功能和产业布局，缓解特大城市中心城区压力，强化中小城市产业功能，增强小城镇公共服务和居住功能，推进大、中、小城市基础设施一体化和网络化发展。

4.2　高速铁路社会效应的案例分析

基于 4.1 节中高速铁路的社会效应分类，本节选取国内外具有代表性的案例进行深层次的分析。

4.2.1　改善居民出行质量的案例分析

2020 年 7 月 8 日，安六高铁正式开通。随着安六高铁开通，客流量增加，六盘水实现了县县通高速铁路。六盘水市交通运输局及时调整新增 38 路六盘水站—凤凰山（循环）、39 路六盘水站—水城县医院（循环）这两条公交线路，解决了六盘水站至双水城区、六盘水站至凤凰山片区的接驳运输问题，并新增 37 路水城县医院—六盘水东站公交线路，解决了人们出行需求。

湖南的“长株潭都市圈”处于广州和武汉两地中间地段，过去被戏称为“夹缝中求生存”。武广高铁、长株潭城际铁路开通后，成为连接长沙、株洲、湘潭三市最重要的交通走廊，长沙至株洲 24 min 即可达到，长沙至湘潭 25 min 到达。快速便捷的交通大大加强了三市间的联系，高速铁路带来的城市圈效应再次放大。长沙市民可以很方便地到株洲购买物美价廉的服饰，株洲百姓也可以舒适地到长沙享受美味佳肴；长沙市民还可以居住在生态宜居的株洲，前往湘潭、常德等地投资置业。湖南省进一步加快建设城市群外围城市间的铁路线和支线，将“长株潭城市圈”扩大到周边的岳阳、益阳、常德、衡阳和娄底 5 市（见图 4-4），充分发挥“长株潭”的辐射和带动作用，形成了“长株潭 3+5”的城市群发展格局，实现了较高水平上的一体化，促进了大城市周边的小城市的协调发展。

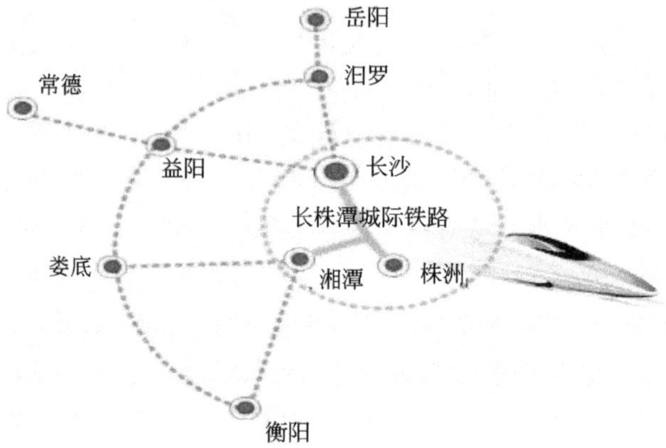

图 4-4　长株潭城际铁路线路示意图

4.2.2　加速人口流动和促进人员就业的案例分析

1. 加速人口流动的案例分析

1）高速铁路的开通使人口格局呈现沿线聚集的形态

例如，武广高铁于 2009 年开通，此前三年衡阳和郴州的常住人口年均增长率分别为 0.83%和 0.51%，高速铁路开通后，增长率分别达到 1.78%和 1.32%，高速铁路对人口流动的吸引效应非常明显。进一步对比沿线和非沿线地区的人口增长情况，武广高铁开通后，沿线地区人口平均增长率达 1.35%，而非沿线地区只有 1.07%，表明高速铁路沿线地区的人口增长普遍高于非沿线地区，向高速铁路沿线地区流入的人口普遍高于非沿线地区。

我国人口呈现东多西少的格局。1990—2000 年，我国东、中、西部地区人口比重分别为 42.47%、34.83%和 22.70%，2000—2010 年，东、中、西部地区人口比重变为 44.73%、33.57%和 21.70%。到 2020 年，东、中、西部地区人口比重变为 39.93%、25.83%、27.12%。整体来看，我国东部人口密集并且集中趋势越来越强，而中西部地区人口极化作用在不断减弱。这与我国高速铁路的空间发展经济猜想基本吻合。

此外，还有西部运输主力兰新高铁。兰新高铁又称兰新二线，是我国高速铁路规划网“八纵八横”的重要组成部分，从 2009 年开始建设，于 2014 年 12 月全线正式运营，东起甘肃兰州，西至乌鲁木齐，全长 1 786 km，连接甘肃、青海、新疆。兰新高铁标志着西部地区迎来了高速铁路时代，通过提升西部地区铁路综合运输能力，极大地改善了制约甘肃、青海、新疆人口流动与经济发展的铁路运力不足等问题，对西部地区的发展具有重要意义。同时沿线城市也凭借着高速铁路通行所带来的经济优势提高自身的综合实力，吸引周边发展滞后的中小城镇人口向相对发达城市聚集。

2）高速铁路开通影响内陆与沿海地区人口分布

例如沪宁高铁的开通，大幅提升了长三角地区人口流动频次，使得上海与苏州、无锡与常州、南京与镇江的人流联系强度真正实现了区域同城化发展。但值得注意的是，其带来的人口流动城际特征差异明显，上海、南京和镇江出现人口集聚趋势，苏州、无锡和常州出现人口扩散趋势，这与高速铁路带来的地区经济产业发展呈相同态势。

第六次全国人口普查主要数据显示，与第五次人口普查相比，中国人口的省际分布呈现了巨大差异。东部沿海等经济发达的一些省市（如北京、上海、天津、广东、浙江等）人口实现快速增长，而中西部地区经济发展相对缓慢的一些省市（如重庆、湖北、四川、安徽、甘肃等）人口出现负增长。其中，最直观、最显著的例子是广东省总人口达到 1.04 亿，超过曾经的人口第一大省河南省（9 400 万），成为中国目前人口第一大省。这背后一个重要原因就是跨省人口迁移规模越来越大且仍呈现不断集聚的态势，从而导致了人口分布格局的重塑效应。

2. 促进人员就业的案例分析

日本新干线和法国高速铁路的开通均对本国的就业产生了重要影响。日本新干线东海道和山阳线每年运送旅客 2 亿人，由此而产生的消费支出高达 5 万亿日元，增加约 50 万个就业岗位；法国高速铁路也曾做过一份估算，一个投资 10 亿法郎的高速铁路项目，每年可以创造 3 500 个就业岗位，仅地中海高速铁路马赛—蒙彼利埃路段的建设期就创造了近两万个就业机会。

据京沪高铁修建时的统计资料显示，每 1 km 铁路的修建需要劳动力 600 余人·日。仅按高速铁路修建部分路段而言，沪昆高铁江西段全长超过 500 km，给江西省创造了近 33 万个就业岗位。以此类比，我国实现“八横八纵”高速铁路交通网络的过程中，高速铁路线路各路段将在全国范围内提供众多的就业岗位，更加体现出高速铁路带来的就业效应。

高速铁路开通后，也会对就业产生深远影响。下面结合京沪高铁开通前后沿线城市的就业率的变化进行分析（见表 4-2～表 4-4）。通过查阅各条线路的基本资料，可以得到各条高速铁路所经过的城市，为了保证数据的完整性，这里以省、市作为统计的基本范围。

表 4-2　2010 年、2014 年和 2019 年京沪高铁沿线地区就业人员

省市	2010 年城镇单位就业人员/万人	2014 年城镇单位就业人员/万人	2019 年城镇单位就业人员/万人
北京	646.6	755.86	791.3
天津	205.7	295.51	269.4
河北	519.6	656.18	576.0
山东	956.2	1 266.34	1 072.0
安徽	372.9	521.74	581.0
江苏	763.8	1 602.4	1 332.3
上海	392.9	648.88	716.1
合计	3 857.7	5 746.91	5 338.1

表 4-3 2010 年、2014 年和 2019 年京沪高铁沿线城市建筑业、制造业、交通运输业就业人数

省市	2010 年	2014 年	2019 年	2010 年	2014 年	2019 年	2010 年	2014 年	2019 年	2010 年合计	2014 年合计	2019 年合计
	建筑业就业人数/万人			制造业就业人数/万人			交通运输业就业人数/万人					
北京	39.4	45.6	45.1	100.6	100.03	65.4	51	60.23	59.0	191	205.86	169.5
天津	10.2	31.27	25.1	75.3	119	67.3	12.5	14.34	14.9	98	164.61	107.3
河北	36.5	89.05	43.2	119.7	147.7	95.1	25.1	28.96	27.5	181.3	265.71	165.8
山东	80.3	177.51	150.5	346.4	425.75	271.7	34.7	49.75	44.7	461.4	653.01	466.9
安徽	42.1	97.08	111.1	76	122.62	127.7	15.1	21.72	23.7	133.2	241.42	262.5
江苏	52.3	450.2	270.1	335.5	612.32	453.7	31.2	49.87	48.3	419	1 112.39	772.1
上海	11.3	37.28	32.4	141.3	206.1	143.5	36.3	51.37	50.4	188.9	294.75	226.3
合计	272.1	927.99	677.5	1 194.8	1 733.52	1 224.4	205.9	276.24	268.5	1 672.8	2 937.75	2 170.4

表 4-4 2010 年、2014 年和 2019 年京沪高铁沿线城市建筑业、制造业、交通运输业就业占比对比

省市	2010 年	2014 年	2019 年	同比变动
北京	29.54%	27.24%	21.42%	-2.30%
天津	47.64%	55.70%	39.83%	8.06%
河北	34.89%	40.49%	28.78%	5.60%
山东	48.25%	51.57%	43.55%	3.31%
安徽	35.72%	46.27%	45.18%	10.55%
江苏	54.86%	69.42%	57.95%	14.56%
上海	48.08%	45.42%	31.60%	-2.65%
平均值	42.71%	48.02%	40.66%	5.30%

从上述表中可以看出，无论是分地区还是分行业，京沪高铁沿线城市就业人数均呈上升趋势，说明京沪高铁的开通给沿线城市带来了积极的就业影响。

4.2.3 推动产业结构优化的案例分析

1. 产业聚集效应的案例

长三角区域的重要中心城市是上海、南京和杭州，随着经济和交通运输的发展，宁波、苏州、无锡、常州成为区域性的次中心城市。长三角区域内高速铁路的规划建设和开通运营，使生产要素沿着高速铁路既定的方向扩散，形成多条强大的产业发展轴，这样由点到轴再到面，带动了整个区域的产业结构调整和经济发展。

长三角区域城市群体量庞大，但不同的城市经济发展水平还具有较大的差距。高速铁路的开通，逐步缩小了这些差距，使区域之间的分工日趋明显。作为中国最大的经济体，沪宁、沪杭、宁杭、京沪 4 条高速铁路相继开通之后，长三角区域经济圈率先拥有了中国目前最完善的高速铁路网络，由此加速了长三角区域经济一体化进程，使长三角区域协同分工、错位发展，形成了有序的产业等级体系。

目前，在高速铁路网的支撑下，长三角区域已经形成以高新技术产业为主导、先进制造业为主体、现代服务业为支撑的产业发展新格局，良好的区域环境促进了现代服务业的发展和信息技术的转移扩散。在长三角区域经济一体化的发展格局中，必须继续以上海为龙头，以南京和杭州作为次中心，以苏州、无锡、常州和昆山作为三级中心，各个城市联动协同发

展，不同等级城市的现代服务业和先进制造业进行细分市场定位，通过差异分工和区域合作，确定每个城市这两大产业的重点领域。例如，高速铁路建成后，上海具有较强的人才优势和研发优势，在发展高端服务业、先进制造业等方面具有巨大的综合比较优势，逐步形成了为制造业总部服务的知识型服务业产业体系，杭州形成了以现代商务休闲、文化创意等产业为核心的高附加值产业体系，宁波形成了以现代物流商贸和电子商务为主的商贸产业体系；苏州、无锡、常州等城市工业发达，通过加强研发和创新，形成了具有区域特色的新型制造业产业体系。目前，江苏北部等城市还比较落后，可以利用高速铁路带来的区域人流、物流的便利，引进和承接上海等地的产业转移。

区域一体化分工与协作促进了长三角区域的产业结构调整，使产业结构得到进一步优化。长三角区域产业结构总体上呈“二、三、一”格局，第三产业发展程度要明显高于全国平均水平，经过多年的发展，支撑地区经济发展的劳动力成本和土地约束比较优势正在逐步消失，产业发展的资源和环境承载能力已经构成了对经济增长的硬约束，完善的高速铁路网络促进了生产要素流动，弥补了因资源成本上升导致的劣势，增强了长三角区域各中心城市的产业区位优势和战略优势，并在高速铁路沿线形成产业带，促进了区域内的产业转移和产业结构调整。

2. 产业扩散效应的案例

武广、合武高速铁路开通大大加速了珠三角、长三角产业转移和集聚的步伐。湖北、湖南、安徽更加融入长三角和珠三角经济区，如武汉的汽车、钢铁、金融业与上海、广州形成互补；武汉与广州共同研究和制定了促进产业发展的政策措施，重点发展轨道交通、现代服务业、制造业和纺织业等优势产业。以长株潭城际高铁为例，湖南的长、株、潭联手打造以六大整车为核心的汽车产业集群，目前已有规模以上的整车及零部件企业 200 余家。衡阳则以深圳工业园为依托，积极引进先进制造业、光伏电子信息产业和现代物流业；湘中、湘西、湘北则积极承接资源密集型产业，打造以农林产品深加工、特色资源利用和精加工为主的特色产业群。借助高速铁路的交通优势和时间优势，高速铁路沿线产业的集中度、经营的集约化水平将进一步提升，新兴产业集群得到了进一步发展。

3. 产业同城化效应的案例

珠三角地区形成“三环八射”轨道交通网络架构，基本覆盖了珠三角区域县级以上城市。在京津冀地区，京津城际客运铁路专线已经建成，基本上实现了京津半小时互通，而京津冀 11 条快速通道的规划建设将连接整个京津冀地区。在长三角城市群内部，沪宁、沪杭高铁先后建成，上海周边的很多城市都可以在 1 h 之内到达上海最繁华的南京路，城市群内部区域经济一体化速度大大加快。

素有“五省通衢”之称的彭城徐州，自古便是北国锁钥、南国门户，京沪高铁徐州东站启用后，徐州整体融入了长三角和环渤海湾地区，进入上海、北京两小时经济圈。统计显示，该站 2011 年运营半年的旅客发送量为 136 万人，2012 年为 388 万人，2020 年猛增到 1 123 万人，平均年增长率超过 20%；预计到 2025 年，这一数字将达到 1 470 万人。京沪高铁给徐州经济发展带来了明显影响，表现在投资更有吸引力，商贸流通加速，商圈半径明显延长，服务业开始转型升级等。

不仅如此，借助京沪高铁这条经济“大动脉”，南京、常州、蚌埠、枣庄、泰安、沧州、德州等城市也纷纷搭上经济发展的快车，因地制宜地规划、实施“京沪高铁经济带”一体化建设，城市功能更趋合理完善，城市经济发展迸发新的活力。

京沪高铁促进了沿线城市群之间的资源流动和优化配置，便捷的交通使劳动资源在市场的调配下流动得更合理。随着高速铁路开通的延伸效应，上海、南京等区域中心城市的引领能力不断提升，产业结构不断优化，越来越多的企业将生产基地外迁，采用将总部或研发中心设于中心城市、将制造工厂挪至周边城市的发展模式，借助高速铁路搭建总部与分厂、研发中心与制造中心的通道，帮助企业降成本、增效率。与此同时，苏州、无锡、常州、镇江等城市纷纷以各自特点打出全新的产业承接牌，协同区域中心城市发展，在承接产业转移中找到自己全新的定位。一个以“上海知识型服务业体系”和“苏州、无锡等区域特色新型制造业产业体系”为核心的区域联动发展新模式已经形成。

4.2.4 促进辐射区内土地增值的案例分析

1. 京沪高铁对沿线城市土地增值的影响

高铁站周边地区的土地通常都具有良好的商业价值，是各大房地产企业乐于投资的地块。因此，高速铁路开通后三年的房地产开发投资增长率能够科学地反映高速铁路促进辐射区土地增值的情况。表 4-5 是京沪高铁开通前后沿线省市房地产开发投资额对比。

表 4-5 2010 年与 2020 年京沪高铁沿线省市房地产开发投资额对比

省市	2010 年房地产开发投资额/亿元	2020 年房地产开发投资额/亿元	增长率
北京	17 140. 64	29 798. 76	73. 85%
天津	5 687. 35	22 911. 43	302. 85%
河北	7 617. 69	27 229. 18	257. 45%
上海	12 818. 48	35 518. 99	177. 09%
江苏	21 924. 85	89 088. 33	306. 35%
山东	13 756. 20	63 784. 67	363. 68%
安徽	8 956. 29	43 628. 35	387. 13%
总计	87 901. 50	311 959. 71	254. 90%

数据主要来源于 EPS 中国房地产数据库。数据库中罗列了各地的房地产开发投资额情况，通过对比 2010 年与 2020 年的投资额（见图 4-5），可以得到这一数据的增长率情况。

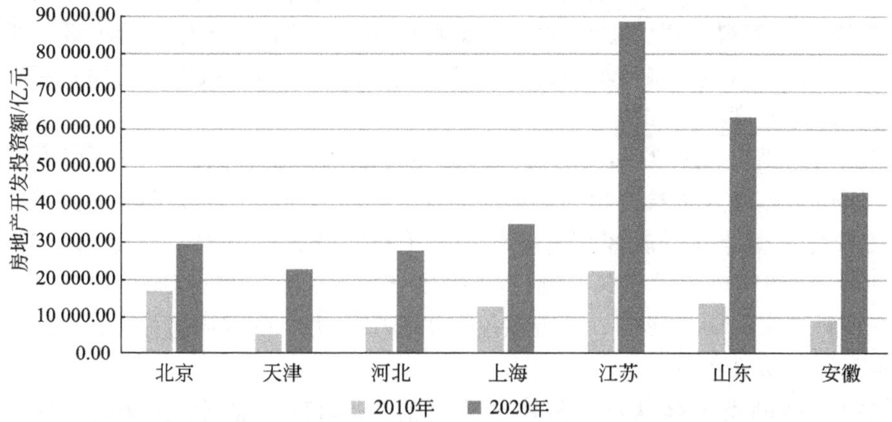

图 4-5 2010 年与 2020 年京沪高铁沿线省市房地产开发投资额变化

从图表中能够发现，2020 年较 2010 年房地产开发投资额增加了 254.9%，其中天津、江苏和安徽三个省市的增长率更是达到了 90%以上，由此可以看出京沪高铁的开通为沿线地区房地产开发投资所做出的贡献。

2. 沪杭高铁对沿线城市土地增值的影响

沪杭高铁起于上海虹桥站终于杭州东站，途经上海、嘉兴、杭州三地，全长 160 km，运营时速 350 km，于 2010 年 10 月 26 日开通运营。嘉兴市位于浙江省北部，常住人口为 450 万，其中市区人口 120 万。长期以来，嘉兴虽然占据非常优越的地理位置，但是并不是长三角地区的中心城市，且相比上海和杭州，其房价一直不高。

从图 4-6 中可以看出，嘉兴房价在 2008—2009 年增长速度较慢，但是在沪杭高铁开通的 2010 年，房价涨幅达到了 40.2%。

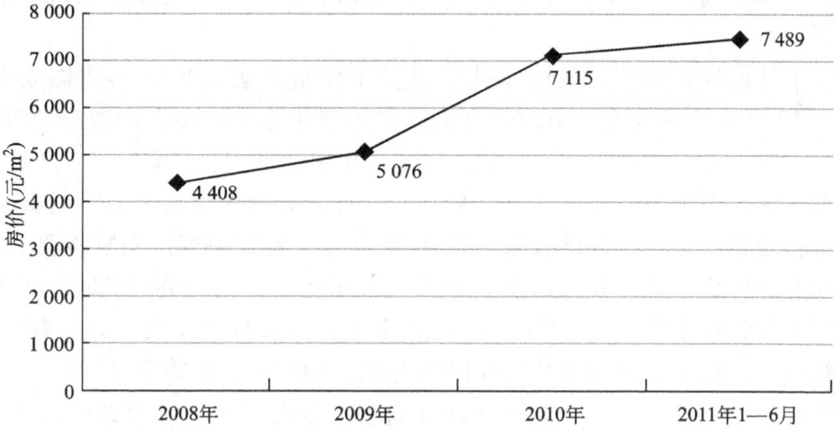

图 4-6　嘉兴市商品房均价变化图

沪杭高铁嘉兴南站位于嘉兴市南部，距离嘉兴市中心大约 10 km，是沪杭高铁除上海和杭州之外最大的车站。嘉兴南站附近的南湖新城依托沪杭高铁而设立，是嘉兴近几年来的重点发展区域，定位为嘉兴市区的副中心，规划面积 65 km^2。南湖新城房价上升速度很快，地价也随之而起，目前嘉兴的三个地王均分布在此，已经有世茂地产、佳源地产等大型房地产企业入驻，并且新建了博物馆、图书馆、体育场、嘉兴一中等基础配套设施。

4.2.5　保障西部开发和精准扶贫、促进区域均衡发展的案例分析

1. 保障西部开发和精准扶贫的案例分析

随着高速铁路的增多和普及，过去难以企及的客源市场被拉近了，长期偏处一方的旅游目的地可迎来大量的中远程客源。基于日趋光明的旅游市场前景，投资者将热切审视旅游相对较弱的地区，一些靠自然发展需一二十年才能迎来市场机遇的地区，随着高速铁路的开通一跃成为投资热点，并很快发展为崭新的投资平台。这一切的加速改变，都源于高速铁路缩短了旅游投资市场的自然发育过程，扩大了市场配置资源的空间。同时，我国正大规模建设的高速铁路网将惠及中西部的绝大多数区域，推进国民经济合理布局和国土总体空间有效开发，保证我国资源分布和工业布局实现均衡协调，从而促进不同发展水平的地区实现均衡发展，有效缓解东、中、西部交通发展的不平衡，解决我国长期存在的运能与运量间的矛盾。

目前，我国正在建设的“八纵八横”高速铁路网，横贯东西、纵贯南北，连通了全国

主要经济中心，实现了相邻大中城市间 1～4 h 通达，是保障西部开发和精准扶贫的重大举措。

在高速铁路制造企业方面，自 2002 年起，中国中车集团有限公司（以下简称“中国中车”）对广西壮族自治区百色市那坡县的对口定点帮扶已持续 20 多年。

中国中车从提高扶贫地基础设施水平到推动社会主义新农村建设，从教育扶贫到文化扶贫，从改善民生到产业富民，有针对性地开展了一系列卓有成效的精准扶贫工作。中国中车充分发挥“中车购”平台优势，探索电商扶贫新路径。“中车购”上线后，中国中车扶贫办及时协调“中车购”和定点地区扶贫办，尝试通过“中车购+特产”模式，让贫困地区的优质农产品进入中国中车近 20 万员工的消费群中，以实际行动帮助贫困地区农民脱贫致富。截至 2019 年末，“中车购”平台交易总规模超过 3 000 亿元，合格供应商用户总数超过40 000 家，已成为轨道交通领域高端高品质的企业和产品供应链电子商务平台的领军者。

甘谷县位于甘肃省东南部，是国家扶贫开发工作重点县。2013 年建档立卡贫困村 195 个，贫困户 3.57 万户，贫困人口 16.62 万人，贫困发生率 29.5%。得益于中车集团的定点帮扶，2019 年甘谷县退出贫困县序列，摘掉了近 30 年的贫困县“帽子”。自 2002 年定点帮扶甘谷县以来，中国中车充分发挥自身优势，紧盯甘谷县脱贫攻坚中的短板弱项，在组织领导、人才交流、资金扶持、产业培育等方面不遗余力、竭诚倾智，与甘谷县委县政府及 60 余万干部群众并肩作战，累计投入帮扶资金 3 505 万元（含兰州公司 224 万元），采购订单和农产品价值 1 300 余万元，建成帮扶项目 20 多个，探索打造了帮党建、扶产业、惠民生的定点帮扶新模式，推动了定点帮扶工作的常态化、制度化、长效化开展。

在高速铁路建设方面，贵广、沪昆高铁开通后，拉近了贵州等西部地区与北京、上海、南京、长沙等中东部经济发达地区的距离，对贵州经济的带动效应非常明显，在沪昆高铁贵州以东区段开通后的一年中，贵阳北站旅客发送量从日均发送旅客不到 5 000 人次迅速增长到日均发送旅客 2.2 万人次。在我国高速铁路快速扩展的新时期，以高速铁路建设加快通道经济的培育，连接发达地区与欠发达地区，有利于消除区域壁垒，将欠发达地区的资源优势转变为现实经济效益，统筹区域协调发展，进而实现区域大开放格局。

2017 年 12 月 6 日，历经 5 年多施工建设，先后 8 万多人参与，横穿秦岭、全长 658 km 的西成高铁，终于全线贯通运营。汉中自此融入 1 小时西安、2 小时成都的高速铁路经济生活圈，极大地便利了百姓的生活，高速铁路开通补齐了汉中交通短板，彻底扭转了交通制约局面。汉中北依秦岭山脉，南屏巴山浅麓，交通基础设施落后，道路不畅给区域经济发展增添了阻碍，给百姓的生产和生活造成了不便。西成高铁作为国家中长期铁路网规划中“八纵八横”高速铁路网京昆通道的重要组成部分，比起西汉高速、十天高速和汉中机场，其在区域经济发展上的助推作用无可替代。运载量大、速度快、安全舒适的西成高铁为全市扶贫、旅游、投资等诸多领域注入了新的活力，让汉中人依靠高速铁路快速“走出去”，把外地科技人才及时“引进来”，为汉中长远发展带来了新的希望。

凌云县地处桂西大石山区，是国家扶贫开发工作重点县，境内山地面积占比超过 90%，交通是制约当地百姓出行和地方发展的老大难问题。2016 年 12 月 19 日，全国首个高速铁路无轨站在当地正式启用，使这个没有高速铁路线路经过的山区县融入高速铁路路网。在凌云县，短短一年多的时间就有 5 万多人次享受到无轨站带来的便利。2017 年 8 月，广西容县、北流等 10 个县（市）也同时开通高速铁路无轨站，11 个高速铁路无轨站顺利联网运营，让这些“无轨”地区全面融入南广、云桂、贵广等高速铁路线路，尽享高速铁路红利。高速铁路无轨站的开通，在方便山区百姓出行的同时，也有力助推了脱贫攻坚。凌云县加西村农民劳保霖一家守着山坳里的贫瘠土地熬了几代人，最近他们迎来了新生活，筹资新办的红薯粉作坊全年产粉 3 万多斤，通过高速铁路无轨站的便捷物流，产品以每斤 20 元的价格被客商订购一空，收入相当可观。

2. 促进区域均衡发展的案例分析

区域协调发展是中国经济社会进入全面小康阶段的题中应有之义。珠三角是中国人口最密集、最具活力的经济中心和世界级城市群。传统的区位优势和交通运输条件，为珠三角经济社会发展提供了重要保障。新形势下，高速铁路对珠三角区域协调发展产生了重要影响，高速铁路建设与区域协调发展互相促进。

高速铁路促使资金、技术、人才、资源等要素沿高速铁路线路、站点及相关区域布局，产生经济活动，实现优化发展。经济社会快速协调发展，使广东率先迈入高速铁路经济新时代。1994 年，我国首条准高速铁路广深城际列车投入使用；2009 年以来，武广、深厦、南广和贵广高铁相继开通，大大缩短了珠三角与华中、西南、海峡西岸、长三角的距离。与此同时，省内的深茂、梅汕等铁路正在施工；出省高速铁路建设的步伐稳步推进，合（浦）湛（江）铁路、包（头）海（口）高铁、京九客运专线、杭（州）广（州）铁路、鹰（潭）梅（州）快速铁路也已进入发力通道，或开工或规划。目前，广东境内高速铁路里程已成全国第一，2021 年已实现市市通高速铁路。为配合高速铁路发展，珠三角各城市的城市轨道、城际轨道建设也步入快车道。已建、在建或规划城市轨道交通的城市有广州、深圳、佛山、东莞、中山，城际轨道交通有穗莞深、莞惠、佛莞、广佛环线、广清、广佛江珠、肇顺南等。经过多年的发展，珠三角的高速铁路已经形成了以广州、深圳为核心，东连海峡西岸、沟通长三角地区，西通桂黔、辐射大西南地区，北达湘赣、连接中原地区，南接港澳的高速铁路网络骨架。在此基础上，以广深、广珠等城际铁路和广州地铁、深圳地铁、佛山地铁、东莞地铁等为补充，构筑起了立体综合的轨道交通系统，珠三角进入高速铁路快速发展新时代。随着珠三角和泛珠三角区域高速铁路网络的不断发展，区域协调的不断加深，城市间人流、资金流、物流、信息流、技术流的流通加快，高速铁路对沿线城市和相关区域将产生越来越重要的影响，这种效应将日益明显。

珠三角高速铁路建设对珠三角乃至广东全省经济的影响是多方面、多层次和革命性的，它将显著改善珠三角和广东省的交通物流条件，促进一体化发展，加速珠三角及泛珠三角区域经济版图的融合。高速铁路发展不仅强化了珠三角城市群的同城化效应，提升了产业布局，而且不断推进其经济版图向外沿延伸，使珠三角和粤东西北地区在交通基础设施建设、产业共建和中心城区扩容提质等方面的联系日益密切，形成大珠三角区域发展格局。这种格局将充分发挥珠三角地区的辐射、服务和带动功能，促进要素流动和产业转移，形成梯度发展、分工合理的多层次产业群和优势互补、互利共赢的产业协作体系。高速铁路发展使传统的譬如广佛肇一体化向珠三角一体化、泛珠三角一体化迅速延伸，范围更广、影响更大。深厦高铁把中国最具活力的两大经济带——珠三角和长三角紧密联系在一起，同时又使二者和海峡西岸经济区有机结合；武广高铁、南广高铁、贵广高铁把珠三角与粤北、粤西及湘、黔、川、桂等省区联系起来，从而形成了泛珠三角经济圈。2016 年及以前的 12 年间，泛珠三角合作各方累计签约项目超过 2 万个，总金额超过 4.3 万亿元，有力地促进了区域发展。福建省累计从泛珠三角各方引进项目 4 213 个，总投资 9 016 亿元。武广高铁的串联作用，使粤港经济顺势向北拓展，大力推动了武广高铁沿线的珠三角、长株潭和武汉三大都市圈的繁荣，“武广经济带”的轮廓日渐清晰。总之，高速铁路作为“泛珠三角”区域合作的基础、桥梁、通道和纽带，把中国南方的 11 个省区紧密联系在一起，形成区域面积更大、合作功能更强的新的区域经济版图，必将对区域协调发展起到更重要的作用。

高速铁路一路向前，为沿线各地带来了难得的发展机遇，推动了我国区域发展实现动态平衡。传统发展方式形成了珠三角与粤东、西、北地区经济发展的巨大差异，而以高速铁路为代表的现代立体交通网络必将推动增长极理论过渡到均衡发展理论。也就是说，珠三角高速铁路网络的形成有助于减小地区间的发展差异，实现均衡发展。高速铁路网络的跨时空性可以使不同区域的核心城市连接得更加紧密，从而促进经济交流、产业扩散、人才流动，为落后地区的发展做贡献。珠三角高速铁路经济的发展，必将带动资本、技术、人才、信息等经济要素沿传统流向逆向发展，即以珠三角为核心，向周边粤东、西、北地区甚至泛珠三角区域放射性扩展，带动相关区域的建设，从而推动社会的整体发展，实现区域均衡。

4.2.6 加速城镇化进程及经济发展的案例分析

2014 年底，兰新高铁全线贯通运营后，沿线城镇蓄势待发，沿线嘉峪关、酒泉、张掖等城市迅速融入西宁、兰州、乌鲁木齐三个省会城市经济圈，区域性中心地位得到提升。高速铁路对人口流动具有显著的诱增效应，高速铁路沿线那些鲜为人知或知名度高但交通不便的中小城市（镇），因人流涌动和环境宜居而成为吸纳人口的热点。而人流的增加，一定会助推沿线城市的新型城镇化进程。

2017 年 7 月，宝兰高铁全线通车，意味着沿线城市同样迎来了新的发展机遇。实践证明，高速铁路对沿线产业带和城市现代服务业培育，促进沿线地区人口流动、聚集都有显著的作用。充分发挥高速铁路经济效应，可加速沿线产业转型升级与新型城镇化进程。

秦安是宝兰高铁甘肃站点之一，围绕宝兰高铁，秦安以打造中国西部商贸物流集散地为目标，全面完成中国西部小商品城和新合作物流配送中心工程，建设以小商品和农副产品为主的现代物流园区。同时，按照线上线下两个市场融合发展的思路，依托果品、手工艺品等特色产品，完善县、乡、村三级电子商务综合服务平台。

同样，天水市麦积区围绕天水南站建设的高铁新城正在如火如荼地进行着。高铁新城是天水市委、市政府依托宝兰高铁，为进一步拓展城市发展空间、推进两区相向发展、加快区域性现代化大城市建设的新城。高铁新城建成后，将使天水市人口分布、经济格局更合理，形成规模化的城市布局，使关中—天水经济区的建设步入快车道。

2020 年，安六高铁的正式开通使六盘水和贵阳之间的旅行时间由原来的 3.5 h 缩短到 1 h左右，六盘水、安顺、贵阳 3 个城市也进入“同城时代”，促进了六盘水与安顺、贵阳的旅游资源有效组合，打造了“1 小时经济圈”。安六高铁有利于加强六盘水市与黔中、成渝、珠三角等城市群的联系，大幅压缩了六盘水至成都、重庆、广州等客源市场半径，辐射范围更广，对六盘水影响较大的主要客源市场的数量将逐渐增多。

4.3　高速铁路社会效应的实证检验

在案例分析的基础上，本节将主要着眼于高速铁路开通所带来的社会效应的实证分析。本节数据均来源于国泰安数据库。本节主要通过介绍评价方法、描述性统计、实证过程及实证结果，检验高速铁路开通对居民出行质量、人才流动与人员就业、区域均衡发展和辐射区域内土地增值，以及产业结构优化的作用方向与作用机制。

4.3.1　高速铁路开通加速人才流动与促进人员就业的实证检验

1. 高速铁路开通影响人口密度的实证检验

1）评价方法

本节分别就高速铁路开通对人才流动和人员就业的影响进行实证过程与结果的展示，证明高速铁路开通这一事件对人才流动、沿线人员就业是确实具有加速和促进作用的。

为了检验高速铁路开通对人才流动和人员就业的影响，本节通过双重差分模型（DID）来检验，通过对比高速铁路开通前后的结果来评价高速铁路开通的效果。

本节除被解释变量、控制变量与 3.5 节不同之外，其他处理方法均与 3.5 节相同。为了研究高速铁路开通对人才流动的加速效果，本节以我国 2007—2016 年 292 个城市为样本，选用人口密度作为被解释变量，城市产出效率、投资水平、对外开放度和人力资本为控制变量，在剔除相应缺失值后，将剩余的 2 598 个样本观测点运用 STATA 进行描述性统计分析。

本节基本假设模型为：

$$\mathrm{lnpd}_{it}=\alpha_0+\alpha_1\mathrm{treat}\times \mathrm{after}_t+\alpha_2X_{it}+\alpha_3u_i+\alpha_4\lambda_t+\varepsilon_{it}$$

被解释变量：选用城市年末单位面积常住人口数量的自然对数作为被解释变量，从而衡量人口密度，即 lnpd。

解释变量：解释变量为 treat×after，其具体含义可参考 3.5 节。X 为控制变量，综合以前学者的研究，选择的主要控制变量为城市产出效率（oe）、投资水平（lnti）、对外开放度（lnopen）及人力资本（lnhc）。

2）实证过程

表 4-6 为变量的定义和解释。

表 4-6　变量的定义与解释

变量名	变量解释	计算方法
lnpd	人口密度	城市年末单位面积常住人口数量的自然对数
treat×after	高速铁路开通	treat×after 是虚拟变量时间及政策的交互项，treat 代表高铁开通的政策，开通＝1，未开通＝0；after 代表时间，开通前＝0，开通后＝1
oe	城市产出效率	非农业国内生产总值/非农业就业人数
lnti	投资水平	固定资产投资量/非农就业人数的自然对数
lnopen	对外开放度	外商实际投资水平的自然对数
lnhc	人力资本	教育经费支出/在校学生数的自然对数

首先，就 2 598 个样本观测点总体进行描述性统计分析，结果如表 4-7 所示。

表 4-7 样本数据描述性统计分析结果

变量名	最小值	最大值	标准差	均值	观测值
lnpd	1.548	7.887	0.901	5.799	2 598
oe	0.145	498.679	35.255	37.636	2 598
lnti	9.802	13.956	0.687	12.096	2 598
lnpoen	2.944	14.564	1.787	9.814	2 598
lnhc	7.081	11.593	0.790	9.189	2 598

就人口密度而言，标准差为0.901，最大值为7.887，最小值为1.548，显示出我国各观测城市间人口密度存在较大的差异性，这为研究交通通达度的改善，即高速铁路开通这一事件是否对不同城市的人口密度形成不同影响提供了基础。城市产出效率和对外开放度的标准差分别为35.255和1.787，说明各城市间城市产出效率和对外开放度同人口密度一样，城市间的差距较大，可以用来控制城市产出效率和对外开放度对人口密度的影响。投资水平和人力资本的均值分别为12.096和9.189，说明目前我国各城市的投资水平和人力资本的平均水平较高，而投资水平对就业的拉动作用和人力资本水平对城市劳动力质量和生产效率的制约作用将影响人口密度，因此需要对二者对人口密度的影响进行控制。

其次，将所有样本观测点分类为“四纵四横”高速铁路站点所在城市和非站点所在城市，分别进行描述性统计分析，结果如表4-8和表4-9所示。

表 4-8 “四纵四横”高速铁路站点所在城市描述性统计分析结果

变量名	最小值	最大值	标准差	均值	观测值
lnpd	4.769	7.882	0.569	6.288	889
oe	0.145	132.184	23.048	32.107	889
lnti	10.003	13.399	0.630	12.071	889
lnpoen	3.001	14.564	1.557	10.745	889
lnhc	7.081	11.312	0.825	9.170	889

表 4-9 非“四纵四横”高速铁路站点所在城市描述性统计分析结果

变量名	最小值	最大值	标准差	均值	观测值
lnpd	1.548	7.887	0.936	5.545	1 709
oe	1.812	498.679	39.868	40.511	1 709
lnti	9.802	13.956	0.714	12.110	1 709
lnpoen	2.944	14.152	1.706	9.329	1 709
lnhc	7.089	11.593	0.771	9.199	1 709

通过上述两表的比较研究和组间距t检验证实，“四纵四横”高速铁路站点所在城市人口密度均值为6.288，高于非“四纵四横”高速铁路站点所在城市的均值5.545且具有显著性，同时高速铁路站点所在城市人口密度的标准差为0.569，小于非高速铁路站点城市的标准差0.936。可推断高速铁路开通带来的集聚效应，对站点城市的人口密度和人口流动方面带来了提升和促进作用，缩小了高速铁路开通城市规模差距，扩大了与非站点城市间的人口

密度差异，进而使研究高速铁路开通对人口密度的影响具有意义。

最后，对“四纵四横”高速铁路站点所包括城市按城市等级和市场化进程分类，进行具体的比较分析。

与微观层面经济效应相同，按照《中国城市建设统计年鉴（2016）》对我国城市的分类标准，根据城市常住人口将我国城市分为超大城市、特大城市、大城市、中型城市和小城市五类，其中中型城市和小型城市较少，数量分别为 12 个和 7 个，在此将其合并为中小型城市。以各城市高速铁路开通时间为时点，对我国 2009—2014 年 59 个大城市及其以上规模“四纵四横”高速铁路开通城市，在高速铁路开通前三年与开通后三年的平均年末单位人口密度增长率进行描述性统计分析，结果如表 4-10 所示。

表 4-10 各规模城市高速铁路开通前后平均年末单位人口密度增长率

城市等级	人口增长比例/%
超大城市（8 个）	0.553 656 5
特大城市（31 个）	1.002 493 9
大城市（20 个）	1.363 305 8
总计	1.065 376 8

可以发现，三类城市在高速铁路开通后的单位人口密度数均为正数，人口密度上升形成人口流入趋势，高速铁路开通为超大城市、特大城市和大城市带来了人口流入。总体而言，高速铁路开通对三类城市的综合作用为正，呈现出高速铁路开通对我国超大城市、特大城市和大城市的人口输入效应，侧面印证了交通通达度的改善对人口产生的集聚效应。

同样与微观层面经济效应相同，以樊纲等人发布的《中国分省份市场化指数报告（2016）》为标准，将市场化进程划分为市场化程度高和市场化程度低两类，分别讨论 2009—2014 年高速铁路城市在高速铁路开通前三年与开通后三年的平均年末单位人口密度增长率。

由表 4-11 可看出，总体而言，人口增长比例为 1.07%，呈上升趋势。但其中市场化程度高的城市的人口变动幅度为 1.20%，大于市场化程度低的城市（0.59%），说明可能是由于经济等原因，市场化程度高的城市显示出相较于市场化程度低的城市对人口的吸引力。

表 4-11 各市场化进程城市高速铁路开通前后平均年末单位人口密度增长率

市场化进程（中位数）	人口增长比例/%
市场化程度高（44 个）	1.200 854
市场化程度低（20 个）	0.591 206 6
总计	1.065 376 8

市场化指数反映各省市的市场化进程，因此分省市分析高速铁路开通这一事件对各省市开通前三年与开通后三年的平均年末单位人口密度增长率的影响，结果如表 4-12 所示。

表 4-12 部分省市高速铁路开通前后平均年末单位人口密度增长率

省市	人口增长比例/%
安徽省	-0.877 138 8
北京市	0.645 132 4
福建省	-0.855 150 4
广东省	1.203 411 2
河北省	0.807 807 8
河南省	1.316 359 4
黑龙江省	-0.234 144 1
湖北省	0.104 095 2
湖南省	1.039 899 2
吉林省	-0.554 837 1
江苏省	3.427 323 3
辽宁省	-0.172 575 7
山东省	3.103 989
陕西省	0.358 192 1
上海市	0.228 471 7
四川省	0.675 313 6
天津市	0.130 410 8
浙江省	2.558 605 8
总计	1.065 376 8

可以发现，江苏省、北京市、上海市、天津市及河南省等众多省市在高速铁路开通后三年的单位人口增长率较之高速铁路开通前的增长率为正。其中，江苏省单位人口增长率为3.43%，增长最明显，这与江苏省在2008—2014年平均市场化指数排名中处于首位的情况相一致。而北京、上海、天津等增长率为正的省市，在七年平均市场化指数排名中均处于前十位。由此可以推断，高速铁路开通为市场化进程靠前的地区带来的人口增长程度要高于市场化进程相对落后的地区。

使用双重差分模型(DID)对高速铁路开通与年均人口密度的关系进行进一步验证。其中，模型(1)只加入了主要解释变量即高速铁路开通，未控制时间固定效应和城市固定效应；模型(2)在引入主要解释变量的同时，对时间固定效应和城市固定效应加以控制；模型(3)加入主要解释变量和所有控制变量并控制时间固定效应和城市固定效应，具体结果如表4-13所示。

表 4-13 高速铁路开通与年末平均人口密度

变量	模型（1）	模型（2）	模型（3）
treat×after	0.064 6***	0.045 0***	0.047 2***
	(0.000 0)	(0.000 1)	(0.000 1)
oe			0.000 2**
			(0.036 5)

续表

变量	模型（1）	模型（2）	模型（3）
lnti			-0.003 6
			(0.438 6)
lnopen			0.000 6
			(0.969 7)
lnhc			-0.000 1
			(0.990 8)
constant	5.794 7***	5.768 4***	5.790 8***
	(0.000 0)	(0.000 0)	(0.000 0)
年度固定效应	否	是	是
城市固定效应	否	是	是
N	2 598	2 598	2 598
R^2	0.016 4	0.025 9	0.026 8

由表 4-13 可以发现，无论是否加入控制变量，主要解释变量高速铁路开通（treat×after）的估计系数在 3 个模型中均在 1%的水平下显著，表明以未开通高速铁路城市作为对照组，在样本覆盖的区间内，高速铁路开通对城市年均人口密度具有显著影响。由模型(1)的结果可以看出，对主要解释变量高速铁路开通进行单独回归时，系数为 0.064 6，显示高速铁路开通事件在 1%的水平上与年均人口密度具有显著的正相关关系。在控制年份和城市后，treat×after 的系数变为 0.045 0，调整的 R^2提高为 0.025 9，说明加入了一些无法捕捉的年份及城市共同因素后，实证回归反映的高速铁路对年均人口密度的影响变得更加精确。结果表明，在目前我国城市年均人口密度整体呈现集聚效应的趋势中，与对照组相比，高速铁路开通对沿线站点城市的年均人口密度的吸引和聚集作用，要显著高于非高速铁路开通城市。

模型(3)引入所有控制变量，对模型总体进行回归，发现 treat×after 的系数为0.047 2且在 1%的水平上显著，可理解为在控制了其他变量的可能影响后，高速铁路开通导致沿线站点城市的年均人口密度集聚水平，要显著高于非高速铁路开通城城市 4.72%；控制变量中城市产出效率的系数为 0.000 2 且在 5%的水平上显著，说明高速铁路开通城市的城市产出效率能够显著影响地区的年均人口密度，产出效率越高，人口密度越大。引入控制变量可以提高高速铁路开通对年均人口密度的解释程度，进一步印证了高速铁路开通这一事件会影响人口流动性，通过增加人口吸引力从而带来人口密度的提高。

3）稳健性检验

一方面，参考文献［29］的方法，由于京沪高速铁路开通于 2011 年，通过单期 DID 检验，进一步将 2011 年之前开通高速铁路的地级市样本和 2011 年之后开通高速铁路的地级市样本从全样本中剔除，仅保留 2011 年开通高速铁路的地级市样本与从未开通高速铁路的地级市样本。此时，样本中共有地级市 223 个，其中，实验组 67 个，对照组 156 个。对于这一部分样本而言，高速铁路开通仅发生在 2011 年，且仅对实验组的 67 个地级市有影响。基于该样本，再次采用倾向得分匹配-双重差分法（PSM-DID）评估高速铁路开通对人口密度的影响。

另一方面，使用倾向得分匹配法和双重差分法（PSM-DID）的模型对高速铁路开通与年均人口密度的关系进行进一步证明。稳健性检验估计结果与基准回归结果基本一致，实证结果稳健。

2. 高速铁路开通影响就业的实证检验

1）评价方法

本节采用的基本方法与前文的方法基本一致，仍通过双重差分模型（DID）的方法来检验。通过对比高速铁路开通前后的结果来评价高速铁路开通的效果。

若考察高速铁路开通这一外生事件对就业情况的冲击作用，可通过以下模型计算测量：

$$Y_{it}^{PSM}=\beta_0+\delta_1 \text{after}_{it}\times \text{treat}_{it}+\delta_2 X_{it}+\mu_i+\gamma_t+\varepsilon_{it}$$

其中，after_{it}为时间虚拟变量，即高速铁路建成年份之后，after 取值为 1，反之取值为 0；$\text{after}_{it}\times\text{treat}_{it}$交互项表示高速铁路开通后的城市虚拟变量，其系数 δ_1 为主要分析的高速铁路开通对处理组和对照组的影响差异，也是需要重点观测的对象；μ_i 控制了个体固定效应；γ_t 控制了时间固定效应，ε_{it}为残差。X_{it}是影响城市就业效应的一组控制变量，具体包括被解释变量、经济发展水平、固定资产投资、工资水平等，这些控制变量不仅影响城市的就业，也是影响城市是否建设高速铁路的协变量。

2）检验过程

表 4-14 为变量定义与解释。

表 4-14　变量定义与解释

变量名	变量解释	计算方法
emp	就业密度	城市年末就业总人数/城市土地面积
treat×after	高速铁路开通	开通=1，未开通=0
lngdp	经济发展水平	各城市生产总值的自然对数
lnfix	固定资产投资	固定资产净值的自然对数
lnwage	工资水平	职工平均工资的自然对数

基于我国 2007—2016 年 292 个城市的就业密度、经济发展水平、固定资产投资水平和职工工资数据，剔除相应缺失值后，将剩余的 1 801 个样本观测点运用 STATA14. 0 进行描述性统计分析。

首先，就 1 801 个样本观测点总体进行描述性统计分析，结果如表 4-15 所示。

表 4-15　样本数据描述性统计结果

变量名	最小值	最大值	标准差	均值	观测值
emp	0. 000 3	0. 450	0. 034	0. 027	1 801
lngdp	4. 124	9. 862	0. 932	6. 839	1 801
lnfix	12. 910 4	18. 144	0. 920	15. 565	1 801
lnwage	9. 176	11. 347	0. 339	10. 329	1 801

对于就业密度而言，最小值为 0. 000 3，最大值为 0. 450，显示出我国就业密度波动范围较大，各观测城市间就业密度存在着较大的差异性，可以研究高速铁路开通这一事件是否会对城市就业密度现状具有改善作用。经济发展水平和固定资产投资的标准差分别为 0. 932 和 0. 920，说明各城市间经济发展水平与固定资产投资同就业密度相似，城市间的差距较

大，可以用来控制经济发展水平和固定资产投资对就业密度的影响。工资水平最小值为 9.176，最大值为 11.347，均值为 10.329，说明目前我国各城市职工平均工资的平均水平较高，属于影响城市就业密度的重要因素，应作为控制变量用来控制职工工资水平对就业密度的影响。

其次，将所有样本观测点分类为“四纵四横”高速铁路站点所在城市和非站点所在城市，分别进行描述性统计分析，结果如表 4-16 和表 4-17 所示。

表 4-16　“四纵四横”高速铁路站点所在城市的描述性统计分析结果

变量名	最小值	最大值	标准差	均值	观测值
emp	0.006	0.450	0.045	0.043	575
lngdp	5.395	9.862	0.921	7.416	575
lnfix	13.765	18.144	0.868	16.103	575
lnwage	9.406	11.347	0.350	10.365	575

表 4-17　非“四纵四横”高速铁路站点所在城市的描述性统计分析结果

变量名	最小值	最大值	标准差	均值	观测值
emp	0.000 3	0.257	0.023	0.020	1 226
lngdp	4.124	8.855	0.806	6.568	1 226
lnfix	12.910	17.516	0.831	15.312	1 226
lnwage	9.176	11.276	0.333	10.312	1 226

通过上述两表的比较研究和组间距 t 检验证实，“四纵四横”高速铁路站点所在城市就业密度均值为 0.043，高于非“四纵四横”高速铁路站点所在城市的均值（0.020），且具有显著性，同时高速铁路站点所在城市就业密度的标准差为 0.045，大于非高速铁路站点城市的标准差（0.023）。可推断高速铁路开通带来的集聚效应，对站点城市的就业密度带来提升促进作用的同时，也可能受城市规模等因素影响，扩大站点城市间的就业密度差异，对城市人口的集聚作用具有异质性，进而使研究高速铁路开通对就业的影响具有意义。

上表显示出高速铁路开通后 1 年至开通后 4 年对城市就业的影响趋势，将高速铁路开通城市前三年就业水平取平均值，作为高速铁路开通前后对比的基准数值，分别计算各城市高速铁路开通后 1~4 年的数据，并与基准数值作比较求出平均每一年的增长量。高速铁路开通对就业的影响在这 4 年中始终为正数，可以看出，在这 4 年中，高速铁路开通城市的就业水平呈现出波动上升的状态，说明高速铁路开通这一事件对居民就业的发展具有正向的促进作用，并合理推测，高速铁路对居民就业的促进作用会随着时间的增加而进一步增加。

使用双重差分法(DID)模型对高速铁路开通与就业的关系进行进一步证明，其中模型(1)只加入主要解释变量即高速铁路开通，未控制时间固定效应和城市固定效应；模型(2)引入主要解释变量的同时，对时间和城市固定效应加以控制；模型(3)加入主要解释变量和所有控制变量并控制时间和城市固定效应，具体结果如表 4-18 所示。

表 4-18　高速铁路开通与就业效应

变量	模型（1）	模型（2）	模型（3）
treat×after	0.004 9***	0.003 9***	0.003 7***

续表

变量	模型（1）	模型（2）	模型（3）
	(0.000 0)	(0.000 0)	(0.000 0)
lngdp			-0.002 3**
			(0.029 2)
lnfix			-0.002 1***
			(0.000 0)
lnwage			-0.001 4
			(0.181 2)
constant	0.025 8***	0.024 6***	0.084 8***
	(0.000 0)	(0.000 0)	(0.000 0)
年度固定效应	否	是	是
城市固定效应	否	是	是
N	1 801	1 801	1 801
R^2	0.126 4	0.175 8	0.199 4

由表 4-18 可发现，无论是否加入控制变量，主要解释变量高速铁路开通（treat×after）的估计系数在 3 个模型中均在 1%的水平下显著为正，表明在样本覆盖的区间内，高速铁路开通推动了就业水平的提高。由模型(1)的结果可以看出，对主要解释变量高速铁路开通进行单独回归时，系数为 0.004 9，显示高速铁路开通事件在 1%的水平上与城市就业水平具有显著的正相关关系，说明高速铁路开通对沿线站点城市的就业具有提升、促进作用。在控制年份和城市后，treat×after 的系数降低为 0.003 9，调整的 R^2提高为 0.175 8，说明加入了一些无法捕捉的年份及城市共同因素后，实证回归反映的高速铁路对就业水平的影响变得更加精确。

模型(3)引入所有控制变量，对模型总体进行回归，发现 treat×after 的系数为0.003 7且在 1%的水平上显著，可理解为在其他变量保持不变时，高速铁路开通导致沿线站点城市的就业水平上升 0.37%；控制变量中经济发展水平和固定资产投资额的系数分别为-0.002 3和-0.002 1，且分别在 5%和 1%的水平上显著，说明高速铁路开通城市的经济发展水平和固定资产投资额能够显著影响地区就业水平，引入控制变量可以提高高速铁路开通对城市就业水平的解释程度。进一步印证，高速铁路开通这一事件通过对经济、工资和人口等要素水平的影响，能够为所在城市带来就业水平的提高，具有正向的就业推动效应。

3）稳健性检验

一方面，参考文献［29］的方法，由于京沪高铁开通于 2011 年，通过单期 DID 检验，进一步将 2011 年之前开通高速铁路的地级市样本和 2011 年之后开通高速铁路的地级市样本从全样本中剔除，仅保留 2011 年开通高速铁路的地级市样本与从未开通高速铁路的地级市样本。此时，样本中共有地级市 253 个，其中，实验组 77 个，对照组 176 个。对于这一部分样本而言，高速铁路开通仅发生在 2011 年，且仅对实验组的 77 个地级市有影响。基于该样本，再次采用倾向得分匹配-双重差分法（PSM-DID）评估高速铁路开通对就业的影响。

另一方面，使用倾向得分匹配法和双重差分法结合（PSM-DID）的模型对高速铁路开通与就业的关系进行进一步证明。稳健性检验估计结果与基准回归结果一致，实证结果稳健。

4.3.2　高速铁路开通促进区域均衡发展和促进辐射区内土地增值的实证检验

1. 高速铁路开通对城乡收入比影响的实证检验

1）方法介绍

本节分别就高速铁路开通对区域均衡发展和区域土地增值的影响进行相应实证过程与结果的展示，证明高速铁路开通这一事件具有缩小区域收入差距，促进辐射区域内土地增值的积极作用。本节采用的基本方法与前文方法基本一致，仍通过双重差分模型（DID）的方法来检验。通过对比高速铁路开通前后的结果来评价高速铁路开通的效果。

本节除被解释变量、控制变量与上文不同之外，其他处理方法与上文相同。为了研究高速铁路开通对促进区域发展的效果，本节基本检验模型为：

$$\text{INC\_DIS}_{it}=\alpha_0+\alpha_1 \text{treat}_i\times \text{after}_t+\alpha_2 X_{it}+\alpha_3 u_i+\alpha_4 \lambda_t+\varepsilon_{it}$$

被解释变量：选用城乡收入比作为被解释变量，通过城镇居民人均可支配收入与农村居民人均可支配收入比计算得出。解释变量：仍为 treat×after，其具体含义可参考上文。X 为控制变量，综合以前学者的研究，选择的主要控制变量为经济发展水平（pergdp）、地级市规模（lnsize）、产业结构（str）及对外开放程度（lnopen）。

2）实证过程

表 4-19 为变量定义与解释。

表 4-19　变量定义与解释

变量名	变量解释	计算方法
INC_DIS	城乡收入比	城镇居民人均可支配收入与农村居民人均可支配收入比
treat×after	高速铁路开通	开通=1，未开通=0
pergdp	经济发展水平	地级市人均生产总值（万元）
lnsize	地级市规模	地级市人口数量的自然对数
str	产业结构	地级市二、三级产业增加值与国民生产总值之比
lnopen	对外开放程度	地级市实际利用外资额（亿元）的自然对数

基于我国 2007—2016 年 292 个城市的城乡收入比、经济发展水平、地级市规模、产业结构和对外开放程度数据，在剔除相应缺失值后，将剩余的 1 581 个样本观测点运用 Stata14. 0 进行描述性统计分析。

首先，就 1 581 个样本观测点总体进行描述性统计分析，结果如表 4-20 所示。

表 4-20　样本数据描述性统计结果

变量名	最小值	最大值	标准差	均值	观测值
INC_DIS	1. 296	4. 878	0. 543	2. 587	1 581
pergdp	0. 551	19. 673	2. 495	3. 708	1 581
lnsize	3. 800	8. 129	0. 666	5. 939	1 581
str	−7. 519	21. 874	2. 210	4. 949	1 581
lnopen	4. 317	14. 336	1. 593	10. 084	1 581

就城乡收入比而言，标准差为 0. 543，最大值为 4. 878，最小值为 1. 296，显示出我国各

观测城市间城乡收入比存在一定差异，但存在的差异性不大，可以研究交通通达度的改善，即高速铁路开通这一事件是否会对城乡收入比尤其是缩小城乡收入比产生一定影响。经济发展水平和城市产业结构的标准差分别为 2. 495 和 2. 210，说明各城市间经济发展水平和城市产业结构同城乡收入比一样，具有一定的差距，可以用来控制经济发展水平和城市产业结构对城乡收入差距的影响。城市规模和对外开放程度的均值分别为 5. 939 和 10. 084，说明目前我国各城市的城市规模和对外开放程度的平均水平较高，需要对城市规模和对外开放程度这两个对城乡收入差距具有重要作用的因素进行控制。

其次，将所有样本观测点分类为“四纵四横”高速铁路站点所在城市和非高速铁路站点所在城市，分别进行描述性统计分析，结果如表 4-21 和表 4-22 所示。

表 4-21 “四纵四横”高速铁路站点所在城市描述性统计分析结果

变量名	最小值	最大值	标准差	均值	观测值
INC_ DIS	1. 708	3. 974	0. 410	2. 485	606
pergdp	0. 710	14. 193	2. 540	4. 108	606
lnsize	4. 703	8. 129	0. 605	6. 250	606
str	-7. 519	13. 649	2. 074	5. 153	606
lnopen	7. 384	14. 336	1. 488	10. 846	606

表 4-22 非“四纵四横”高速铁路站点所在城市描述性统计分析结果

变量名	最小值	最大值	标准差	均值	观测值
INC_ DIS	1. 296	4. 878	0. 602	2. 651	975
pergdp	0. 551	19. 673	2. 434	3. 459	975
lnsize	3. 800	7. 138	0. 629	5. 746	975
str	-3. 016	21. 874	2. 282	4. 822	975
lnopen	4. 317	13. 184	1. 468	9. 610	975

通过上述两表的比较研究和组间距 t 检验证实，“四纵四横”高速铁路站点所在城市城乡收入差距的均值为 2. 485，显著低于非“四纵四横”高速铁路站点所在城市的均值 2. 651；同时高速铁路站点所在城市城乡收入差距标准误为 0. 410，显著小于非高速铁路站点城市的 0. 602，城乡收入差距的波动幅度更小。基于“四纵四横”与非“四纵四横”城市城乡收入差距表现出来的差异，可推断高速铁路的开通对站点城市的城乡收入带来积极的缩小差距作用的同时，也使得城乡收入差距趋向平稳，降低波动幅度的趋势更明显，进而使研究高速铁路开通对城乡收入差距的影响具有意义。

图 4-7 显示出高速铁路开通后 1 年至开通后 4 年对该地区城乡收入差距的影响趋势，将高速铁路开通城市前三年城乡收入差距取平均值，作为高速铁路开通前后对比的基准数值，分别计算各城市开通后 1～4 年的数据，并与基准数值作比较求出平均每一年的增长量。可以看出，高速铁路开通这一事件对城乡收入差距的影响在这 4 年中始终为负值，即高速铁路开通能够缩小城乡收入差距。而随着时间的增加，高速铁路对缩小城乡收入差距的作用趋近于零，说明其作用效果的增长率在逐渐降低，即在既定的城乡收入差距内，高速铁路开通对缩小城乡收入差距的前期作用强度更大。

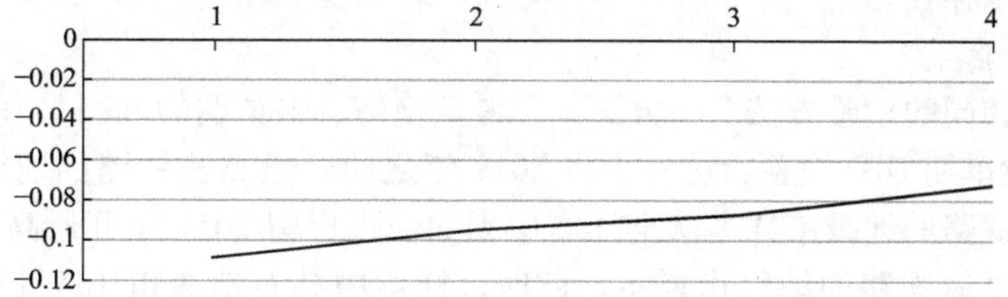

图 4-7　高速铁路开通对城乡收入差距的长短期作用

使用双重差分法(DID)模型对高速铁路开通与城乡收入差距的关系进行进一步证明，其中模型(1)加入主要解释变量即高速铁路开通，并且控制时间固定效应和城市固定效应，模型(2)加入主要解释变量和所有控制变量并控制时间和城市固定效应，具体结果如表 4-23 所示。

表 4-23　高速铁路开通与城乡收入差距

	模型(1)	模型(2)
treat&after	−0. 042 3**	−0. 038 0**
	(0. 011 4)	(0. 023 6)
pergdp		0. 019 1**
		(0. 012 7)
lnsize		0. 254 6**
		(0. 034 8)
str		0. 004 8*
		(0. 080 3)
lnopen		0. 003 0
		(0. 711 5)
constant	2. 768 5***	1. 164 5
	(0. 000 0)	(0. 103 2)
年度固定效应	是	是
城市固定效应	是	是
N	1 581	1 581
R^2	0. 510 0	0. 514 9

由表 4-23 可发现，无论是否加入控制变量，主要解释变量高速铁路开通（treat×after）的估计系数在两个模型中均在 5%的水平下显著，表明以未开通高速铁路城市作为对照组，在样本覆盖的区间内，高速铁路开通对城市城乡收入差距具有显著影响。由模型(1)的结果可以看出，控制年度固定效应和行业固定效应后，对主要解释变量高速铁路开通进行单独回归时，系数为-0. 042 3，R^2 为 0. 510 0，显示高速铁路开通事件在 5%的水平上与城乡收入差距具有显著的相关关系。

模型(2)引入所有控制变量，对模型总体进行回归，发现 treat×after 的系数为-0. 038 且在 5%的水平上显著，可理解为在其他变量保持不变时，高速铁路开通导致沿线站点城市的城乡收入差距缩小水平；控制变量中经济发展水平和地级市规模的系数分别为 0. 019 1、0. 254 6，均在 5%的水平上显著，说明城市的规模大小和经济发展水平，与地区收入差距之间具有显著的关系存在。

3）稳健性检验

采取与上文相同的检验方法，一方面，参考董艳梅、朱英明的方法，由于京沪高铁开通于 2011 年，通过单期 DID 检验，进一步将 2011 年之前开通高速铁路的地级市样本和 2011 年之后开通高速铁路的地级市样本从全样本中剔除，仅保留 2011 年开通高速铁路的地级市样本与从未开通高速铁路的地级市样本。此时，样本中共有地级市 185 个，其中，实验组 64 个，对照组 121 个。对于这一部分样本而言，高速铁路开通仅发生在 2011 年，且仅对实验组的 64 个地级市有影响。基于该样本，进一步采用倾向得分匹配-双重差分法（PSM-DID）评估高速铁路开通对城乡收入差距的影响。

另一方面，使用倾向得分匹配法和双重差分法结合（PSM-DID）的模型对高速铁路开通与城乡收入差距的关系进行进一步证明，同时将高速铁路开通城市前三年的被解释变量增长率作为 PSM 匹配的控制变量之一。稳健性检验估计结果与基准回归结果基本一致，实证结果稳健。

2. 高速铁路开通对房价影响的实证检验

1）实证过程

铁路开通所带来的城市间的紧密联系，实际上是一把“双刃剑”。于 2011 年开通的京沪高铁贯穿了北京、天津、上海三个直辖市，连接河北、山东、安徽、江苏四省，贯通首都经济圈和长三角两大经济圈，四省三市的国土面积占全国的 6.5%，人口占全国的 1/4，GDP 占到全国的 40%。据预测，随着京沪高铁开通，沿线城市分工会进一步细化，济南、南京和徐州等城市会发展为包括一些战略性新兴产业在内的先进制造业的基地。相比房价已经十分高昂的上海、北京等超一线城市，京沪高铁沿线的二、三线城市的地价对高速铁路开通表现得更为敏感。其中，京津走廊的“咽喉”城市廊坊，房价随着高速铁路的开通趁势大涨。本节实证检验高速铁路开通对沿线城市房价的驱动效应。表 4-24 列示了变量定义与解释。

表 4-24　变量定义与解释

变量名	变量解释	计算方法
houseprice	商品房平均成交价格	商品房销售额与销售面积的比值
treat&after	高速铁路开通	开通=1，未开通=0
population	年末总人口	地区年末总人口
pergdp	人均 GDP	地区人均 GDP
lnloan	金融机构贷款	金融机构贷款/GDP 的自然对数
lnreal_ estate	房地产开发投资	房地产开发投资/GDP 的自然对数

基于我国 2007—2016 年 292 个城市商品房成交价、人口数、人均 GDP、金融机构贷款和房地产开发投资水平的数据，在剔除相应缺失值后，将剩余的 2 400 个样本观测点运用 Stata14. 0 进行描述性统计分析。

首先，就 2 400 个样本观测点总体进行描述性统计分析，结果如表 4-25 所示。

表 4-25　样本数据描述性统计结果

变量名	最小值	最大值	标准差	均值	观测值
houseprice	0.090	4.515	0.337	0.426	2 400
population	0.181	33.92	3.223	4.319	2 400
pergdp	0.15	50.63	4.526	4.170	2 400
lnloan	6.624	13.712	0.494	8.846	2 400
lnreal_ estate	3.896	11.455	0.658	6.692	2 400

就商品房价格比而言，最小值为0.090，最大值为4.515，显示出我国各观测城市间商品房价格比存在较大的差异性，可以研究高速铁路开通这一事件是否会对不同城市的商品房价格形成不同影响。年末人口数与人均GDP的标准差分别为3.223和4.526，说明各城市间人口数量与人均GDP同商品房价格比一样，城市间的差距较大，可以用来控制人口和人均GDP对商品房价格的影响。金融机构贷款比和房地产开发投资比的均值分别为8.846和6.692，最大值与最小值差距分别为7.088和7.559，说明目前我国各城市的金融机构贷款比和房地产开发投资比的平均水平较高，但城市间的金融贷款和房地产投资仍存在一定差距，可用来控制融资情况和房地产投资情况对房价的影响。

其次，将所有样本观测点分类为"四纵四横"高速铁路站点所在城市和非高速铁路站点所在城市，分别进行描述性统计分析，结果如表4-26所示。

表 4-26　"四纵四横"高速铁路站点所在城市描述性统计分析结果

变量名	最小值	最大值	标准差	均值	观测值
houseprice	0.111	4.515	0.403	0.525	763
population	1.139	33.92	4.164	6.098	763
pergdp	0.15	50.63	5.622	5.051	763
lnloan	7.542	13.712	0.570	8.955	763
lnreal_ estate	4.965	11.455	0.613	6.827	763

表 4-27　非"四纵四横"高速铁路站点所在城市描述性统计分析结果

变量名	最小值	最大值	标准差	均值	观测值
houseprice	0.090	3.766	0.290	0.380	1 637
population	0.181	12.59	2.234	3.490	1 637
pergdp	0.4	33.97	3.846	3.759	1 637
lnloan	6.624	11.219	0.445	8.795	1 637
lnreal_ estate	3.896	9.279	0.668	6.629	1 637

通过上述两表的比较研究以及组间距t检验证实可发现，"四纵四横"高速铁路站点所在城市在房地产价格、人口、人均GDP、金融机构贷款和房地产投资方面的均值均显著高于非"四纵四横"站点所在城市，同时高速铁路站点所在城市商品房价格的标准差为0.403，大于非高速铁路站点城市的标准差0.290。可推断高速铁路的开通对

站点城市的商品房价格、人口等方面带来提升促进作用的同时，也可能由于城市规模等原因，扩大站点城市间的房价差异，对城市房价的提升作用具有异质性，进而使研究高速铁路开通对房价的影响具有意义。

2）进一步分析

最后，对“四纵四横”高速铁路线路站点所包括城市就城市等级和市场化进程分类，进行具体的比例分析，结果如表 4-28 所示。

表 4-28　各规模城市高速铁路开通前后平均商品房价格增长率

城市等级	房价增长比例/%
超大城市（8）	32.880 115
特大城市（32）	46.967 980 9
大城市（24）	37.326 504 2
总计	42.588 060 4

总体而言，可以看出高速铁路开通这一事件，对沿途站点所在地房价变动影响呈上升趋势，这也侧面印证新经济地理学理论的观点，认为高速铁路开通提高了城市间的通达性，通过影响企业选址，提高当地居民的收入水平并带动地区房价上涨[150]。表中数据显示，高速铁路开通对超大城市、特大城市和大城市房价的增长作用分别为 32.88%、46.97% 和 37.33%。特大城市和超大城市同时也是我国经济发展水平较高的城市，这也印证了高速铁路开通为我国经济发达地区带来的人口、资本的集聚效应。人力、资本等资源要素进一步向经济发达的中心城市集聚，新流入的资本扩大了发达城市房地产市场的投资[166]，使得高速铁路开通这一事件对超大城市、特大城市和大城市房价的增长作用十分显著。

按照前文对市场化程度的划分，分类讨论我国于 2009—2014 年开通高速铁路城市高速铁路开通前后平均商品房价格增长率。结果如表 4-29 所示。

表 4-29　不同市场化进程城市高速铁路开通前后平均商品房价格增长率

市场化进程（中位数）	房价增长比例/%
市场化程度高（77）	42.348 999 3
市场化程度低（44）	43.238 529
总计	42.588 060 4

由表 4-29 可知，总体来看高速铁路开通促进沿线所经过城市房价升高，其中市场化进程快的城市在高铁开通前三年与后三年平均的房价增长比例为 42.35%，略低于市场化进程慢的城市 43.24%的增长比例，可解释为市场化进程快的城市房价由于其前期存在的固有发展优势使得房价涨幅趋向于平稳，而市场化进程慢的城市由于交通通达度的改善，人口和经济要素流动能力增强，激发当地的房产增长潜力。人力、资本等资源要素进一步向市场化进程慢的城市集聚，新增加的人口与就业刺激对住房的需求，从而导致高速铁路对市场化进程慢的城市房价提升效应更大。

使用双重差分法（DID）模型对高速铁路开通与平均商品房价格的关系进行进一步证明，其中模型（1）只加入主要解释变量即高速铁路开通，未控制时间固定效应和城市固定效应；模型（2）引入主要解释变量的同时对时间和城市固定效应加以控制；模型（3）加入主要解释变量和所有控制变量并控制时间和城市固定效应，具体结果如表 4-30 所示。

表 4-30　高速铁路开通与平均商品房价格

变量	模型（1）	模型（2）	模型（3）
treat×after	0. 204 9***	0. 036 2***	0. 025 2**
	(0. 000 0)	(0. 000 3)	(0. 013 7)
population			0. 012 6
			(0. 418 3)
pergdp			0. 016 3***
			(0. 000 0)
lnloan			0. 022 0*
			(0. 091 2)
lnreal_ estate			0. 019 6**
			(0. 015 5)
constant	0. 389 1***	0. 251 8***	−0. 153 8
	(0. 000 0)	(0. 000 0)	(0. 273 8)
年度固定效应	否	是	是
城市固定效应	否	是	是
N	2 400	2 400	2 400
R^2	0. 125 5	0. 503 2	0. 512 8

由表 4-30 可发现，无论是否加入控制变量，主要解释变量高速铁路开通（treat×after）的估计系数在 3 个模型中均在 5%的水平下显著为正，表明在样本覆盖的区间内，高速铁路开通推动了商品房价格的上涨。由模型(1)的结果可以看出，对主要解释变量高速铁路开通进行单独回归时，系数为 0. 204 9，显示高速铁路开通事件在 1%的水平上与商品房价格具有显著的正相关关系，说明高速铁路开通对沿线站点城市的房价具有提升、推动作用。在控制年份和城市后 treat×after 的系数降低为 0. 036 2，调整的 R^2 提高为 0. 503 2，说明加入了一些无法捕捉的年份及城市共同因素后，实证回归反映的高速铁路对房价的提升作用变得更加精确。

模型(3)引入所有控制变量，对模型总体进行回归，发现 treat×after 的系数为0. 025 2且在 5%的水平上显著，可理解为在其他变量保持不变时，高速铁路开通导致沿线站点城市的房价上升 2. 52%；控制变量中人均 GDP、金融机构贷款额和房地产投资额的系数分别为 0. 016 3、0. 022 0 和 0. 019 6 且均在 10%的水平上显著，说明城市的人均 GDP、金融机构贷款额和房地产投资能够显著影响地区房价水平，人均 GDP 越高，金融机构贷款发放数额越大，房地产投资数额越大，对住房的需求量越大，进而导致房价水平也就越高。而房地产经济作为实体经济的一部分，其快速发展也有助于推动我国经济水平的平稳向好发展。

3）稳健性检验

一方面参考陈钊、熊瑞祥的方法，引入分组变量与高速铁路开通之前各年度虚拟变量的交叉项进行平行趋势检验，结果表明，在高速铁路开通之前，实验组与对照组城市房价的数值的差异没有发生显著变化，从而验证了双重差分方法的平行趋势假设。

另一方面，借鉴范子英和田彬彬的研究进行反事实检验。回归结果显示：假设的高速铁路开通对城市房价带来的经济效应并不明显，因此说明处理组与对照组的差异不是其他因素导致的，而是高速铁路开通所导致的。稳健性检验估计结果与基准回归结果基本一致，实证结果稳健。

4.3.3 高速铁路开通推动产业结构优化的实证检验

1. 方法介绍

本节就高速铁路开通对产业结构的影响进行相应描述性统计、实证过程与结果的展示，证明高速铁路开通这一事件对产业结构优化具有积极的推动作用。为了检验高速铁路开通对城市的产业结构带来的影响，下文将仍然采用实证分析-双重差分模型（DID）的方法来检验。通过对比高速铁路开通前后的结果来评价高速铁路开通的效果。

本节除被解释变量、控制变量与上文不同之外，其他处理方法与上文相同。借鉴张梦婷的处理方法，最终共得到 83 个城市的 829 条处理组数据，208 个城市的 2 052 条对照组数据。本节基本假设模型为：

$$tergdp_{it}=\alpha_0+\alpha_1 treat_i\times after_t+\alpha_2 X_{it}+\alpha_3 u_i+\alpha_4 \lambda_t+\varepsilon_{it}$$

被解释变量：选用第三产业占 GDP 的比重作为被解释变量，即 tergdp。同时参考徐敏和姜勇的方法，构造了产业结构升级指数，在稳健性检验中进行检验，这一指数主要反映 3 个产业之间的升级状况。

解释变量：解释变量仍为 treat×after，其具体含义可参考上文。X 为控制变量，综合以前学者的研究，主要控制变量为人均 GDP（pergdp）、地区总固定资产投资（lnfix）、人均受教育程度（lnedu）以及地方政府财政预算内支出（lngov）。

表 4-31 是主要变量的描述性统计结果，为了消除极端值的影响，本书对部分连续性变量按照 1%和 99%进行了缩尾处理。

表 4-31 主要解释变量的描述性统计

变量名	最小值	最大值	标准差	均值	观测值
tergdp	17.53	67.35	8.964	37.052	2 611
pergdp	0.661	21.735	3.950	4.293	2 611
lnfix	13.545	18.008	0.967	15.795	2 611
lnedu	10.676	15.112	0.842	12.644	2 611
lngov	12.462	17.071	0.849	14.356	2 611

从表 4-31 可以看出，就第三产业占比而言，其最小值为 17.53%，最大值为 67.35%，标准差极大，为 8.96，这说明不同城市之间的第三产业比重存在着较大的差异，产业结构产别很大。均值为 37.1%，表明我国总体第三产业占比较低，主要还是以第一、二产业为主。此外，其他控制变量也都在较大范围内浮动，这为本书的研究，即高速铁路的开通能否促进沿线城市的产业结构优化提供了研究的基础。

2. 实证结果分析

表 4-32 报告了基于产业结构视角的检验结果，模型(1)只检验了解释变量 treat×after 的影响；模型(2)在此基础上，控制了时间固定效应；模型(3)在模型(1)的基础上加上了控制变量，即在控制相应控制变量的基础上检验解释变量的影响；模型(4)在加入控制变量的同时控制了时间固定效应。

表 4-32　产业结构视角的检验结果

变量	模型(1)	模型(2)	模型(3)	模型(4)
treat×after	3.991 6***	0.814 4***	1.811 4***	0.713 7***
	(0.000 0)	(0.000 6)	(0.000)	(0.001 6)
pergdp			0.469 1***	-0.010 8
			(0.000 0)	(0.844 8)
lnfix			-0.836 6***	-4.059 8***
			(0.000 5)	(0.000 0)
lnedu			0.380 8	0.506 7
			(0.443 0)	(0.207 1)
lngov			1.854 8***	-0.973 6**
			(0.000 1)	(0.011 9)
constant	36.447 9***	35.617 3***	16.535 9***	103.217 9***
	(0.000 0)	(0.000 0)	(0.000 0)	(0.000 0)
年度固定效应	否	是	否	是
N	2 611	2 611	2 611	2 611
R^2	0.082 9	0.465 4	0.189 3	0.530 1

从表 4-32 可以发现，无论是否加入控制变量，主要解释变量高速铁路开通（treat×after）的估计系数在 4 个模型中均在 1%的水平下显著，表明以未开通高速铁路城市作为对照组，在样本覆盖的区间内，高速铁路开通对城市产业结构优化具有显著影响，高速铁路开通能明显促进城市产业结构升级。同时对比模型(1)和模型(2)，或者同时对比模型(3)和模型(4)可以发现，在控制时间之后，模型的系数变小，由此可说明城市的产业结构升级存在时间效应，这也与现实情况相符，随着时间推移，我国的第三产业比重越来越大，产业结构不断优化。

3. 进一步分析

将我国城市分为大、中、小城市三类，并按城市规模分别进行讨论，分析得出，对小城市带来的第三产业提升的效应最显著。

作为国家重要基础设施和现代化交通工具，高速铁路的继续发展是未来的必然趋势。高速铁路的快速发展为中国经济发展做出了重要贡献，对中国的经济和社会各方面产生了广泛而深刻的影响。本章在前人研究的基础上，从 6 个层面深入探讨高速铁路开通的社会效应。研究结果表明，高速铁路的开通加快资源要素流动，给沿线设站城市带来人口和就业的增长，促进辐射区土地的增值。同时，相应地带动居民收入的增加，有利于缩小地区贫富差距。此外，高速铁路建设有利于实现资源的有效配置和促进专业化协作，影响辐射区内产业结构的优化调整，进而推动我国经济社会的发展进程。总之，高速铁路的建设维护了国家安全和社会稳定，增强了国家实力和国际影响力，提高了人民群众的获得感、安全感、幸福感。

第5章　高速铁路的创新效应

创新是指以现有的思维模式提出有别于常规或常人思路的见解为导向，利用现有的知识和物质，在特定的环境中，本着理想化需要或为满足社会需求，而改进或创造新的事物、方法、元素、路径、环境，并能获得一定有益效果的行为。创新是一个民族发展的灵魂，高速铁路时代的到来不仅带动我国交通运输体系的全面、深层优化，也为我国创新发展创造了机遇和挑战。创新驱动发展战略关系我国经济社会发展全局。党的十九大报告提出坚定实施创新驱动发展战略，表明我们党把实施这一战略作为一项重大而长期的任务，摆在国家发展全局的核心位置。我国科技创新的主攻方向是面向世界科技前沿、面向经济主战场、面向国家重大需求。高速铁路等交通基础设施的发展，在推动经济增长的同时也促进了各个相关产业技术创新的提升。因此，本章主要针对我国高速铁路产生的技术创新效应、知识创新效应、供给侧改革创新效应及管理创新效应4个方面进行分析，并通过大数据实证检验高速铁路开通对微观企业产生的综合创新效应。

5.1　高速铁路创新效应概述

5.1.1　高速铁路创新发展概况及创新效应的内涵

1. 高速铁路创新发展概况

高速铁路创新发展由技术创新、平台创新、系统创新和运营模式创新组成，其中最重要的是技术创新。在技术创新方面，我国通过吸取国外引进高速铁路技术的经验和教训，形成了一条与众不同的“以我为主、博采众长、融合提炼、自成一家”的技术创新路线。我国对国外的高速铁路技术进行全面引进并消化吸收后，实现集成创新，成功完成了世界上最先进的高速铁路动车组技术平台的搭建，实现相关设备与技术的大规模出口。为了尽快实现先进技术的国产化，我国将引进的国外技术与国内企业联合设计生产作为基本技术路线。“和谐号”（China railways high-speed，CRH）便是这种国外技术与国内设计相结合而生产的中国高速铁路车辆的统一命名。

在平台创新方面，可以支持持续自我提升的轨道交通装备产品设计开发平台的建立，使得在高端产品上的自主设计开发成为可能，在公司层面使得经营范围内的产品达到技术同进、资源共享。

在系统创新方面，形成了集设计开发的流程、管理模式和组织体系于一体的专业化管理系统，并且该系统能够实现各环节的统一指挥和职责分明，有效适应产品设计和技术的要求。

在运营模式创新方面，实现了运营模式的多样化，例如，总包模式，即由一个总承包商先承包高速铁路车站的所有商业，然后再分包；分业态分批次公开招租模式，即根据市场情况及时调整价格；BOT（build-operate-transfer，建设—经营—转让）运营模式，即自主定价、提供个性化服务及增加多元经营收入。随着《2015—2020 年互联网+高铁市场运营模式研究咨询报告》的出版，互联网在高速铁路运营模式创新发展中也发挥了重要作用。

高速铁路创新发展进一步推动了产业和产业链的创新发展。核心产品技术带来的成果可以推动产业和产业链的创新发展，主要体现在以下两个方面：一是核心产品技术水平的提高在带来更多经济利益的同时，也有利于推动产业结构的调整，促进产业的发展；二是在核心环节拥有自主产权可以促进产业链上其他科学技术的发展，摆脱他人的约束，从而形成自主创新的动力，推动整条产业链的发展。

对核心产品的设计、制造、创新等体现行业整体的科技水平，是整个产业整体创新实力的体现。想要提升产业自主创新能力、提高产业科技水平，最重要的途径便是由核心产品创新发展带动整个产业链的发展。因此，我国以高速铁路技术的发展引领整个产业发展的经验，对其他行业具有重要的借鉴意义，有利于推动全行业的创新发展。

2. 高速铁路创新效应内涵

高速铁路的创新效应体现在因高速铁路的发展而带来的技术创新和组织模式创新。高速铁路等交通基础设施的发展，推动经济增长的同时也伴随产业技术创新的提升，其发展所带来的最快速、最直观和最显著的创新效应在于高速铁路产业的内部技术发展方面。中国铁路在“引进先进技术、联合设计生产、打造中国品牌”方针的指导下，通过大力推进技术创新、引进消化吸收再创新和集成创新的方式，成功研制出中国标准体系占主导地位的动车组。高速铁路创新已成为我国科学技术自主创新的一面旗帜。

此外，高速铁路的建设有效地促进了区域间各要素的流动。就人才流、信息流而言，在互联网信息技术发展下，人们之间通过学习和交流隐性知识，形成新的产品设计理念、新的工作思维和新的学术思想等。而高速铁路对地区间可达性的提高正好塑造了隐性知识流空间，使企业人力资本的钟摆式通勤更具有可行性。特别是在企业之间因专业化分工的城际区域，知识等要素流动更具有可能性。高速铁路使区域内科研院所、高等学校等科研人员的联系强度得以改善。高速铁路的建设降低了科研人员的集聚度，促进了科研联系强度的平衡，进而促进了当地创新能力的发展，给区域发展带来了显著的知识技术效应。

在供给侧改革的时代背景下，高速铁路的发展更是顺应时代潮流，促进了铁路产品、客货运输模式的转型发展，推动了客、货运输结构的优化及服务水平的提升。同时，也改进了管理方式，加速了高速铁路建设管理、运营管理、装备制造管理及维修管理的创新与优化。

5.1.2　高速铁路的技术创新效应

1. 铁路自身产业的技术创新效应

如前所述，高速铁路发展所带来的最快速、最直观和最显著的创新效应在于高速铁路产业的内部技术发展方面。

在中国标准动车组“复兴号”的研发基础上，中国中车坚持自主创新，已成功研发出具有完全自主知识产权的新型可变编组动车组及其工业化平台，实现了世界高速铁路列车发展史上零的突破。2008 年后的自主创新阶段，标志成果之一就是 CRH380 系列高速列车；在 2012 年后的持续创新阶段，中车公司研发了时速 500 km 的高速列车，时速 400 km 的高速检测列车，时速 200 km 的混合动力高速列车和时速 160 km 的米轨高速列车。以“复兴号”的主要研制单位中国中车为例，2020 年，公司承担的 7 个国家先进轨道交通重点专项取得里程碑成果，时速 600 km 高速磁浮试验样车成功试跑，时速 400 km 跨国互联互通高速动车组成功下线；系列化中国标准地铁列车研制及试验项目稳步推进；重大产品研发成果丰硕，京雄智能高速动车组上线运营，时速 350 km 货运动车组成功下线，30 t 轴重货运电力机车等完成样车研制，“复兴号”高原双动力集中动车组研制提速；发布国际标准 9 项，国家标准 24 项，行业标准 25 项，申请专利 6 437 项，获得中国专项奖金奖 2 项，银奖 1 项，优秀奖 7 项。正是在这种不断技术创新的推动下，我国高速铁路产业获得了突出的国际竞争力，打造出了性能突出的产品。

高速铁路运行的技术核心为芯片，通过自主创新，我国高速铁路掌握了网络控制系统和 IGBT（insulated gate bipolar transistor，绝缘栅双极型晶体管）芯片技术。网络控制系统于高速铁路的地位相当于大脑之于人类，它指挥控制列车的一举一动，是高速铁路列车的核心部件之一，而高速铁路的另一核心部件——IGBT 芯片作为高速铁路列车的核心动力心脏，类似于手机的 CPU 芯片。此两项技术曾受制于国外发达国家，如今都能够实现百分之百国产化。目前，我国已经基本形成包括工务工程、牵引供电、高速列车技术、列车控制、运营管理和信息服务六大领域的高速铁路技术体系。

郑西高铁作为我国拥有的完全自主知识产权铁路，它的建成与运营标志着我国高速铁路建设在自主创新层面进入了一个新的篇章。由于国情问题，我国铁路存在多信号系统，不能直接利用欧盟的 ETCS 铁路控制系统。因此，基于我国发展的大环境，在我国铁路专家的辛勤努力下，适合我国国情的 CTCS 列车控制系统最终出现。郑西高铁集高速铁路技术之大成，配以 CTCS-3 列车控制系统——目前世界上最先进的列车运行控制系统，既确保了列车 300 km 的高时速性，又保证了其运行的安全平稳性。在试运行阶段，国产“和谐号”也曾在郑西高铁创下时速 394. 2 km 的最高试验速度纪录。试验和运营阶段结果皆表明，郑西高铁在轨道结构、通信信号和安全平稳性等主要指标方面达到世界领先水平。同时，与高速铁路相配套的关键设备（如接触网等设备的设计、制造、调试安装等）均实现了完全国产化。高速铁路技术的创新使得我国的高速铁路建设不再受制于人，同时对于进一步提升和完善我国高速铁路自主创新技术体系也起到了奠定基础的作用。

中国铁路在“引进先进技术、联合设计生产、打造中国品牌”方针的指导下，通过大力推进技术创新、引进消化吸收再创新和集成创新的方式，共攻克了包括高速转向架在内的九大核心技术，以及受电弓等十大配套技术难题，并最终成功研制出时速 250 km 和时速 350 km 这两种速度等级的高速动车组，试验中最高时速达 486. 1 km。轨道方面，研发了无砟轨道成套技术和三网合一的经测网，研发了高速钢轨、扣件、道岔等轨道设备，满足了线路高平顺、高稳定的要求。空间线形方面，研究确定了不同速度等级高速铁路线间距、最小曲线半径、竖曲线半径取值范围、限制坡度、最小隧道断面等关键技术参数，满足了不同速度和不同线路类型的建设运营要求。工程建设方面，面对冬夏温差近 80 ℃的东三省、存在大面积失陷性黄土的黄土高原、河网密布而具有大量淤泥质软土的东部水田等复杂多变的建设环境，我国成功解决了路基防冻、高温胀轨、地面沉降、复杂地质条件下隧道施工等技术难题，为中国高速铁路的发展建设及未来的“走出去”增添了多张技术王牌。

1）高速铁路发展推动技术进步

高速铁路发展与高速铁路技术进步密切相关。回顾高速铁路技术的发展，我国高速铁路之所以达到目前世界领先的技术水平，经历了一系列复杂的技术进步过程，如图 5-1 所示。

第一阶段，1990—2008 年，技术引进及“四纵四横”路网规划阶段。在这一阶段，关于高速铁路建设进行了长时间的讨论，要不要建、怎么样建、采用何种技术、是技术引进还是自主创新等。最终，2004 年 4 月，国务院确定了“引进先进技术、联合设计生产、打造中国品牌”的十八字总体要求和“先进、成熟、经济、适用、可靠”的十字基本方针，充分考虑了高速铁路技术发展的系统性和伸缩性及原始创新的风险性。在铁道部和科技部的推动下，在国家政策的支持下，我国引进了国外的先进技术，如牵引技术、制动技术等。第二阶段，2009—2012 年，高速铁路建设的高潮阶段。在这个阶段，我国在引进技术的基础上，在政府的指导下，结成企业、高校和科研机构为一体的产学研技术创新体系，运用消化吸收再创新、集成创新、自主创新等手段，创造了一系列的技术创新成果。第三个阶段，2012—2015 年。这个阶段是高速铁路技术创新扩散实现国产化的阶段，也是相关产业全面受益的阶段。第四个阶段，2015—2020 年。在这个阶段，我国推进高速铁路“走出去”战略，实现对国外的零部件输出，机车系统配套输出，提供专项技术服务，形成自己的知识产权，重点关注亚、非、拉市场，实现技术赶超及产业结构的升级。由此可以看出，高速铁路发展与技术进步密切相关。

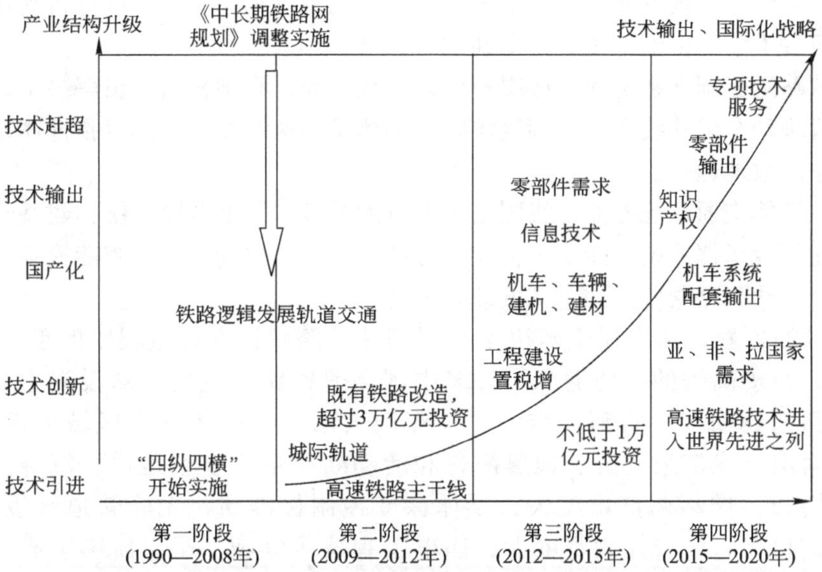

图 5-1　高速铁路技术进步历程

2）高速铁路发展推动装备制造企业核心技术创新

我国铁路立足于提高自主创新能力，完善技术创新体系，推进关键装备自主化，形成了涵盖工务工程、高速列车技术、列车运行控制、牵引供电、运营管理、信息服务六大领域的高速铁路技术体系。图 5-2 列示了高速铁路技术创新集合图。我国高速铁路技术具有装备先进、安全可靠、兼容性好、性价比高等综合优势，总体技术水平已步入世界先进行列。

在高速铁路工务工程方面，我国攻克了一系列世界技术难题，系统地掌握了高速铁路线路工程设计、施工、养护的成套技术，研发了具有自主知识产权的高速铁路 CRTSⅢ型板式无砟轨道，为高标准、高质量建造高速铁路提供了重要技术支撑。

在高速列车技术方面，成功研制了拥有完全自主知识产权的中国标准动车组，在动车组关键技术上实现重要突破，在牵引、制动和网络等系统上实现完全自主编程，拥有了国际先

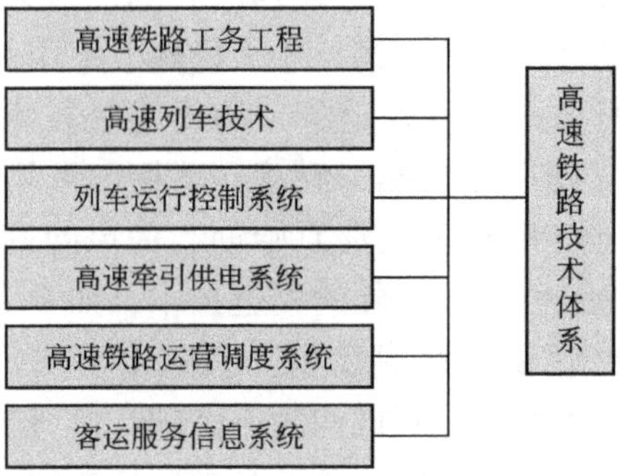

图 5-2　高速铁路技术创新集合图

进水平的整车性能及关键系统技术。

在列车运行控制系统方面，开展列控系统自主化工作，研发了满足时速 200~250 km 运行要求的 CTCS-2 级列控系统和满足时速 300~350 km 运行要求的 CTCS-3 级列控系统，实现了设计最小列车追踪间隔 3~5 min。

在高速牵引供电系统方面，研发了大张力接触网系统和牵引供电综合自动化系统，保证了高速运行条件下牵引供电系统的安全性和可靠性。

在高速铁路运营调度系统和客运服务信息系统方面，我国科研人员解决了动车组跨线运行、不同速度级动车组并线运行等调度难题，构建了高速铁路运营调度指挥体系，保证了高速铁路网有序高效地运行。

此外，在智能交通系统方面，我国也实现重大突破。智能调度系统构建基于人工智能的高速铁路智能调度指挥系统，能实现智能动态调度、智能协同控制、智能换乘调度、智能故障诊断等功能，达到路网整体列车调度效率最优。

这些技术的创新，从本质上解决了中国高速铁路建设发展过程中的重要难题。以京沪高铁为例，京沪高铁的修建遇到了许多中国高速铁路建设史上从没有遇到的新问题。京沪高铁线路跨越海河、黄河、淮河、长江四大水系，沿线存在区域地面沉降、软土和松软土、岩溶、煤矿采空区、地震液化和活动断裂带等复杂地质。沉降变形标准严，观测评估周期长，控制调整难度大，梁体徐变控制标准高，无砟轨道铺设精度高，站前站后工程接口多，质量控制难度大，四电工程技术复杂，子系统多、高新技术密集、协调配合要求高，联调联试难度大。不仅如此，北京、天津、济南、南京、虹桥五大枢纽单项工程规模大，结构形式复杂，技术含量高，施工难度大，且位于大城市，外部环境影响因素多。

京沪高铁的建设集合了大量高新技术，全线采用具有中国自主知识产权的无砟轨道技术，施工精度要求高。在此基础上，我国科研人员还采用了基于 GSM-R 无线传输的列车控制系统和综合调度及信息化系统，实现了南京大胜关长江大桥、济南黄河大桥、淮河特大桥、阳澄湖大桥、蕴藻浜特大桥、五大站场枢纽工程、无砟轨道和无砟道岔、联合调试等重点工程的建设。可以看出，京沪高铁就是架设在桥梁上的“高空铁路”。

3）高速铁路发展加快高速铁路机车车辆制造技术创新

创新发展可以推动我国高速铁路技术的创新，实现机车车辆制造工业现代化。例如，引进阿尔斯通公司的技术，长春轨道客车股份有限公司已经制造生产了 CRH5 型动车组。我国 CRH 系列动车组引进技术生产情况如表 5-1 所示。

表 5-1　CRH 系列动车组引进技术生产情况

车型	运行速度 /（km/h）	运营时间	引进技术厂商	原车型
CRH1A	200	2007 年	庞巴迪（加拿大）	Reginac2008
CRH1B	250	2009 年		
CRH1E	250	2009 年		
CRH2A	250	2007 年	川崎重工（日本）	新干线 E2-1000
CRH2B	250	2008 年		
CRH2C	350	2008 年		
CRH2D	350	2009 年		
CRH2E	250	2008 年		
CRH3C	350	2007 年	西门子（德国）	ICE3（VelaroE）
CRH5A	250	2007 年	阿尔斯通（法国）	PendoLinSM3
CRH380A	380	2010 年	自主研发，采用铝合金空心型材车体	CRH2C
CRH380B	380	2010 年	自主研发，提高牵引功率、降低传动、优化气动外形。提高减振性能	CRH3C
CRH380C	380		自主研发，提高牵引功率、降低传动、优化气动外形。提高减振性能	CRH3C、CRH380BL
CRH380BL	380	2011 年	—	CRH3C
CRH3A	160~250	2012 年	—	CRH380BL
CRH6（城标）	140、260、200	2014 年	中国城际动车组全新技术平台 Cinovs 首个车型，适合在城际轨道线运营	—
CRH3X	160~350	未来	自主研发	—

“复兴号”中国标准动车组于 2017 年 1 月 3 日获得国家铁路局颁发的型号合格证。该系列动车组具有以下特点：一是自主研发，正向设计，关键技术领域达到世界先进水平，与世界高速动车组知名品牌处于同一级别；二是自主创新，在安全、列车信息管理、可靠性、节能环保等方面实现了新的提升；三是采用中国标准，兼容国际标准，全面拥有自主知识产权；四是实现了统型和互联互通，实现了不同厂家动车组的重联运行。

4）协同整合效应

我国在技术引进的同时，适时地进行消化吸收再创新、集成创新、原始创新等自主创新。总体上，我国高速铁路在高速动车组技术上，按照“引进先进技术，联合设计生产，打造中国品牌”的要求，通过引进消化吸收再创新，已经实现国产化，并居于世界先进水平；在通信、信号、牵引供电系统上，坚持系统集成创新，形成满足我国客运专线系统集成的标准和要求；在运营调度和旅客服务系统上，坚持自主创新；在涵洞、桥梁、隧道、线路等工程技术上，通过原始创新，具有了自主知识产权，形成了独立的技术标准。政府和市场主导的产学研一体化合作技术创新模式，形成了协同整合效应，使得各系统之间的边界更加模糊。

2. 高速铁路对其他相关产业的技术创新驱动作用

面对新的形势和任务，钢铁冶金业、建筑业、文化旅游业、物流业及通信行业在高速铁路效应的刺激下不断创新，拉动了整体经济的发展。

（1）高速铁路对钢铁冶金业的创新驱动作用

国家主席习近平在访问哈萨克斯坦、乌兹别克斯坦、塔吉克斯坦、吉尔吉斯斯坦中亚四国时，提出了建设“丝绸之路经济带”的战略构想和“21世纪海上丝绸之路”的倡议。除能源合作外，建设高速铁路网，特别是泛欧铁路网优先建设发展的动脉线路规划，已经使高速铁路建设市场如火如荼。这无疑给我国冷清的钢铁市场带来了商机，为钢铁行业调整产业结构、提升产品质量和研发新品种带来了重要机遇。

在“一带一路”和亚欧经济带建设方面，我国的高速铁路产品占有一定优势：国外高速铁路建设每千米成本为0.5亿美元，我国高速铁路每千米只要0.33亿美元；我国高速铁路建设工期短，速度比发达国家快一倍。

目前，与中国签订高速铁路合作协议的国家超过30个。例如，我国和俄罗斯已经签署高速铁路合作备忘录，共同打造欧亚高速运输走廊。此外，我国高速铁路企业频频在世界高速铁路市场中标或者达成合作意向，合作的不仅有亚洲的新加坡、马来西亚、泰国，非洲的尼日利亚、南非等发展中国家，甚至可能进入美国市场。我国的高速铁路将形成从中国本土连接欧亚大陆乃至更广阔地区的高速铁路网络，覆盖莫斯科、伊斯坦布尔、新加坡乃至阿拉斯加。

当前阶段，通过科技创新获得突破性进展的中国高速铁路技术，将主攻智能化课题。“十三五”期间，我国在高速铁路发展领域对智能列车核心技术进行攻关，构建以高速列车为核心，以全方位列车状态感知和动态数字化运行环境为基础，以信息智能处理与交互为支撑，具有自检测、自诊断、自决策能力的智能化高速列车系统。未来，智能化的高速铁路将进一步实现高速列车的安全可靠运行和全生命周期能力的保持与优化，全面提升服务品质，成为中国智能交通领域全球领先技术的代表。

我国高速铁路走向国际化，市场需求为钢铁产业带来了无限商机。机车用钢主要为碳素钢、耐候钢、不锈钢等。近年来，不锈钢与铝合金开始成为主流。车轮作为高速铁路列车的关键部件，是对质量水平要求很高的产品，高速铁路列车车轮按结构可分为两种——整体式车轮与组合式车轮。整体式车轮由钢制轮坯通过碾压或铸造方式整体轧制成型；组合式车轮又被称为轮箍轮，轮箍是车轮与钢轨接触的部分，类似于汽车轮胎。因此，车轮轮箍在制造时对于钢材的洁净度、强韧性、耐磨性及轧制工艺、检测条件等都有极高的要求。

目前，我国高速铁路零部件用钢75%已经实现国产化，但关键的部件依然依靠进口，加紧开发和批量生产时速350 km的高速动车轮轴用钢、城市轨道车辆用不锈钢已成为当务之急。

此外，随着我国高速铁路在国际市场中“大展拳脚”，动车组刹车片、高速铁路和城市轨道交通用减振橡胶垫板、铁路车配件、铁路线路配件和风电产品、抗振减噪弹性元件、高分子复合材料、电磁线（主要为铁路机车车辆和风机配套）、特种涂料及新型绝缘材料、复合材料制品，以及应用于悬挂、制动、液缓等部位的特种关节轴承、自润滑关节轴承紧固件、高耐磨表面无缺陷高速铁路车轮钢专用功能保护材料等产品的需求量也将快速增长。

（2）高速铁路对建筑业的创新驱动作用

高速铁路建设的不断开展，对建筑行业的各项技术提出了新的要求，这也进一步驱动建筑行业的创新发展，以适应新形势的要求。

不同的高铁站在营建“特色”过程中，将建筑节能技术更科学地纳入建筑设计初期的理论体系中，建筑节能不是某一项具体的技术，而是一个系统的整合，是在建筑的使用年限内将节约资源、保护环境等事项保质保量地做好。诸多的建筑节能设计仍然针对围护结构的保温设计来展开，使得建筑节能的设计主要安排在设计完成后的设备装配阶段，节能设计逐步演变为以技术手段的高效利用为主的设计。在建设国内诸多特色高铁站时，建筑行业通过挖掘自身节能潜力、优化节能技术，从营建模式、建筑技术、建筑布局、配套设备及高新技术应用等角度尽可能地节约土地资源、优化供电供水系统等，发挥了高铁站应有的节能潜力。

（3）高速铁路对物流业的拉动作用

近些年，铁路部门也一直在积极改革和提升货运部门职能，以适应社会变化和经济发展的需求。2013 年，中国铁路实施政企分开，组建中国铁路总公司（简称“铁总”）。同年，铁总出台了一系列改革措施，其中就包括铁路货运改革。在此次改革中，中国铁路正式推出高铁快递服务，这标志着中国铁路系统发展进入全新时代。铁路部门引入高速铁路优质运力介入物流行业，是铁路货运改革和进化的重要一步。

2016 年 10 月 20 日，高速铁路快运服务在全国所有高铁列车经停的 505 个城市试行，为客户提供小件物品全程运送的服务。如今，作为铁总为抢占市场而推出的临时措施已经形成常态化产品——高铁快运，成为中铁快运公司的知名服务品牌，日益受到客户的重视。

2017 年，铁路部门进一步与电商、快递企业合作，紧贴市场需求开发新产品，为更好地进军快运物流市场奠定了坚实基础。自 2017 年下半年开始，中铁快运公司就积极与国内主要电商、快递企业广泛接触，提前落实电商货源，制订对接方案。在铁总统筹安排下，2017 年“双 11”期间，中铁快运公司综合运用 22 列高速铁路确认车、208 列载客动车组预留车厢、“复兴号”动车组列车“快运柜”、600 多列载客高速铁路列车上放置的快运箱、680 列全路直通旅客列车行李车等优质运力资源，对电商、快递企业提供高速铁路物流服务，形成产品组合，多层次地满足了客户的运输需求。2017 年，中铁快运公司推出了“高铁极速达”和“丝路高铁快运”等新产品，使得高速铁路物流品牌影响力不断扩大。

2020 年，全国高铁快运业务量同比增速达 40%，“高铁极速达”业务在全国拥有 980 条线路覆盖了 80 多个大中城市。

高速铁路物流服务货品主要以多批次、小批量、高价值的品类为主，重点针对商务市场、电子商务市场、高端冷链物流市场及其他贵重产品市场，满足了时效性较强的运输需求。

另外，高速铁路具有空间大、运行平稳、振动和摆动幅度小等特点，有效解决了快递服务所带来的损害等一系列问题，而高速铁路直接到达式的运输方式有效避免了很多途中过境转手装卸的环节，从而减少了货品处理的操作次数，加上高速铁路运营部门严格规范的操作程序，从运行流程与机制上有效解决了物流运输过程中快递物品损失和货品短少等问题。

高速铁路物流还具有网络覆盖优势。依托越织越密的高速铁路网，“高铁快递”覆盖范围越来越广。值得一提的是，“丝路高铁快运”借助宝兰高铁和兰新高铁的快速运输通道，西安铁路局将全国各地包裹集中至西安，再通过宝兰高铁、兰新高铁运至新疆。西北地区的包裹也能很快到达消费者手中。以往因交通不便，网上购物时消费者甚至经常看到新疆被划入非包邮地区，包裹到手更是遥遥无期。随着高速铁路网络的覆盖，新疆已被纳入“高铁快递区”，当地消费者能够快捷方便地收到邮递包裹。

（4）高速铁路对通信行业的拉动作用

高速铁路的主要特征是运行速度较快，需要较大的安全保障去确保运行安全。而通信技术可以为高速铁路提供网络支持，能够实现智能化监控，能够提高高速铁路的稳定性与准确性，有利于推动我国高速铁路的发展。高速铁路的创新发展促进了通信行业的创新发展。

GSM-R 列车调度系统又称铁路全球移动系统，是目前最先进且接近于成熟的列车调度技术，同时也是针对铁路系统中通信技术应用需求而研发的专项技术。我国高速铁路不断进行技术更新，运行速度也越来越快，因此，高速铁路运行的安全要求也越来越高。为提高高速铁路运行的安全性，需要合理地降低运输主要通道的运行压力，从而对列车调度系统进行升级，优化其系统结构。而此时需要调整原系统中通信信号的强度，调整其性能与方向，确保高速铁路沿线的信号能够满足人们的需求。在地面与列车之间建立双向的无线通信系统，能够解决高速铁路的弱电问题。GSM-R 列车调度系统，主要通过屏幕来显示列车的线路、列车运行的位置及各个站点的信息等，调度中心可以通过网络通信系统进行指令发布。若是遇到紧急情况，可以利用无线通信技术进行信息的传输。GSM-R 列车调度系统能够帮助指挥人员掌握全局信息，及时发布命令，能够实现信息共享，有效地解决突发问题。

此外，高速铁路安检也使得通信技术进一步发展。通信技术在高速铁路安检过程中的应用主要体现在安全监控环节。为加强高速铁路运输系统中车辆安全监测系统的建设，需要提高通信信息技术在高速铁路运行过程的安全管理。例如，通过三维模式模拟列车的运行，对列车运行的过程进行实时监控，及时解决列车故障问题；利用红外线智能跟踪系统监测列车主轴的运行温度等。通信技术在高速铁路安检过程中的应用，主要是形成多方面、多部门共同参与的综合管理监控系统，通过通信技术去掌握高速铁路列车运行的全局，从而提高安全性。利用 WIMAX（worldwide interoperability for microware access，全球微波互联接入）和 WiFi 技术研发的传感器，能够有效地与有线线路进行融合，从而形成共同的网络模式，为高速铁路的监控系统提供技术支持。高速铁路线路每间隔 30 km 便会安装一个红外线探测轴温系统，主要作用是对运行中的列车进行红外线测试，同时与 60 万辆的列车配备标签 RFID（radio frequency identification，射频识别）结合使用。

列车的提速，对应着技术软件系统的升级。在线监测系统对高速铁路的安全至关重要。在线监测系统主要是确保旅客的安全，同时高速铁路列车运行设备的建设，也需要通过智能化在线检查才能精准地进行确定。通信智能化在高速铁路监测系统中的应用，主要是在列车的车体上布设轨道动态检查设备，以监控列车运行的速度。若是列车行驶过快，车身振动超过安全值，就会自动生成加速值与坐标信息，从而为列车的速度调整提供依据。通信技术可以与 GPS 定位技术、图像处理技术等联合使用。高速铁路在线监测可以直接安装在轨道或者是列车上。监测系统对于列车的部位损伤具有自动识别功能，能够实时地对列车进行安全监测，确保了高速铁路列车运行安全。

5.1.3 高速铁路的知识创新效应

创新性的人才是技术创新的关键，只有通过他们才能够将创新的思想转化成成果，进而流通到市场，改变人们的生活。但是创新性的人才却是有高流动性的，真正吸引他们的是地方的便利性、多样的文化和开放的环境。高速铁路的技术创新在逐步提高其运行速度的同时，也大大提高了节点城市之间的可达性，缩短了时空之间的距离，进一步加强了沿线各城市间的经济、社会、文化等方面的联系，吸引创新性人才向城市聚集，对沿线区域的知识溢出与知识创新产生了巨大的影响。

高速铁路的开通首先整合了行业资源，推动产业结构不断升级。我国高速铁路技术创新的产学研模式，大学、产业、政府的一体化使以前分离的公共研究、商业和政府等部门整合起来，形成技术创新的集束聚敛效应和边界跨越效应。企业、大学与研究机构、政府以高速铁路建设的需求为纽带连接起来，形成三种力量交叉影响又螺旋上升的“三重螺旋”关系结构。三重螺旋模式给每个参与者提供了多种选择手段，每一方面的参与者都是自适应的，每条螺旋内的技术创新都产生于整个大螺旋体系内，因而能够立即与其他螺旋产生关联并被吸收与利用。螺旋产生的经济效益和社会效益也会很快被子系统吸收。通过这种动力，三重螺旋能够维持内部结构和功能的进化，很快就能再次形成选择性的特定组合，进而再次吸收能量，获得不断创新的动力。产学研模式内的知识流动形成了知识型经济，且该知识型经济的原动力十分错综复杂，几乎不可能含有中心协调机制，从而在全球范围内出现了这样的趋势——知识经济形态的去中心化或泛中心化。随着知识流动的逐渐增强，大学、政府、产业各系统的边界也变得更加模糊了。

高速铁路开通后，沿线的大学、科研机构之间的联系更紧密、交流更频繁，构造并扩展了外向的世界新技术吸引通道，促进了智力资本的价值驱动。高速铁路产学研的融合，使大学的原始创新、企业的技术创新和经济结构转型战略得以迅速实现。具体来说，我国高速铁路在集成创新过程中，组织了几十名院士、数百名教授、上千名高级工程师、5 000 余名工程技术人员参加，集中了全行业的知识资源，形成了强大的行业合力，提升了整个行业的技术进步水平，实现了整个行业技术水平的跨越式发展。

此外，高速铁路的运营大大提高了沿线区域的可达性，为区域知识创新提供了便利条件。高速铁路降低了运输的成本，使企业更容易接近更大的劳动力市场，因此，降低了企业的招聘成本，提升了高素质劳动力与工作岗位匹配的概率。高铁站点的区位选择有助于增加区位的吸引力。

知识溢出作用于区域知识创新的各方面，提高了区域知识创新的水平。反过来，具有高水平知识创新的区域，由于知识势差的扩大，又继续向其他区域溢出知识。知识溢出与区域知识创新的作用关系如图 5-3 所示。

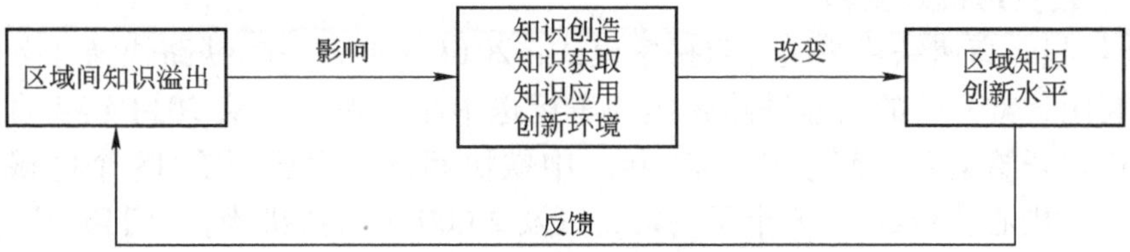

图 5-3　知识溢出与区域知识创新的作用关系

通过以上分析，高速铁路与知识溢出的互动机制大致可描述为：高速铁路提高区域可达性、增加站点区域吸引力，带来劳动力和资本的快速流动，对区域内知识创新的水平产生影响；为区域间企业和人才的合作交流提供便利条件，从而促进知识溢出。知识溢出影响区域知识创新能力，而区域知识创新水平的改变对区域知识溢出又有反馈作用。

例如，京沪高铁沿线的城市，既包含北京、天津、上海这种直辖市，济南、南京这种副省级城市，又有曲阜、定远、丹阳这种县级市，高速铁路的技术创新使得这些城市公民之间教育及医疗的沟通更加方便快捷。同时，教育与医疗之间又是相互作用的，高的教育水平提升了公民的意识和家庭获得健康保障的能力，更好的健康状态能够有效且持续地使用教育带来的知识和技能，也能够降低知识的折旧率。高速铁路的技术创新很好地促进了这种相互作用，进而形成对技术进步的放大效应。京沪高铁沿线车站的旅客聚集人数已呈现一定规模。北京南、上海虹桥、南京南3个车站是京沪高铁聚集人数最多的3个车站，第二级是天津西、济南西、无锡南和苏州北车站；聚集人数最少的是昆山南、滁州、丹阳和定远车站。由此可见，高速铁路的开通吸引了大量人力资本的流动，同时高速铁路沿线城市的高校与科研机构也与时俱进，通过与政府合作，吸引创新性的人才。例如，南京市政府通过与上海虹桥商务区的比对，建立了“紫金人才计划”，以应对高速铁路现象——人才的虹吸现象，依托南京大学及其相关高校的科研优势，采取特殊政策，吸引高中端的创新人才，与上海形成人才成长的比较优势。

从科技创新角度看，广深港高速铁路线路虽然不长，但是其创新含量足够重：中国首座珠江口水底高速铁路隧道——狮子洋隧道，首座城市中心全地下高铁车站——深圳福田站、深圳福田站综合交通枢纽等重难点工程汇聚。狮子洋隧道是目前国内里程最长、建设标准最高的第一座水下铁路隧道，在建设过程中破解了多项世界性技术难题，共获得中国发明专利12项，中国实用新型专利10项；福田站建成时是亚洲最大地下火车站，面积仅次于美国纽约的中央火车站，车站采用比地铁系统更严格的防火设施、站台抗压屏蔽门及减振隔音，在建设过程中同样攻克了诸多技术难关，取得了大量科技创新成果。可以说，广深港高速铁路体现了中国高速铁路多项设计、施工的前沿创新技术水平，成为中国科技创新的展示窗口。

综上所述，高速铁路通过改善区域的可达性影响人们的出行选择，加速劳动者交流和知识传递；通过高速铁路站点的位置选择影响劳动力、资本的流动和累积，合理分配资源和提高生产率，从而为区域知识创新提供便利条件及可靠保障，对区域内知识创新的水平产生了积极的影响，为区域间企业机构和人才的合作交流提供了便利条件，从而促进了知识溢出。知识溢出作用于区域知识创新能力，区域知识创新水平的改变对知识溢出又有反馈作用，两者之间的相互促进，给辐射区域带来了显著的知识技术效应。

5.1.4 高速铁路供给侧改革创新效应

1. 高速铁路货运模式创新

自2012年起，高速铁路快递开启探索模式；2014年初，高速铁路快递业务在京沪高铁上试运行，利用日常开行的高速铁路客运列车运送中小型快递。从2014年4月1日起，高速铁路快递正式开始运营。截止到2021年，中铁快运已在全国设有18个区域分公司、13个省市分公司（中心营业部）、8个子公司，以及2 000个营业机构，“门到门”服务网络覆盖大部分市、县。2020年11月1日，DJ5918次“复兴号”高速铁路动车组从汉口火车站开出，全列8节车厢共装运40 t电商快件，5 h 10 min后“一站直达”北京。全国首条高速铁路货运专列的开通，更好地服务了电商快件运输。从客运到货运，“复兴号”让铁路发展的脚步越来越快。每年“双11”期间，高速铁路货运的加入无疑为人们提供了更好的购物运输平台和美好体验。“高铁+物流”这一新式组合，构建了更快、更好的铁路货运新模式。

此外，中车公司研发的共享工业化平台高速动车组也增加了货运功能。主要靠新型餐货两用车来实现，高速铁路以优质、高速客运为主，同时利用剩余运能搞好货运的高速运输。增加的货运功能主要靠新型餐货两用车来实现。餐货两用车采用双层设计，上层为餐饮区，增设烹饪功能、高效油烟处理设备；下层为 30 m^3 运货舱，增加快运服务功能，可容纳多达 6 t 的物品。高速铁路货运是品质优、时效快、标准高的“门到门”小件快运服务，为广大客户提供限时服务（当日达、次晨达、次日达）和标准服务（经济快递、同城快递）。同时，高铁快件运输的便捷性与高时效性对冷链运输、医疗及国计民生等行业也带来了极大的便利。

2. 高速铁路客运模式创新

由于我国幅员辽阔，东西部地区经济发展差距较大，人口规模也相去甚远，各地对高速铁路客运的需求迥异，导致有些高速铁路线路一票难求，有些高速铁路线路上座率低，而标准统一的客运列车难以随着客流量的变化灵活调整，市场供需出现矛盾。随着高速铁路客流需求的多样化和运营的复杂化，固定编组动车组由于编组固定、不可拆编，对运营企业的制约越来越明显。因此，随着动车组新技术的发展，动车组编组数量可调、提高动车组运用的灵活性成为新一代动车组技术发展的主要趋势。

为了提高高速铁路运营服务水平，更好地适应客流需求，我国中车集团紧随动车组发展趋势，研发了可变编组动车组，目前车型已进入样车生产阶段。可变编组动车组是指动车组内编组数量可调的一种新型动车组。根据各线路不同需求和站场条件的差异，可变编组动车组能够依据需要进行改编，不仅能够有效提高高速铁路线路需求和能力的匹配性，充分发挥高速铁路系统整体运输能力，而且有利于提高旅客运输服务水平和铁路运输企业的综合效益，在更好地满足群众出行需求的同时，降低运行成本。可变编组动车组的问世为高速铁路的供给侧改革提供了技术支持。

2019 年 2 月 22 日，我国首列可变编组动车组在中车唐山公司完成全部 60 余项厂内实验，通过独有的可变编组验证，具备出厂条件。此前，该动车组已经申请近 80 项专利，荣获中国优秀工业设计奖金奖、中国设计智造奖。研发团队践行工业设计与制造业深度融合的理念，突破了牵引动力系统集成、网络控制、车端连接等关键技术，利用模块化、集成化、单元化设计，打破高时速列车固定编组模式，研制出座卧式 VIP 头车、卧铺车、双层座卧式 VIP 车、多功能餐车/快递运输合造车、双层二等座车、商务座车、一等座头车等。目前，最高时速 500 km 的可变编组动车组概念车模型也在有着轨道交通行业“奥运会”之称的“2018 柏林国际轨道交通技术展览会”上展出。

2020 年 8 月 25 日，中国国家铁路集团有限公司与中国东方航空集团有限公司空铁联运项目在上海启动，铁路和东方航空共同销售空铁联运产品。旅客可根据意愿，自行选择高速铁路与航班组合，通过 App 系统轻松完成预订流程，实现一个订单、一次支付。在覆盖区域方面，一期产品以上海虹桥站、上海虹桥国际机场为核心枢纽，开通江苏省、浙江省、安徽省大部分城市经上海前往东航国内各通航城市的双向联运。未来，联运中转城市还将逐步拓展到北京、广州、深圳等重点城市，满足旅客跨区域、多方式的出行需求。可以说，在大力推进“高速铁路+”创新发展过程中，这次与东航合作的联运新产品的问世，标志着空铁联运有了突破性进展，必将更好地便利旅客出行，发挥各自优势，降低旅客出行成本。

高速铁路的不断发展，使得人们对运输方式及质量提出了新的要求。基于路情、国情，从供给侧结构性改革入手革新动车组，优化动车组功能，适应客运需求有较大差异的不同线路和不同时段需要是新形势下的必然要求。

5.1.5 高速铁路管理创新效应

1. 铁路运营企业管理体制创新

自2013年成立中国铁路总公司（现中国国家铁路集团有限公司）至今已经10年，铁路企业政企分开取得阶段性进展。但随着我国经济发展步入新常态，继续深化改革，解决铁路建设资金问题及如何让铁路投资更加高效利用的问题仍迫在眉睫。习近平总书记在主持召开中央全面深化改革领导小组第23次会议时曾强调，要注重从体制机制创新上推进供给侧结构性改革，以高效的制度供给和开放的市场空间，吸引民间资本进入，激发企业的积极性，加快实现“减成本、增效益”的改革目标。2020年1月16日，京沪高速铁路股份有限公司正式开启A股上市，这将成为我国铁路系统市场化改革的新探索，从而为更多优质铁路的发展提供蓝本。

2. 铁路装备制造企业管理体制创新

中国轨道交通装备制造业企业包括中国中车、北京地铁公司、神州高铁等多个企业，但考虑到中国中车公司是最大的轨道交通装备制造商，国内市场占有率极高，因此，本书在分析我国轨道交通装备制造业现状及问题时，均以中国中车公司为对象。

中国中车公司是全球规模最大、品种最全、技术领先的轨道交通装备供应商。从业务结构来看，公司的主要业务分为铁路装备业务、城轨与城市基础设施业务、新产业业务和现代服务业务，其中铁路装备业务占到总营业收入的一半左右，是公司的核心业务。

中国中车公司努力把握国内外铁路运输市场变化和技术发展趋势，加快铁路运输装备技术、产品和服务模式创新，加快新技术应用和新产品研制，打造系列化、模块化和标准化的产品结构，不断满足铁路先进适用和智能绿色安全发展要求。中国中车公司制造的高速动车组系列产品，已经成为举世瞩目的“中国名片”。产品现已出口全球六大洲近百个国家和地区，并逐步从产品出口向技术输出、资本输出和全球化经营转变。

5.2 高速铁路创新效应案例分析

5.2.1 技术创新效应案例分析

高速铁路技术创新效应主要体现在高速铁路自身产业技术创新效应（技术创新层面）和对其他行业的创新驱动效应（技术溢出层面）。高速铁路自身产业技术创新效应能够推动技术进步、推动装备制造企业核心技术创新及加快高速铁路机车车辆制造技术创新，是高速铁路发展最快速、最直观和最显著的创新效应。对其他行业的创新驱动效应主要体现为高速铁路建设产生的集聚效应，能够拉动钢铁冶金业、建筑业、文化旅游业和物流业等整体经济的发展。

1. 高速铁路新车型的技术创新效应

中国中车新开发的共享工业化平台旅客界面的创新设计依照中国国情，打破几十年的观念和设计定式，开创新思维和新理念，力求从生理、心理、行为学等方面改善和提高旅客的舒适度和方便性，同时增加单车定员，补全高速铁路运输短板及提高动车组利用效率，研发了多种车种，打破了自动车组自诞生以来固定编组的模式，突破了4节车厢才能组成一个动力单元的设计，研发了集成动力单元，攻克了牵引控制系统、制动系统、网络系统等技术难关，使装载集成动力单元的动车具有完整动力功能，在平台化生产中只需要生产3种车型：

带动力的头车、动车、拖车。动车可集中在两端也可分散均布在编组中。

在实际生产过程中只需要通过调整动车与拖车的比例和参数就可实现 160～500 km/h 速度等级动车组的同平台化生产，同时可根据需要实现 2～20 辆不同数量编组动车组的同平台化生产。

（1）VIP 车

VIP 车座椅可实现坐、卧方式的转换且可根据个人需求调节任意姿态，独创的交错式设计增强了个人私密性，每个座位既靠车窗又靠过道，一人一窗的设计更方便、舒适；同时为旅客提供了独立的个人空间，满足了商务人士对增强乘坐体验和获得私密独立空间的需求。定员方面，VIP 车定员 32 人，较现有动车组 VIP 车（24 人）增加了 33%，提升舒适性的同时能够产生更大的经济效益。新型单节 VIP 车结构如图 5-4 所示。

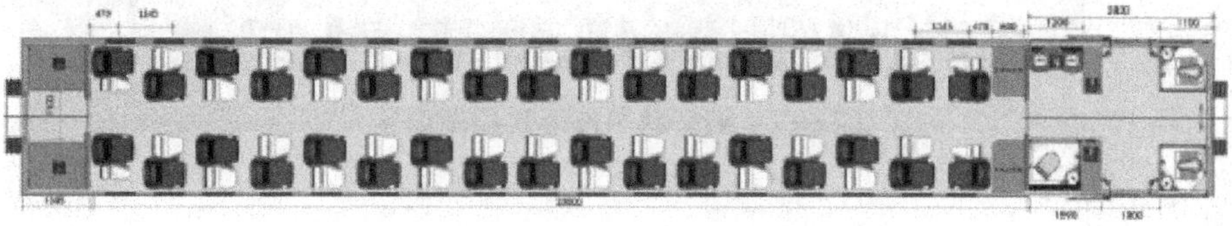

图 5-4　新型单节 VIP 车结构

（2）商务车

商务车定员 42 人，较现有动车组 VIP 车（24 人）增加了 75%，虽然与现有 2+1VIP 车布局相似，但现有 VIP 车 2 人座的间隙只有 150 mm，而此商务座的间隔达到 450 mm，有效提高了私密性和舒适性，可适用于中短途商务车或一等座升级，在提升舒适性的同时也能够产生较大的经济效益。新型单节商务车结构如图 5-5 所示。

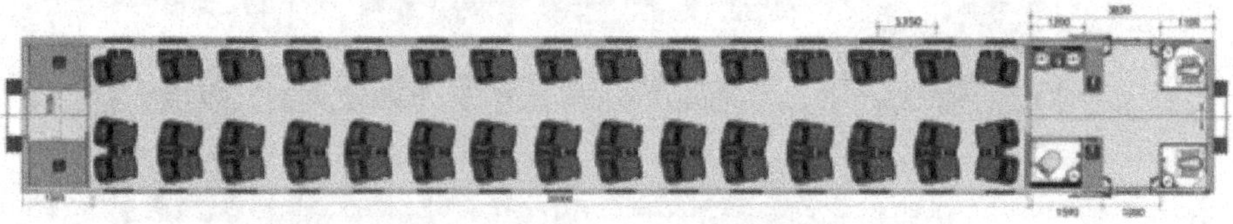

图 5-5　新型单节商务车结构

（3）卧铺车

发明创新设计的两层卧铺车，单节硬卧车定员 60 人，与 25 型客车 3 层硬卧车定员相同，比现有动卧车的单车定员 40 人增加 50%。两层卧铺设置，巧妙的互错式布置，有效提高了空间利用率。每个铺位均设有独立的车窗、茶桌，每个铺位都是相对独立的旅客空间，旅客私密性高；照明及空调可单独调节，乘坐舒适性高。床铺纵向排布，与列车运行方向顺行，安全性高。两层卧铺设计方便性好且坐卧自如，能最大限度地减少乘客相互间的影响。新型单节卧铺车结构如图 5-6 所示。

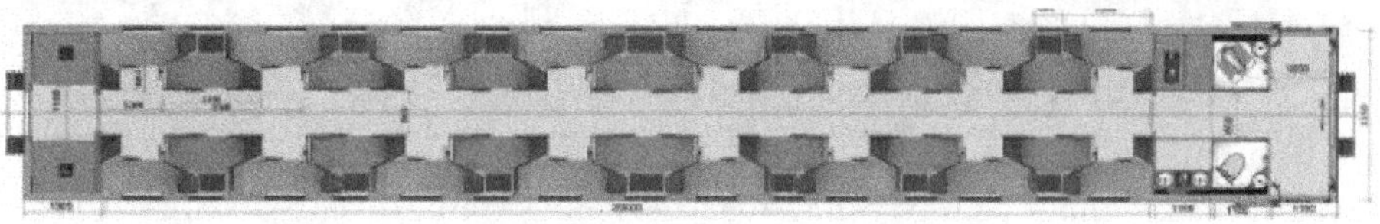

图 5-6　新型单节卧铺车结构

（4）座卧转换车

座卧转换车设计采用了模块化的设计理念，下层空间可在两种乘坐模式间方便地转换，分别为二等座及卧铺。卧铺时定员 40 人，转换为二等座时定员为 80 人。独特的座卧转换设计可以使动车组在夜间运行卧铺车，日间运行一等或二等座车，列车利用率大大提高。新型单节座卧转换车结构如图 5-7 所示。

图 5-7　新型单节座卧转换车结构

（5）餐货两用车

餐车定员 40 人，与既有高速动车组餐车定员相同。底层设置为货仓，当为低车体时，容积为 50 m^3，载重 8 t，当为高车体时，容积为 60 m^3，载重 7 t，可实现医疗、生鲜、水果等的冷链运输，也可满足小型集装箱及旅客行李的运输。餐货两用车在不占用定员的情况下，可大幅增加额外货运收入，填补我国高速动车组货运功能缺失的空白。同时，餐货两用车还开发了先进的油烟净化处理系统，实现了在动车组进行烹炒的功能，以满足旅客个性化需求。新型餐货两用车结构如图 5-8 所示。

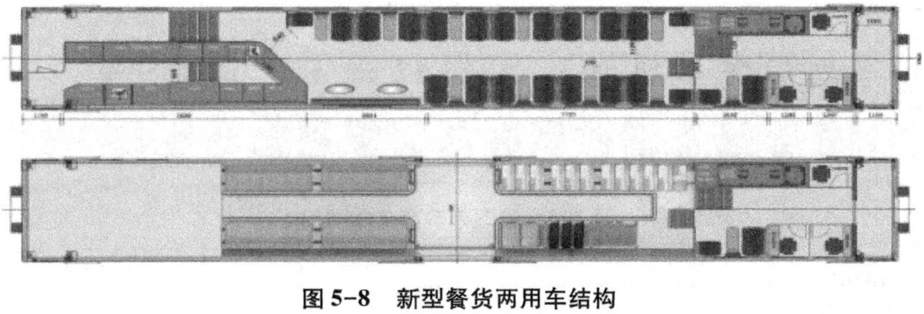

图 5-8　新型餐货两用车结构

（6）多功能商务头车

多功能商务头车的前舱设置可座卧转换的 VIP 座椅，卧姿状态下可以是 4 人卧铺，坐姿状态下可满足 4~12 人商务会议，能满足商务人士及商务团队的包乘旅行需求。后舱可以为商务座椅或一等座椅。新型多功能商务头车结构如图 5-9 所示。

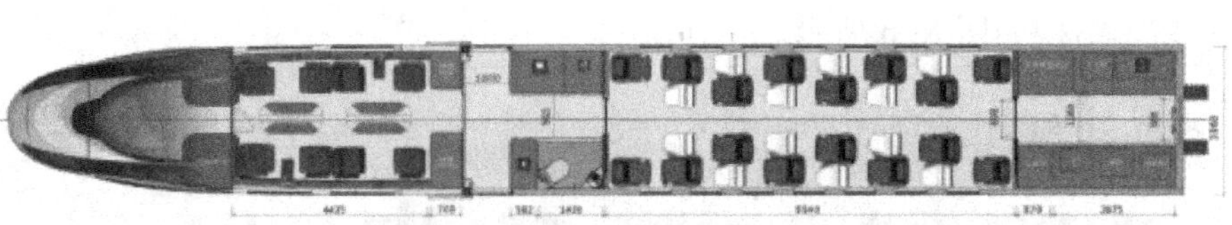

图 5-9　新型多功能商务头车结构

（7）双层 VIP 车

双层 VIP 车设有可旋转座、卧两用 VIP 座椅、单独车窗，具有相对独立的空间，高端大气。双层 VIP 车定员 41 人，比既有高速动车组 VIP 车定员增加了 70%，舒适性和经济性提升明显。新型双层 VIP 车结构如图 5-10 所示。

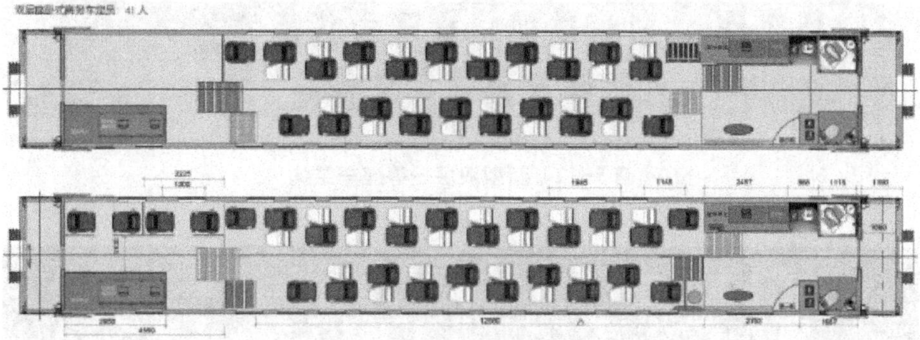

图 5-10 新型双层 VIP 车结构

（8）双层二等座车

双层二等座车设有可旋转二等座椅，定员 133 人，比现有动车组的 85 人定员提高 56%，运能大幅提高，可解决中短途线路、城际间及市域间客流饱和运能问题。双层车的定员增加能够产生直接的经济效益，而且在非饱和线路段应用双层二等座车可实现少开车次，从而节约运输成本。另外，在不增加成本的情况下，对节假日时高峰客流留有 50% 的运能冗余。新型双层二等座车结构如图 5-11 所示。

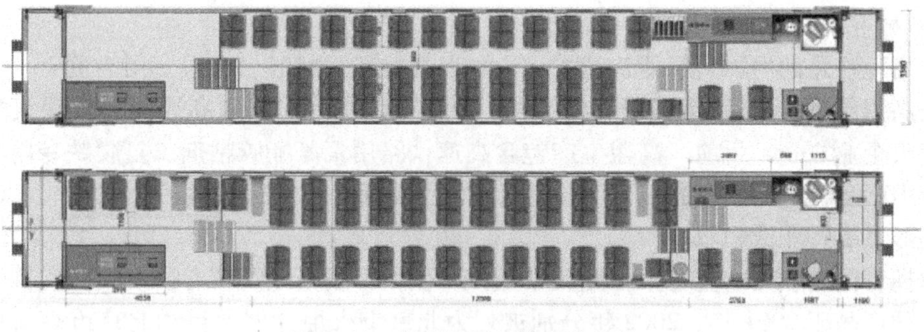

图 5-11 新型双层二等座车结构

（9）双层一等座车

双层一等座车设有全新开发的符合人体工程学的可调式一等座椅，增加腿靠功能，乘坐舒适度明显提高，定员 82 人，比既有 56 人定员提高 46%。新型双层一等座车结构图如图 5-12 所示。

（10）双层一等客货两用车

客货两用车的过渡层和上层是一等座车，定员 52 人，下层设置货仓，载重为：当为低车体时，容积为 50 m^3，载重 8 t；当为高车体时，容积为 60 m^3，载重 7 t。双层一等客货两用车结构如图 5-13 所示。

2. 对其他行业的创新驱动效应

面对新的形势和任务，材料制造业、钢铁冶金业在高速铁路效应的刺激下不断实现技术

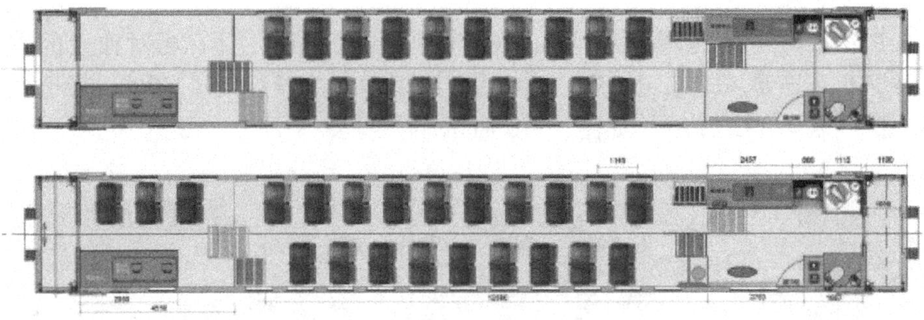

图 5-12 新型双层一等座车结构

图 5-13 双层一等客货两用车结构

创新，拉动了整体经济的发展。其发展所带来的最快速、最直观和最显著的创新驱动效应表现在高速铁路产业的内部技术发展方面。

1）对材料制造业的技术创新驱动作用

（1）高速铁路助力材料行业快速发展——以高盟新材料股份有限公司为例

北京高盟新材料股份有限公司（简称“高盟”）是目前国内高性能复合聚氨酯胶黏剂行业的龙头企业之一。目前，高盟生产包含高速铁路用聚氨酯胶粘剂、复膜铁专用胶在内的多个大类 100 多种产品，产品被广泛应用于包装、印刷、交通运输、安全防护、家用电器、建筑材料等重要行业或领域。

高盟拥有国内领先的复合聚氨酯胶粘剂技术创新开发基地及核心研发团队，其开发的聚氨酯胶粘剂产品于 2001 年、2002 年分别被列为北京市火炬计划项目和北京市高新技术成果转化项目；水性粘合剂产品于 2008 年、2009 年分别被国家科学技术部（以下简称“科技部”）和北京市科学技术委员会（以下简称“北京市科委”）等部门列为国家火炬计划项目和北京市自主创新产品；反光材料用粘合剂于 2008 年、2009 年分别被科技部和北京市科委等部门列为国家重点新产品和北京市自主创新产品；无溶剂软包装水性聚氨酯复合胶粘剂于 2009 年被评为北京市火炬计划项目；环保型印刷油墨树脂连接料及产业化项目于 2009 年入选北京市科委科技工作基础专项——重大科技成果转化落地项目；镀铝塑料包装专用环保水性粘合剂被列入北京市高成长企业自主创新科技项目；水性聚氨酯特种粘结材料于 2010 年被评为国家重点新产品。

根据国际成熟经验，高速铁路铺设采取无砟轨道技术，同时为解决轨道材料的热胀冷缩、高速冲击产生的振动位移等问题，高速铁路轨道板之间用凸型挡台定位，并采用粘接性好、弹性优、抗压缩变形恢复快、耐振动疲劳性优异的聚氨酯胶粘剂作为高速铁路轨道板与凸型挡台缝隙之间的填充材料。高盟自主研发的高速铁路用聚氨酯胶粘剂中，CRTS Ⅱ型滑动层黏接料能够满足《客运专线铁路 CRTS Ⅱ型板式无砟轨道滑动层暂行技术条件》对胶粘剂的所有性能要求，是国内首创。高速铁路对胶粘剂的性能要求极为苛刻，普通胶粘剂很难满足其要求：要求拉伸强度高，伸长率控制在很小的范围内；要求对多种基材都具有很好的黏接强度；要求高固体含量、低黏度和合适的凝胶时间；产品在工地使用，环境难以控制，要求胶粘剂受温度、湿度的影响小。

高盟利用自身的技术优势，通过分子设计，解决了无溶剂和低黏度的矛盾，以及高拉伸强度与高黏接强度的矛盾；通过助剂的筛选与组合，解决了快速固化与不起泡的矛盾；采用“预聚+高速分散+行星搅拌”的先进生产工艺，将化学合成与物理变化完美结合，精确控制分子结构、填料细度及体系黏度，得到了细腻均匀、力学性能高、黏接性能好的 CRTS Ⅱ型滑动层黏接料，产品性能在拉拔黏接强度、断裂伸长率等技术指标上超过国际同类产品。实际应用证明，该产品操作工艺简单、环境适应性强、黏接强度高，不但弥补了国内高速铁路用聚氨酯胶粘剂的欠缺，而且对比进口聚氨酯胶粘剂产品具有显著的成本优势。

有关资料显示，高速无砟轨道平均每千米需 4 t 左右聚氨酯胶粘剂，未来 5 年 1.6 万 km 的高速铁路建设将产生平均每年 1.28 万 t 聚氨酯胶粘剂的需求量。高盟作为行业中已掌握高速铁路用聚氨酯胶粘剂技术的内资企业之一，先后中标京沪高铁等多个高速铁路标段，签订了共计 2 000 余 t 的高速铁路用聚氨酯胶粘剂供货合同。正是由于对市场的有效把握，高盟紧紧抓住了高速铁路这个潜力巨大的市场，并且高速铁路的快速发展正在并将继续切实为高盟的业绩增长做出重要贡献，推动高盟发展聚氨酯胶粘剂产品，使高盟成为聚氨酯胶粘剂产业中的重要一员。

（2）高速铁路发展助力高速铁路材料的创新——以东北轻合金研发团队为例

东北轻合金研发团队近 5 年来，获得发明专利授权 42 项；主起草国家、国家军用和行业标准 52 项；承担省部级以上课题 67 项；通过省部级鉴定 24 项，其中国际先进水平 15 项；曾多次获得国家科技进步二等奖、国防科技进步一等奖、有色行业科技进步一等奖等多项荣誉。

2）对建筑业的技术创新驱动作用

下面以武汉站为例进行介绍。武汉站隶属于中国铁路武汉局集团有限公司，属于大型火车站，从功能上讲可以在地铁、铁路、公路、轻轨等不同的交通方式之间相互转换，以实现“无缝”换乘。武汉站区的建筑设计使用了仿生设计手法（仿佛是一只蝴蝶在湿地上饮水），侧面反映了武汉的气候地理条件。

武汉站在国际上获得过很高的荣誉，被评价为全球最美建筑，是武汉市的地标性建筑。相对来说，高铁站建筑体型系数比较大，从降低建筑能耗的角度考虑，武汉站严格按照公共建筑节能设计标准设计建筑的体型系数，以减小建筑在运行过程中热量损失的表面积。

经过计算建筑能耗，武汉站在建筑的体型设计上采取了一些有利于建筑节能的设计方法。从建筑布局上来讲尽量选择南北朝向，以获得更多的太阳辐射；建筑长宽比方面，在符合场地与环境达到最大适应性的同时，压缩建筑群体的面宽，加大其进深。武汉站采用集合体块叠加的方式塑造建筑特色，营造本地区的地标性建筑，从而减少了建筑体型的凹凸多变、墙面的构造层次，达到了简化造型设计的目的。除了建筑屋顶的曲线形设计、立面造型简约化，还使用玻璃幕墙整体安装技术，以减少车站与外部空间接触的外表面积。

自然通风在高铁站区建筑这样的公共建筑中一般很难达到理想的节能效果。针对这一现象武汉站采用了混合通风的技术，在建筑运行过程中避免了大量能耗，既可以使室内进入更多对人体有益的自然风，又可以避免使用单一通风设施所造成的能耗过度，也有利于改善室内微气候环境。

3）对物流行业的技术创新驱动作用

以江苏省为例。江苏省高速铁路全面建设后，省内各市都处于1.5 h交流圈内。高速铁路的建成加快了江苏区域有效的物流系统的形成，降低了物流成本，提升了库存周转率，增强了城市竞争力。

随着市场经济的快速发展，客户对物流的要求除了物流效率要高、信息传递要快、各个环节要准确及时之外，还有提供区域性物流服务的要求，即外包一个地区的全部物流业务。目前，全国性业务的名牌企业对物流的需求大多是区域性的，这种营销模式相应要求物流企业提供区域服务，发展区域物流。高速铁路的建成，一方面可以发挥规模效应，降低运输成本；另一方面也有利于人力资源、物质、资金、信息、技术等资源在区域内流动，形成资源互补，同时发挥各地比较优势，促进区域的共同繁荣。

此外，高速铁路的建设将促进江苏地区产业转移，特别是苏南城市制造工业的转移、高能耗和密集型制造工业向苏北地区转移。产业转移可以满足社会需求，提高社会分工合作的水平，加速城市集团的进程，形成区域物流圈，推动当地物流行业的进一步发展。随着铁路电气化改造、高速铁路的新建并投入使用，电力牵引比例逐步提升，铁路运输能耗水平还将进一步降低，铁路运输低碳、节能的优势将更加突出。发展高速铁路，实现客货分线运输，大量的乘客可以选择快捷的高速铁路，可以让现有的货运能力满足货运需求。高速铁路物流的运营会带来新的物流模式，随着投入运行的高速铁路的发展，铁路这种耗能低、污染小的绿色物流模式会在未来运输体系中占有重要地位。

总之，高速铁路对区域物流发展的影响十分深远，高速铁路的高速建设和全面使用将给物流行业带来机遇。长期来看，高速铁路货运的发展推进了高铁站货运改造工程，增加了场站办理设施设备，提高了快件包装、装卸等能力，提升了物流行业竞争力。

5.2.2 知识创新效应案例分析

高速铁路的区域知识创新效应指的是区域内部所形成的知识生产、知识创新成果的转化和产业化、知识成果的扩散和反馈及新知识生产之间的循环体系，它能够提升区域间的可达性、促进区域间各要素的流动。

以京津城际高速铁路为例。京津城际高速铁路的建成通车，极大地提高了区域可达性，增加了站点区域吸引力，带来了劳动力、资本和信息等高级要素的快速流动，对区域内知识创新的水平产生了积极的影响，为区域间企业和人才的合作交流提供了便利条件，从而促进知识溢出。知识溢出作用于区域知识创新能力，区域知识创新水平的改变对知识溢出又有反馈作用，两者之间的相互促进，给天津市武清区带来了显著的知识技术效应。

一方面，京津城际铁路的开通促进了武清区科技创新水平的提高。京津城际铁路提高了区域可达性，使得武清区和北京、天津两大直辖市之间的联系越来越紧密，方便了区域间的人才流动和交流，使知识和技术水平较高的个体更加容易接近，提高了知识和技术的易得性，增加了知识的交流和扩散，降低了试验成本，促进了新知识技术的创造和产生。

在专利研发方面，表5-2呈现了2006—2020年武清区的专利情况，2008年及后续年度与高速铁路开通前的2006—2007年相比，专利申请和授权数量都有了明显上升。高速铁路开通前，武清区 2006 年的专利申请数量为 206 项，2007 年增加至 543 项，同比增加了 1.64 倍；高速铁路开通后，武清区 2008—2020 年专利申请数量的年平均值约为 4 382 项，相比 2007 年增加了 8.07 倍，大于高速铁路开通前的一般增长率，由此说明京津城际铁路的开通促进了武清区研发和创新水平的提高。

表 5-2　2006—2020 年武清区专利情况

年度	专利申请数量	专利授权数量	年末有效发明专利数
2006 年	206 项	—	—
2007 年	543 项	—	—
2008 年	659 项	206 项	—
2009 年	545 项	155 项	—
2010 年	630 项	204 项	—
2011 年	1 265 项	330 项	—
2012 年	1 978 项	939 项	—
2013 年	4 888 项	1 700 项	—
2014 年	—	2 827 项	—
2015 年	—	4 862 项	—
2016 年	—	4 433 项	—
2017 年	—	5 243 项	—
2018 年	—	—	14 480 件
2019 年	—	—	2 040 件
2020 年	—	—	19 552 件

数据来源：天津市统计年鉴

另一方面，京津城际铁路的开通促进了科技型企业的建立与发展。在京津城际铁路开通之前，武清区的高新技术企业很少，地区整体的创新水平不高。高速铁路开通后，由于区域间的交通便捷性大大提高，且武清区的各方面成本相对北京和天津更低，越来越多的知识创新型人才进入武清区发展，为武清区高新技术企业的建立和发展注入了活力。但由于高速铁路开通产生的知识技术效应存在一定的滞后性，高新技术企业的建立与发展需要一定的时间，因此，京津高速铁路开通后两年，武清区的高新技术企业数量才明显增加。2010 年，武清区通过国家高新技术企业认定 2 家；2011 年通过认定（复审）的企业 22 家，新认定企业 4 家；2012 年内新增 14 家高新技术企业，累计共有 37 家高新技术企业；2013 年新增 38 家高新技术企业，累计共有 75 家高新技术企业。此外，京津高速铁路开通后，武清区还大量引进了其他科技型企业。2011 年，武清区新引进科技型中小企业 639 家，小巨人企业 80 家；2012 年，新引进科技型中小企业 873 家，小巨人企业 138 家；2013 年，新引进科技型中小企业 1 505 家，小巨人企业 217 家。截至 2019 年底，武清区高新技术企业已累计有 555 家。由此可见，京津城际铁路开通后，武清区的高新技术企业数量和其他科技型企业数量有了明显增加，整体上呈现良好的发展态势，大大提高了地区的科技创新水平。

京津城际铁路的开通，为武清区的知识创新提供了便利条件及可靠保障，并产生了显著的知识技术效应，使得武清区的科技创新水平得到了明显提高。

5.2.3 供给侧改革创新案例分析

供给侧结构性改革旨在调整经济结构，使要素实现最优配置，提升经济增长的质量和数量，其创新效应指的是供给模式创新带来的巨大的经济效益及社会效益。在高速铁路这一客体上，其具体形式包括货运模式创新带来的货运供给结构的改革，使得运输资源得到更有效配置；客运模式创新带来的客运供给结构的改革，更有效地对接了群众日益高涨的客运需求；服务创新带来的服务供给结构的改革，顺利对接了人们对更高层次生活品质的需求。

1. 高速铁路货运模式创新

2016 年，国家发展改革委、交通运输部、中国国家铁路集团联合发布了《中长期铁路网规划》，勾画了新时期“八纵八横”高速铁路网的宏大蓝图，到 2030 年，基本实现内外互联互通、区际多路畅通、省会高铁连通、地市快速通达、县域基本覆盖。

1）高速铁路发展如何驱动货运模式创新

（1）适应未来铁路货运结构变化

我国铁路货运以运输煤炭、矿产等大宗产品为主，我国以煤炭为主的能源结构为铁路货运提供了稳定的需求。但是，随着我国产业结构的升级与调整，未来煤炭、矿石等大宗资源型产品的运输需求将逐渐减少，各类“白货”需求持续快速增长。长期以来，食品生鲜、医疗药品等需要保证时效性的货物依赖航空运输，运费高昂，但在我国高速铁路网络迅猛发展的背景下，高速铁路货运在保证时效性的同时可以大幅降低运费，实现对航空货运的有效替代。

此外，近年来，我国国民经济一直稳定增长，伴随着电商业的蓬勃发展，我国快递行业增速更是迅猛。根据我国国家邮政局统计数据，2014 年，全国快递服务企业业务量为 139.6 亿件，而到 2020 年我国快递服务企业共完成快递业务 833.6 亿件，较上年增长 31.23%，是 2014 年的 5.97 倍（见图 5-14）。就快递业务收入情况来看，增速同样明显，2014 年，全国快递业务收入为 2 045 亿元，到 2020 年增长了四倍，达 8 795 亿元，五年间平均增速为 27.82%（见图 5-15）。

我国快递行业主要是以异地快递为主，而近年来我国高速铁路网络已经覆盖全国各大城市，高速铁路快递恰好可以发挥其网络通达性高的优势，满足市场需求。现阶段，我国快递市场中，对运输要求较高的高附加值小型快递货物占比逐渐增大，需求增长较快。虽然目前我国高速铁路运输仍以客运为主，但每日确认车运力均为有效利用，且在非节假日客运力仍有剩余，恰好可以捎带进行快递运输，发展快递业务。高速铁路行业的发展，加速了对高速铁路货运新模式的探索，更加明确了利用客运的空闲运力发展高速铁路快递成为供给侧改革的新方向。

（2）助力环保战略，绿色协调发展

目前，我国正处于经济发展转型期，需要优化能源结构，建设环境友好型社会。研究表明，高速铁路的单位运输能耗比最低，公路运输和民航运输分别是铁路运输的 8 倍和 11 倍，而高速铁路的能耗比传统铁路更低。高速铁路的大力发展，可以对公路、民航的快递运输业务产生替代效应，符合我国优化能源结构，可持续发展战略。此外，相较于传统铁路和公路，高速铁路可以减少土地占用。在同等运力条件下，铁路与公路相比，其所需基础设施占地面积仅为公路的 25%；而且高速铁路建设多“以桥代路”，1 km 桥梁占地仅 27 亩，是同等长度路基占地的 1/3 左右，节约土地效果明显。

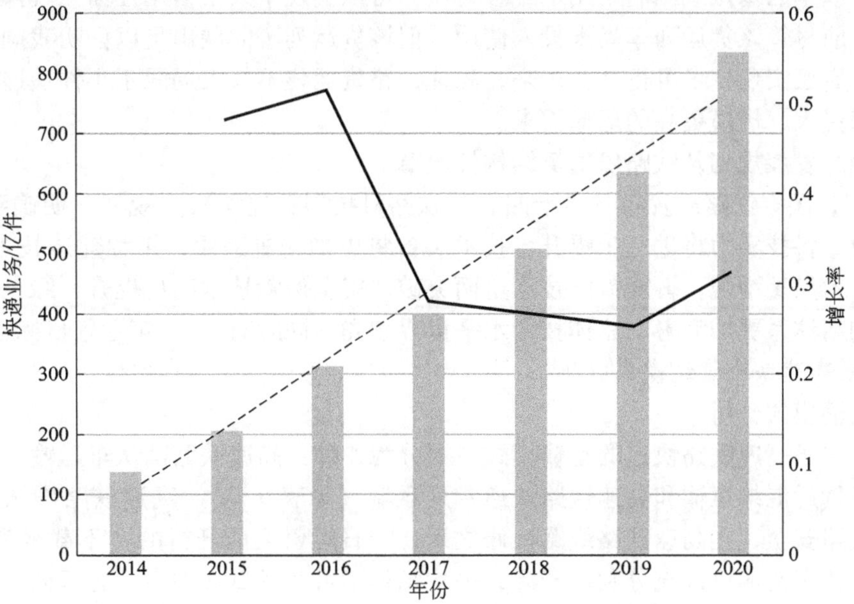

图 5-14　2014—2020 年快递服务企业业务完成情况

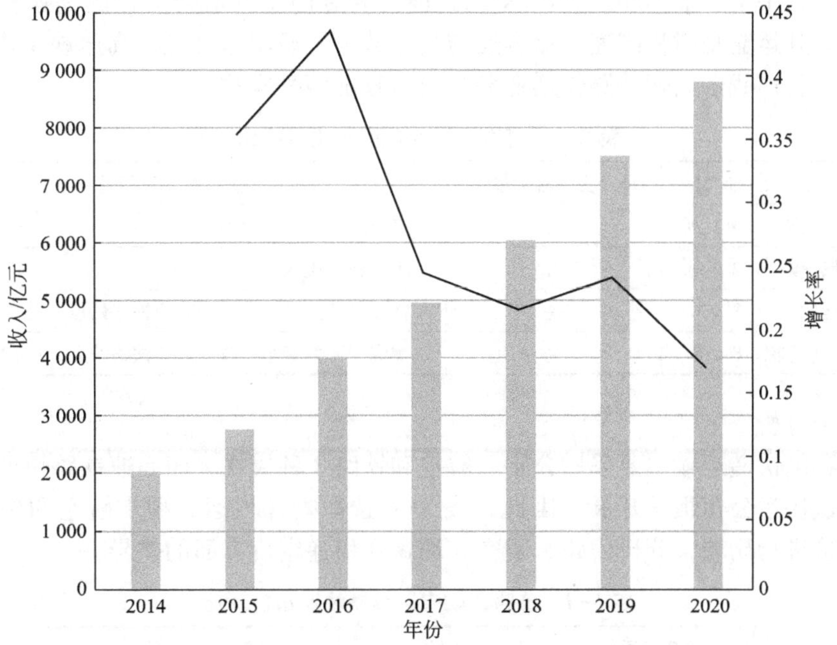

图 5-15　2014—2020 年快递业务收入情况

（3）高速铁路技术创新，推动货运发展

2015 年，在第十五届中国国际运输与物流博览会上，中国中车展出的 200 km 塞拉式活动侧墙棚车即为中国中车针对我国快捷货车领域而研发的高速铁路货车，主要用于运输电商、行包类等高附加值货物，其采用塞拉式活动侧墙结构，最大程度上满足了货物快装快卸要求，能够适应运用速度 160 km/h、轴重 18 t，运用速度 200 km/h、轴重 16.5 t 两种运用工况要求。该车的塞拉式侧墙采用铝合金材质，可以实现单人不借用任何工具操作其开闭。

截至目前尽管该货运列车尚未投入使用，但该货运列车的展出足以证明我国高速铁路货运专列的开启已实现技术可行性，未来，高速铁路货运将不仅仅局限于小件快递的运输，可以满足体积更大、规模更高的运输需求。

（4）践行发展规划及铁路供给侧结构性改革

2021 年，国家铁路局发布《“十四五”铁路科技创新规划》，“规划”明确到 2025 年铁路创新能力、科技实力将进一步提升，技术装备将更加先进适用，工程建造技术持续领先，运输服务技术显著增强，智能铁路技术全面突破，安全保障技术明显提升，绿色低碳技术广泛应用，创新体系更加完善，总体技术水平世界领先，同时对 2035 年远景目标进行了展望。

2）未来高速铁路货运模式分析

（1）运输模式分析

国内外关于高速铁路快递的运输模式主要分为 4 种：高速铁路确认车运输、客运列车捎带运输、客货运混编运输和高速铁路快递专列运输（见表 5-3）。高速铁路确认车是为确保列车运行线路安全，在高速铁路线路检修之后、当日运营之前开行的“不载客列车”。利用高速铁路确认车运输可以充分利用资源，平均每列车可载货 20 t 左右。客运列车捎带运输是利用日常开行客车的剩余空间，将小件快递置于行李架上运输，平均每列车运送 2 t 左右，但对快递尺寸要求较高，不宜放置大型快递。客货运混编运输是指将客运、货运车厢连接成一列列车行驶，平均每节车厢运力可达 8 t，但需要专门研发适合货运的高速铁路车厢。高速铁路快递专列运输是指将高速铁路客运与货运分离，研制适合进行高速铁路货运的列车进行快递运输。目前我国高速铁路快递业务主要依赖前两种模式。

表 5-3　高速铁路快递的运输模式比较

组织模式	运量	是否占用客运能力	技术可行性
高速铁路确认车运输	20 t/列	否	充分利用运输资源
客运列车捎带运输	2 t/列	否	无须技术投入
客货运混编运输	8 t/节	是	需专门研发货车，改造高速铁路站点，统筹客运货运
高速铁路快递专列运输	8 t/节	是	需专门研发货车，改造高速铁路站点，更新列车运行图

（2）运价分析

目前，我国快递运输主要采取公路、航空和铁路 3 种模式，而高速铁路快递主要由各个铁路局及中铁快运公司组织开展，因此，表 5-4 选取德邦汽运、顺丰航空和中铁快运各城市间快递运价进行比较，分析公路、航空和高铁在快递定价方面的差异。

表 5-4　公路、航空、高铁快递运价对比　　单位：元/kg

区间	德邦汽运		顺丰航空		中铁快运		里程/km
	首重	续重	首重	续重	首重	续重	
郑州—西安	12	4	22	10	17	8	505
北京—武汉	12	5	22	10	17	10	545
广州—长沙	12	5	22	8	17	8	702

由表 5-4 可以看出，3 种运输方式在不同城市间的首重（不超过 1 kg）运费相同，续重略有差异。对比来看，相同里程的快递服务，高速铁路运费高于公路运输，但低于航空运

输，首重约节省 22.72%，续重相差不大。但从时效性而言，由于高速铁路快递受交通堵塞、极端天气等影响较小，时效性远强于公路运输和航空运输，安全性也更有保障。

从表 5-5 可以看出，从北京至上海的不同时限快递业务，高速铁路运输运价优势依旧明显，相比顺丰航空，高速铁路快递当日达业务运费低 15%左右，次晨达业务运费低 35%左右，次日达运费低 20%左右。

表 5-5　北京—上海中铁快运、顺丰航空分时限品种运价　　单位：元/kg

快递品种	中铁快运首重	顺丰航空首重
当日达	130	150
次晨达	17	23
次日达	15	18

但是，国外研究证明，高速铁路对航空的优势运行时间为 3 h（包括中间停站时间），按平均运行速度为 300 km/h 计算，假设 900 km 为高速铁路运输与航空运输竞争的临界距离，则在 900 km 以下，高速铁路占有优势，而在 900 km 以上则航空占有优势。因此，高速铁路快运的发展应考量距离因素，开展中等距离货物运输，发挥自身独特优势。

综上所述，高速铁路的迅猛发展为物流运输行业提供了新的契机，高速铁路快递的出现在降低运输费用的同时有效节约了运输时间，满足了广大居民对于“快”递时效性的需求。但高速铁路快递也应加强配套设施建设，及时弥补自身不足，实现差异化发展。

2. 高速铁路客运模式创新

1）可变编组动车组客运模式创新

我国高速铁路营业里程已达 4 万 km，几乎覆盖了我国所有大中型城市，高速铁路网络已经形成。但是，由于我国幅员辽阔，东西部地区经济发展差距较大，人口规模也相去甚远，各地对高速铁路客运的需求迥异，导致有些高速铁路线路一票难求，有些高速铁路线路上座率低，而标准统一的客运列车难以随着客流量的变化灵活调整，市场供需出现矛盾。为了更好地满足群众出行需求，提高服务水平，降低运行成本，可变编组动车组的问世为高速铁路的供给侧改革提供了技术支持。

2019 年 2 月 22 日，我国首列可变编组动车组完成全部 60 余项厂内实验，通过独有的可变编组验证，具备出厂条件。研发团队践行工业设计与制造业深度融合的理念，突破了牵引动力系统集成、网络控制、车端连接等关键技术，利用模块化、集成化、单元化设计，打破高时速列车固定编组模式，研制出座卧式 VIP 头车、卧铺车、双层座卧式 VIP 车、多功能餐车/快递运输合造车、双层二等座车、商务座车、一等座头车等。可变编组动车组是指动车组内编组数量可调的一种新型动车组。根据各线路的不同需求和站场条件的差异，可变编组动车组能够依据需要进行改编，为不同线路配置不同的编组数量，在适应客流变化的同时，有效提高动车组的运用效率，降低运营成本。

2）可变编组动车组的优势

（1）灵活调整运力，缓解供需矛盾

虽然我国高速铁路动车组已经诞生数年，但由于技术限制，基本都是采用固定的编组方式，采用 8 节或 16 节车厢固定编组，不可拆卸，不能灵活应对客流高峰，且只能整列运营、整列维修。但是，从空间来看，由于我国地区经济发展水平差异较大，城际高速铁路线路利用能力也存在较大差距，如海南环岛高速铁路、广珠城际铁路等上座率高达 90%；广肇城际高铁、长株潭城际铁路等上座率仅有30%左右。从时间来看，受节假日等旅游高峰期的影响，周五、周日、春节等特殊时间高速铁路旅客量高于平日，按照现行编组方式，除春节有加开列车班次外，其余时间均为相同的固定编组，供需矛盾突出。

可变编组动车被车迷们誉为动车组中的“变形金刚”。可变编组动车组最小的编组单元为2节，即需要2个动力车头相连接，可根据客流量的变化灵活调整编组，2~16节车厢范围内随意变换搭配动车和拖车车厢，快速定制开行不同等级、编组数量和坐席配置。客流量大的地区或节假日等客流高峰期，可使用双层、长编组列车，以增加运力；客流量小的地区，可采用短编组列车，提高上座率，减少资源浪费。大定员纵向卧铺车、双层座车和商务座车在运载能力上显著提升，比传统高速铁路车运力分别提升50%、33%和70%。

(2) 以人为本的理念，提升出行舒适度

当前的高速铁路列车多以座席为主，长时间乘坐舒适度较低，只有东部发达地区少数线路有动卧列车，但票价相对较高，且现有动卧车采用传统横向布局方式，乘客缺乏私密空间，体验较差。新型可变编组动车组推出纵向卧铺车、双层座车、可以实现座卧转换的商务车等。而且基于动车组的智能化网络控制系统，实现大件行李智能存放、智能点餐等功能；全列车WiFi覆盖，满足乘客娱乐和办公需求；卧铺旅客可以根据需求自行调节铺席灯光及影视系统，提升了旅客出行舒适度。

(3) 客货运搭配编组，提升高速铁路货运能力

传统铁路货运主要运输煤炭、矿产等资源类货物。但随着电子商务的迅猛发展，高速铁路快递应运而生。目前，高速铁路快递主要采用确认车运输和客运列车捎带运输两种模式，在传统高速铁路列车座椅和过道里放置小型货物的方式造成了明显的空间浪费，使高速铁路快递运价高昂、运量有限。虽然高速铁路专用货车已经研发出来，但由于市场需求尚未达到专用货车的运力条件，因此，专业货运列车未投入使用。而新型可变编组动车组在餐货和客货合造车下层增加了独立货仓，可实现小型保温、冷藏集装箱及快件、行李快捷运输。而且此种运输方式不增加专用线路，不需要大规模调整列车运行图，在不占用客运资源的同时，增加了货运能力，填补了动车组货运的空白，将对生鲜产品运输、医疗卫生急救、快递物流等行业产生深远的影响。

(4) 开源节流，经济效益明显

根据铁路中长期规划，到2025年，动车组保有量将达到5 000列，且东部地区众多线路运输需求量大，运力基本饱和，如果能够实现可变编组动车组的替代，在无需大规模调整运行图、提升成本的前提下将大幅度提升运力，增加高速铁路运营收入。

另外，由于当前列车为固定编组，需全列同时检修，且零部件标准不够统一，维修时间较长。可变编组动车组主要系统部件具有通用性，可大幅度降低零部件的采购和制造成本，不同编组的车厢可分开检修、分类养护，提升了动车组的生产制造和检修效率，降低了使用成本。

3) 可变编组动车组服务创新

(1) 打破“一刀切”，高速铁路票价市场化

自2017年12月20日起，购票积分可换车票。新规定实施后，铁路旅客会员购买车票将获得相应乘车积分，积分按照其所购车票票价进行累积。自2018年7月5日起，中国国家铁路集团对早期开通的合肥—武汉、武汉—宜昌、贵阳—广州、柳州—南宁、上海—南京、南京—杭州6段线路上运行时速为200~250 km的高速铁路动车组票价进行优化调整，

并明确：执行票价以公布票价为最高限价，铁路相关企业可根据客流情况，分季节、时段、席别、区段在限价内实行票价下浮，最大折扣幅度为 6.5 折。此举打破了之前铁路“一刀切”的定价模式，可以根据淡旺季、实际购票人数等动态调整票价，未来高峰时段和非高峰时段高速铁路票价有望实现“同日不同价”，让票价更加灵活。

（2）互联网订餐，餐饮服务多样化

自 2017 年 7 月 17 日起，上海、天津、广州、南京等全国 27 个高速铁路客运站成为首批试点供餐站，试点互联网订餐服务。乘客乘 G、D 字头的动车组列车，可以通过 12306 网站、手机 App 等方式预订，既可以订所乘列车餐车供应的餐食，也可预订沿途供餐站供应的社会品牌餐食，旅客餐饮选择范围将被大大拓宽。在支付方面，乘客用支付宝或者微信支付即可下单付款，等候送餐上车。在配送方面，旅客订餐成功后，铁路车站服务人员会把餐食送到订餐旅客指定的车厢和席位，整个过程方便快捷。尤其是在餐车非用餐时间，旅客可以通过“高铁外卖”满足自身需求。如果遇到已订餐的旅客在网上退票、改签、变更到站，系统会提醒旅客进行退餐。在车站窗口退票、改签、变更到站的旅客，客票系统会进行信息提示，同时窗口工作人员也会提醒旅客到网上自行办理退餐，整个过程突出服务理念。

综上所述，新型可变编组动车组的问世，将显著提升高速铁路客运和货运能力，缓解当前铁路运输的供需矛盾。高速铁路票价改革、互联网订餐等新举措将全面提升服务质量，增强高速铁路与公路、航空的竞争能力。此外，运力的提升将增加高速铁路运营收入，降低运营成本，缓解我国铁路行业长期亏损的现状，推动我国高速铁路行业的长期稳定发展。

5.2.4　管理创新案例分析

管理创新是指组织产生创造性思想，并用实际行动将其转换为有用产品的过程。对于铁路系统而言，其管理创新主要体现在高速铁路运营企业管理体制改革和铁路装备制造企业管理创新两方面。随着我国经济发展步入新常态，继续深化改革、解决铁路建设资金问题及如何让铁路投资更加高效利用的问题仍迫在眉睫。现有高速铁路运营企业管理体制缺乏对市场供需关系变化的适应性，必须进行组织结构改革，以更高效的管理体制降低运营成本，提升铁路营运效率。同时，为贯彻落实“一带一路”倡议，必须加快铁路装备制造企业管理创新，加快供给侧结构性改革，从而形成有力的装备输出。下面以京沪高铁股份有限公司为例进行介绍，以期为我国高速铁路相关行业企业管理创新提供借鉴。

1. 京沪高铁经济效益分析

京沪线为全国重要铁路干线，客流占全国比例较高。京沪高铁客运量在全国客运量的占比一直稳定在 8%以上，2017 年达 10.27%。日均客流量由 2011 年的 13.4 万人增长到 2019 年的 58.9 万人，年均复合增长率为 24.2%。自 2011 年京沪高铁建成通车以来，京沪高铁年客运量从 2 400 万人提升至 2023 年的 17.7 亿人。

京沪高铁线路，通过 7 个省市，途经东部沿海人口密集省区，辐射中国东部沿海大部分地区，连接京沪两大超级枢纽，区位优势显著。京沪高铁辐射地区经济增长良好稳定，保障客运需求可持续增长。2015—2017 年京沪高铁运输收入分别为 234 亿元、263.08 亿元及 295.95 亿元，而 2019 年、2020 年京沪高铁运输收入分别为 326.637 亿元、252.384 亿元。2020 年疫情前复合增长率达 12.46%。2015 年，京沪高铁开始扭亏为盈，当年总利润为 66.6 亿元。2017 年，京沪高铁利润为 127.16 亿元，平均每天赚近 3 500 万元，复合增长率达 38.18%。2023 年，京沪高铁净利润达 122 亿元左右。

2. 低票价、高时效，对航空、公路运输替代效应明显

京沪高铁票价二等座票价低于京沪航空，对航空运输替代优势显著。京沪高铁二等座全程票价为 553 元，上海—北京航空经济舱票价全价为 1 490 元。京沪高铁单位里程票价对比航空有显著优势。自 2018 年 6 月以来，京沪航线已经经历两次价格调整，其中，2018 年 6 月，国航、深航、南航、东航等多家航空公司京沪线经济舱全价由 1 240 元上调至 1 360 元；半年后，国航、东航进一步上调京沪航线的经济舱全价票价格，调至 1 490 元。航空价格提升进一步增强了京沪高铁的旅客需求，对京沪高铁旅客分流有重要作用。2011—2018 年，京沪高铁在京沪旅客通道中的市场占有率从 20%提升至 73%。

京沪高铁运行时间为 4~6 h，比京沪航空运行时间长 2~4 h。考虑到机场与城市中心距离较远，且安检、值机流程相对复杂，旅客通过航空出行比铁路出行需要多预留 2 h 左右。预留时间削弱了京沪航线在节约交通时间方面的优势，有利于京沪高铁对旅客的进一步分流。且航空准点率远低于铁路。京沪高铁除恶劣天气情况下几乎均为准点运营，复兴号列车平均准点率达 98. 55%，远高于京沪航线。

此外，对比公路，长途方面高铁的时间及票价优势更加显著。如北京—上海高铁出行只要 4~6 h，而通过公路出行需要超过 10 h，相差悬殊。短途方面，高铁提速大大增强了邻近城市间铁路对公路的替代效应。以上海虹桥—苏州北站为例，乘坐高铁最短只需 23 min，二等座票价 39. 5 元。而长途大巴则需要超过 1 h 的时间。

3. 京沪高铁上市

长期以来，京沪高铁通过委托运营模式进行资产运作，即将高速铁路的运输资产经营与运输生产经营相分离。高速铁路公司拥有铁路运输资产，负责运输资产的专业化经营，包括资产经营、资产监管等。将运输资产经营委托给国家铁路运营单位，通过签订委托运营协议的方式，由铁路局负责运行调度、行车组织及客运组织等。该模式下，客票收入归高速铁路公司所有，高速铁路公司按照协议向铁路局缴纳委托运营管理费用。京沪高铁的委托管理局为上海局、北京局、济南局。京沪高铁向铁路局缴纳委托运营管理费用，并获取客票收入。2020 年 1 月 16 日，京沪高速铁路股份有限公司正式开启 A 股上市，成为我国铁路系统市场化改革的新探索，为更多优质铁路的发展提供蓝本。

综上所述，中国高速铁路积极创新体制机制，持续推进技术创新、管理创新和经营模式创新，必将中国高速铁路打造成走向世界的“中国名片”。

第 6 章　高速铁路的综合运输体系优化效应

以高速铁路为代表的轨道交通将重新树立起在综合交通运输体系的骨干地位。高速铁路在速度等方面的优势日益明显，对高速公路业务的挤出效应已经显现，也将在一定范围冲击航空运输业务。但高速铁路网比公路网的密度要低得多，依靠高速铁路自身无法解决“最后一公里”的问题，因此，需要建立以高速铁路为主干大动脉、以公路和城市轨道交通为“毛细血管”的运输体系。

高速铁路网的建设会对现有国内交通运输格局造成一定的冲击，但长期来说仍然为正面效应。高速铁路的建设不仅打破了铁路客运周转能力的瓶颈，而且重点线路的客货分流也极大地提高了铁路的货运能力，从而有利于提高铁路运输网效率和改善环境。铁路网络与公路、航空、水路等其他交通运输网络的连接越来越紧密，从而使交通运输体系的整体效应得以充分发挥，区域交通系统也越来越完善。

6.1　高速铁路综合运输体系优化效应的分类与表现

近年来，随着铁路市场化改革、运输技术进步、运输组织创新及高速铁路的快速发展，高速铁路在运输需求发展上表现出越来越灵活的适应性和越来越强的竞争力。高速铁路的出现打破了原有交通体系的乘客市场份额格局，使运输行业内部出现了竞争的态势。高速铁路能从航空、公路及水运交通系统抢夺乘客市场份额，乘客市场份额的重新洗牌为重构交通体系提供了重要依据。由于高速铁路与航空均属于高速交通工具，其竞争更为激烈。如图 6-1 所示，对 2008 年和 2019 年不同方式客运量进行比较可以发现，十年间铁路运输快速发展，从 2008 年运输 146 192. 85 万人到 2019 年运输 366 002. 26 万人，人数增长约 1. 5 倍；与此同时，铁路运输在综合运输体系中的比重加大，从 2008 年的 5. 10%增长到 2019 年的 20. 79%。因此，高速铁路在我国交通可持续发展中发挥着引领作用。

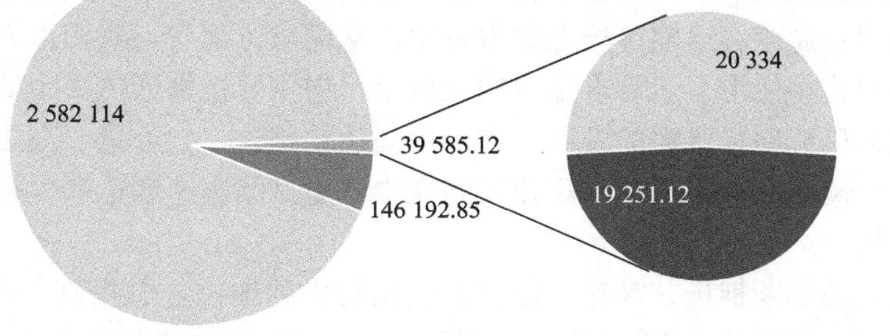

（a）2008年

图 6-1　2008 年和 2019 年不同交通方式下客运量分布

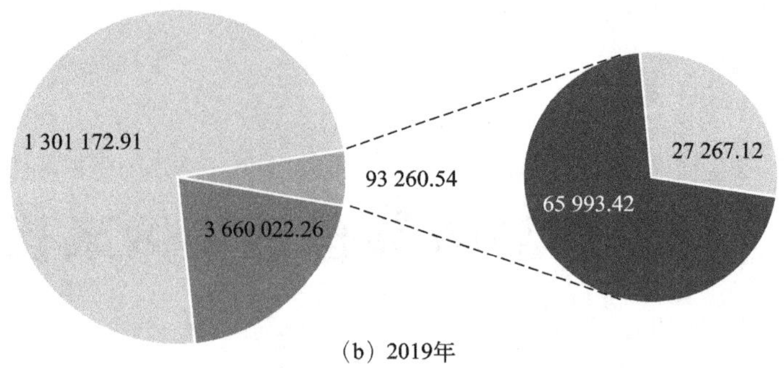

图 6-1 2008 年和 2019 年不同交通方式下客运量分布（续）

6.1.1 提高铁路运输网效率

1. 铁路旅客运输网效率得以提升

我国国土面积大、人口众多、以大城市为主体的城市化发展模式等国情决定了高速铁路运输在高速客运系统中发挥着骨干作用。如图 6-2 所示，2008—2019 年铁路客运量不断攀升，而公路客运量自 2014 年以来急速下降。2014 年是我国铁路运输尤其是高速铁路快速发展的时期，可以判断铁路的发展对公路造成了一定程度的冲击，在中短途运输中高速铁路的竞争优势将更加明显。

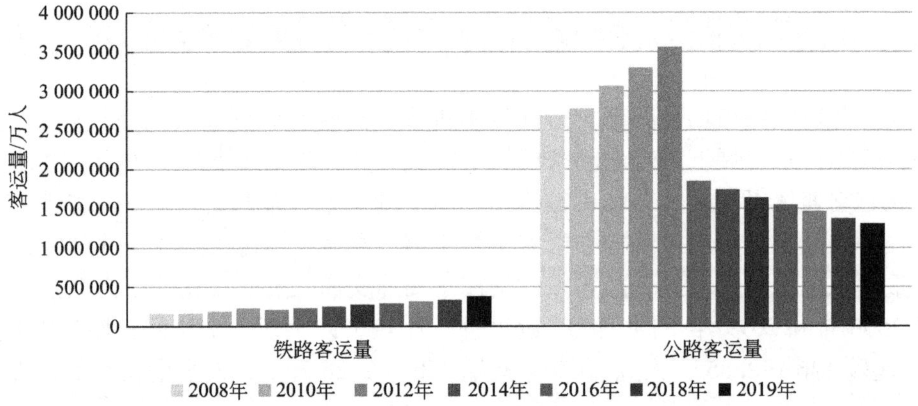

图 6-2 2008—2019 年铁路客运量和公路客运量数据

随着高速铁路投入运营，铁路在中长距离上的比较优势将得到很大提升，从而有利于保持和提高铁路在中长途旅客运输市场上的占有率。从需求方面看，我国以大城市和城市群为主的城市化发展模式将使得客运需求呈现向大城市、向主要运输通道集中的趋势，这种人口高度集中、区域人口流动强度大的发展要求可由高速铁路这一大容量、高效率、低资源占用的公共运输方式来满足，从而造就了高速铁路在中长途城间高速客运和中短距离城际旅客运输中发挥骨干作用。

随着国家政策的不断推进，高速铁路在人们出行中的地位显著提高。根据图 6-3 可知，我国高速铁路的运营里程从 2010 年的 0. 51 万 km 增加到 2019 年的 3. 5 万 km，占全国铁路运营比例从 5. 63%增加到 25. 18%；2010—2019 年我国高速铁路的客运量稳步增长，2019 年，高速铁路客运量占我国铁路总客运量的比重达到 64. 43%，而 2010 年占比仅为 8%，呈现较大幅度的增长。由此可以看出，高速铁路已经成为广大旅客的首要选择。

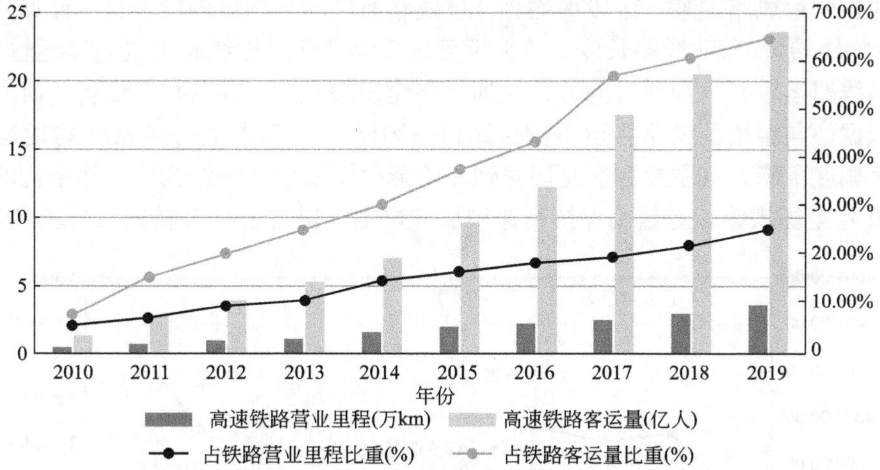

图 6-3　2010—2019 年高速铁路营业里程及高速铁路客运对整体铁路网的影响

数据来源：EPS 数据库、同花顺数据库和其他公开资料手工整理

旅客平均运距是指一定时间内旅客的平均运送距离。由图 6-4 可知，在高速铁路开通前旅客平均运距基本保持小幅上升，自 2012 年，京沪、京哈、京深、东南沿海的“四纵”高速铁路干线基本成型，旅客平均运距大幅下降。2016 年，“八纵八横”高速铁路网的规划提出，高速铁路建设速度进一步加快，旅客平均运距持续下降。这表明高速铁路的开通使人们的出行方式发生了显著变化，同时也使得交通运输网的发展及各种运输方式的分工状况发生了变化。

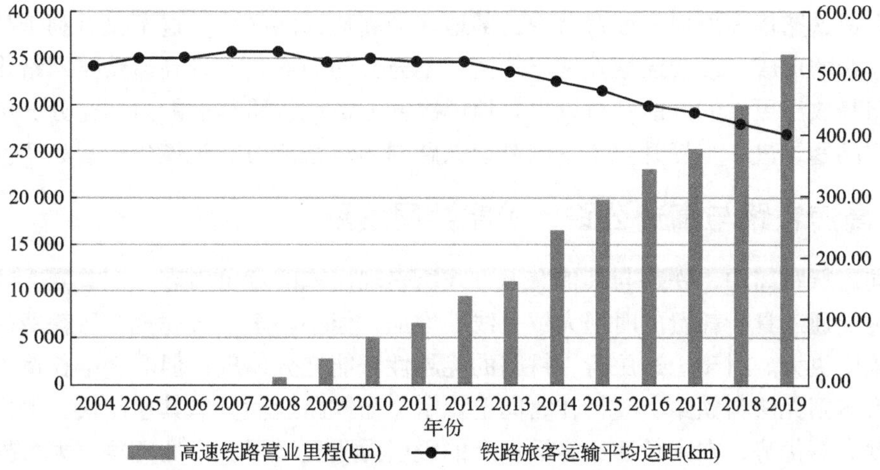

图 6-4　2004—2019 年铁路旅客运输的平均运距随高速铁路营业里程的变化

数据来源：EPS 数据库、同花顺数据库

2. 铁路货物运输网效率得以提升

高速铁路中客运专线的大量建成运营，一方面提高了旅客运输系统能力和旅客运输速度；另一方面，也腾出了繁忙铁路干线的客运能力而用于货物运输，间接地增加了铁路货运能力，极大地缓解了铁路干线货物运输能力紧张的局面。

图 6-5 为 2010—2019 年我国铁路货运的相关数据，其中货运密度是指在一定时期内某种运输方式在营运线路的某一区段平均每公里线路通过的货物运输周转量，计算公式为：货运密度=货物周转量/营业线路长度。该指标可以反映交通运输线路上的货物运输繁忙程度，是平衡运输线路运输能力和通过能力，规划线路建设及改造、配备技术设备，研究运输网布局的重要依据。与猛增的铁路客运不同，2011—2016 年，基本上每年铁路的货运量和货运密度均在大幅度下降，其主要原因是国家铁路不能很快适应经济结构、货物结构的调整。而 2017—2019 年全国铁路货运量则保持高速增长，这主要得益于“公转铁、公转水”的政策。

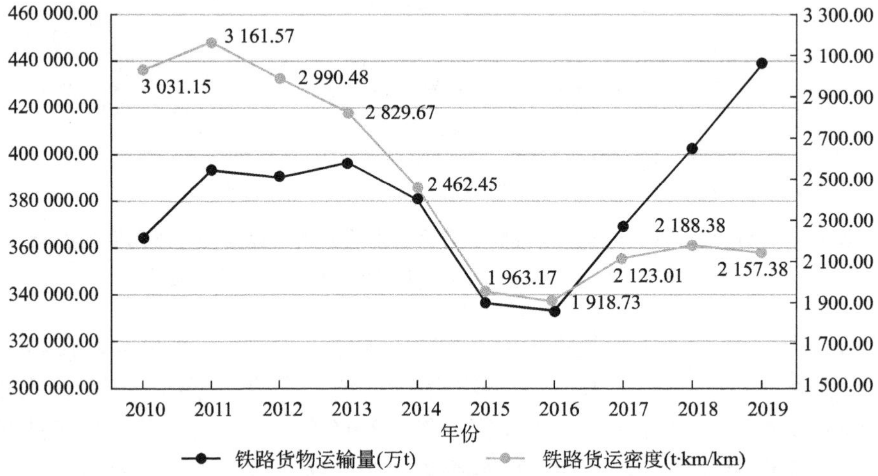

图 6-5　2010—2019 年我国铁路货运的相关数据

数据来源：同花顺数据库

我国高速铁路逐渐形成全面覆盖中西部地区的高速铁路网络，这不仅有利于高速铁路沿线经济隆起带的形成，改善区域发展不均衡、不充分的局面，而且高速铁路网络化的形成还让既有铁路释放出更大的运能，可以更好地解决部分地域铁路客运能力不充分、不平衡、不合理的现实问题，进一步提升整个中国高速铁路网的承载能力和规模化运营品质。

6.1.2　高速铁路与高速公路、民航共同发展

在不同出行距离中，铁路与其他交通方式所表现出来的竞争力有一定差异。随着距离的增加，各种交通工具所耗费的时间大致呈线性增加，但小轿车、长途汽车所耗费的时间随距离增加的幅度更大。对于短途旅行，铁路的优越性未能充分体现；但对于中长途旅行，小轿车、长途汽车则无法与铁路、飞机在时间上竞争。而铁路运输凭借其速度快、价格相对较低和发车密度大等优势，在中长途旅客运输上的吸引力明显增强，市场竞争力大大提升。高速铁路投入运营后，大幅度提高了旅客运输能力，铁路运输和民航运输的竞争明显加剧。民航运输面对竞争新形势，应调整竞争策略，改善运输服务质量，从而形成螺旋式上升态势。

转变交通发展方式是国家战略的需要，也是综合交通运输体系发展的需要，在未来交通发展中会得到更好的体现。一般来讲，铁路网络延伸到一个地方就应当使铁路与当地的公路、航空和水路等连接起来。铁路网络与公路、航空、水路等其他交通运输网络连接得越紧密，交通运输体系的整体效应就发挥得越充分。这种不同部门、不同交通运输方式之间的网络对接，可以进一步放大单一网络的作用。

1. 高速铁路对高速公路影响的效应分析

中短途城际客运传统上是高速公路的优势领域。但是，随着城市群经济的产生和发展，城市群内部的客运需求不断膨胀，仅靠高速公路既无法满足日益增长的城际客运需求，更无益于解决城市群地区交通拥堵严重、交通事故频发和环境污染加剧等问题。日本等国家和地区的发展实践表明，发展轨道交通是城市化快速发展阶段应对居民消费升级、满足客运需求增长、降低交通发展负外部性的有效措施，轨道交通是解决城市群地区交通问题的必然选择。

城际铁路作为区域快速轨道交通线，其功能定位主要是满足城市群内部的中短途旅客出行需求，因此，在运营模式上具有停靠点多、发车密度大等特点，即具有“公交化”特点。城际铁路的运营使得铁路在中短途城际客运市场上的比较优势得以凸显，也大幅度提高了综合运输中短途运输能力，体现了“公共交通”的优势。

图 6-6 统计了 2010—2019 年各省、自治区和直辖市公路旅客运输量的变化情况。从图中可以看到，广东、浙江、四川、江苏、北京等多个省市在 2012 年之前，公路运输的旅客运量非常大，但是 2012 年之后则急剧下降，这意味着有相当大一部分的旅客由公路运输转向了其他运输方式。2011—2013 年我国高速铁路迅猛发展，京沪高铁 2011 年 6 月全线通车，2012 年 12 月，京广高铁全线贯通运营，此外，广深港高铁、哈大高铁、石武高铁等纷纷开始通车，2013 年，高速铁路运营里程突破 1 万 km，成为铁路发展史上新的里程碑。据此推测，高速铁路在分担原本高速公路的旅客运量中发挥着较大的作用。

从图 6-7 可以看出，从 2011 年开始我国公路旅客运输量的增长率就开始下降，在 2013 年增长率甚至变为负数，虽然 2014 年有一定的反弹，但此后整体上仍呈现下降趋势，这说明从 2013 年开始我国公路的旅客运输量就开始逐年下降。而我国近年来大力发展高速铁路，逐渐形成四通八达的高速铁路网，不难推测出流失的这部分旅客选择了高速铁路作为他们的出行方式。

2. 高速铁路对民航影响的效应分析

1）替代效应

航空运输和高速铁路运输都是通过将旅客和货物从一个地点运输到另一个地点来满足旅客的运输需求。在高速铁路运输具有价格和时间优势（高速铁路的时间优势主要体现在从城市到离城区较远的机场途中的附加时间）的情况下，许多旅客选择高速铁路运输而不选择航空运输，这对航空公司的经营造成了不利影响。因此，在一定范围内，航空运输和高速铁路运输具有相互替代关系。同时高速铁路对民航的替代效应，是在高速铁路投入运营后很快就显现的，短期即可产生影响，导致特定航线的航空客源大幅减少。而且这种影响是永久性的，尤其对于短程航线，如果因为高速铁路的竞争导致某条航线停飞，那么以后也将难以恢复。

民航航线的距离段不同，高速铁路对民航的冲击程度也不同。有关机构对冲击程度进行了预测：500 km 以内高速铁路对民航的冲击达到 50%以上，随着距离的增长，影响相对减弱，1 500 km 以上影响就不大了。这些预测是比较符合实际的。例如，武广线全长 1 068. 8 km，民航所受影响为 11%；长广线全长 707 km，民航所受影响为 48%。但从山航对运营航线影响的分析来看，实际上所受的影响要比上述分析还要严重。

学术界对此也进行了相关研究，可以得出结论：不同运输距离下高速铁路与民航的客运分担率的表现不同。但是开通高速铁路对民航的冲击在世界上都是普遍存在的。例如，日本新干线开通后，在 200~800 km 的运输里程内，铁路市场份额由 30%增至 65%，转移了大量公路客流和航空客流；巴黎至里昂高速铁路通车后，分别抢占了 24%、37%的航空客源和公

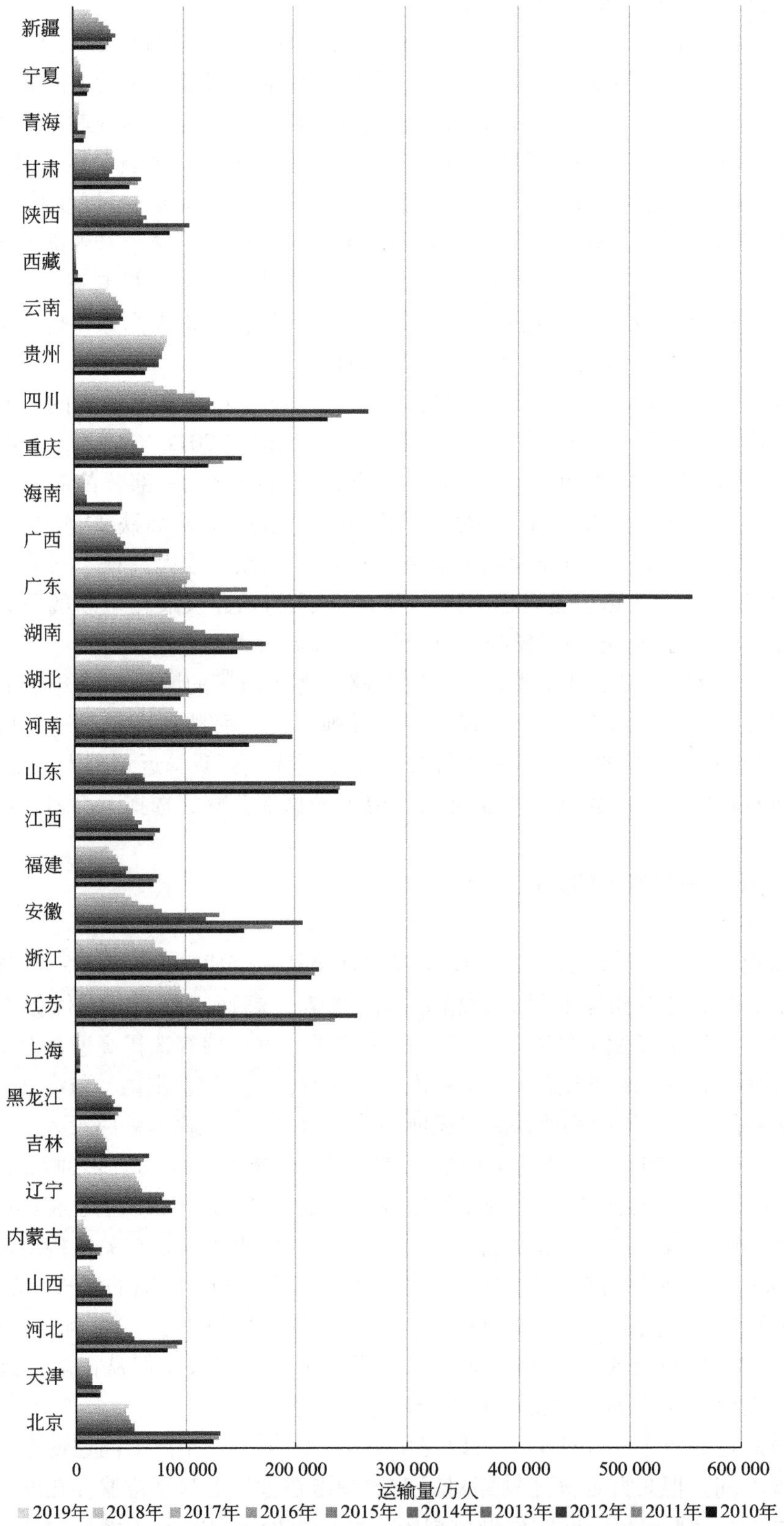

图 6-6　2010—2019 年各省、自治区和直辖市公路旅客运输量

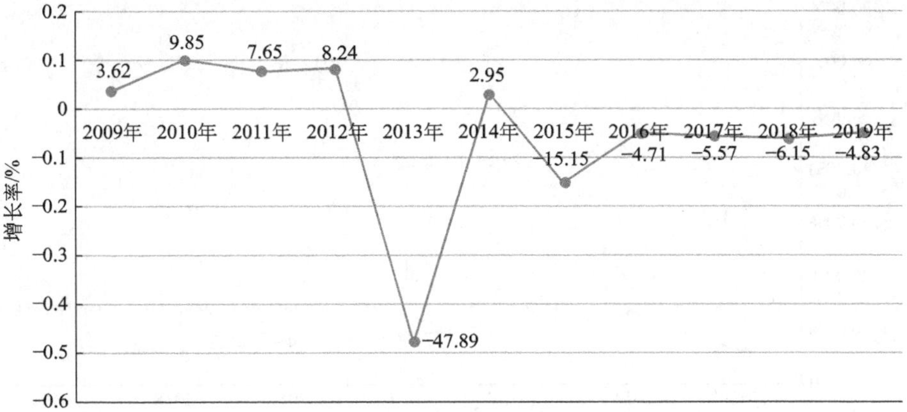

图 6-7　2009—2019 年全国公路旅客运输量增长率

路客源；英国欧洲之星高速铁路开通 1 年后，迅速占据了伦敦—巴黎、伦敦—布鲁塞尔运输市场份额的 70%、65%。

2）冲击效应

根据国内外相关研究和高速铁路运营的实际情况，高速铁路建成运营后，将对民航运输造成不可避免的冲击。如前文所述，日本、法国和英国等国家高速铁路的建成运营使得相应的民航市场份额急剧缩减，迫使航空公司停飞部分航线，退出部分航空市场。

高速铁路的快速发展对我国的民用航空也产生了不小的冲击，由于中短距离客运高速铁路比航空更具有优势，与高速铁路重叠的部分国内中短航线受到了较大的直接冲击。北京至天津具有我国最早的一批航线，随着京津城际铁路的开通，京津间的航班在取消后再未恢复。2009 年，武广高铁开通后，海航、深航相继退出广州至长沙航线，其他航空公司的航班也大量减少，同时以降价来应对。2011 年 6 月 30 日，京沪高铁正式通车运营前，徐州至北京、上海的航班客座率基本都在 90%以上，高速铁路开通后，航空公司虽然采取降价促销等方式应对，但目前从徐州乘机前往北京、上海的旅客下降了 5 成以上，客座率只有 40%，导致航班从每天两班减少至 1 班。2017 年，西成高铁的开通导致往返西安与成都之间的直航航班几乎全部取消。因高速铁路竞争而转移的这部分运力，很大部分可能投入到国内长距离航空干线上，使得国内航空干线竞争进一步白热化。随着高速铁路逐渐成网，国内各类竞争因素不断加剧，预计未来几年国内航空竞争态势也会变得更加严峻。

本节选取了西成高铁途经城市的民航吞吐量变化率进行分析，经查询，西成高铁停靠的站点中仅有西安、绵阳及成都 3 个城市建有机场，因此，从交通运输部官网提取了这 3 个城市机场的民航数据进行分析，结果如图 6-8 所示。

从图 6-8 可以看到，自 2017 年以来，3 座机场的吞吐量增长率均呈现下降趋势，且绵阳与西安的吞吐量增速在 2018 年降幅更为明显，成都双流机场的吞吐量也有所降低，这很可能与 2017 年西成高铁开通运营，导致部分旅客转而选择高速铁路出行有关。

3）优化效应

首先，随着高速铁路、民航及其他交通设施网络越来越成熟，综合交通设施水平和运输能力的普遍提高，以及人们的生活水平与消费能力越来越高，出行需求将随之释放且更加旺盛。预计未来几年内旅客中长距离的出行需求将有一定幅度增长，民航可能从中受益。此

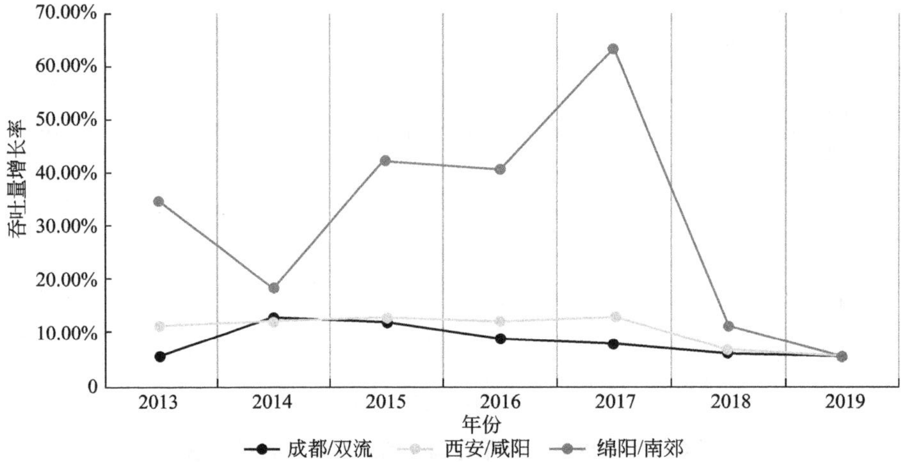

图 6-8　2013—2019 年部分民航吞吐量增长率情况

外，高速铁路的建设发展，使国内部分重要综合交通枢纽（北京、上海、广州、成都、武汉等城市）在经济、交通各方面的集聚能力进一步增强，从而为民航枢纽机场输送客源。

其次，高速铁路建设发展逐步成熟后，国内部分盈利状况较差的中短距离航线将被淘汰，航空公司对航线运营市场进行重新整合和定位，将运力合理配置在优势航线上，航线网络结构将更具合理性。当部分中短距离航线减少，受限制的枢纽机场也能逐步释放资源，受限制机场的紧张局面可能有所缓解，从而有助于航空公司的枢纽建设。

最后，高速铁路建设的发展，可以加快城际客货交通的流动，改善民航机场的运输能力与效率，扩大城市机场对周边的辐射范围。空铁联运可能促成高速铁路和航空的双赢格局。大量旅客通过航空抵达目的地后，一出航站楼就可以直接利用高速铁路通达周边城市，从而可以很方便地把飞机的客流向飞机场周边的一些城市疏散，尤其在长三角、珠三角等大型城市群的区域意义重大。从这个角度上来看，空铁联运有助于航空和高速铁路的客流共同增长。此外，空铁联运也将有利于发挥各种运输方式的优势，更便于旅客出行。

仍以西成高铁沿线的西安、绵阳及成都 3 个城市为例，分析 2012—2019 年民航机场吞吐量的变化，结果如图 6-9 所示。从图 6-9 可知，2012—2019 年上述 3 个城市民航的吞吐

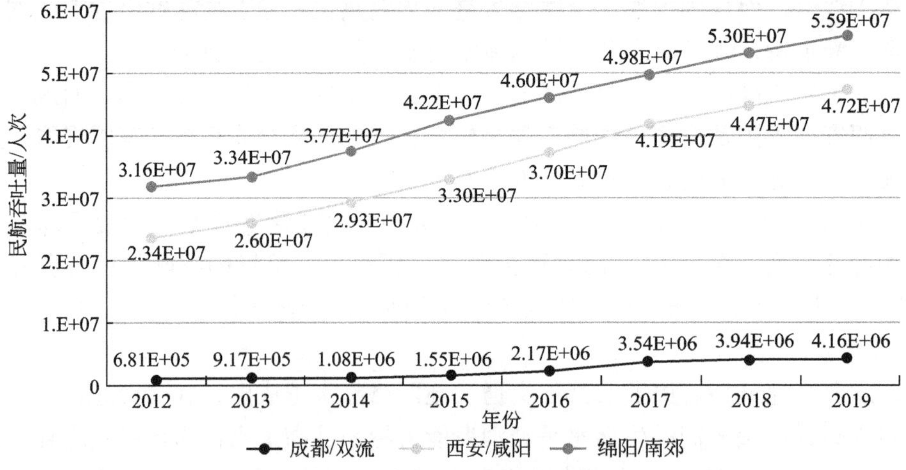

图 6-9　2012—2019 民航吞吐量变化

量一直在上升，这与我国不断建设民用航空的背景相吻合，同时可以看到 2017—2019 年的增速有所下降。

6.1.3　完善区域交通系统

1. 加快推进交通一体化建设

高速铁路的开通使中心城市之间的时空距离减小，竞争更加激烈，从而使得中心城市更认真地审视自身长处，刺激发展具有绝对优势的产业，也使得分工更趋于专业化。这意味着资源的进一步优化组合，即高速铁路会促进网络城市体系内的分工更加精细、明确，各城市之间的联系更加紧密，从而形成一个具有更大能量的城市群体。以高速铁路为代表的城际轨道交通有效压缩了城市群各城市间的时空距离，强化了各城市间的经济联系，从整体上提高了城市间的交通可达性，对区域交通一体化有重要作用。

铁路旅客周转量可以在一定程度上反映交通一体化程度，某一区域的交通一体化越强，其旅客周转量也会相应地比较高。2010 年，旅客周转量超过 600 亿人·km 的省份只有 4 个，而 2019 年有 11 个。由此可见，从大规模高速铁路建设前到大规模开通后，城市交通一体化有较大的推进。

2. 促进枢纽城市内部交通发展，调节市内交通结构

高速铁路枢纽的首要功能是交通联系和换乘，是城市对外与对内的多种交通方式的汇聚点，功能集约性较高。但若市内到达高铁站不方便，城市郊区高铁站点提升的对外联系水平被乘坐市内交通到达站点所需的长时间所抵消，则很难吸引人流。高速铁路列车速度越快，乘客对高速铁路“途外附属时间”的长度敏感度越强。各种交通方式相互衔接、换乘方便，可以减少消耗在城市交通上的时间和费用。因此，乘客对到站点的交通水平和质量的满意度决定了铁路的使用效用。当前我国各大城市交通拥堵问题突出，城市交通已经成为整个区域出行链条的短板，制约跨区域交通服务效率的提升。

由图 6-10 可以发现，市区内的交通时间占比相当大，为了提高高速铁路的使用效率，必须推动市内交通运输的发展。由于地铁等轨道交通运输较少受到城市交通状况的影响，因此，枢纽城市内部轨道交通运输得以迅速发展。

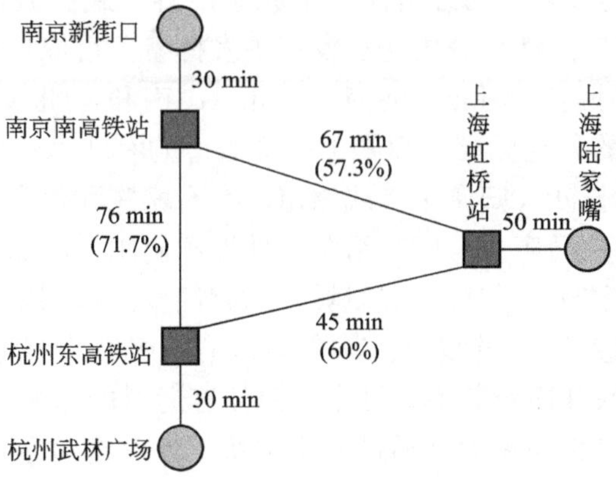

图 6-10　长三角中心城市间的区域出行链

高铁站点多处于市郊，市内公共交通体系由市中心向城市外围一般呈辐射状分布，密集程度逐渐降低。在高铁站点城市，市内交通体系中的轨道交通和公交系统已经充分延伸至高铁站点，并在其中起到了举足轻重的作用。我国从 2010 年到 2019 年地铁的运行长度在“八纵八横”地区有了显著提高。由此说明，高速铁路的开通对站点城市轨道交通的发展和对城市内交通结构具有调节作用。

3. 增强区域间可达性，导致区域挑战加剧

高速铁路的可达性主要分为内部可达性和外部可达性，上文所讲的城市内部公共交通系统的升级变化主要是针对内部可达性，下面分析高速铁路外部可达性的影响。在城市群层面，高速铁路的开通使得区域城镇间的交互需求总量和特征产生了变化，但实际上只有站点地区才能最大限度发挥高速铁路所带来的时空收缩效应，真正实现百公里间的快捷商务和通勤联系。对于站点周边地区，高速铁路开通可能会有一部分的带动作用，但同时也会加剧站点与非站点地区之间的可达性差异。

高速铁路对区域可达性水平的非均衡影响，也造成其对社会经济要素的效益在站点城市与非站点城市之间、不同等级的城市之间及国家和地区的层面上存在巨大的差异。已有研究证明：高铁站点成员城市的可达性有较大程度提升；都市圈内非站点城市的可达性比非高铁模式下有所提升，但幅度远低于高铁站点城市。

6.2 高速铁路综合运输体系优化效应案例分析

6.2.1 提高铁路运输网效率案例分析

高速铁路在我国的陆上运输中发挥出了极为重要的作用。新时期随着“一带一路”倡议的顺利实施及经济联系、人员交往的日益紧密，高速铁路运输将承担越来越重要的作用。高速铁路运输给铁路的运输效率带来了很大提升，具有极为重要的推动作用。下面以京深高铁为例进行具体分析。

京广高速铁路（简称京广高铁）是 2004 年《中长期铁路网规划》提出建设新铁路的“黄金十字架”，于 2012 年底全线开通运营，加上 2011 年底通车运营的广深港高速铁路中的广深段，合并称为京深线，是 2018 年《中长期铁路网规划》提出的“八纵八横”中非常重要的“一纵”。京广高铁连接环渤海经济圈、中原城市群、武汉城市圈、长株潭城市群和珠三角经济圈，可以说，京广高铁在我国经济发展中发挥着无可取代的作用。

京深高铁南北跨越了北京、河北、河南、湖北、湖南和广州六个省市区，沿途城市根据《中国城市商业排行榜》的分类标准，归属于一线城市的有北京、广州和深圳，归属于新一线城市的有郑州、武汉、长沙，归属于二线城市的有石家庄和保定，归属于三线城市的有邢台、邯郸、新乡、许昌、驻马店、信阳、岳阳、株洲和衡阳，归属于四线城市的有安阳、漯河、孝感、郴州、韶关和清远，归属于五线城市的有鹤壁。本书则分 3 个级别进行讨论，第一级为一线城市，第二级为新一线城市，其余均为第三级城市（剔除数据缺失的石家庄和保定），分别统计京深高铁开通对其沿线城市的总体客运量的影响，结果如图 6-11～图 6-13 所示。由图 6-11 可知，京深高铁的开通进一步加快了铁路客运量的增速，且对深圳和武汉的影响更明显。

采用同花顺数据库中的京深铁路沿线各中小城市总客运量的变化趋势，可以知道 2008—2014 年中小城市总体的客运量呈不断上升趋势，京深高铁的开通整体上对大多数三、四线城市总体客运量影响不大，增幅较为平缓，但是对于五线城市鹤壁而言，客运量的增幅

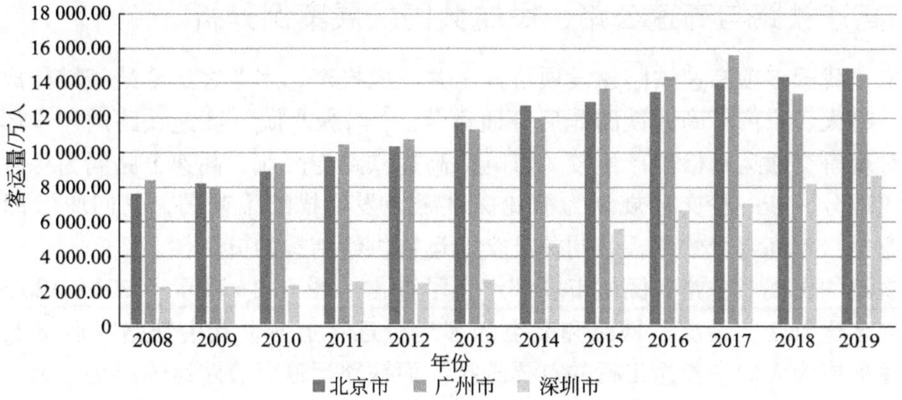

图 6-11　京深高铁开通前后一线城市铁路客运量变化

数据来源：各市统计年鉴整理。

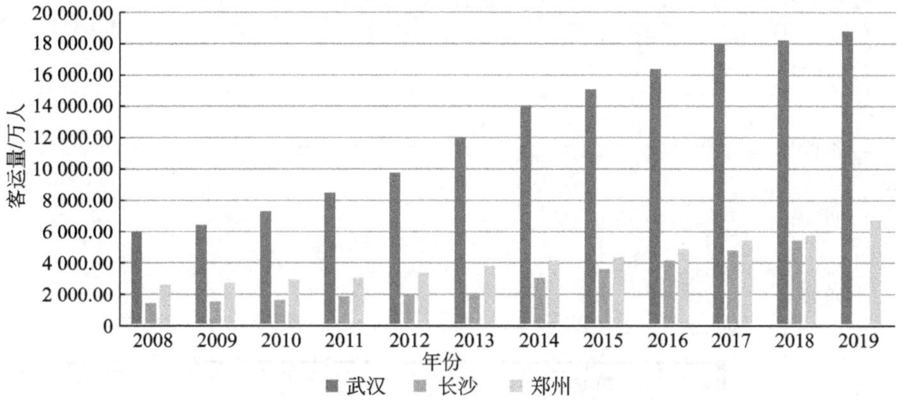

图 6-12　京深高铁开通前后新一线城市铁路客运量变化

数据来源：各市统计年鉴整理。

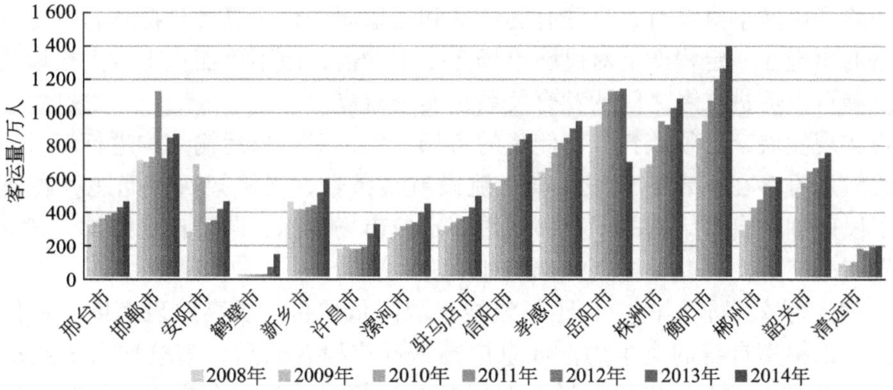

图 6-13　京深高铁开通前后第三级城市铁路客运量变化

数据来源：同花顺 iFinD 数据库。

显著增加。这说明高速铁路对外部可达性的改善存在一种沿城市规模分布的“沙漏效应”，即小城市和大城市的获益大于中等城市，使中小城市之间的可达性差异逐渐减小。

6.2.2 高速铁路与高速公路、民航共同发展案例分析

近年来，我国多项高速铁路建设项目开工并建成投产，多条客运专线相继建成通车，特别是京沪、哈大、京广等高速铁路先后开通运营。“八纵八横”高速铁路网初步形成网络效应，已经对现有交通运输格局产生较大影响。高速铁路与民航、高速公路同为综合交通体系的重要组成部分，新一轮交通规划为彼此深度融合发展描绘了蓝图，它们应发挥各自的优势，良性竞争，提高组合效率，共同提升交通运输供给结构的灵活性。

高速铁路的出现对公路和民航市场都产生了冲击。图 6-14 展示了 2014—2019 年铁路、公路和航空客运量变化情况，铁路和航空的客运量逐年上升，其中铁路客运量上升速度最快，铁路逐渐成为人们中长途出行的首要选择。而铁路运输对公路运输影响最大，一定程度上抢占了公路的市场份额。但高速铁路分担公路的旅客运量，不仅可以缓解日益严重的交通堵塞和环境问题，还可以进一步释放公路的货物运输能力。

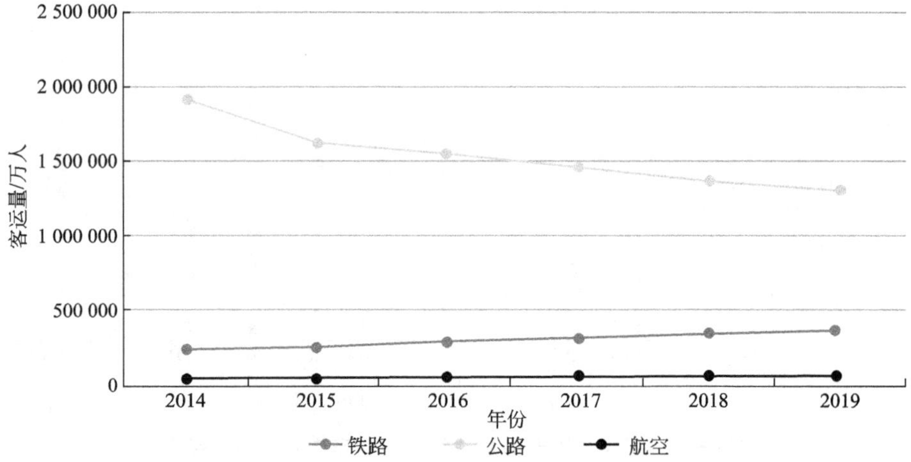

图 6-14 2014—2019 年铁路、公路和航空客运量

高速铁路和民航本身具有各自独有的特征和运输属性，所以各自都具有一定的市场，尽管高速铁路的出现在一定程度上对民航市场产生了冲击，但不可能从根本上被取代，所以高速铁路的发展可以促进二者之间的竞合关系，实现双赢。

二者要实现发展，必须从各自所侧重的市场出发，对市场运输结构进行调整。从自身结构来说，民航本身存在一定的航线距离、航段航线条数、飞机架次等问题。高速铁路的出现，推动了民航加快自身结构的调整，如重新定位市场目标、调整自身结构，建立科学、长久的未来发展战略等。民航业进行的调整如下。

① 在一些经济效益较好的中长距离航线采取降低票价、提高航班密度、提供专线快捷运输等措施，以提高自身的竞争力。如京广高铁武广段开通后，南航推出了武汉至广州的“空中快线”，采取开辟专用安检通道、专用登机口等一系列配套措施，同时还通过申请优先放行、优先停靠等技术措施，确保航班的正点率。

② 由于中西部地区机场建设初期投入相对较小，且人文和自然风光极具吸引力，航空公司加大对中西部地区及高原机场的建设投入。截至 2019 年底，我国共有颁证运输机场 246 个，较 2010 年增加 71 个，且主要分布在内蒙古、青海、云南、新疆、西藏等地区。

③ 在国内航线调整的同时，国际航线也迅猛增长。

图 6-15 是 2013—2019 年铁路与航空运输里程变化情况。2013—2019 年，铁路和航空运输里程表现出逐年上升的趋势，在交通运输领域呈现共同发展的模式。高速铁路的发展促进民航与高速铁路间的竞合关系，有利于实现交通运输业的繁荣与快速发展。

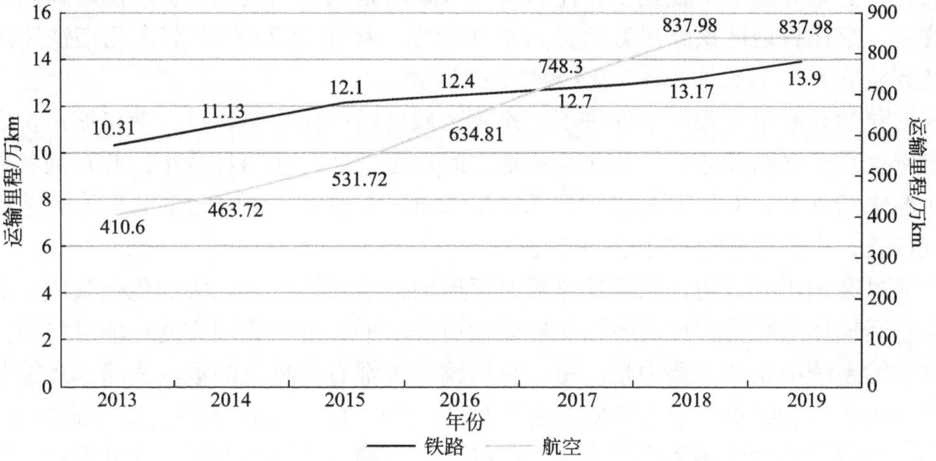

图 6-15　2013—2019 年铁路与航空运输里程变化

高速铁路和民航协同发展，前景广阔，而且有非常良好的合作基础。上海虹桥综合交通枢纽是铁路与民航等部门通力合作的成功案例；石家庄正定、成都双流、武汉天河、三亚凤凰等 10 余座机场也相继引入高速铁路，实现了空铁便捷换乘。如上海虹桥枢纽是由虹桥国际机场、虹桥高铁站、磁浮车站、长途客运站及公交车站、地铁站等组合形成的空铁型综合交通枢纽，位于上海西郊，距离市中心约 13 km。该枢纽于 2010 年投入运营，现已成为上海市乃至长三角地区的重要口岸，承担上海及长三角地区的客货运输功能，带来了大量要素流集聚，形成了以交通为核心的现代服务业集聚区——虹桥商务区。以高速铁路、机场为中心的综合交通枢纽的建设，实现了无缝衔接、零距离换乘，最大限度地方便了旅客，做到了空间立体性、平面协调性、整体舒适性、文化延续性的有机统一，强化了土地与空间资源的集约、高效的利用。

6.2.3　完善区域交通系统案例分析

高速铁路发展能够促进高速铁路沿线城市的同城化，进而促进沿线城市的产业整合及信息交流，增强城市之间的合作，从而影响沿线城市体系的形成和发展。高速铁路有利于区域性交通枢纽转移，加快推进交通一体化建设。不仅如此，高速铁路的开通使其网络节点之间点对点交通水平得到极大改善，促进枢纽城市轨道交通发展，调节市内交通结构。但应看到高速铁路增强区域间可达性的同时，区域内的挑战也在加剧。对于站点周边地区，高速铁路开通可能会有一部分的带动作用，但同时也会加剧站点与非站点地区之间的可达性差异。在此背景之下，还须考虑“最后一公里”的便捷问题，应使各种交通方式相互衔接、合作共赢。

京津冀城市群是我国的“首都圈”，是我国目前 8 个国家级城市群之一，包括北京市、天津市，以及河北省的保定、唐山、廊坊、沧州、秦皇岛、石家庄、张家口、承德、邯郸、邢台、衡水等 11 个地级市。其中北京、天津、保定、廊坊为中部核心功能区，京津保地区率先联动发展。随着 2014 年京津冀协同发展上升为国家战略，《京津冀交通一体化发展规划》也随即出台，京津冀区域综合交通运输体系发展速度加快。近年来，铁路部门先后完成京沪高铁至天津西站北联络线、京津城际延伸线天津至于家堡站、津保铁路、张唐铁路、天津集装箱中心站等重要工程建设，使京津冀区域内路网格局更加完善。随着铁路网的不断完善和优化，京津冀地区铁路局客运能力不断加强。截至 2020 年春节，北京铁路局每日图定始发终到旅客列车 718 对，较 2013 年增加 221 对。

高速铁路的开通很大程度上促进了京津冀区域交通一体化的建设，使得城市群之间的连接更加紧密。高速铁路开通后，京津冀各地之间最短到达时间明显减小，北京到各地交通时间跨度由原来的 0. 55~5. 12 h 缩减到 0. 33~2. 02 h，实现了 2 h 内北京对京津冀地区所有城市的全面覆盖，中心的辐射作用进一步增强。

本章通过案例研究表明，高速铁路对交通运输体系能够产生巨大的优化效应，有助于完善我国综合运输体系结构，提高我国交通运输服务水平，推动我国交通运输可持续发展，在我国旅客运输系统中发挥主要力量。每一种运输方式都有其特定的运输线路和运输装备，形成了各自的技术运营特点、经济性能和合理使用范围。随着我国各种运输方式的不断发展，全国统一的综合交通运输体系逐步形成，各种交通运输方式协调发展，充分发挥各自的竞争优势，为人们的出行创造更加安全、便利、快捷、舒适的运输条件，必将使长期受到压抑的潜在客货运输需求得以进一步释放，为我国国民经济可持续发展和社会文明进步创造更好的条件。

第 7 章　高速铁路的国际效应

我国高速铁路建设和技术的飞速发展给人们出行带来了诸多便利，也提升了我国的国际形象，成为我国享誉世界的黄金名片。随着我国高速铁路技术日趋成熟，其在国际市场的竞争力稳步提升，并为成功“走出去”赢得了更多境外订单，这标志着我国高速铁路的建设及施工能力广受认可，我国高速铁路跻身高端装备制造技术世界先进行列。

中国高速铁路“走出去”不仅反映在供应机车车辆、投入资金、承包建造工程等方面，而且反映在成功输出中国高速铁路标准、中国牵引供电通信设施及成套中国高速铁路系统上。作为中国高端装备制造业的典范，高速铁路的成功出海也受到了政府的大力支持，并被上升至国家战略层面。近年来，我国高层领导人在外交出访中，多次进行高速铁路外交，不遗余力地向各国推广中国高速铁路，并带动起了国际上新一轮的高铁热。

2013 年，习近平主席在出访哈萨克斯坦和东盟时，提出共建“丝绸之路经济带”和“21 世纪海上丝绸之路”（简称“一带一路”）重大倡议。这无疑为中国高速铁路“走出去”带来了新的发展机遇，也使高速铁路外交更为热烈。与此同时，在世界范围内，围绕高速铁路项目的竞争仍旧激烈，国内外媒体和世界各国对中国高速铁路既充满期待也存在误解，中国威胁论甚嚣尘上。

首先，在“一带一路”倡议实施的背景下，我国高速铁路产业“走出去”迎来了前所未有的机遇。未来横贯欧亚的铁路大动脉将推动整个欧亚经济圈的整合，为我国加强在未来国际政治秩序中的地位带来了重要的机遇。其次，高速铁路的建成有利于降低能源消耗量和碳排放量，符合当今的可持续发展主题，从而向世界展示了一个负责任的大国形象。最后，以重大装备、技术集成、产业配套、国际贸易、国际咨询、国际承包、境外投资、政府间合作、一揽子协议为崭新内容的“中国高速铁路”，引起了世界各国的广泛关注，成为以我为主、主动外交的新媒介。它标志着中国外交开始走上与“世界第二大经济体”地位相称的发展道路，开启了中国外交的 3.0 时代。高速铁路已成为我国新的外交名片，“高速铁路外交”有助于改善我国与周边邻国的安全关系，提高包括我国自身在内的各国的安全度，特别是在西北和西南地区的安全形势。

从高速铁路的地缘政治意义来看，高柏教授在其文章《高铁与中国 21 世纪大战略》中对中国高速铁路的地缘政治意义进行了深刻的剖析。他认为，“建设由中国通往中亚、南亚、中东、东欧、俄国最后直至西欧的各条高铁线路将有力地带动欧亚大陆经济整合。”欧亚大陆经济整合将帮助中国发展出一个强大的陆地经济圈，建立一个陆权战略，使中国的陆地优势得到充分发挥。徐飞也指出，中国高速铁路“走出去”，是中国以积极姿态参与世界政治秩序重建的重大举措，在相当程度上有助于对冲美国重返亚太对中国造成的现实压力，提升东盟“区域全面经济伙伴关系（RCEP）”，从而纾解我国的“马六甲困局”，优化国际政治经济格局。除此之外，高速铁路的建成也可以促进国家国际地位的提高。

那么，在新的历史机遇期，如何理解中国高速铁路“走出去”所带来的国际效应？如何解读中国高速铁路的技术转移战略？中国高速铁路的国家安全效应有哪些体现？中国高速铁路可以从哪些方面促进国家间的交流与合作？中国高速铁路是否能够对高速铁路合作国的经济社会发展起到积极的影响？本章内容正是对这一系列问题的阐释。图 7-1 为本章的研究框架图。

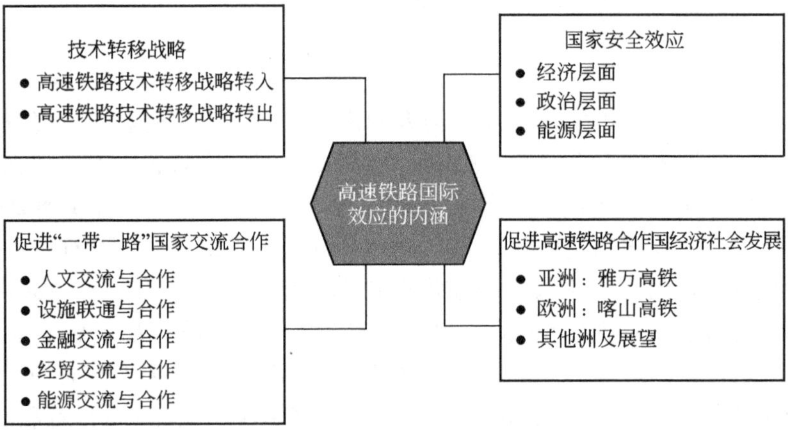

图 7-1 高速铁路国际效应的研究框架图

7.1 高速铁路技术转移战略

中国高速铁路的发展，是在广泛学习引进世界先进技术的基础上消化吸收、融会贯通，进而开拓创新。在高速铁路技术转移的过程中，我国经历了许多波折。从引进阶段来看，我国付出相应成本学习到了先进技术，但也面临着高昂的引入成本及专利问题，直至通过开拓创新，打破垄断和技术封锁，又快又好地在高速铁路领域走得越来越远；从转出阶段看，我国从技术转移的时代浪潮中汲取技术转移更新换代的红利，但也应注意防范相关风险，维护国家安全。

7.1.1 高速铁路技术战略转入

在全球化的大背景下，我国作为技术接收方从技术转移大潮中获益匪浅，经过消化吸收，我国的高速铁路技术及相关领域从研发到生产各环节的能力得到显著提升，有力地促进了我国相关工业体系的发展和完善，间接拉动了我国经济的迅猛增长，有效提升了我国的综合国力。同时，在接受技术转移时也需防范相关风险。

1. 从和谐号看高速铁路技术转入

中国和谐号（CRH）是集世界高速铁路技术之大成的动车组车型。我国从 20 世纪 90 年代开始研制自己的高速铁路系统。在研究了各国高速铁路技术并和三大主流高速铁路系统制造商交流合作的基础上，于 2007 年 2 月 1 日开始在广深线投入试运行，首发车型为 CRH1。CRH1 型动车组的原型车是瑞典国铁设计的 ReginaC2008 型电力动车组，采用交流传动及动力分布式设计，由庞巴迪-四方-鲍尔（BSP）生产，设计最大运营速度为 250 km/h 。CRH2 型动车组则是以日本新干线的 E2 系为基础设计的。

CRH3 列车的原型为德国铁路的 ICE3 列车。CRH3 动车组是在 ICE3/VelaroE 成功开发的基础上，适应中国的客运需求进行适应性优化设计而来的，它继承了 ICE3/VelaroE 高速电力动车组的高新技术，并根据技术的发展趋势进行了改进。

CRH5 的车体以芬兰铁路的 SM3 动车组为原型，动力设计上以法国阿尔斯通的 Pendolino 宽体摆式列车为基础。CRH5 是 CRH 动车组系列中唯一对原型车进行了大幅度改动的车型。在耐寒性方面，CRH5 比 CRH1 及 CRH2 优秀，其承受温度范围可达±40℃，大多数被安排于中国东北地区运用，如哈大高速铁路。

CRH380A 型电力动车组是由南车青岛四方机车车辆股份有限公司在 CRH2C（CRH2-300）型电力动车组基础上自主研发的 CRH 系列高速动车组，最高营运速度为 380 km/h，持续运营时速为 350 km。

如表 7-1 所示，我国和谐号系列动车组很好地承接了从日、法、德等发达国家转入的高速铁路技术，并在此基础之上基本实现了开拓创新。

表 7-1　世界各国高速铁路试验速度和运营速度排名

国家	型号	速度/(km/h)	年份
试验速度			
中国	CIT50（CRH380AM）	605	2014
法国	TGV-V150	574.8	2007
中国	CRH380BL	487.3	2011
中国	CRH380AL	486.1	2010
日本	955 型实验电（300X）	443	1996
日本	E952/953 型（STAR21）	425	1993
中国	CRH380A	416.6	2010
德国	ICE	406	1988
日本	N700 系	365	2005
韩国	KTX	352.4	2004
意大利	TAV	319	1988
运营速度			
中国	大部分新建高速客运专线	350	
法国	TGV-LGV 东欧线	320	
德国	ICE-LGV 东欧线	320	
日本	N700 系、E5 系	300	

资料来源：中国产业信息网。

2. 我国接收高速铁路技术转入的利好

我国从发达国家转入的先进高速铁路技术，可以有效地促进我国技术体系的发展，快速提升相关工业体系的技术层次和生产能力。对高速铁路领域而言，接受技术转移，使得我国高速铁路从设计到建造再到施工都得到了全方位提升，并以此为依托，促进了我国相关领域的发展和我国整体技术能力的提升及经济水平的增长。

当我国首次涉足高速铁路领域时，与建造高速铁路的主要企业签订了一系列合同，如法国的阿尔斯通、德国的西门子及包括日立在内的几家日本制造商。我国不是简单地付钱给这些公司让其建造铁路，相反地，我国要求他们与我国的制造商合作，交出所有的知识产权和必需的知识，以便我国制造商在合同期满时能够独立于海外供应商，自己建造高速铁路。这些合同一般都是10年期。由于合同利润丰厚，跨国公司很乐意签约。其结果是，现在有几家中国制造商已经完全跟上了最新技术的步伐，正在按照与欧洲、日本一样的标准建造自己的列车。我国从日本引进了250 km/h的高速铁路技术，从德国进口了350 km/h的高速铁路技术，然后开发了自己的350 km/h系统。欧洲供应商（西门子、阿尔斯通、庞巴迪）的技术转让，使中国企业踏上了技术跃升的快车道。

3. 我国接收高速铁路技术转入的限制及应对

欧洲供应商（西门子、阿尔斯通、庞巴迪）的技术转让，让我国企业几乎无需帮助就能建造自己的列车。但如果要在境外销售这些列车，则必须向欧盟供应商支付特许权使用费。

在信号技术方面，我国相较发达国家较为落后。世界标准历来由欧洲主导，而我国铁路系统是单个国家先进的系统，无法实现互操作，被认为低于欧洲标准。

我国应始终坚持引进、消化、创新的发展模式，积极主动地引进国外的先进技术，负担相应引进成本，并且发挥我国集中力量办大事的优势，消化吸收、开拓创新，快速提升我国的技术能力，打破外国的技术垄断与封锁。

在我国接受技术转移的过程中，应积极主动地吸取国外的先进技术，同时应格外关注相关技术的专利应用问题。

7.1.2 高速铁路技术战略转出

近年来，我国高速铁路技术逐步成熟，交出了中国标准动车组等系列的斐然答卷，成功跻身世界领先行列。我国高速铁路技术实力的持续提升，也使中国高速铁路技术转出成为必然。

1. 雅万高铁项目中的高速铁路技术转移

雅万高铁项目在中国高速铁路境外订单中最为知名。在雅万高铁项目中，最为瞩目的是从高速铁路的设计到施工完全采用的是中国铁路技术标准。

据相关报道，印度尼西亚国营企业部长认为，印度尼西亚与中国高速铁路公司承建雅加达—万隆高速铁路项目，包含了最先进的中国高速铁路科技，并且含有技术转移和进一步合作承建印度尼西亚境外高速铁路建设的承诺，因此印度尼西亚有希望成为东南亚区域的高速铁路供应商。

雅万高铁是中国在东南亚承建的首个高速铁路项目，标志着中国高速铁路技术在世界范围内得到了认可。雅万高铁采用中国最先进的高速铁路技术，在全长142 km的轨道上施展最尖端的科技，于2023年全线建成通车运营。

2. 高速铁路技术转出的机遇与风险

将我国高速铁路前沿技术转移到需要的发展中国家，既是中国大国担当的体现，也是对我国高速铁路技术最好的实践检验。

因此，我国在全球化技术转移浪潮中，作为负责任的大国，应积极顺应时代潮流的发展，在转移先进技术过程中加强与其他国家的合作，增进睦邻友好关系的形成，增强纽带关系，助力打造命运共同体。

然而，我国在对外转移先进技术时也需要谨慎考虑。从国家安全出发，应格外关注一些风险点，从转移国的选取到技术的选择，都应以国家安全与利益优先，谨慎应对国际不友好的势力。同时，注意对我国高速铁路关键技术的保密工作，保证涉及我国国家安全的关键技术和核心技术不转移，涉及我国战略布局的关键技术不转移，并且要审慎衡量转移对象的状况，考虑所在国是否有能力接受技术转移，以实现高速铁路技术的顺利转出。

7.2 高速铁路国家安全效应

高速铁路的国家安全效应，本节从经济、政治、能源 3 个层面的国际效应展开论述。

7.2.1 经济层面国际效应

随着高速铁路项目的蓬勃发展，高速铁路线路滚动式向前延伸，为沿线国家和地区带来了明显而积极的社会发展变化，拉动了经济增长，有效改善了民生，促进了政治稳定，其中经济增长成效最为明显。“一带一路”倡议下高速铁路“走出去”所带来的经济层面的国际效应主要体现在以下方面。

1. 高速铁路有助于改变政治经济布局

交通运输从来都是一种战略资源，古罗马强大是因为修建了发达的路网，而英吉利日不落帝国强大是因为建造了世界上最先进的舰船。历史上，重要交通工具的发展无不改变着国际政治经济的基本格局。以蒸汽机为动力的近代海洋交通技术，就曾经将世界从“陆权时代”变为“海权时代”。这个转变改变了许多国家在国际舞台上的地位，西方国家利用其独特的地理优势提供的机会引领时代潮流，建立起一整套的国际政治经济制度，把海权大国的利益固定化。相关数据显示，世界上大约 3/4 的大城市、70%的工业资本和 80%的人口集中在距岸 200 km 的沿海地区，其原因就在于以蒸汽机为动力的近代海洋交通技术的飞速发展，使世界处于“海权时代”，而我们至今仍然生活在这样的制度下。

中国既有漫长的海岸线，又有广阔的陆地。中国的西部与中亚相连，与中东的陆上距离也不远，而那里是世界上石油、天然气及其他各种矿物资源的主要产地。早在 100 多年前，地缘政治学的鼻祖、英国地理学家麦金德就把欧亚大陆加上非洲大陆称为世界岛，把涵盖俄国、东欧、中东、中亚及中国新疆的地区称为世界岛的中枢。在他看来，谁能占据这个世界岛的中枢，谁就可以称霸世界岛；而谁占据世界岛，谁就可以称霸世界。麦金德认为中国的地理位置具有十分优越的战略优势，十分有利于力量的投放。在 21 世纪，环太平洋经济整合代表着海权时代的发展方向，而推动以高速铁路为支柱的欧亚大陆经济整合将带来一个陆权时代。当海权与陆权并存时，中国就可以在其全球战略态势上建立起一个对冲的局面。

有专家曾经指出，高速铁路是最有可能成为下一种改变时代格局的交通方式，它将会对既有的海权时代造成冲击，使陆权再次成为重要的战略。近年来，中国越来越重视“海权”，但我国也有必要重新审视“海权”与“陆权”的关系，建立一种对冲海权的新陆权观。

放眼全球，高速铁路已经成为日本、法国、德国、英国等发达国家的主要公共交通工具，其扩建及升级工程也都在悄然进行。美国也提出，要在 25 年内建立一个覆盖 80%美国人口的高速铁路网络。在这种形势下，很多专家表示，陆权的回归，对中国至关重要。早在 2012 年的“高铁建设与国家战略”研讨会上，有学者就曾从美、英两国工业发展经验中得出：铁路特别是高速铁路的发展，将大大改变内陆的人口分布与经济发展态势，如果中国的高速铁路继续向欧亚大陆内部深入，将加速欧亚大陆的整合，为中国突破海权封锁、建立陆权优势，显现巨大的战略价值。国防大学科研部部长秦天对此表示认同，他也曾经表明，中国主导的高速铁路技术，在整个欧亚大陆所带来的资源流动、人才与技术流动甚至是文化流动都将深刻改变未来的国际政治版图。一旦以中国为主导，建立了横跨欧亚大陆的高速铁路体系，构建了钢铁丝绸之路和物流大动脉，把人才、技术资本的“高地”与人力、市场与制造的“洼地”广泛地联结起来，中国的崛起将无法阻挡。

事实上，在过去的十几年里，中国一直在东南亚推动地缘经济意义上的地域经济整合，例如，泛亚铁路中包含的中老铁路建设于2016年底开工，已于2021年底峻工。老挝作为一个传统农业国，蔬菜出口是一件大事，但因为交通不便，过去老挝的疏菜要花3天才能运到中国，这使得蔬菜保鲜成为一大难题，过长的旅程很容易导致蔬菜不新鲜甚至腐烂变质。现在，中老铁路开通了，采摘自老挝的新鲜蔬菜3.5 h后就能到达中国，从而彻底解决了这一难题。

目前中国高速铁路在国外参与的已建成、在建或规划中的高速铁路项目包括中巴、中吉乌、雅万、安伊匈塞、亚吉、蒙内等许多项目。中国在亚欧大陆的高速铁路建设已经初步取得了成效，其结果是大家的经济利益绑在了一起。在某种程度上，中国也在实现地缘政治的目标上迈进了一大步，国与国之间的利益冲突已经得到缓解。

当今中国突飞猛进、日新月异的高速铁路技术已经开始颠覆人们关于空间和距离的观念，陆权时代的回归也变成一种现实可能性。当高速铁路经过欧亚大陆的能源、资源、人口、资本和技术等大国时，这些生产要素必然开始具有高度的流动性。这将改变这些国家在世界经济中的地位，而国家地位的改变最终会导致整个国际政治经济秩序的改变。综上可见，利用高速铁路推动欧亚大陆经济整合将为中国加强在未来国际政治经济秩序中的地位带来重要的机遇。

2. 塑造中国良好的外交形象

作为一种高投入、高技术、高风险、周期长的交通基础设施建设项目，高速铁路带有高度的政治敏感性和公众曝光度。高速铁路的发展不仅需要技术交流，还依赖文化传播和文明对话。

国家领导人亲自出访，推动高速铁路外交的发展，是中国高速铁路外交自2013年以来取得诸多实践成果的原因之一。在过去的几年中，从亚太到中东欧地区，从西欧到南北美洲，包括非洲，中国高速铁路外交之旅已经将足迹遍布十多个国家，并为中国高速铁路“走出去”赢得了舆论优势。

高速铁路是中国制造从劳动密集型到技术密集型转变的缩影，反映了改革开放以来取得的成就。实际上，在大国力量发生历史性转变之际，借助“一带一路”倡议，通过“高铁外交”推动国内经济发展本身就是中国高速铁路技术发展带来的又一“红利”。“高铁外交”已经远远不是纯粹对外的经济合作，其战略意图绝不亚于加入世界贸易组织。

3. 拓展中国的境外经济市场

中国高速铁路外交是对“一带一路”倡议的发展。我国高速铁路外交在发展方向上是以两条主线开展活动的：一是修建跨境高速铁路（中国为主要支点），从而发展以中国为起点的跨境高速铁路外交，外交对象国多为周边国家，陆地距离相邻或相近；二是直接投资境外市场，属于走向国际市场的境外高速铁路外交，两者共同构成具有中国特色的高速铁路外交。随着国际社会的区域互联互通趋势增强，许多国家对发展经济和综合国力的强烈愿望也与日俱增，这就要求区域内的交通基础设施能够为国家间交往提供便捷和现代化的出行载体。两种方向的高速铁路外交不仅与“一带一路”的实施目标是一样的，而且还进一步扩大和发展了“一带一路”的内涵。

中国跨境高速铁路外交的发展方向是希望和周边国家（亚欧大陆）形成丰富多元的经贸联系、文化纽带和人文交往。从“一带一路”布局看，单从欧亚大陆的视角出发，“一带一路”倡议，尤其是“丝绸之路经济带”，它的一大目标是希望实现陆路交通工具的区域大革新，建设新世纪的区域性或全球高速铁路网，从而提升我国经济与欧亚区域乃至国际社会整体经济的融合度和共生性，通过交通技术来实现整个亚洲更为发达和便捷的互联互通。跨境高速铁路外交是“丝绸之路经济带”的重要组成部分，两者的推动目标是一致的。它们共同维护中国周边局势的安全与稳定，发展中国和周边国家的友好外交关系，并促进欧亚大陆总体经济水平上升和贸易往来的发展。

中国境外高速铁路外交的另一重发展意义是：旨在拓展中国高速铁路的境外市场，获得境外经济效益，提高中国高速铁路市场占有率。同时，通过高科技重塑境外国家对“中国制造”的认知，实现“中国制造”产品的换代升级出口，完成中国制造标准的蜕变和输出，最终以高速铁路为媒介促进国家间友好关系，达成双赢或者多赢的局面。这表明了中国高速铁路外交的发展对象不仅仅是局限于周边国家或亚欧大陆，还会走出亚欧大陆，面向更广阔的境外市场，从而形成对“一带一路”发展路线的补充和推进。中国境外高速铁路外交的推进和发展，是对开放、多元、共赢的“一带一路”理念的完善和发展。

7.2.2　政治层面安全效应

从政治层面解析高速铁路延伸对沿线国家的安全效应，主要包括以下 3 个角度。

1. 满足国家安全与地缘政治的需求

从地缘政治学的角度而言，高速铁路将为中国建立一个全球战略的对冲态势，利用建设高速铁路来推动欧亚大陆经济整合，将帮助中国用其独特的地理优势建立一个与环太平洋经济整合之间的对冲，这将使中国在国际政治经济的大格局中处于一个十分有利的战略地位。2010 年中国遇到的种种外部矛盾与冲突都与其他国家针对中国崛起采取的对冲措施有直接联系。美国虽然在经济方面与中国深度融合，但是它仍担心中国在战略与军事上挑战其霸权地位。因此，它不仅加强与亚洲盟国的军事联系，同时也开始主导环太平洋经济协作体系，以对冲中国主导的东亚、东南亚经济一体化。日本、韩国、印度、越南及新加坡等国也都一边加强与中国的经济联系，一边想方设法在安全保障上防范中国。然而当中国彻底打开与南亚、中亚、西亚、中东、北非及东欧的陆上通道时，中国既可以与东亚、东南亚实现进一步的经济整合，也可以把主要注意力放在欧亚大陆上，因此可以建立整合陆权，这种陆权地缘经济将会化解中国在海权地缘政治上面临的压力。因此对中国而言，21 世纪既可以是一个太平洋世纪，也可以是一个欧亚大陆世纪，更可以是二者并存的世纪。

一方面，积极开展高速铁路外交将扩展国家安全新体系。一百多年前，马汉提出了“海权论”。现在海洋霸权仍然是最重要的霸权之一，但是新的陆权时代已经开启。中国占据了天时地利，既拥有广袤的海洋，也拥有长长的陆上边界。中国应该发挥自身优势，建立一个海洋与陆地并存的战略对冲格局。这有助于变劣势为优势，维持中国在整个世界地缘政治中的地位。

另一方面，积极开展高速铁路外交将构建地缘政治新格局。一个国家地缘战略的制定，是一系列因素综合作用的结果。当然这其中包含国家的政治、经济、文化、社会等因素，还有这个国家原本所处的地缘格局。中国的传统文化讲究“和”字，高速铁路走出去是为了把世界连为一体，建立一个共进退的命运共同体。陆上高速铁路的推进，无疑给我国的地缘政治又多了一种战略选择。与海权论相对应的陆权论提出者麦金德指出，交通运输的发展对地缘空间的重构和地缘政治的影响是巨大的，这是一种“机动性”的变迁。中国是这个世界上拥有邻国最多的国家，超过了俄罗斯。中国计划中的三条跨境高速铁路线路将对地缘政治空间结构产生深远影响。一旦欧亚高速铁路修建成功，将缓解中国对海洋的依赖。中亚高速铁路的修建与“丝绸之路经济带"的构想有异曲同工之妙，这不仅可以打通中欧之间的经贸合作，还能够连接中国与非洲内陆国家，通过经济手段，推动扩大地缘政治的空间。泛亚高速铁路的修建，将加强亚太地区政治稳定，并打通对印度洋开放的新格局，从而提升中国在国际上的政治地位。从地缘政治关系角度看，中国高速铁路“走出去”是建立在友好平等的基础上的，中国与周边国家友好协商、互相信任，在合作方面追求互利互惠，放低我国的大国姿态，形成优势互补、共通有无的良好格局。

从军事层面来看，对我国的军事布局和军队的调动都有巨大的影响，当然这也会从宏观角度影响到我国整个战略布局。对于战争，机动性是衡量一支军队战斗力的重要指标。而高速铁路的修建，则可以快速打通运输脉络，从而提升我国军队的世界影响力。与此同时，高速铁路的修建，也极大地提升了基础设施建设水平，为军事的陆地作战提供了更多战略部署的可能，从而使整个战局更为有利。

2. 和平外交

交通消弭隔阂，促进人民交流。在推动中国高速铁路“走出去”的过程中，高速铁路被赋予了“和平外交”的使命，我国向世界人民展现了坚持和平发展、和而不同的传统观念。高速铁路外交是架起“世界和平之桥”的新载体。

从传统地缘政治思维出发，海上用于连接世界各国的主要交通工具是海洋中航行的各式轮船，陆路上用来连接相邻各国的主要交通工具则是铁路“大动脉”。对比两种主要的跨境交通工具不难发现，海上运输的轮船大多经过公海区域，不会直接从别国境内经过，受到其他国家的干扰性和阻碍力度较小，在战争时期，极易成功发动对别国的进攻或袭击。铁路作为陆上的主要交通方式则与之不同，从修建到运行，铁路无一不是点对点的连接，各国间的跨境铁路建设还需要持续的协商和谈判，一旦国家进入冲突和战争时期，铁路轨道也很容易被截断。在这种对比下可以得出，以铁路发展为代表的陆上交通工具，相对更具有和平性与平等性的指向特征。

“维护世界和平，促进共同发展”一直是我国实行外交政策所贯彻的宗旨，在“一带一路”背景下开展中国高速铁路外交，不仅是对我国外交理论和实践的发展，同时也是对我国“维护世界和平，促进共同发展”这一外交宗旨的诠释和践行。开展高速铁路建设更能促进各国在世界层面的交往，为诸多偏居一隅的内陆国家赢取共同发展、平等融入现代化的机会。

3. 战略层面国际效应

“一带一路”倡议是习近平总书记在 2013 年 9 月和 10 月分别提出建设“新丝绸之路经济带”和“21 世纪海上丝绸之路”的构想，强调相关各国要打造互利共赢的“利益共同体”和共同发展繁荣的“命运共同体”。

7.2.3　能源层面安全效应

随着“一带一路”建设的平稳推进，以及中国高速铁路技术的飞速发展，越来越多共同建设国家陆续与我国开展高速铁路合作。中国高速铁路境外订单日渐增多，不仅标志着中国高速铁路技术实力得到世界认可，而且极大地促进了中国与共同建设国家的感情升温，相关能源贸易合作随之密切和深化，从而使中国的能源供应链条更为联通顺畅，为我国的能源安全带来保障。

中国高速铁路“走出去”是伴随与“一带一路”共同建设国家的友好合作而逐渐开展的。“一带一路”涉及地域广阔且物资丰富，高速铁路经过中亚、中东等石油富集区。随着“一带一路”建设的蓬勃发展，高速铁路成为中国和共同建设国家睦邻友好的情感纽带，对预防和消除能源动荡风险对中国经济的影响无疑起到积极作用。其中，中俄能源贸易最为典型，极大地缓解了我国国内的能源压力。依托“一带一路”倡议，中俄互为全面战略协作伙伴，各领域合作持续深化，有力地促进了两国共同发展，而中俄能源贸易往来更是逐步深化。我国传统能源资源的特点是“富煤贫油少气”，是世界上能源进口大国。而俄罗斯则是能源富有的国家，能够与我国形成优势互补，成为我国进口石油的最大贸易伙伴，两国石油能源贸易量逐年增加。2013 年以前，两国石油贸易量每年增幅不大，但从 2013 年开始我国从俄罗斯进口的石油总量迅猛增加，从 2013 年的 2 434. 8 万 t 增加到 2019 年的 7 764 万 t。我国与俄罗斯在天然气能源贸易方面也开展了广泛合作。2012 年，我国从俄罗斯进口的天然气能源数量只有 5. 2 亿 m^3，2013 年增加到 48 亿 m^3。2014 年中俄两国签署了 4 000 亿美元能源协议，高兹普罗姆公司每年向中国供应 380 亿 m^3 东西伯利亚天然气。从此开始，我国与俄罗斯天然气贸易上了一个新台阶。能源合作是两国合作中分量最重、成果最多、范围最广的领域。双方密切协作，为维护公平、公正、合理、有序的国际能源秩序发挥了积极作用。中俄进一步深化能源合作对打造开放多元的世界经济和新型国际关系意义重大。

从政治格局看，中俄通力合作，经贸互补，联合抵抗美国等境外势力的压迫，保障了中国的能源安全。通过中俄能源贸易，中国有效地降低了中东地区动荡局势对国内能源需求的影响，提高了我国抵御能源风险的能力。

7.3　促进“一带一路”共建国家交流与合作

“一带一路”共建国家横跨亚、欧、非三大洲，从东北亚、东南亚延伸到中亚、南亚和西亚，直至中东欧和北非地区，幅员辽阔，人口密集，资源储量和发展空间巨大。

根据中国“一带一路”网统计资料，截至 2022 年 4 月，我国已累计同 149 个国家和 32 个国际组织签署了 200 多份共建“一带一路”合作文件，“一带一路”朋友圈遍布亚洲、非洲、欧洲、大洋洲、拉丁美洲。随着全球国际交流的日益密切，“一带一路”的朋友圈将逐步扩大。

“一带一路”倡议的主要内容是以“五通”（政策沟通、设施联通、贸易畅通、资金融通、民心相通）为合作重点，实现全球国家的合作共赢、共同发展。其中，“设施联通”是倡议推进的基础保障，而交通设施的互联互通正是设施联通的工作重点。那么，近年来技术日臻成熟的中国高速铁路自然成为“一带一路”倡议中“设施联通”的重要载体，肩负着促进“一带一路”共建国家交流合作的重要使命。

7.3.1 促进人文交流与合作

近年来，随着“一带一路”倡议的稳步推进，我国高速铁路获得的境外订单日益增多，这促使共建国家远距离的人文交流与合作更为便利和密切，也助力各国形成常态化的国际人文交流与合作。

1. 人文交流与合作意义重大

国之交在于民相亲，民相亲在于心相通。人文交流与合作是“一带一路”倡议中“民心相通”的重要内容，有助于推动国家文明进步，增强国际竞争力，也是加深各国友谊和互信的重要途径。

2014 年 3 月，习近平主席在联合国教科文组织总部发表重要演讲，指出：“文明交流互鉴，是推动人类文明进步和世界和平发展的重要动力。”促进各国人文交流与合作，加强各国之间的学习与融合、借鉴与吸收，有利于世界各民族文化取长补短、发挥优势，进而促进世界文化的共同繁荣与发展。中国从春秋战国开始，已开启文化交流的进程。随着时代的不断发展，国家间的文化交流日益加深，这也成为中华文化博大精深、源远流长的一部分，推动了科技进步，也促使全球文化呈现多样性和良性发展。正是国际文化交流的日益密切，各国先进技术才得以互相学习和交流，现代化的高速铁路技术才得以飞速提升。

随着经济全球化和区域集团化的日益加深，各国文化软实力在国际竞争中扮演着重要角色。加强人文交流与合作有利于实现本国优秀文化的传播与扩散，提升民族文化国际影响力。近年来，在“一带一路”建设中，我国以各种“丝路文化”命名的高速铁路穿梭于世界各地，既是对丝绸之路悠久文化的宣传，也是对现代东西方文化的交融与结合，是对各国展示中华文明开放、包容与友善的独特而重要的窗口，也为中国赢得了各国抛来的“橄榄枝”和“红绣球”。

随着全球化的到来，国际联系更为密切，人文交流与合作是加深国家间友谊、增强沟通互信的良好途径。当前，以美国为代表的部分国家对中国的发展充满质疑，散播“中国威胁论”，不利于中国与其他国家开展正常的友好建交或贸易往来。对此，更多的人文交流与合作，有助于消除误解、化解矛盾，打破思想藩篱、增进各国友谊。

无论是古丝绸之路，还是“一带一路”，都是不同民族对文化交流的向往与追求。只有增强交流互鉴，文明才能充满生命力；只有秉持包容精神，才可能避免不同文明之间的冲突，实现文明的和谐共处。“一带一路”所展现的开放、包容的文化交流心态是光辉典范，也是时代所需，有助于促进不同文明的共同发展，有利于国际文化给养、提升创造力。

2. 人文交流与合作日益密切

随着“一带一路”建设的推进，人文交流与合作更趋向全球化，无论是从范围、强度、速度还是从多样性、包容性、共享性等方面都远胜往昔。近年来，越来越多的国家和地区开通高速铁路，促使各国间的人文交流与合作日益密切，使不同层次的人文交流与合作的常态化成为可能。

2016 年，《文化部“一带一路”文化发展行动计划（2016—2020 年）》印发。2017 年，《文化部“十三五”时期文化发展改革规划》发布，强调将加强中国与“一带一路”共建国家开展文化交流与合作，初步形成了覆盖世界主要国家和地区的政府间文化交流与合作网络。中国大力推进文化交流品牌建设，举办了中国—中东欧、中国—东盟、中国—欧盟等十余个文化年、旅游年。另外，丝绸之路（敦煌）国际文化博览会、丝绸之路国际艺术节、海上丝绸之路国际艺术节等综合性文化活动精彩不断。

近年来，文化与旅游部着力建立“一带一路”文化交流机制，夯实互联互通基础，建立健全丝绸之路国际剧院、博物馆、艺术节、图书馆、美术馆联盟。2017 年 10 月 20 日，丝绸之路国际艺术节联盟由中国上海国际艺术节中心牵头成立。该联盟包括上海国际艺术节、匈牙利布达佩斯之春艺术节、以色列艺术节、捷克布拉格艺术节、罗马尼亚锡比乌国际戏剧节、立陶宛维尔纽斯音乐节、中东欧戏剧节总监团、中东欧艺术节总监团、印度新德里之春艺术节等 35 个国家的 129 个艺术节和机构。

丝绸之路国际艺术节联盟以开放的态度，为艺术作品的交流展演、合作制作、人员互通和其他经营领域的合作创造条件，并定期举办论坛、培训、专业研讨会等学术交流活动，培育艺术创作和管理人才。此外，丝绸之路国际博物馆联盟和丝绸之路国际图书馆联盟也先后成立，为实现“一带一路”共建国家民众的相互理解、相互尊重和相互信任，打造责任共担、利益共享的人类命运共同体贡献力量。

3. 人文交流与合作领域广泛

随着“一带一路”共建国家高速铁路的陆续建设与开通，方便快捷的交通方式备受青睐，也使国家间的人文交流与合作领域逐步拓宽，不再局限于传统的文化艺术领域，教育、旅游的交流与合作也更加广泛，为“文明之路”持续增色。

1）教育领域

随着“一带一路”建设的推进，雅万高铁等大项目在促进提升东盟国家工业化水平的同时，也使教育交流需求增加。根据我国教育部数据显示，2018 年接受学历教育的外国留学生总计 258 122 人，同比增加 6.86%，打破了以汉语学习为主的格局。

“一带一路”倡议使越来越多的留学生成为丝路文化交流的使者，为“一带一路”建设的民心相通贡献了更多文化力量。

从教育交流的层次来看，除高等教育外，各种专业技能人才的交流与培训在不断增多。2012—2019 年，国务院新闻办连续举办 9 期“丝绸之路经济带相关国家媒体负责人研修班”，来自“一带一路”共建国家的 16 国媒体人士通过这一国际人文交流平台，在新疆进行实地考察和学习交流。这些媒体人士与中国经济、文化、民族、宗教等领域的专家学者进行座谈交流，增进了对中国的理解和认识。2019 年 4 月 3 日，中泰合建的高铁鲁班学院在位于泰国孔敬府班派县的泰方校园内正式揭牌。这一学院由中国武汉铁路职业技术学院和泰国班派工业社区教育学院共建，提供学历教育、教师培训、铁路员工培训等，为泰国铁路发展输送人才。

2）旅游领域

我国甘肃地处东亚与中亚的结合部，位于丝绸之路枢纽地带，是世界四大文化体系的汇流之区，也是丝路古道上保存各类文物资源最丰富、文物价值最高的省区之一。2014 年，甘肃省下发《丝绸之路经济带大景区建设规划纲要》，将重点建设敦煌莫高窟—月牙泉、敦煌阳关—玉门关等大景区，积极推动丝绸之路旅游交流。2014 年 12 月 26 日，随着兰新高铁的全线通车，丝绸之路高速铁路游逐步发力。

2017 年 7 月 9 日，“丝路高铁”宝兰客专正式通车，为丝路旅游发展注入了新动力。宝兰高铁全长 401 km，运营时速 250 km，设宝鸡南、天水南、定西北、兰州西等 8 个车站，主要承担甘肃、青海、新疆对外直通客流，兼顾沿线大中城市间的城际快速客流，是一条高标准、高密度、大能力的高速铁路。据兰州铁路局统计，在宝兰高铁开通一月时间内，其客流持续走高，每趟列车上座率均在93%以上，共发送游客102万人，日均发送游客3.28万人。宝兰高铁是我国西北与中东部的铁路客运主通道，它的通车运营也显著提高了欧亚大陆桥铁路通道的运输能力。

随着“一带一路”互联互通的持续推进，高速铁路网线作为交通枢纽的重要组成，也将带动更多的欧亚国家参与“丝路高铁游”，从而进一步促进并拓宽旅游领域的交流与合作。

7.3.2 促进设施联通与合作

基础设施建设水平是衡量一个国家经济发展水平的重要指标。加强基础设施建设，推进互联互通，既是“一带一路”共建国家的优先发展目标，也是联合国《2030年可持续发展议程》的重要内容。一般来说，发达国家的基础设施建设比较健全，建成年份比较早，新建基础设施占比较低，更多的是翻新或重建，而大部分发展中国家的基础设施则比较缺乏、不够完善，新建基础设施占比比较高。

实现互联互通，道路联通是保障，铁路联通无疑是重中之重。近年来，我国高速铁路技术水平飞速提升，得到了世界范围内的广泛赞誉，同时也将助力“一带一路”共建国家间基础设施建设与合作。

依托“一带一路”倡议，我国参与的境外铁路项目建设有序推进，预期未来还会取得进一步的突破。

7.3.3 促进金融交流与合作

大多数“一带一路”共建国家属于发展中国家，社会经济发展程度较低，基础设施底子薄，需要大规模的基础设施建设，资金缺口巨大。在众多基础设施建设投资中，以高速铁路为代表的基础设施建设对促进“一带一路”金融交流与合作将起到积极作用。

在“一带一路”共建过程中，提升交通基础设施建设是设施联通的重点，对拉动经济发展至关重要。因此，以高速铁路基础设施建设为代表的投融资诉求日益增多，促进了金融服务的交流与合作。

我国是“一带一路”的倡议国，外汇储备和储蓄率较高，对基建支持力度较大。2016年4月，我国为建设莫斯科—喀山高铁提供了价值4 000亿卢布（约合62亿美元）的贷款。还为确保落实莫斯科至下诺夫哥罗德段铁路项目提供了价值520亿卢布的股权融资，并额外为落实下诺夫哥罗德至喀山段的项目提供价值10亿卢布的股权融资。

截至2019年末，共有11家中资银行在29个“一带一路”共建国家设立了79家一级分支机构，中资保险机构也已在新加坡、印度尼西亚等国设立营业性机构。与此同时，截至2019年末，已有来自23个“一带一路”共建国家的48家银行在我国设立了机构。

随着“一带一路”基础设施建设投融资的增多，更为纵深的金融服务合作与交流将更为密切，从而能够形成金融战略领域的全球化良性互动。对此，构筑全球性的金融网络服务合作平台将有助于为“一带一路”基础设施建设提供持续稳定的资金来源，对国家财力不足能够起到有效补充，从而也可更好地进行高速铁路等基础设施建设，推动经济发展。

7.4 促进高铁合作国经济社会发展

现阶段，中国高铁合作项目也主要集中于亚洲和欧洲，并已取得积极的经济社会反响。未来，随着合作的纵深推进，中国高铁将与更多国家和地区共享发展红利。

7.4.1 雅万高铁案例

亚洲是“一带一路”倡议实践中最重要的阵地，随着“一带一路”建设的持续深入，一条条跨国高速铁路将亚洲丝绸之路有效联结，切实推动了亚洲区域一体化。其中，雅万高铁正是中国高速铁路在亚洲的经典之作。

印度尼西亚是我国推进“一带一路”倡议的重要合作伙伴，是东南亚最大的经济体，资源丰沛且地理位置优越，经济活力强且市场需求旺盛。根据世界银行数据，2012—2019年印度尼西亚的 GDP 增速保持在 5%左右（见图 7-2），整体经济稳定，发展前景良好。

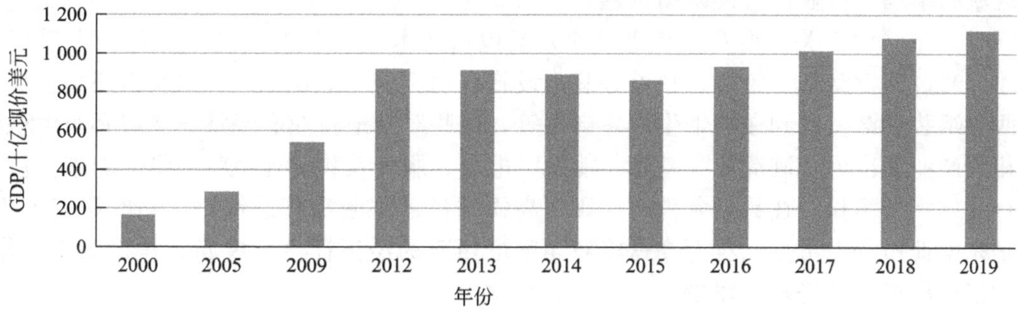

图 7-2 印度尼西亚的 GDP

数据来源：世界银行

印度尼西亚作为亚洲经济实力强劲的东南亚国家，其发展对推进亚洲区域一体化至关重要。同时，印度尼西亚提出的“全球海洋支点”构想与中国提出的“一带一路”倡议高度契合，雅万高铁（全称雅加达—万隆高速铁路项目）的合作正逢其时。雅万高铁连接印度尼西亚首都雅加达至万隆，线路全长 142.3 km，设计时速 350 km，服务印度尼西亚雅万高铁沿线居民达 3 000 万人，极大地带动了沿线经济发展，也有助于推进亚洲共同的繁荣发展。

2015 年，中印就雅加达至万隆高铁达成协议，印度尼西亚将在技术、装备和标准上全面采用中国高速铁路技术，雅万高铁成为中国高速铁路外交在“一带一路”倡议推动下真正“走出去”的第一单。2016 年 1 月 21 日，雅万高铁开工仪式在瓦利尼举行，印度尼西亚总统佐科和习近平主席特使、国务委员王勇共同出席。2016 年 3 月 16 日，印度尼西亚交通部与印雅万高铁合资公司在印度尼西亚雅加达签署特许经营协议。2018 年 5 月 15 日，印度尼西亚雅万高铁桥梁桩基在 2 号特大桥管段率先实现破土动工，这标志着印度尼西亚雅万高铁项目正式展开主体工程施工。

2018 年 6 月，雅万高铁项目建设进入全面实施推进新阶段。雅万高铁项目建设坚持高起点、高标准、高质量、严要求，用严谨扎实的工作风格严把质量关，为印度尼西亚人民建造了一条来自中国的高速铁路，并以雅万高速铁路建设为契机，把高速铁路打造成中印尼人民的“友谊之路”，谱写了一曲新丝绸路上中、印尼友谊共进的华彩乐章。

2019 年 5 月 14 日，由中国中铁三局集团有限公司承建的印度尼西亚雅加达—万隆高铁项目瓦利尼隧道终于贯通，标志着雅万高铁建设取得阶段性重要进展，为全线加速建设奠定了坚实基础。

2021 年 4 月 30 日，雅万高铁首座车站站房主体结构封顶，2022 年 6 月 21 日，全线 13 座隧道全部贯通，2023 年 10 月全线建成通车。

雅万高铁将给印度尼西亚经济社会的发展带来巨大红利。雅万高铁建成通车后，印度尼西亚将成为东南亚第一个拥有高速铁路的国家，届时雅加达至万隆的旅行时间将由现在的 3~5 h 行程缩短至 40 min，这不仅将大大缓解雅加达至万隆的交通压力，更将优化当地投资环境，带动沿线商业开发和旅游产业发展，加快形成高速铁路经济走廊，促进沿线经济发展。

此外，据不完全统计，雅万高铁项目在建设期内为印度尼西亚增加逾 40 000 个工作岗位，参与雅万高铁建设的当地工人超过 1 万人。站点及其周边地区的经济活动也将增加，同时该区域的不动产行业也会迎来新机遇。

同时，在“中方关于雅万高铁建设的方案包括技术转让”的内容中还包括大量培训当地人才，通过建设路基、桥梁、轨道等基础设施推动实现本地化生产，以及铁路装备从在印度尼西亚组装逐渐过渡到在本地生产零部件等。这些对当地就业和经济发展势必产生积极影响，相关产业如冶炼、制造业、基建、能源、电力、服务及物流业也将被带动起来，从而实现各行业的均衡增长。在具备条件时，雅万高铁项目还将激活高速铁路产品的第三方市场，特别是东南亚市场。可见，雅万高铁将对印度尼西亚的经济社会发展起到积极的推动作用，并进一步撬动亚洲经济社会发展。

7.4.2 其他案例及展望

“一带一路”建设正持续深入推进，中国高速铁路也随之从欧亚走向更多的国家和地区。同时，我国高速铁路技术仍在不断进步，未来在高速货运、能源运输等领域的发展潜力广阔。

1. 土耳其的伊安高铁

2008 年 8 月，中国第一条高铁——京津城际铁路开通，在国内交通事业大发展的同时，走出国门的高铁外交也成为必然的选择，我国第一条走出国门的高速铁路就是为土耳其修建的伊安高铁。土耳其是北约成员国，在欧洲和非洲有很大的影响力，但是基础设施建设能力一般，2004 年土耳其对外发出修建高铁请求，中企展示了硬核实力，2005 年 10 月，土耳其国家铁路局宣布中国铁建牵头组建的合包集团中标。伊安高铁是土耳其首都安卡拉至伊斯坦布尔的高速铁路，全长 533 km，我国中标路段全长 158 km，合同金额 12.7 亿美元，设计时速 250 km，修筑的过程经历了十年时间，由我国承建的 158 km 路段，综合难度非常高，桥隧比占路线总长的 40%，除了地质环境问题以外，土耳其还提出了一个很苛刻的条件，要求施工过程中必须降低噪声，而这座铁路穿越人口稠密的安卡拉，极大地提高了施工的难度。在经历了种种挫折之后，2013 年 9 月 7 日，伊安高铁项目第 Ⅰ 标段轨道铺通；2013 年 9 月 21 日，伊安高铁项目第 Ⅱ 标段轨道全线铺通；2014 年 1 月 17 日，土耳其安卡拉至伊斯坦布尔高速铁路二期主体工程完工。2014 年 7 月 25 日，土耳其安卡拉至伊斯坦布尔高速铁路全线建成通车，土耳其总理埃尔多安等高级官员出席通车仪式并试乘了首趟高铁。

随着时间的推移，伊安铁路已成为土耳其铁路的新标杆，给当地的社会发展和经济建设带来很大改变，中国高铁快速、舒适、先进、安全的形象，极大地刷新了当地民众对中国的看法，纷纷夸赞不已。伊安高铁是中国企业在海外组织承揽实施的第一个电气化高速铁路项目，对推动中国高速铁路“走出去”具有重要的战略意义。

2. 沙特的麦麦高速铁路

麦麦高速铁路全长约 480 km，自北向南分别途经麦地那、拉比格、吉达和麦加 4 个城市。其中麦加车站特大桥是全线的重点控制性工程，由中国企业独立承建。大桥总长 1 556 m，横跨 5 条公路，桥梁最大宽度 72. 6 m。2018 年 9 月 14 日，设计最高时速为 360 km 的麦加至麦地那双线电气化高铁建成，这也是中国企业在海外参建的世界首条穿越沙漠地带高速铁路。

3. 中东欧的匈塞高铁

匈塞高铁，是中国与中东欧国家合作的旗舰项目，是中国与中东欧国家共建“一带一路”的重点项目。项目自匈牙利首都布达佩斯至塞尔维亚首都贝尔格莱德，铁路全长 350 km，设计速度 200 km/h，改造既有线并增建二线，形成双线电气化客货共线快速铁路。2020 年 11 月 25 日上午 9 时许，由中国铁路国际公司和中国交通建设集团有限公司联营体承建的匈塞铁路塞尔维亚泽蒙至巴塔吉尼卡段（简称泽—巴段）左线顺利转线通车运营。2021 年 3 月 22 日，中国铁路国际公司与中国交通建设集团有限公司联合体承建的匈塞铁路塞尔维亚巴塔吉尼卡至旧帕佐瓦段 17 km 左线克服疫情影响顺利建成通车。

当今中国突飞猛进、日新月异的高速铁路技术已经开始颠覆人们关于空间和距离的观念，陆权时代的回归也变成一种现实可能性。当高速铁路经过欧亚大陆的能源、资源、人口、资本和技术等大国时，这些生产要素必然开始具有高度的流动性，这将改变这些国家在世界经济中的地位。可见，利用高速铁路将为中国加强在未来国际政治经济秩序中的地位带来重要的机遇。

4. 中老铁路

中老昆万铁路，即“中老国际铁路通道”，简称“中老铁路”，是一条连接中国云南省昆明市与老挝万象市的电气化铁路，由中国按国铁Ⅰ级标准建设，是第一个以中方为主投资建设、共同运营并与中国铁路网直接连通的跨国铁路。中老铁路建设克服环境、气候等种种困难，为沿线的经济发展注入了新的活力和生机。2021 年 12 月 3 日，中老铁路全线通车运营。这条铁路平均每天开行客车数量 43 列，最高峰为 65 列，最高日发送旅客量 3. 3 万人，老挝境内开通了 4 个客站，10 个办理客运业务的车站，实现了动车组与普通列车共线运行。自从铁路开通以来，客货运输呈现不断上涨趋势，国际黄金物流大通道作用日益显现。截至 2022 年 6 月，已累计发送旅客 327 万人次，其中中国段 286 万人次，老挝段 41 万人次，发送货物 403 万 t，其中跨境货物 64. 7 万 t，不论是客运还是货物运输，都发挥了重要作用。中老铁路的建成，为中国和老挝两国民众提供了便捷的出行方式，并加快形成内外连通、安全高效的国际物流黄金大通道，有力地促进了沿线社会经济发展，也标志着采用中国技术标准、中国设备的中老铁路正在“一带一路”建设新征程中，创造着互惠共赢的黄金时代。

5. 中泰铁路

中泰铁路是中国投资泰国铁路的合作项目，未来将连接我国云南省昆明市和泰国首都曼谷。中泰铁路是中泰两国政府间直接合作，中国参与投资、修建的一条长为 867 km 的双轨标准轨铁路，从泰国东北部重要口岸廊开府，到首都曼谷及东部工业重镇罗勇府。“中泰开展铁路合作符合两国发展需要和共同利益，对促进地区互联互通具有重要意义。”

2017 年 12 月 21 日，中泰铁路合作项目一期工程在泰国呵叻府巴冲县正式开工。中泰铁路是泰国首条标准轨高速铁路，使用中国技术，一期工程连接首都曼谷与东北部的呵叻府，全长约 253 km，设计最高时速为 250 km，沿线设有 6 个车站。二期工程将延伸至与老挝首都万象一河之隔的廊开府，并实现与中老铁路磨丁至万象段的连接。2022 年 7 月 6 日，中泰铁路合作项目一期工程首座特大桥松嫩特大桥的架设工作全部完成。

现阶段，依托“一带一路”建设，高速铁路发挥着推进共同建设国家经济社会发展的重要作用，国际效应显著。在共建“一带一路”过程中，我国坚持以民生为导向的高速铁路国际合作，致力于打造更多惠及老百姓切身利益的民生工程，给当地民众带去了实实在在的福祉。未来，高速铁路效应的国际红利也必将辐射更多国家和地区，谱写更多经济社会发展的动人篇章。

第8章　高速铁路的环保效应

随着21世纪以来我国的蓬勃发展，国民经济水平显著提高，但在能源利用与环境保护方面问题比较突出，且已经成为经济社会发展制约因素。现行经济增长模式使我国经济发展遭遇增长极限，主要体现在：环境污染严重；经济增长以牺牲生态环境质量为代价；我国自然资源已经无法持续支撑现有模式下的经济增长。

针对经济增长造成资源环境代价过大的问题，国家必须把建设资源节约型、环境友好型社会放在工业化、现代化发展战略的突出位置，优先发展省能源、轻排放、少占地的铁路运输方式，这也是发达国家的共同做法。党的十九大报告指出，要加快生态文明体制改革，建设美丽中国。生态文明建设功在当代、利在千秋，我国已逐渐意识到现代化建设中保持生态环境的重要性。近年来，我国始终将可持续发展作为重大战略，节约土地和节能减排都列为考核各地区各行业经济发展的硬性指标。习近平总书记也十分关注绿色发展问题，指出目前要建设的现代化应是人与自然和谐共生的现代化，要提供更多优质生态产品以满足人民日益增长的优美生态环境需要。

当今中国高速铁路快速发展，其“以电代油”和较高的新能源利用率的特点使得其降污降噪、节能低碳、节约土地等环保优势突出。此外，高速铁路在景观协调、生态保护等其他方面，相比其他交通工具也具有一定的优势。例如，铁路线呈带状穿过一些景点，最重要的是把铁路对周围环境景观的影响减小到最低，保持与周围环境的协调。高速铁路相对于传统铁路采用更大的线路坡度，例如科隆—法兰克福高速铁路，近40%的线路紧密地与自然地势的起伏保持一致，减少了填挖方，更减少了对周围环境景观的破坏和影响。高速铁路比其他运输方式更融合于自然环境。并且，高速铁路在线路设计建设过程中同步实施了桥下植被绿化、边坡绿色防护等措施，既有效防止水土流失，又绿化美化沿线环境；对高速铁路沿线桥梁、站房、雨棚、站区等建筑也进行“景观设计”，力求与既有建筑和谐相融。

因此，作为交通运输业的重点支撑产业，高速铁路显著的环保优势在于：有助于交通运输业贯彻“建设畅通高效、安全绿色交通运输体系”的目标；有助于国家低碳化能源发展战略的实行；有助于国家的生态文明建设和美丽中国建设，实现可持续的绿色发展。

从学者们的研究中可见，无论是理论研究还是实证研究，无论是我国的高速铁路实效还是多国的实际对比，都表明了高速铁路列车实现了能效、环保与运输能力的有机整合。在与其他运输方式的比较中，高速铁路的发展使得普通铁路原有的节能环保优势得到了进一步释放，既满足了现代社会人们出行的需求，又符合了人类生存环境的要求，实现了运输与资源的可持续发展。这也从另一个角度表明，在我国当前环境污染严重、能源结构不合理、能源利用率低的严峻形势下，为了提高能效和加大对清洁能源的消耗，高速铁路是最佳也是最长久的交通方式选择。

当今发达国家对新一代交通工具选择的着眼点瞄向了对环境影响小的运输方式，备受关注的高速铁路已成为世界铁路发展的根本方向，并成为发达国家尤其是那些饱受道路交通之苦的国家调整交通运输结构的政策取向。由于这些国家的交通规模已接近饱和或者说过剩，因此调整的难度会非常大。我国交通运输正处于快速发展之中，各种运输方式竞相发展，在这个过程中需要吸取西方发达国家的教训，及时确立起以优先发展铁路尤其是高速铁路为导向的综合交通运输协调发展的方式，才能避免西方发达国家交通运输业“先发展、后污染”的以道路运输为主的发展模式，这对于构建低碳交通体系、推动低碳经济发展具有重要的现实意义和长远的战略意义。

高速铁路的环保效应框架图如图 8-1 所示。

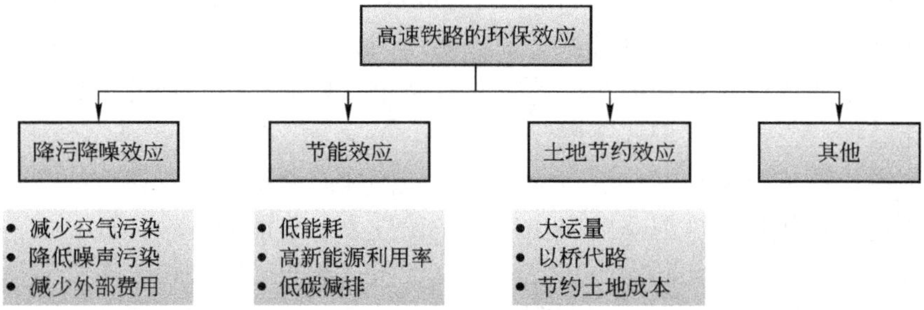

图 8-1 高速铁路环保效应框架图

8.1 降污降噪效应

8.1.1 减少空气污染

据国家生态环境部统计数据显示，2021 年 1—12 月，全国 339 个地级及以上城市平均空气质量优良天数比例为 87.5%，轻度污染天数比例为 9.4%，中度污染天数比例为 1.8%，重度及以上污染天数比例为 1.3%，如图 8-2 所示。与去年同期相比，优良天数比例上升 0.5 个百分点，重度及以上污染天数比例下降 0.7 个百分点。从平均空气质量优良天数来看，空气质量有所好转，我国目前空气质量优良占了全年的大部分时间。从污染物排放情况来看，大气六大主要污染物平均浓度也在逐步降低，$PM_{2.5}$平均浓度为 30 μg/m^3，同比下降 9.1%；PM_{10}平均浓度 54 μg/m^3，同比下降 3.6%；SO_2平均浓度为 9 μg/m^3，同比下降 10%；NO_2平均浓度为 23 μg/m^3，同比下降 4.2%；CO 平均浓度为 1.1 mg/m^3，同比下降 8.3%；O_3平均浓度为 137 μg/m^3，同比下降 0.7%。

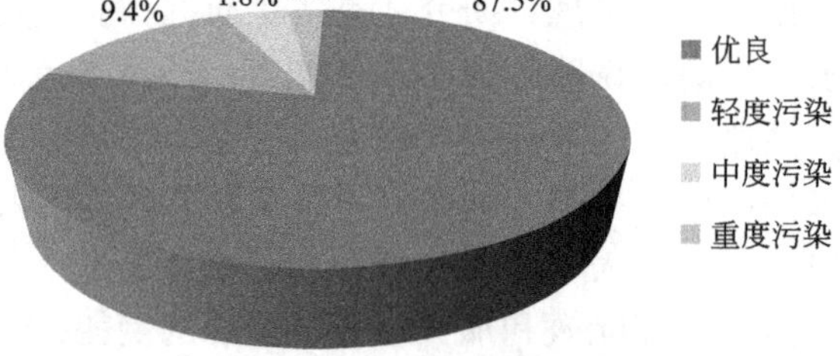

图 8-2 2021 年 12 月全国 339 个城市空气质量级别分布

为了落实《大气污染防治行动计划》，推动城市空气质量改善，自 2013 年 1 月开始，生态环境部按照《环境空气质量标准》（GB 3095—2012）对京津冀、长三角及直辖市、省会城市等 74 个主要城市开始独立监测及评价；2018 年 6 月，国务院发布《打赢蓝天保卫战三年行动计划》，生态环境部贯彻落实计划要求，从 2018 年 6 月开始，在原有 74 个重点城市的基础上，将范围扩大至 169 个地级以上城市，促进协同治理，为推动全国空气质量改善发挥积极效应。表 8-1 为 2015—2019 年 12 月我国主要城市大气污染物浓度情况。

表 8-1　2015—2019 年 12 月我国主要城市大气污染物浓度　　单位：$\mu g/m^3$

年度	$PM_{2.5}$	PM_{10}	SO_2	NO_2	CO	O_3
2015	88	130	37	53	平均超标率 4.2%	未超标
2016	88	129	32	59	平均超标率 4.0%	平均超标率 0.3%
2017	68	107	24	56	平均超标率 0.3%	平均超标率 0.4%
2018	64	102	19	48	平均浓度 1.9	平均浓度 68
2019	67	96	14	47	平均浓度 1.6	平均浓度 73

数据来源：根据 2015—2019 年 12 月全国城市空气质量状况报告整理得出。

由表 8-1 可知，我国的大气污染物浓度正逐年下降，宏观来看这是在国家绿色可持续发展政策指导下的成果，同时也离不开各行业在减排降污上的努力，当然交通行业作为能源消耗第一大户，污染排放也是主要行业，其在低碳减排方面的努力极大地推动了我国环保事业的发展。交通行业实现二氧化硫、一氧化碳等主要大气污染物排放的大幅减少离不开高速铁路的功劳，2015—2019 年也是我国高速铁路发展飞速的五年，从跟随者到领跑者，我国的高速铁路技术不断突破，高速铁路里程和建设范围不断扩大，在减轻了我国交通负担的同时，也通过较高的新能源利用率和“以电代油”技术实现了低排放，间接上也减少了其他交通方式的污染排放量，从而从总体上满足了客运需求并实现了社会-生态-经济大系统的可持续、良性循环、平衡和稳定发展。

高速铁路的“以电代油”技术以电力作为动力全部采用电气化运行，避免了高速铁路在行驶过程中燃烧石油排出二氧化碳、一氧化碳等温室气体，粉尘、煤烟和二氧化硫等其他废气，因此也避免了对沿途植被和建筑物产生负面影响。

与其他交通方式相比，正常一架喷气式客机平均每小时排放 634 kg CO、46.7 kg CO_2，不仅造成了空气污染，产生的酸雨也会侵蚀沿途生态环境和城市建筑。相比之下高速铁路的运行对空气几乎没有污染，是一种清洁的运输方式。例如，相关专家对美国佛罗里达州的高速铁路走廊的研究表明，高速铁路的运行使佛罗里达州高速铁路走廊减少年均 41 000 万 km 以上车的交通里程，减少 89 800 万 km 以上人的航空旅行，减少高速公路上的交通堵塞时间为年均 160 万 h，由此带来了原油消耗量的降低为年均 6 100 万加仑，减少了年均 13.01 万 t 的污染物的排放，对保护环境起到了很大的积极作用。

从表 8-2 可以看出，高速铁路运输在环境污染物的排放量上显著低于道路运输和航空运输。特别是二氧化碳和一氧化碳这两项温室气体的排放量远小于其他交通方式，充分体现了高速铁路在减少空气污染方面的优势。

从图 8-3 可以看出，高速铁路比航空与高速公路的噪声、飘尘、二氧化碳、氧化氮、氧化硫的排放都要小很多。

表 8-2 不同交通运输方式对环境污染程度一览表 单位：g/(人·km)

排放物质	道路运输	航空运输	高速铁路运输
CO	1. 26	0. 51	0. 003
NOx	0. 25	0. 7	0. 1
CO_2	111	158	28
SO_2	0. 03	0. 05	0. 01

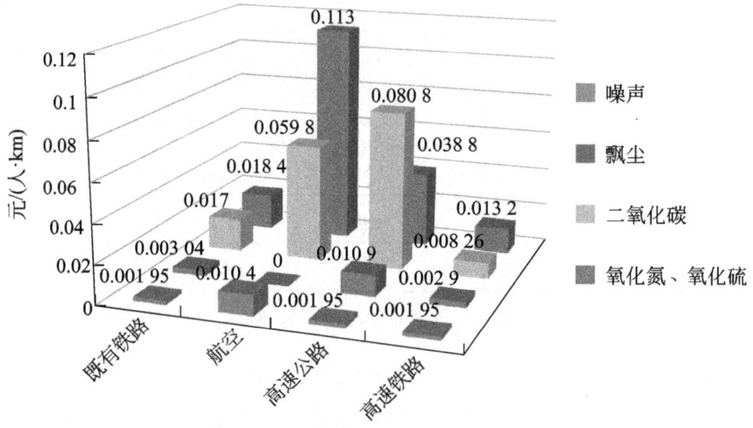

图 8-3 各种运输方式的环境社会成本

2020 年，铁路绿色发展成效明显，从图 8-4 可知：全年国家铁路化学需氧量排放量为 1 634 万 t，比上年减排 98 万 t，降低 5. 6%；二氧化硫排放量为 3 271 万 t，比上年减排 2 014 万 t，降低 38. 1%。

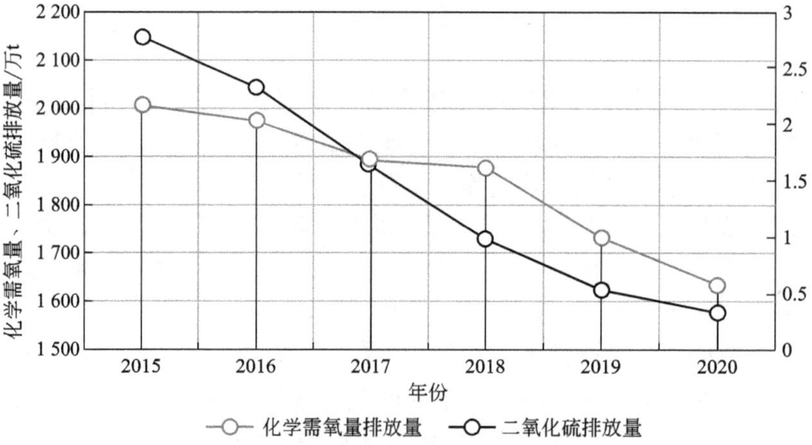

图 8-4 国家铁路化学需氧量、二氧化硫排放量

数据来源：2020 年铁道统计公报。

此外，高速铁路车厢全部安装真空式集便装置，将废弃物、污水污物等垃圾统一收集处理，实现了垃圾零排放，减少了对高速铁路周边环境的污染。

8.1.2 降低噪声污染

随着人们生活水平的改善，噪声污染已成为困扰人们提升生活质量的重要问题之一，而交通工具带来的噪声污染是重中之重。2013 年，为了防治环境噪声污染，保护和改善生活环境，国家相关部委及各级地方政府积极采取有效措施，制定法规、规章、规范性文件共计 28 部，涉及交通噪声、社会生活噪声等多个方面，有针对性地加大了对环境噪声污染的防治力度。2021 年中国环境噪声污染防治报告显示，2020 年全国 324 个地级及以上城市开展了昼间道路交通声环境质量监测，全国城市昼间道路交通噪声平均值为 66.6 dB（A），其中昼间道路交通噪声强度评价为一级的城市为 227 个，占 70.1%，较上年上升 2.2%（见图 8-5）。

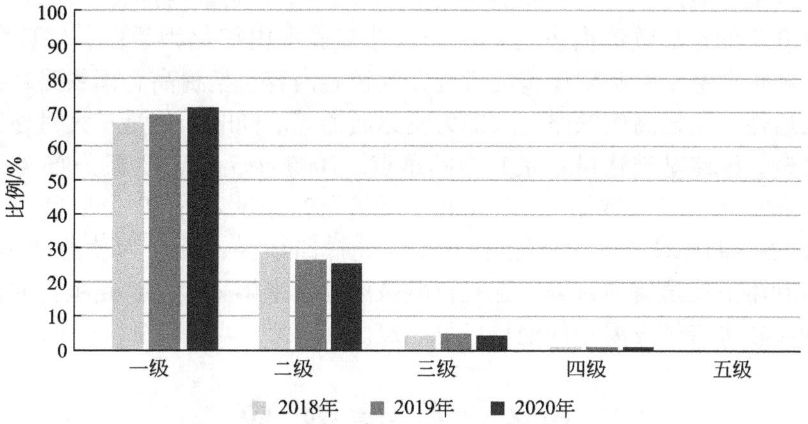

图 8-5　2018—2020 年直辖市和省会城市昼间道路交通噪声强度等级分布

数据来源：《2021 中国环境噪声污染防治报告》。

高速铁路在降低噪声污染方面的突出表现正是我国大力贯彻落实党的十九大对生态文明建设和生态环境保护的决策部署的具体体现，是牢固树立创新、协调、绿色、开放、共享的发展理念，保护和改善声环境的一大助推器。

目前世界各国从噪声源头到传播途径到声波屏障等方面都采取了改进措施，意图减少交通工具带来的污染和电磁波对人体的伤害。高速铁路由于通过领先技术采取了噪声环保防护措施，即使在高于普通铁路两倍速运行的情况下，仍能达到甚至高于普通铁路的噪声控制标准。

除了本身产生的噪声小以外，高速铁路还采用了重点保障措施来进一步降低列车运行时产生的振动和噪声污染，如声屏障、无砟轨道等。以复兴号 CR400BF-C 为例，当复兴号以时速 350 km 运行时，其噪声为 65 dB（A）；然而相比其他交通工具，这个数值是比较低的。波音 747-300 飞机起飞时在跑道中心延长线上距起飞滑跑开始点 650 m 处测量的噪声约为 87.7 dB（A）；小汽车在高速公路上以 120 km/h 的速度行驶时的噪声为 76 dB（A）。以上种种都有力地证明了高速铁路的降噪污染效果。

8.1.3 减少外部费用

从交通产生的社会负担来看，根据国际铁路联盟委托德国和瑞士有关机构的专家对欧洲 17 个国家的分析结果，交通所造成的外部费用（事故、噪声、空气污染、拥挤等）的 92%

来自道路交通，只有 1.7%来自轨道交通。外部费用中 77%来自客运，而私人汽车就占 60%，道路货运占 21%，摩托车占 8%，航空客运占 4.5%，航空货运占 1.5%。

研究还发现，在几种交通运输方式中，铁路不但对环境污染程度低，而且治理费用也比较低。

经济合作与发展组织（OCED）的研究表明，导致全球温室效应的一氧化碳排放量中，来源于交通（主要是公路和航空）的部分已经超过 1/5，且该比重仍在上升。因此，从人类保护生存环境的角度看，高速铁路比其他两种交通方式更有利于社会可持续发展，社会必将以适当的方式将客运交通需求引向高速铁路。

进入 21 世纪以来，以欧盟和日本为首的发达国家，从保证可持续发展的角度出发，十分关注运输与环境发展的关系，并将各种运输方式的外部成本内部化。2001 年欧盟公布的《欧洲面向 2010 年的运输政策白皮书》中，以外部成本内部化为手段，保证各种运输方式间的公平竞争和扩大对铁路基础设施的投资，其核心内容包括提高各国铁路在技术和运营商方面的互联互通性，建设高速铁路、大能力货运通道等。同时，尽量扩大对外部成本较低的运输方式的投资，铁路基础建设就是其中的重点。2005 年 7 月，欧盟公布《跨欧洲运输网络（TEN-T）优先项目发展规划》，在规划需要优先确保投入的 30 个项目中，铁路项目以及和铁路有关的项目达 21 个，主要包括 6 个高速铁路项目，其余为普通铁路、重载铁路、多式联运及伽利略卫星通信项目等。这是自欧盟成立以来第一次把铁路项目放在整个运输项目的首位，铁路在可持续发展中的地位可见一斑。

8.2 节能效应

高速铁路是各国根据本国的人口总数、地形特色、资源环境分布、经济发展布局等具体国情，应人民需求而新产生的并不断推广的一种运用高科技术的高效客运工具，相对于其他交通工具，其节能优势明显。

例如我国铁路“复兴号”动车组，车体采用全新低阻力流线型头型和车体平顺滑设计，降低列车阻力，减少能耗；采用轻量化铝型材，显著降低了列车自重，能耗降低效果显著；采用列车再生制动技术，提高能源利用率；采用新型材质和踏面轮廓，延长寿命年度；采用电力驱动，减少了对石油、天然气的利用，对环境污染小。

8.2.1 低能耗

从世界范围看，交通系统消耗了全球约 1/3 的能源。目前欧洲道路交通所消耗的能源比工业所消耗的能源还要多，占整个能源总消耗的 80%，而且这一数字还在不断上升。

我国能源消耗总量在逐年增长，已成为高能耗的一个主要推动因素。2006 年，全国能源消耗总量为 24.6 亿 t 标准煤，2020 年则达到了 49.8 亿 t 标准煤，原油消耗总量达到 7.36 亿 t。在所有行业中，交通运输是排位第一的石油消耗大户。因此交通运输的能耗状况直接影响到我国全社会对石油的消耗量，也直接影响到我国全社会资源节约的效果。

高速铁路以电力牵引为主，不消耗石油、煤等传统燃料，减少了对不可再生能源的依赖。高速铁路的出现快速提升了铁路电气化水平，并且由于速度快、开车密度大、使用频率高，一条等长的高速铁路机车使用量相当于普通铁路的数倍，因而相对来说，大大提高了电能在整个铁路能源使用中的比重，优化了铁路的能耗结构。同时，调整和优化能源消耗结构、降低能耗，也有助于推进全社会的节能减排。因此，高速铁路的发展有利于降低交通行业的能源消耗从而降低全国能源消耗总量，是实现可持续发展的重中之重。

1. 我国整体铁路能耗现状

在供给侧改革和节能减排的政策下，国家将改革重点放在能耗降低上，并取得了初步的成就。据《新时代的中国能源发展》数据，2012 年以来单位国内生产总值能耗累计降低 24.4%，能源利用效率显著提高。“十三五”以来，能耗“双控”工作总体进展顺利，各地区、各部门认真贯彻落实党中央、国务院能耗“双控”工作部署，大力推进各项工作，取得了积极成效。《2021 年国民经济和社会发展统计公报》显示，全年能源消费总量 52.4 亿 t 标准煤，煤炭消费量占能源消费总量的 56.0%，比上年下降 0.9 个百分点；天然气、水电、核电、风电等清洁能源消费量占能源消费总量的 25.5%，提高 1.2 个百分点，非化石能源消费占比 16.5%。2020 年，电能占终端能源消费的比重持续提高，达到 27%，较 2018 年提高约 1.5 个百分点。清洁能源消费的提高和电能消费比重的提高，体现了建设高速铁路在我国实现大幅降低能耗、优化能源结构上发挥了重要作用。

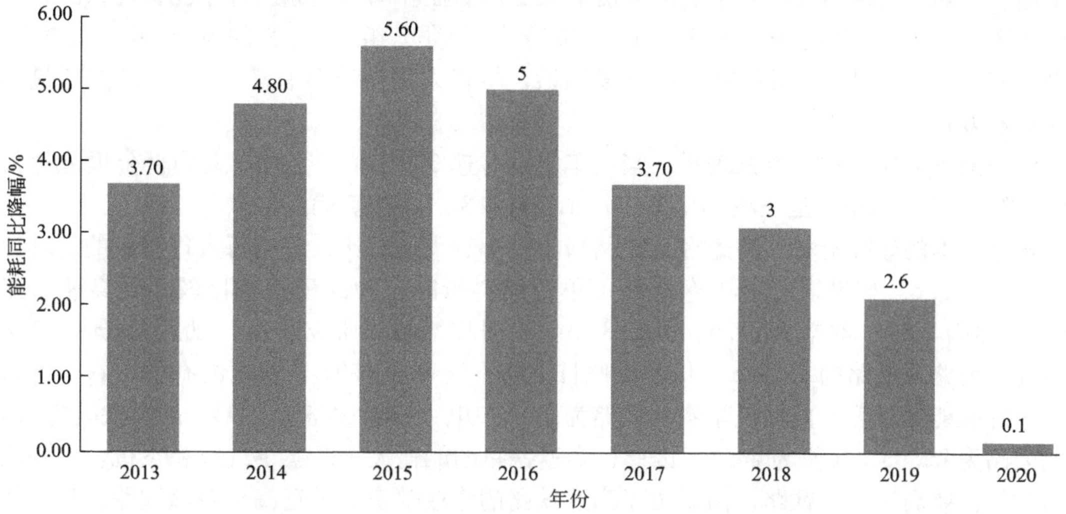

图 8-6　我国单位 GDP 能耗同比降幅

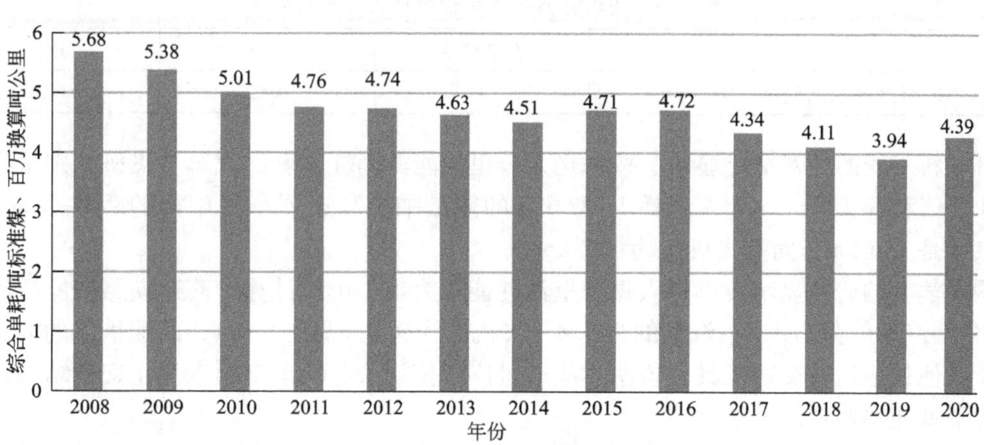

图 8-7　国家铁路运输综合单耗

数据来源：铁道统计公报。

高速铁路的快速发展提升了我国铁路的整体节能效益。近年来，我国铁路的节能减排取得了十分明显的绩效，铁路综合能耗呈递减趋势，铁路运输能耗占所有交通运输业能耗的比重也在逐渐下降。

2020 年，国家铁路能源消耗折算标准煤 1 548.83 万 t，比上年减少 87.27 万 t，下降 5.3%。受疫情影响，旅客发送量下降，客车上座率低，单位运输工作量综合能耗为 4.39 吨标准煤/百万换算吨公里，比上年增加 0.45 吨标准煤/百万换算吨公里，增长 11.3%。单位运输工作量主营综合能耗为 4.32 吨标准煤/百万换算吨公里，比上年增加 0.48 吨标准煤/百万换算吨公里，增长 12.6%。从 2008 到 2020 年，在推进高速铁路建设的进程中，不考虑疫情影响整个铁路综合能耗都呈下降趋势。

2. 高运载力提高能源利用率

高速铁路的高频班车次数、高速的运行速度使得同等长度的高速铁路机车使用量是普通铁路使用量的数倍，提升了运载力，因而减少了能源消耗，也极大地提高了电能在整个铁路能源使用中的比重，优化了铁路的能耗结构。

此外，动车组编组使电力牵引的节能效果更加明显。动车组编组客车比普通铁路客车轻至少 1/3 的重量，以时速 350 km 的"和谐号"动车组为代表的动车组，总功率为 8 800 kW，人均 15 kW，开行在京津路段的话，单程人均耗能只有 7.5 kW，是能耗最小的地面运输方式。

中国南车集团的技术专家表示：当动车组以时速 300 km 运行时，人均百公里能耗仅为 3.64 kW·h，相当于客运飞机的 1/2、小轿车的 1/8、中型客车的 1/3。

根据日本的研究资料，高速客运铁路与小汽车、飞机相比，平均每人每千米的能耗比例为 1∶5.3∶5.6。如果以每个旅客消耗 1 单位燃料所能行驶的里程来比较，则高速铁路为 1.0，公路为 0.62，航空为 0.26，见表 8-3。法国和德国的研究表明，以人·km 为单位换算能耗，公路是铁路的 1.8~2.4 倍。参照日本新干线及法国 TGV 和国内有关资料，按每人每千米标准能耗计算，内燃机车牵引铁路为 2.86，电力牵引铁路为 1.93，高速铁路为 2.73，高速公路为 22.05，飞机为 44.1。因此，高速铁路的能耗大大低于小汽车和飞机。尽管高速铁路的能耗要高于普通铁路，但是由于高速铁路的作业效率要远远高于普通铁路，从整体而言，高速铁路节能效应要优于普通铁路。

表 8-3　各运输方式 1 单位燃料行使里程数

	高速铁路	公路	航空
1 单位燃料能行驶里程/km	1	0.62	0.26

日本新干线的运营情况显示，按每亿人公里的能源消耗来看，汽车与飞机分别是高速铁路的 4.7 倍和 5.2 倍。一个人消耗 1 kW·h 的能量乘坐高速列车可旅行的距离是 5.1 km，乘小汽车是 1.6 km，而乘飞机仅为 1.2 km。

国内学者的研究显示，以每人每公里消耗能源为 1 个单位计算，高速铁路的能源消耗为 1.3，公共汽车的为 1.5，小汽车的为 8.8，飞机的为 9.8（见图 8-8），高速铁路的能源消耗远小于其他长途运输交通工具，说明若能通过广泛使用公共轨道交通来优化交通结构，则可以大幅降低能源消耗。

总体来看，相对于其他运输方式，铁路在节约能源方面具有明显的比较优势。据统计，中国铁路用全国交通行业 9%的能源消耗，完成了全行业 32%的运输量。

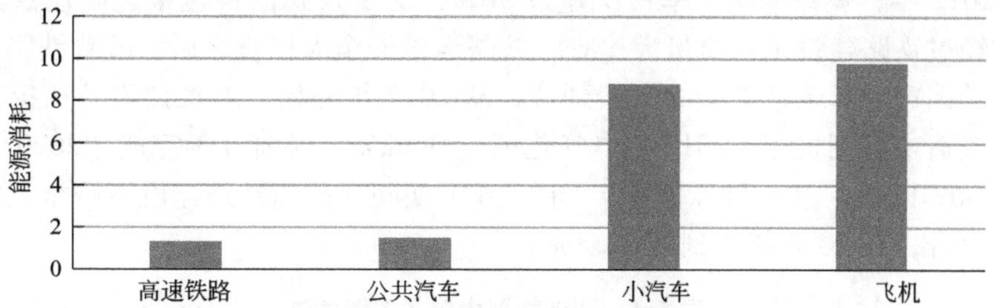

图 8-8 各运输方式每人每公里消耗能源消耗量的比较

3. 优化能耗结构

随着世界经济的快速发展，石油成为主导世界的能源，但是石油属于不可再生能源。据专家分析，世界石油和天然气基础储量静态可供开采年限分别仅为 40 年和 65 年，然而我国能耗结构调整大大落后于世界能耗结构变动的步伐，具体如表 8-4 和表 8-5 所示。面对化石能源将枯竭、环境污染及气候变暖等问题，调整能源消费结构、降低对石油的依赖度、提高能源利用效率及开发利用新的能源，已经成为经济可持续发展的重中之重。

表 8-4 我国一次能源消费结构

单位:%

年份	石油	天然气	煤	水电、核电、风电
1978	22.7	3.2	70.7	3.4
2010	19.0	4.4	68.0	8.6
2019	19.0	8.0	58.0	15.0

数据来源：《中国统计年鉴》。

表 8-5 世界一次能源消费结构

单位:%

年份	石油	天然气	煤	核电	水电	可再生能源
1970	45	18	31		6	
2010	33.6	23.8	29.6	5.2	6.5	1.3
2019	33.1	24.2	27	4.3	6.4	5

数据来源：根据《BP2030 年世界能源展望》和《BP 世界能源统计年鉴》整理得出。

当前的交通用能以油气为主，几乎全部汽油、60%的柴油和 80%的煤油被各类交通工具所消耗，这种能源消耗模式是难以持久的。然而不同于汽车、飞机等普通交通工具通过燃烧石油产生动力的方式，高速铁路的节能环保效应主要体现为独有的“以电代油”技术，高速铁路完全采用电力牵引，不消耗稀少且昂贵的石油等不可再生能源。电能又可通过风能、核能、太阳能等清洁能源获得，相比飞机和汽车，高速铁路减少了对煤炭、石油的依赖程度，改善了能源结构，与其他高度依赖石油能源的交通运输方式相比，具有很强的可持续发展优势。

高速铁路实现了电力牵引，因此高速铁路的发展必然会带来铁路电气化比重的快速提高。而且，由于高速铁路列车的发车间隔时间短、车次密度大，极大地提高了动车组的使用效率，从而对内燃机车和燃油的使用产生了一定的挤出效应。这两方面的因素叠加在一起使铁路的能耗结构在短期内得到了大大改善和优化。

“十二五”期间，我国的电气化率达到 55.18%，较“十一五”期间大幅度提升。如表

8-6 所示，2012 年，铁路电气化率首次超过 50%，这也是我国快速推进高速铁路发展的显著成果。在经过铁路建设工程质量大检查、铁路运输安全大检查之后，随着铁路部门新的引资政策出台及国家层面政策支持的逐步到位，从 2012 年开始，新线建设开始提速，部分既有线电气化改造也得到提速。2015 年电气化率达到 62%，提前五年完成“2020 年电气化率至少要达到 60%以上”这一目标任务。“十三五”期间，高速铁路建设不停步，电气化率更是逐年稳步上升，在 2020 年达到了 72. 8%。

表 8-6 我国铁路电气化率统计表

年份	2006	2007	2008	2009	2010	2011	2012	2013	2014	2015	2016	2017	2018	2019	2020
营业里程/万 km	7. 7	7. 8	8. 0	8. 6	9. 1	9. 3	9. 8	10. 3	11. 2	12. 1	12. 4	12. 7	13. 1	13. 9	14. 6
电气化里程/万 km	2. 44	2. 55	2. 8	3. 6	4. 2	4. 6	5. 1	5. 6	6. 5	7. 5	8. 0	8. 7	9. 2	10. 0	10. 6
电气化率/%	31. 7	32. 7	35. 0	41. 9	46. 2	49. 5	52. 0	54. 4	58. 0	62. 0	64. 5	68. 5	70. 2	71. 9	72. 8
年均	“十一五”期电气化率 37. 5%					“十二五”期电气化率 55. 18%					“十三五”期电气化率 69. 58%				

数据来源：根据铁道部发布的历年铁道统计公报整理得出。

最近几年，随着我国高速铁路快速发展，电气化铁路比重有了大幅度提高，铁路“以电代油”范围进一步扩大，从而使铁路的能耗结构发生了根本性的改变。从 2006 年开始电耗在总能耗中所占比重开始出现加快提升的趋势，而燃油消费则出现了明显的下降趋势，原煤消耗从 2005 年开始就实现了“零”消费。煤、电、油三者比例关系的改变，推动了铁路行业整个能耗结构的调整和优化，减少了对不可再生能源的依赖，在降低能耗的同时有利于交通运输业的可持续发展。目前大量使用电气化已成为世界铁路发展的共识，世界各国都在交通行业积极推广“以电代油”技术，效仿高速铁路以电力机车作为牵引动力，以提升铁路整体电气化水平。

8. 2. 2 高新能源利用率

首先，高速铁路动力系统设计注重新能源技术的运用。例如我国研制的新一代高速列车永磁同步牵引系统，已通过国家铁道检测试验中心的地面试验考核，首辆装有这套系统的高速铁路已整车下线，该系统可提高列车牵引效率，节省大量电能。

其次，高速铁路除了使用电力机车，实施“以电代油”工程外，其新式的站房设计由于采用了新技术，也实现了节能环保。高速铁路在车站设计上大多使用绿色环保材料，如采用热电冷三联供和污水源热泵技术等，实现了能源的梯级利用。例如，已建成并投入使用的北京南、天津两站均设计了超大面积的玻璃穹顶，在各层地面还做透光处理，充分利用自然光照明（见图 8-9）。

图 8-9 北京南站玻璃穹顶实拍图

8.2.3　低碳减排

随着全球变暖等环境问题的加剧，碳排放成为全球最关心的环保问题之一。交通运输分为海陆空和管道运输，海陆空运输都是需要耗费油的，尤其是航空运输。研究表明，石油约占中国交通终端能耗的 95%，交通消耗的油主要是汽油、煤油、柴油三种，这三种油都由石油提炼而成。根据《世界能源统计（2011 年）》披露的数据，在 2000—2010 年 11 年间，我国 CO_2 排放量相对于世界其他国家增幅最大，2010 年 CO_2 排放量约为 2000 年的 2.3 倍，为当时国际上 CO_2 排放量最大的国家。根据估算，预计到 2030 年，我国交通运输业的二氧化碳排放量将达到 11.08 亿 t。因此，降低交通油耗对缓解我国石油紧缺、促进节能减排有着极为重要的战略意义。

秉承“绿水青山就是金山银山”的理念，我国当前非常重视节能减排工作的推进。根据国家发改委公布的《中国应对气候变化的政策与行动年度报告》，可以得出图 8-10 和图 8-11 所示的我国节能减排目标及单位 GDP 的二氧化碳排放量情况。

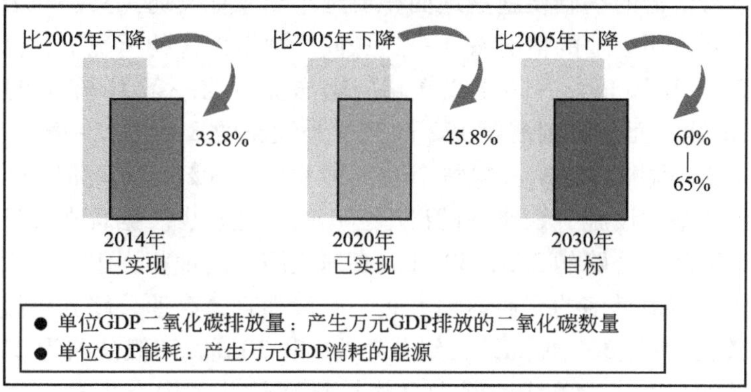

图 8-10　我国单位二氧化碳排放量目标

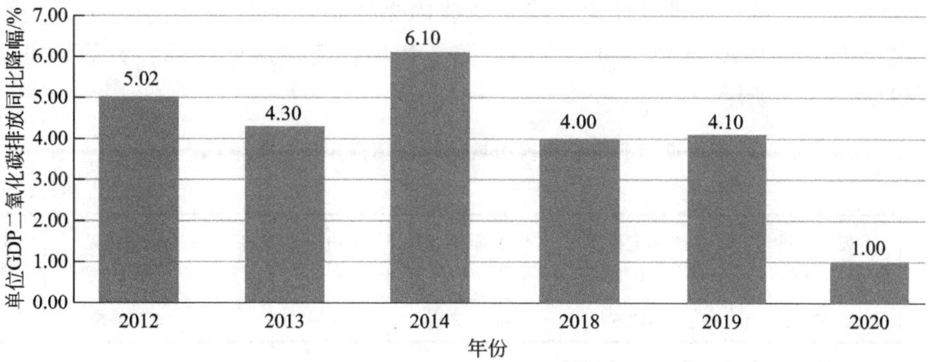

图 8-11　单位 GDP 二氧化碳排放同比降幅

高速铁路在低碳排放方面相较于其他交通运输方式具有明显的优势。高速铁路对电能和新能源的有效利用，有效地减少了对石油、煤炭等二氧化碳来源燃烧物的使用程度，在优化能耗结构的同时也助力了高速铁路的低碳环保效应。

提高电能在能耗结构中的比重和能效，有助于推进全社会的节能减排。高速铁路使用电能，尽可能增加水电、风电、核电和生物质能产生的电能，有步骤地减少煤炭发电。一方面可以降低生活和生产中的煤炭消耗比重，另一方面高速铁路独特的“以电代油”技术，有效降低了交通油耗，对于降低对石油的依赖和CO_2的排放，有着至关重要的作用。“以电代油”技术使高速铁路减轻了对石油的依赖，电能的运用也更倾向于新能源、清洁能源，尽量减少煤炭发电，这样便极大地减少了二氧化碳的排放。

根据法国科学家奥莱利亚对高速铁路建设中的碳足迹跟踪检测得知，高速铁路人均每公里的二氧化碳排放量仅为4 kg，只有飞机的15%和汽车的25%，高速铁路虽然在建设期中会产生一定的碳排放，但是只要运行高速铁路 8 年，就能抵消高速铁路建设中造成的总碳排放量。

8.3 土地节约效应

8.3.1 大运量

首先，铁路本身所需的基础设施占地面积要远小于其他交通工具。与公路相比，从发达国家铁路和公路实际占用土地的情况看，在运送同等数量旅客的情况下，公路所需的占地面积是高速铁路的3.7~13.6倍。一条复线铁路的输送能力与一条16车道的公路相当，铁路所需土地仅为15 m宽，而公路则需要122 m宽，是铁路的8倍多，一般高速铁路的占地也只有高速公路的1/3。欧洲公路网占据整个欧洲面积的1.3%，而铁路网只占用0.03%的土地。因此，比起公路基础设施，铁路基础设施占用的土地较少。据日本统计，每公里占用土地高速铁路是4车道高速公路的2/3，500 km高速铁路的用地相当于一个大型机场。公路和铁路是我国交通业中用地最多的交通运输方式。一般而言，高速公路和一级公路总用地宽度在65 m以上，二级公路为30~40 m，三级公路为25~30 m，四级公路为20~30 m。

铁路线路的类别可以分为单线铁路和复线铁路（目前我国有少量三线铁路，如京津铁路），复线铁路的占地面积约为单线铁路的1.2~1.3倍。其中，按照牵引类别铁路线路又可以细分为双线内燃铁路、双线电气化铁路、单线内燃铁路和单线电气化铁路。根据铁道部、建设部和国家土地局1996年颁布的《新建铁路工程项目建设用地指标》计算，各类铁路线路用地面积如表8-7所示。

表8-7 不同技术等级铁路建设项目用地总体指标

单位：hm^2/km

线路类别	Ⅰ级国家铁路双线（内燃）	Ⅰ级国家铁路双线（电气化）	Ⅰ级国家铁路单线（内燃）	Ⅰ级国家铁路单线（电气化）	Ⅱ级国家铁路单线	Ⅲ级国家铁路单线
用地面积	5.979 6	6.042 6	4.919 2	4.977 0	4.818 6	4.424 3

数据来源：《新建铁路工程项目建设用地指标》。

与航空相比，铁路的土地节约优势体现在基础设施占地面积更小，高铁站的面积通常为机场的1/2~2/3。例如，占地3 000 hm^2的法国戴高乐机场是巴黎市区面积的1/3，比巴黎至里昂高铁路段及高铁站的总面积多了600万m^2。

8.3.2 以桥代路

高速铁路线路的建设大多采取“以桥代路”的方式，有效减少了高速铁路线路对沿线城镇的切割，在保护生态环境的同时更节省了土地占用。因为桥梁的占地面积要远小于路基的占地面积，每公里桥梁占用土地大约为 1.8 hm^2，而每公里路基的占地面积为桥梁的 2.5 倍，约为 4.7 hm^2，桥梁铺线比路基铺线每公里节约用地 2.9 hm^2。例如，京津城际铁路大量采用“以桥代路”方式，桥梁长度占到线路总长的 86%，共节约用地 306.0 hm^2。京沪高铁全线按照“宜桥则桥、宜路则路”的设计原则，在有条件、可实施地段优先采用桥梁方案，全线1 318 km 中桥梁比重达到 80.4%，大大减少了土地占用。

8.3.3　节约土地成本

建设高速铁路时，铁路可以铺设在土地价值低的居民稀少地区，而且有些路段还可以占用原来已有的铁路用地带，不需要额外占用城市土地。此外，市郊铁路沿线地区可用于个人别墅和庄园的开发。不同国家的实际用地情况都表明高速铁路相对其他交通方式更好地节约了土地成本：在俄罗斯圣彼得堡和莫斯科附近修建两座航空港比在这两个城市之间修建高速铁路线要贵 3.8 倍；法国在制订 TVG 大西洋高速线（巴黎—勒芒/图尔）方案时，曾证明修建这条全长 280 km 线路的用地，比在巴黎附近修建以戴高乐命名的航空港的用地面积小；日本当年修建新干线（高速铁路）而放弃修建更多机场的一个主要原因就是为了节约本国比黄金还贵的土地。

我国经济的发展空间在资源短缺与资源浪费的双重挤压下，已处于相当狭小的范围内，可持续发展之路更加任重而道远。我国的资源、环境和人口状况决定了我国的交通运输发展必须走资源节约型、环境保护型的可持续发展道路。高速铁路所具有的保护环境资源、节约能源等优势特征能最大限度地满足这种需求，有利于推动我国低碳交通的发展。因此，发展高速铁路对于我国经济社会可持续发展的意义更加重大而深远。

发展高速铁路，一方面，能有效避免走发达国家运输以环境污染与数量惊人的交通事故为代价的以汽车为主的发展之路，建立起符合能源和环境发展要求的以铁路尤其是高速铁路为主的最佳运输结构；另一方面，能充分利用发展中国家的后发优势，迅速建立起现代化的“以人为本”的快速交通运输体系，实现交通运输与环境资源和谐而永续的发展。

高速铁路使得铁路的节能环保优势得到了进一步发挥，实现了速度与节能环保的高度统一，既满足了现代社会人们出行的需求，又符合了人类生存环境的要求，实现了运输与资源的可持续发展。另外，高速铁路建设过程及运营的过程中应当结合生态建设，维持生态脆弱地区自然物种群落的稳定。

由于高速铁路全部使用电力牵引，电量消耗比普通铁路要高，因此如何加强电力需求侧管理，以保证高速铁路用电的供需平衡，使高速铁路的运力优势得到充分和合理的利用，成为高速铁路运营中需要优化解决的一个关键性理论和技术问题。因而，做好电力供需平衡、减少峰谷差等电力需求方面的工作是今后实现高速铁路长远发展、进一步释放高速铁路环保效益的重中之重。随着环保逐渐引起人们的重视，世界各国对新一代交通的节能环保诉求日益提高。而高速铁路环保效应显著，势必成为引领世界未来交通发展的新一轮浪潮，这对于构建全球低碳交通体系、推动低碳经济发展具有重要的现实意义和长远的战略意义。

第 9 章　高速铁路的政治效应

四通八达的铁路可以让一座座城市“孤岛”紧密联系起来，这对幅员辽阔的我国来讲极为重要。如今，高速铁路正成为中国的生命线。其中政治效应是高速铁路牵系中国的“牛鼻子”。正确地认识高速铁路在政治中的作用，掌握它在国家安全、民族团结、社会脱贫、能源等重大政治目标中的内涵，是高速铁路的政治效应。图 9-1 是高速铁路政治效应框架。

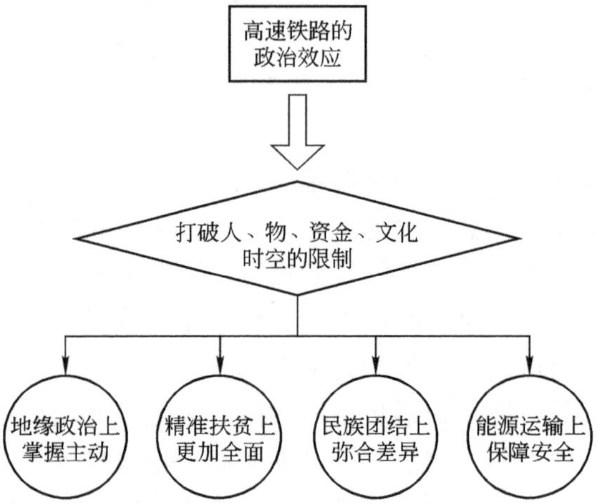

图 9-1　高速铁路政治效应框架

政治效应总是以经济上的反应为基础的，从而达到其目的。高速铁路在时空上加强了各区域之间的联系，扩大并提升了资源配置的范围和效率，使得各种要素的流动更加顺畅、更有活力。同时，也让精准扶贫战略更加全面：小康路上一个也不能少的诺言有了交通上的强大保障。总的来说，高速铁路实现了人、物、资金、文化的深度交流，一定程度上弥合了社会中的断裂、民族间的隔阂，保证了我们在地缘上的安全感和稳定力。

本章以兰新客运专线为例，阐述其中的政治机理，说明铁路不仅仅是经济上的动脉线，还是政治上的生命线。

9.1　高速铁路政治效应分类及表现

9.1.1　支持国家的重大发展战略

“京津冀一体化”最早出现于 1982 年，原名“首都经济圈”。2013 年 5 月，习近平提出北京、天津应谱写社会主义现代化“双城记”，并正式提出推动京津冀协同发展。2014 年 2 月，习近平主持召开京津冀协同发展工作座谈会，京津冀一体化被上升到国家战略层面。3

月5日，李克强总理作政府工作报告时，提出要“加强环渤海及京津冀地区经济协作”，“京津冀一体化”这一战略首次被写进政府工作报告，正式成为2014年深化改革的工作重点之一。实现京津冀协同发展，是面向未来打造新的首都经济圈、推进区域发展体制机制创新的需要，是探索完善城市群布局和形态、为优化开发区域发展提供示范和样板的需要，是探索生态文明建设有效路径、促进人口经济资源环境相协调的需要，是实现京津冀优势互补、促进环渤海经济区发展、带动北方腹地发展的需要，是一个重大国家战略。

长江经济带开发的战略构想提出于20世纪80年代。2013年9月国家发展改革委和交通运输部起草《依托长江建设中国经济新支撑带指导意见》，标志着长江经济带成为我国继沿海大开发、西部大开放、中部崛起、京津冀一体化战略之后，又一国家层面的重大战略部署。2013年4月25日，习近平在中央政治局会议的发言中，将长江经济带战略和京津冀一体化战略并列提出，一方面与“新丝绸之路经济带”平行并进，另一方面与沿海经济带形成“T”形联动。未来将形成沿海、沿边、长江流域同时开发，东、中、西部一体化发展的区域格局。2023年，习近平在第三届“一带一路”国际合作高峰论坛上对10年来长江经济带互联互通网络的高速发展给予了充分肯定。

2016年3月16日，第十二届全国人民代表大会第四次会议审查通过了《中华人民共和国国民经济和社会发展第十三个五年规划纲要》。纲要在23个专栏中明确地提出了165项重大工程项目，这些发展规划充分体现了把握经济发展新常态，贯彻落实创新、协调、绿色、开放、共享的新发展理念，推进供给侧结构性改革的要求。其内容涉及经济社会发展的方方面面，既包括重大建设项目，也包括重大行动、重大计划、重大改革等，都关乎经济社会发展全局，在各领域发展中具有基础性、关键性、引领性、战略性作用。

“十四五”发展规划中明确提出，要加快城镇化率与新型城镇化建设，帮助农村人口实现脱贫，这也需要高速铁路将资金、资源带到落后地区，同时将当地的人才向外输送，增加我国高铁覆盖率。

党的二十大报告提出，深化供给侧结构性改革，加强水利、铁路、公路、水运、航空、管道、电网、信息、物流等基础设施网络建设，推动交通运输结构等调整优化，这也意味着交通行业和高速铁路建设迎来了更大的发展机遇。

高速铁路在落实上述国家战略与发展规划中，发挥着不可或缺的作用。无论是“一带一路”倡议的落实还是长江经济带、京津冀地区的协同发展，都需要便利的交通打破城市与区域之间的障碍，将各区域连为一体，而高速铁路以其较高的时速和便捷的特性在这其中扮演着独一无二的角色。

9.1.2　强化国家安全战略

国家的生存与发展同周边地缘安全环境有着极为密切的关系。一个和平安宁的周边环境有利于国家长治久安和持续健康发展；而一个矛盾重重、危机四伏的周边环境则会对国家的生存与发展构成严重威胁。铁路自其产生之日起，就成为发展国家经济和巩固国防、应对战争的先进交通运输工具。无论是过去的战争，还是现代国防和未来战争，都对铁路有极大的依赖。恩格斯指出：“装备、编成、编制、战术、战略首先依赖于当时的生产水平和交通状况。”因此，搞好新时期的铁路建设，尤其是高速铁路建设，是国防现代化建设的重要内容，是一项事关战略全局的长期任务。

地缘政治又名地理政治学（geopolitics），是关于国际政治现象制约于各种地理要素和人文要素共同作用结果的理论。通俗地讲，地缘政治是指国家间、地区间或民族间基于地理区位、地理空间和历史地理等因素而形成的政治军事联合、结盟（政治和军事集团化）或政治对立乃至遏制或者战争的相互关系态势及演变过程。地缘政治强调地理对政治的影响，将地理位置、自然和人文地理因素作为制定对外战略方针的理论依据。按照地缘政治的基本观点，在国家关系中，对抗和结盟一般是不可避免的，其目的是谋取领土、资源等生存条件和生存空间的支配权力与控制权力。

如果以地缘政治和地缘军事作为“眼睛”，审查中国的国家地理，立即就会体味到当下中国面临的地缘政治和地缘军事压力。中国目前面临的地缘政治环境仍不容过分乐观，主要问题有：美国和日本对中国实施的军事遏制和围堵战略仍未改变，并力图建立从东海、南海到东南亚、南亚及中亚的新月形包围圈；随着中亚、西亚地区的宗教极端势力和民族分裂势力的兴起，“东突”“藏独”等国际恐怖势力对中国的渗透与破坏从未停止，反恐形势长期艰巨；日本非法侵占钓鱼岛及中日东海大陆架争端的长期性与复杂性；南海问题等。上述问题都将对中国的地缘政治和国家安全产生极为重要的影响。

可见，在东、西、南、北关乎国家安全的各战略方向上，中国依然处在各种潜在军事威胁和其他各种非传统、非对称威胁的包围之中。这就决定了在当今世界大国及新兴经济体大国中，中国铁路网不仅要承担国家经济发展和推动城市化进程之“经济功能”，更要承担军事上快速反应、捍卫国家安全的重任。

早在 2009 年，高速铁路就已经被运用于国家军事安全方面。2009 年，当解放军举行“跨越-2009”军演时，首次动用“和谐号”高速列车运送兵力，一时间引发境外媒体的广泛关注。2011 年 7 月，解放军更是成功使用京沪高铁输送轻装建制部队，数百名官兵乘坐 G224 次高速列车从青岛站驶出，在济南站转入京沪高铁线，驶向上海虹桥车站。此次运输分两个批次，输送近千人。2012 年 5 月上旬，南京南站首次完成轻装备部队成建制运输任务，某团近千名官兵乘坐京沪高铁奔赴皖南驻训场。因此，面对高速铁路发展带来的新挑战，必须将军交系统建设融入高速铁路建设之中，实现军民融合、同步发展。

2013 年 12 月下旬，武警某部千余名官兵，从上海虹桥火车站登上 G216 次动车组列车。列车一路飞驰，横跨 4 个省市，并准点到达 1 300 km 以外的华北驻地。这次输送是驻上海铁路局军代处结合武警某部训练开展的一次轻装部队高铁快速投送实践，也是军交系统运用高速铁路动车组实施轻装部队远距离跨区机动的最新探索，不仅有效检验了高速铁路的投送保障能力，也为战时实施轻装部队铁路快速远程投送积累了宝贵的经验。这几次利用高速铁路进行兵力的快速投送，昭示着高速铁路对于今后提高部队远程快速投送能力、作战力量的迅速集结和机动部署，都将产生积极的影响。

当前，高速铁路已经成网，可以释放原先的客货混运干线的运能，在国家无须增加新铁路线建设的情势下，把大批的原有铁路线的货运量释放出来，这样客运、货运各有专线，互不影响，其运输能力可提高几倍，从而使铁路运输有了质的飞跃。

由此可见，军事需要是中国铁路发展的重要部分，因此解放军也一直积极参与中国高速铁路的设计与规划。例如在中国铁路成都局集团有限公司就有多名军官在主要站点的关键部门担任领导职务，他们负责协调铁路规划、设计、建设、安排时间以及追踪计划落实情况。此外，中国铁路沈阳局集团有限公司也和解放军建立了地方性的军事运输管理机制，沈阳的战略位置十分重要，紧邻韩国、内蒙古和黄海。据解放军总后勤部透露，目前中国已有 1 000多个火车站装备了军事运输设施，从而建立了一个完整的铁路保障网络，增强了解放军的战略投射能力。2009 年，解放军总后勤部与铁道部合作，为中国 20 多条铁路装备了 100 多套军事设施，使其具备了军事运输能力。同年，北京政府还投入大量资金，为一些火车站和用来装卸材料的军事平台，装备了军事运输设施。这一投资旨在满足解放军的军事需要，从而开展像“和平使命-2010”联合反恐军事演习这样的行动。此外，解放军总后勤部目前还在积极参与整个铁路建造过程（从设计到完工）。例如，在建设从云南昆明到广西南宁的铁路时，为满足解放军的机动要求，铁路部门调整了部分路段的设计，并将铁路线延长了 12.4 km。

9.1.3　促进交通扶贫

铁路是连接各大经济区域、城乡的大动脉，高速铁路不仅缩短了城市与城市、城市群与城市群之间的地理和时间距离，而且打破了地理和市场的阻隔，改变了地方政府主导经济发展的模式。建设发达完善的铁路网，加快铁路基础设施建设，有利于促进区域、城乡协调发展，能为国民经济现代化提供可靠的运力支持。

我国东西（上海至昆明）与南北（北京至广州）走向最长的高速铁路在湖南长沙交会，纵横交错的高速铁路网络造就了“黄金十字”。地处大西南的广西 2013 年底同时开通 5 条高速铁路线路，里程数从无增加为 1 181 km，一跃成为高速铁路里程最长的省市区之一。2014 年 12 月，贵广、南广高铁开通，广西高速铁路里程占全国的比例升至 14%，并形成南宁、桂林两个高速铁路十字枢纽，提早进入了高速铁路公交化时代。从“地无寸铁”到“高铁枢纽”，广西是西部地区交通跨越发展的典型。

近年来，南宁基础设施建设可谓迎来了千载难逢的历史机遇，尤其是在通过将资源优势转化为经济发展优势促进扶贫脱贫方面，以及通过推动铁路建设来促进精准扶贫、精准脱贫方面更是机遇难得。

南昆铁路是国家的重点扶贫工程，全程 898.7 km，途经广西、贵州、云南三省区。南昆铁路沿线广西段是我国贫困人口集中区域，南宁地区的 12 个县（市）中，隆安、马山、天等、龙州 4 个县为国家级贫困县，凭祥、上林、扶绥、崇左、大新、宁明等为地区级贫困县（市）。百色地区是全国 18 个连片贫困地区之一，列入国家重点扶贫的特困县有田东县、平果县、德保县、靖西县、那坡县、凌云县、乐业县、田林县、隆林各族自治县、西林县，共 10 个。

南昆铁路沿线地区属于典型的喀斯特地理环境，山地、丘陵占土地面积的 80%，平地只占不到 20%，而且喀斯特石山面积占总面积的 27%，具有难利用土地比重大、土层浅薄、土壤贫瘠等特点。也正是由于上述原因，很多地区花岗质岩类分布广泛，荒山石山众多，岩石质地坚硬、构造均匀、耐风化、冲击韧性好，同时拥有的巨厚层沉积紫红色砂岩等又为砂石料提供了良好的成矿条件，这为铁路道砟的铺建提供了理想基料。而铁路建设投资规模大、建设周期长，沿线施工地段交通条件差，为缩短施工周期和控制施工成本，砂石料和水泥等非金属资源必定就地、就近取材，这会拉动当地的土木工程材料市场、天然石材、水泥等非金属矿产资源经济，间接或者直接以资源经济促进扶贫工作。

同时，由于南宁周边地区有大面积的山地、丘陵，严重阻碍了交通、电信和其他基础设施的建设。南昆铁路开通前，与外部的大宗运输联系根本无法组织，制约了沿线地区丰富的水利、旅游资源的开发。

近 20 年来，发展旅游已成为区域经济增长的一种有效方式。南昆铁路、贵广铁路沿线是广西重要的旅游资源分布地区，景区具有较明显的特色和开发价值。三江侗族自治县拥有丰富的旅游、农业资源，但过去只有两条等级较低的国道经过，贫困县的帽子长期难以摘掉。2014 年底贵广高铁开通后，三江与粤港澳间的快速通道打通，每天通过高速铁路进出三江的旅客超过 2 000 人。2016 年 5 月，铁路部门为三江量身定制的至广州的“三江号”旅游动车，让三江南站旅客到发量增长了 80%。据不完全统计，近年来全县通过旅游扶贫带动了上万名群众脱贫致富。从“扶贫第一线”到“合作发展线”，在引入客流推动旅游扶贫的同时，铁路网络的畅通还激活了不少贫困地区的资源优势，促进了特色农副产品的外销。通过独有的旅游资源吸引外地游客，重点进行旅游开发，并通过输出劳务、提供餐饮住宿等延伸产业链来持续增收，已逐渐成为部分群众的共同致富模式。

今后，要把握新时代高速铁路经济快速发展的机遇，充分发挥高速铁路给铁路沿线带来的巨大区位优势，加强各少数民族地区的相互联系，创新精准扶贫体制。依托铁路网的建设，加强规划和加大投入，将旅游开发与本地名特优产品的展销结合起来，开拓发展旅游的新思路，带动旅馆、餐饮、通信等第三产业的繁荣，从而推动区域平衡发展。

9.1.4 加强民族团结

中国是世界上人口数量最多的国家，民族多达 56 个，各民族之间的团结是我国十分重视的重要问题。我国地域广阔，再加上地势方面的因素，人们在出行上有很大的阻碍。铁路客运作为陆运中的主要方式之一，自出现以后就十分受人们的重视。铁路客运具有很多优点，比如铁路具有较强的适应能力，无论是高原还是平原，又或者是山间及河海，都有铁路的身影。同时，铁路客运的运量大，具有稳定的人员运输能力，很少受自然环境的影响，铁路线开通后，保证了人员的稳定输送。例如，在乌鲁木齐至和田的“民族团结一家亲号”列车开通百天后，旅客运输量便达到了三十多万人，可见“民族团结一家亲”号列车的运量之大。同时，乌鲁木齐至和田的“民族团结一家亲号”列车的开通对我国各民族之间的团结具有重要的意义。

同样地，青藏高原地区一直是世界上最封闭的地区之一。由于地理条件的限制，整个地理区域不仅对外是封闭的，区域内部各个地区的交流亦很困难，不利于地区稳定。青藏铁路的建成通车彻底改变了这一状况，不仅有利于西藏的稳定，也进一步推进了西藏的和谐发展。

9.1.5 保障能源安全

有了客运专线后，分流了普通铁路的客运能力，使得普通铁路可以更多更好地进行货运服务（如进行能源物资的运输）。而且，高速铁路也有一定的货运功能，目前已经在一些特殊医疗或者鲜活物资的运输上发挥了作用，未来也会在能源安全运输和保障方面发挥直接作用。

我国西部地区幅员辽阔，有着丰富的矿产资源，是我国能源、原材料的重要基地，而且开发潜力很大。在全国已探明储量的 156 种矿产中，西部地区有 138 种。在 45 种主要矿产资源中，西部有 24 种，占全国保有储量的 50%以上。随着我国经济的快速发展，能源和紧缺矿产资源的供需矛盾日趋激烈。加大西部地区资源开发的力度，需要大能力、低成本的交通支持，铁路作为资源运输最有效的运输工具，能够适应西部与东中部长距离物资交流的需要，并为改善西部地区投资环境提供基础条件。因此，高速铁路建设释放了既有铁路的货运能力，加快了资源产地铁路的运输能力。

2019年9月，浩吉铁路（内蒙古浩勒报吉至江西吉安铁路）开通运营，整条线路全长1 813.5 km，于2015年正式开工建设，规划年输送能力逾2亿t，将途经内蒙古、陕西、山西等多个省区，地域跨度极广，将蒙、陕、甘、宁能源“金三角”地区与鄂、湘、赣等华中地区紧密相连。

与中国近年来开通的高速铁路不同，浩吉铁路承担了“北煤南运”职能，这为中国新能源的发展带来了新突破。众所周知，我国的煤炭资源是相当丰富的，但是资源的运输格局还需要很大的变化。因为国家的煤运专线主要集中在“西煤东运”，而其他南北方向的线路还不是煤运专线，在煤炭的运输上非常有限。在这样的情况下，煤炭需要通过先运输到东部的沿海城市之后，再经过江运或者河运等复杂且不够安全的方式运到华中地区，在运输的格局上就限制了新能源的全面发展。而这一条线路开通之后，就能够改善目前的状况，从而为我国的新能源发展打开一个新的篇章，也为国家的整体经济建立了一个坚实的基础。

今后，应探索开展新的稀缺资源开发模式，不断丰富铁路建设沿线资源开发的内容和形式，切实增强当地群众的参与度和获得感。要搞好“纵向协调”“横向沟通”，支持地勘单位进场开展工作，科学引导群众参与资源开发和铁路建设，做大做强和合理有序地发展资源经济，为铁路建设和资源经济发展创造良好条件。

9.2 高速铁路政治效应案例分析

9.2.1 兰新客运专线简介

兰新铁路第二双线，简称兰新二双，又称兰新客运专线，是一条连接甘肃省兰州市与新疆维吾尔自治区乌鲁木齐市的高速铁路，也是“八纵八横”快速客运通道中陆桥铁路的重要组成部分。兰新铁路第二双线东起兰州西站，途经青海省西宁，甘肃省张掖、酒泉、嘉峪关，新疆维吾尔自治区哈密、吐鲁番，最终引入乌鲁木齐站。兰新客运专线于2009年6月获国务院批复；2009年11月4日，正式开工建设；2014年6月3日，新疆段进入联调联试阶段；2014年9月1日，甘青段进入联调联试阶段；2014年11月16日，乌鲁木齐南至哈密段开通运营；2014年12月26日，全线开通运营，乌鲁木齐到兰州西开行两列直通动车组，两地间的旅行时间由18 h缩短至12 h左右。

9.2.2 兰新客运专线的特殊性

1. 特殊的地理位置

此前，西北地区还未形成具有规模性的铁路运输网，极大地制约了社会经济的发展。西北地区的甘肃、青海、新疆占全国总面积的近29%，除了甘肃作为铁路交通枢纽之外，青海和新疆仅有原有的兰新线和青藏线等几条铁路干线。兰新线普通列车从兰州到乌鲁木齐最快仍需要18 h，人们的出行及货物运输都极不方便，抑制了经济发展。

2. “一带一路”倡议的重要一环

新疆地区是古丝绸之路的重要地区，被定为“丝绸之路经济带核心区”。新疆地区应该发挥边疆地区独特的区位优势，将其作为向西开放的重要窗口，深化与西亚、南亚、中亚等多个国家的交流合作，形成丝绸之路经济带上重要的商贸物流通道和文化科教中心。

3. 地缘经济的挑战

冷战结束后，世界政治舞台发生了根本性改变，经济建设代替意识形态对抗，成为各国政府首要的执政目标，我国由此迎来了四十多年的稳定发展机遇期。对于具有特殊战略地位的新疆来说，地缘政治变迁的后果直接体现在社会经济的影响上。市场经济条件下，以国家政策扶持为依托，我国边疆民族地区社会经济迎来了快速增长，人均收入实现较大提高。但以西部省份为代表的内陆地区，在国有经济从总产值到就业人数大规模下降的同时，面临着产业结构不合理、生态环境脆弱等不利条件。2022 年发布的《中国省域竞争力蓝皮书发展报告（2020—2021）》显示，全国 4 大区域中，西部地区省区市的经济综合竞争力排位大多数处在下游区，在宏观经济、可持续发展、知识经济、发展水平、统筹协调等各项指标上，与发达地区的差距依然较大。区域发展不平衡也体现在新疆内部的南北差距上，现阶段新疆经济效益较好的企业仍以国企为主，产业工人主体多分布在工业化程度较高的北疆地区。

9.2.3 兰新客运专线的政治效应表现

1. 带动西北经济带的形成

运输能力的大幅度提高，加快了人财物的高速流通。兰新客运专线的开通，释放了兰新铁路的货运能力，使得其运输成本降低，同时有利于西北地区企业降低生产成本。兰新客运专线实现了客货分流，原有的兰新铁路主要负责货运和普通客车运输，而兰新客运专线则专门负责客流运输。这就使兰新铁路输送能力提高两倍以上，使兰新铁路的货物运输量从之前的每年约7 500万 t，提升到每年 1.5 亿 t。同时，兰新客运专线开通运营，推动了西北铁路网的完善，形成了我国向西对外开放及欧亚国家走向中国腹地的双向黄金通道。甘肃、青海、新疆地处祖国内陆，地势辽阔，铁路运输是流转大批量、长距离物资和人员的途径。随着兰新客运专线的开通，物资和人才资源的流动加快，对西北地区经济发展具有十分重要的推动作用。不仅使西北地区的铁路运输网实现了质的飞跃，也将助力实现丝绸之路的再度繁荣。

2. 巩固陆上地缘政治联结，打通欧亚陆路通道

兰新客运专线经过的西北三省均处于丝绸之路经济带的重要地段，内连内陆省份，外接中亚各国，是我国通向南亚、西亚、北非和欧洲的唯一陆路通道。与新疆相邻的中亚诸国，是世界石油的第二输出大国，与我国在经济上有许多互补之处，更是我国通往西亚和欧洲的重要战略通道，对我国的经济发展具有重要意义。目前，中亚地区已探明的石油储量超过2 000 亿 t，其中土库曼斯坦已探明的天然气储量占世界总量的 35%。兰新客运专线的开通，减轻了兰新一线铁路货运的压力，实现了亚欧大陆桥的畅通，为我国和中亚、西亚、欧洲之间搭建起了一条绝好的陆路通道，从而也减少了各个国家对海上通道的依赖，加速丝绸之路经济带的发展，同时也保证了国家经济永续发展。

兰新客运专线为地区发展提供了必要的公共产品。中亚是丝绸之路经济带重要组成部分和我国向西开放的主要合作区域，西部边疆作为“一带一路”倡议下跨区域合作的空间场域，因自身区位优势在对外经贸和文化交流中具有巨大的发展潜力。新疆是“一带一路”倡议对接“欧亚经济联盟”和哈萨克斯坦“光明之路”战略的桥头堡，在国家战略推动和政策扶持下已具备多方面的跨区域合作条件。交通运输方面，东起连云港的新欧亚大陆桥和连通重庆、新疆直达欧洲的渝新欧铁路陆续完工，中巴瓜达尔港至喀什的经济走廊项目也在稳步落实，该项目完工后新疆与中亚、南亚地区的交通一体化将迈上新台阶。文化交流方面，新疆积极发挥本地人文优势，新疆充分把握高等教育发展新契机，相继颁布《新疆维吾尔自治区教育事业发展“十三五”规划》《丝绸之路经济带核心区文化科教中心（教育部分）建设规划（2016—2020 年）》《新疆教育现代化 2035》等系列政策文件，用信息化撬动教育教学的高质量发展，不断探索教育信息化背景下的教育资源共享机制，加强与中东部高校优质教育资源的共建共享。截止到 2021 年，新疆高校参与创办的中亚孔子学院达到 7 所，在吸收中亚地区学生来华深造的同时，有力促进了中华文化在该地区的传播。在医疗、金融等中亚各国相对薄弱的领域，新疆近年来也加大了战略部署规划，通过发挥软实力优势提升自身在地区合作中的作用。口岸贸易在中国与中亚经贸往来中扮演着重要角色，针对中亚、南亚国家贸易便利化水平相对不足的问题，还需加强新疆与中亚国家海关系统的合作，实现政策沟通协调，提升口岸通关效率，营造安全便利的贸易环境。

高速铁路建设具有重大的政治意义，它对于提升我国地缘战略地位、提高我军的快速反应及后勤保障能力、巩固边防、促进交通扶贫、统筹区域平衡发展、促进各民族团结与稳定等方面都发挥着积极作用。可以说，高速铁路发展与国家安全是相互促进、密不可分的。

第 10 章　高速铁路的文化效应

文化是相对于经济、政治而言的人类全部精神活动及其产品，是广泛且最具人文意味的概念。简单来说，文化就是指地区人类的生活要素形态的统称，即衣、冠、文、物、食、住、行等。文化包括物质文化、制度文化和心理文化三个方面。物质文化是指人类创造的物质文明，包括交通工具、服饰、日常用品等，是一种可见的显性文化；制度文化和心理文化分别指生活制度、家庭制度、社会制度，以及思维方式、宗教信仰、审美情趣，属于不可见的隐性文化。

文化作为一种精神力量，能够在人们认识世界、改造世界的过程中转化为物质力量，对社会发展产生深刻的影响。这种影响不仅表现在个人的成长历程中，也表现在民族和国家的历史中。一个民族，物质上不能贫困，精神上也不能贫困，只有物质和精神都富有，才能自尊、自信、自强地屹立于世界民族之林。高速铁路是当代文化传播的载体，同时文化也赋予了高速铁路更深层次的意义。高速铁路以其高时速的特点，在缩短我国幅员辽阔的地域差距、降低交通通达时间的同时，为国内外的文化交流、国内各地域特色文化的传承发展及提升我国文化软实力、增强民族文化自信方面做出了巨大贡献。

10.1　高速铁路文化效应概述

10.1.1　高速铁路文化效应的内涵

高速铁路作为国家重大交通基础设施，在文化所涵盖的范围内及多个层面与之相融合，并发挥着重要的功能和作用，具体包括以下几个方面。

1. 整合

文化的整合功能是指它对于协调群体成员的行动所发挥的作用。社会群体中每一个成员都是独特的行动者，他们基于自己的需要，根据对情景的判断和理解采取行动。随着高速铁路产生而形成的高速铁路精神与高速铁路文化可以作为人与人之间沟通的中介。如果社会公众能够共享文化，那么他们就能够有效地沟通，减少隔阂、促成合作。

2. 导向

高速铁路所带来的文化导向与精神导向功能是指该文化可以为人们的行动提供方向和可供选择的方式。通过共享文化，公众可以知道自己的何种行为是适宜的、可以引起积极回应的，并倾向于选择有效的行动。

3. 维持秩序

文化是人们以往共同生活经验的积累，是人们通过比较和选择认为合理并被普遍接受的东西。高速铁路文化的形成和确立，意味着高速铁路文化的价值观和行为规范是被认可和遵从的。只要这种高速铁路文化具有作用，那么由这种文化所确立的社会秩序就会被维持下去，这就是文化维持社会秩序的功能。

4. 传续

从世代的角度看，高速铁路的文化影响力能够向新的世代流传，即下一代也认同、共享上一代的文化，体现文化在传承与传续方面的连接作用。

基于此，本章将高速铁路的文化效应定义为：因高速铁路开通而形成的对文化的影响和作用，包括：国家及地区间文化传播、企业文化宣传、民族文化自信的影响。

10.1.2　高速铁路文化效应的分类及表现

1. 促进国家及地区间的文化传播

高速铁路的开通将会对国家及地区间的文化传播起到促进作用。文化传播，又名文化扩散，是指文化从一个社会传到另一个社会，从一区域传到另一区域及从一群体传到另一群体的互动现象。文化传播的方式有两种：一种是直接的采借，把外来的文化元素或文化丛直接接纳过来；另一种是将一种文化元素或文化丛传入一个地区，由此引发传入地的人创造一种新的文化，这种现象被称为“刺激性传播”，又名间接传播。从文化传播的方向上，文化传播又可分为两种类型：一种是纵向传播，表现为同一文化内知识、观念、价值规范等的传承；另一种是横向传播，表现为不同文化的接触、采借。

高速铁路促进文化传播的效应主要表现为直接传播和横向传播，具体包括两方面：一方面是作为高速铁路发展所必需的交通设施，高速铁路站点及其周边建筑物所展现出的当地文化，对推动本国家或地区文化传播的作用；另一方面是高速铁路列车自身作为连接国家和各地区间的交通纽带，列车特点与其自身运营特色对不同国家和地区间的文化传播具有推动作用。

1）高铁站点等建筑物对文化传播的作用

我国中部地区的武汉站（见图 10-1 和图 10-2）是亚洲规模最大的高铁站之一，是京广高铁的重要车站，是中国铁路武汉局集团有限公司管辖的特等站。

图 10-1　武汉站正面视图

图 10-2　武汉站整体构造

武汉站整体的“千年鹤归”造型凸显了湖北的特色，既寓意千年黄鹤，又状如江水波浪，寓意“九省通衢”；建筑中部突出的 60 m 屋顶同时也彰显了“中部崛起”的态势，从内到外体现武汉固有的风韵。

同为中部地区的另一大站郑州东站，则通过高速铁路站点体现出截然不同的地域文化特征。郑州东站，位于河南省郑州市，是中国特大型铁路枢纽站之一，是郑州铁路枢纽的重要组成部分，也是京广高速铁路和徐兰高速铁路的“十”字交会枢纽站，发挥着承东启西、贯通南北的重要作用。截至 2020 年 12 月，郑州东站总建筑面积 41.2 万 m^2，站房总建筑面积约 15 万 m^2，车场规模 16 台 32 线，设计高峰每小时旅客发送量为 7 400 人，最高聚集人数为 5 000 人。

郑州东站的设计（见图 10-3）体现了中原文化和中华文明底蕴，包含了国宝“莲鹤方壶”和“双连壶”的和谐构图，充分反映了庄重、沉稳、宏大的气质。站房的造型设计为“城市之门”造型。该设计由“鼎”的形象引发，正面造型如双鼎相连，建筑细部和室内设计运用了“莲鹤方壶”的纹饰，主题突出，内外呼应，协调统一，体现了“青铜器”的文化底蕴，整体犹如抽象雕塑，厚重沉稳，浑然一体，展示了河南作为中原文化代表的特征。

西部地区的贵阳北站（见图 10-4）是我国 19 个主要综合铁路枢纽——贵阳铁路枢纽的主客运站之一，也是贵州省高速铁路路网的“心脏”。

图 10-3　郑州东站正面视图

图 10-4　贵阳北站正面视图

贵阳北站作为西南地区的门户和贵阳市的地标建筑，设计上以现代建筑手法体现了“旅游天堂、贵州印象”的主题。造型从贵州独具特色的民居形式鼓楼、花桥中提炼出“重檐”元素，与当地山水胜景梯田、瀑布的“层叠”线条结合，以水平线条的组合变化勾勒出“贵州印象”。贵阳北站将丰富多彩的贵州特色文化融入重要交通设施中，向世界人民展现了一个多彩的贵州。

北部地区的华山北站（见图 10-5 和图 10-6）则通过另一种方式展现了当地特色文化。雕塑作为华山北站站前广场景观的重要组成部分，也是确立并传播城市形象的有效方式之一。城市景观雕塑是一座城市历史文化积淀的客观反映，是历史文化的传承者和护卫者。华山北站广场上的雕塑由华山和一组陕西老腔铜人像组成，既有象征当地自然文化遗产的山岳，又有体现国家级非物质文化遗产的华阴老腔，将人文与景物完美结合的同时，也通过旅客将华阴文化，甚至陕西文化传向世界。

图 10-5　华山北站站前广场雕塑（一）

图 10-6　华山北站站前广场雕塑（二）

2）高速铁路列车对文化传播的影响

高铁列车对文化传播的影响包括列车硬件和列车服务两个方面。一方面，就列车硬件而言，传统文化元素是一个民族智慧的结晶和民族设计创新的基石。在多元文化相互碰撞的当下，积极汲取传统文化的精髓，并将其合理地应用到设计中，能有效提升设计作品的文化内涵。高速铁路是一个国家经济高速发展的必然产物。高速铁路作为一个政府项目和民族工程，有责任和义务传承和弘扬一个民族的本土文化。高速铁路独特的空间流动性使之成为传播文化的绝佳载体。

例如，瑞士冰川观景列车的设计就是将传统元素很好融合的典范。列车外部采用红白色作为主要色调，将瑞士的国旗及特有的雪山风貌自然地融入列车的现代设计中，适当倾斜变化的“十”字图案具有一定的动感，传递着浓浓的瑞士情怀（见图 10-7）。

再如伊朗卧铺列车设计，设计师在对中东地区的宗教信仰及喜好和禁忌进行深入了解的基础上，将伊朗传统建筑和窗棂的图案进行提炼和加工，把传统元素符号巧妙地融入现代设计之中，全新设计了列车的卧铺蒙布和车窗图案（见图 10-8）。该图案基调贯穿整个列车的设计主体，给列车赋予了生命力和深厚的文化底蕴。

图 10-7　瑞士列车外观设计

图 10-8　伊朗列车内部设计

我国的和谐号 CRH380D 高速列车的座椅蒙面布设计充分考虑了我国的人文因素，在现代主义简洁自然造型的基础上把我国传统纹样——牡丹花的图案植入设计之中（见图 10-9）。这使列车在满足运输功能的同时，还能将浓浓的中国文化贯穿其中，让乘客在潜意识里对列车形成亲切感和自豪感，使列车既传承了中国文化，又具有时代感染力。

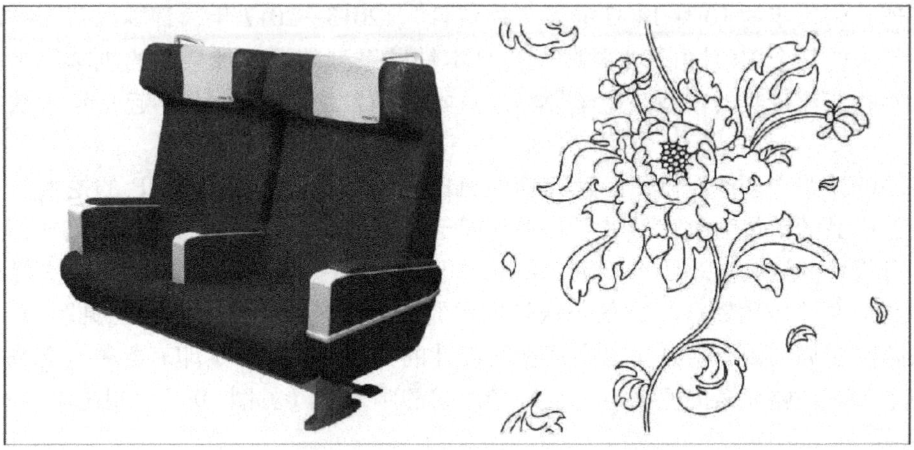

图 10-9　和谐号 CRH380D 列车座椅蒙面布

另外，就列车服务而言，高速铁路特色餐饮服务为各地旅客带来了舌尖上的新奇体验。例如，山东济铁旅行服务有限公司为了使天南海北的旅客可以更深入地体验、享用高速铁路营养餐，从最初的普通盒饭，发展到四大菜系、36 种高速铁路营养套餐。他们为了突出青岛特色推出了海鲜系列套餐，为了适应东北旅客口味推出了“把子肉套餐”，为了满足少数民族旅客需求推出了“全素食套餐”等，满足了不同地域、不同层次旅客的餐饮需求。

随着网络的发展和高速铁路特色服务的改进，高速铁路不再仅仅作为国家和地区空间层面的纽带。由于旅客的存在，向文化传播层面的服务演进是高速铁路作为交通运输设施未来发展转变的方向，也是高速铁路建设具有深远意义的必要发展路径。

2. 推动企业文化宣传

高速铁路推动企业文化宣传可以分为两个层次：一方面，高速铁路通过员工培养、文创产品等方式推动高速铁路企业自身的文化建设与宣传；另一方面，高速铁路通过车站、列车广告等高速铁路媒体推动相应企业的文化宣传。

1）文创推动高速铁路文化宣传

铁路文化在不同的历史时期，都具有鲜明的时代特征和一脉相承的铁路精神。例如在新民主主义革命时期的“二七精神”，在建设和改革时期的“四通八达，多拉快跑，安全正点，当好先行”“改革、奉献、拼搏、争先”的火车头精神，以及以“挑战极限，勇创一流”为内容的青藏铁路精神。所有这些都集中体现了铁路精神的丰富内涵，不断升华着铁路人的精神追求，极大地丰富了铁路企业文化内涵。①

我国高速铁路文化是伴随着高速铁路的快速崛起而逐渐产生发展起来的。党的十六大以来，我国铁路系统广大干部职工团结奋战，争创一流，在短短的时间里，就系统掌握了高速铁路的成套技术，建立了具有自主知识产权和世界先进水平的高速铁路技术体系。高速铁路文化的基本内涵可以概括为：实现“快捷便利、平稳舒适”的高速度，体现“安全可控、设备精良”的高可靠，追求“服务优质、文明和谐”的高品质。②

如今，文创这种新的产品模式已经逐渐在消费者心中占据了一席之地，大家都愿意为具有一定文化背景且制作精良的文创品买单。对于铁路来说，文创产业不仅仅充满了商机，而且也带动了对外宣传工作。高速铁路文创的出现体现了在文化自信前提下的一种智慧。

例如，日本为了纪念 1872 年 10 月 14 日东京都新桥至神奈川县横滨间（日本最早的）的铁路开通，将每年的 10 月 14 日定为“铁道日”。2013—2017 年，日本以每年一次的频率分别于 5 年中的每个 10 月由日本邮政发行日本铁路系列邮票。邮票上的机车都是获得过日本铁路大奖和蓝丝带奖的车型。蓝丝带奖是日本铁道友之会自 1958 年起每年对铁路车辆颁发的奖项。

而我国的铁路文创产业俨然一片充满商机的蓝海。故宫对于自身 IP 的挖掘、重塑十分看重，文创产品的销售为故宫带来了几乎等同于门票的收入，这也为我国铁路文创产业的发展提供了可借鉴的经验。2019 年 3 月 24 日，一个女孩手上挎着一个印有火车头样式的环保购物袋的照片在“中国铁路”微信公众号推送的新媒体产品中惊艳亮相（见图 10-10），这是中国铁路南宁局集团有限公司为高速铁路设计的文创产品，除了印有各种火车头的环保布袋，还包括带有铁路元素的手账本、复兴号形状的圆珠笔（见图 10-11 和图 10-12）。

---

① 冯小安．培育和弘扬高铁精神 促进铁路企业文化新发展［J］．理论学习与探索．2017（3）：66-67.

② 谢新斌．打造高铁文化，提升铁路企业软实力［J］．产业与科技论坛，2013，12（13）：218-219.

图 10-10　高铁元素环保布袋

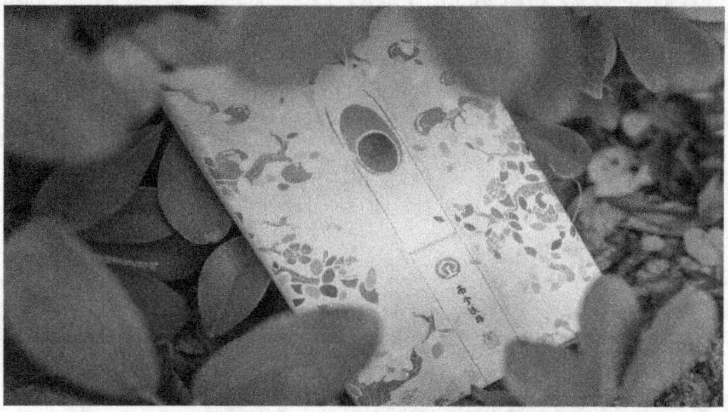

图 10-11　高铁元素手账本

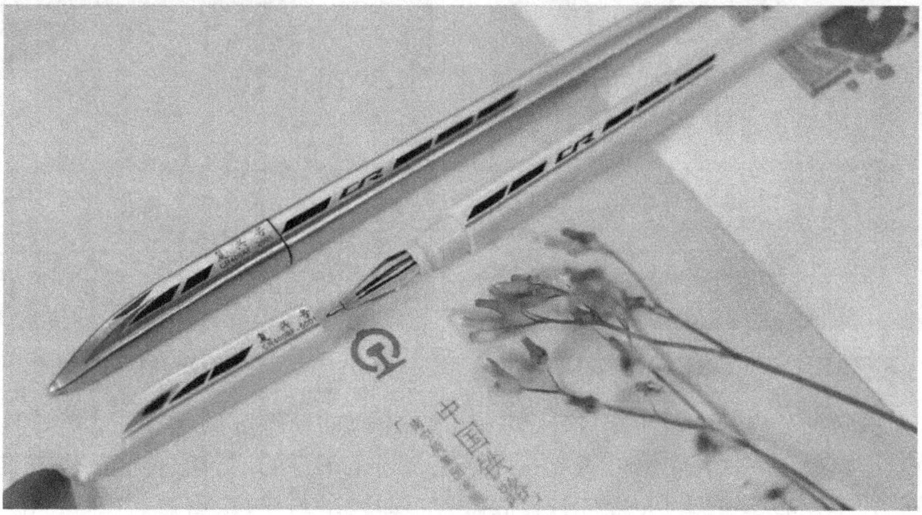

图 10-12　复兴号形状的圆珠笔

但如今我国铁路文创产品大多是由地方铁路集团推出，缺少一个具有广泛影响力的核心领导企业的存在，难以最大限度地传播铁路文创产品。总的来说，文创产业给铁路带来了无限商机，但是这个产业需要自身找准定位，这样才能将文创产业做好，同时为铁路做出正面的形象宣传。

2）高速铁路媒体推动高速铁路文化宣传

高速铁路通过车站、列车广告等高速铁路媒体能够推动相应企业的文化宣传。高铁车站、列车等作为一种处于相对封闭环境下的媒体形式，方便品牌信息在一种更自然的状态下进入乘客的大脑。这样的品牌互动更加通畅，也更加深刻。相关调查显示，媒体受众通过视觉传达对所获取的某一条信息的记忆程度仅为 30%左右，而通过视觉传达与听觉所获取的信息记忆程度为 70%左右。也就是说，媒体受众对于媒体传播信息的途径及方式有着比较明显的倾向。以大型 LED 为主的高速铁路新媒体从视觉、听觉双向入手，较传统意义上单一式的媒体形式而言更容易获取媒体受众的关注度。

仅高速铁路列车车身内部这一项，就包括头枕巾、小桌板贴、看板海报、列车播音及显示屏和彩色玻璃贴这五种可选择的广告投放方式（见图 10-13 和图 10-14），每种广告方式也各具特色。头枕巾位于每个座椅的头部及后方位置，是铁路列车首选的一种媒体，用最统

一、数量最多的画面抢占乘客第一视角，能够第一时间让企业品牌进入受众眼帘，形成品牌高记忆度。列车小桌板广告设置于列车的每一个座位上，具有针对性，是一对一的强烈灌输式广告，乘客入座之后广告直接面对受众。同时企业可以用品牌名称来代替和谐号的称号，配合全车内密集的广告环境，让乘客在一个宽敞、舒适及休闲的车程中接受单一品牌信息。彩色玻璃贴广告位于每个车厢的两侧车门下方，是乘客上下车的必经之地，能吸引乘客的注意从而观看到广告信息。

图 10-13　高速铁路列车内广告投放（一）

图 10-14　高速铁路列车内广告投放（二）

除了车站与列车内部，列车车身外部也是广告投放的新型区域（见图 10-15）。传统老式列车响应国家要求，保持车身外表统一为绿色，列车车身的广告宣传优势也就难以体现。而高速铁路列车外部车身提供企业广告投放服务，即列车车身+车窗冠名广告，位于列车每节车厢的两侧车身处，是列车外最大型的广告位置，能够强烈吸引各车站乘客目光，更覆盖沿线月台的乘客，是一个具有巨大宣传影响力的广告位置。这类广告既增加了企业的文化营销，也为铁路集团提供了新型收入模式。

图 10-15　高速铁路列车车身广告投放

3. 树立民族文化自信心

文化自信是一个政党、一个国家及一个民族对自身文化价值的充分肯定和积极践行，是对其文化的生命力持有的坚定信心。铁路精神带有厚重的文化底蕴，又紧跟发展脚步，把握时代脉搏，与时俱进。中国高速铁路文化、高速铁路精神作为民族文化和精神的重要组成部分，为我国树立民族自信心做出了突出贡献。

虽然日本和欧洲国家是高速铁路技术的兴起国，但是中国在技术体系、产品体系、制造和建设能力体系、配套产业体系和创新能力体系上是最完整的。引进并改造高速铁路技术后，高速铁路成为中国产业近些年来最耀眼的一颗新星，也是中国一张亮丽的国家名片。中国高速铁路用 5 年的时间走过国际上 40 年经历的道路，从追赶者变为全球领跑者，这是一种神奇的速度，同时它也产生了感人肺腑的“高铁精神”。“科学求实、相容并蓄；自主创新、赶超一流；忠诚祖国、拼搏奉献”，这二十四个字精简凝练地总结出我国高速铁路事业已孕育形成了独具特色的高速铁路文化。“高铁精神”需要在我国全社会大力弘扬，突出自主创新重要性，为加快转变经济发展方式提供强大的精神力量支撑。

中国高速铁路“走出去”也迎来了前所未有的发展机遇。2014 年 7 月全线建成通车的伊安高铁，是中国在欧洲拿下的第一单高速铁路生意。此后，中国高速铁路不断走出国门，既拉动了国与国之间的经济发展，也带去了共享共赢的理念，在促进亚欧经济交流及亚非经济发展中扮演了重要角色，已成为中国外交的一张精美名片。点燃创新引擎，科技助力发展。从引进到吸收，从创新到输出，中国高速铁路 10 多年来加速发展的背后，堪为国家基础科技崛起的一个缩影。70 多年来，我国的科技实力和创新能力得到显著提升。诸如太空漫步、蛟龙潜海、高速铁路等重大科技成就，都支撑着经济社会发展。尤其是党的十八大以来，我国研发投入持续增长，体制机制改革日益深化，知识产权保护全面加强，“中国智造”“中国标准”日渐走向世界。

在国内，四通八达的高速铁路网，为高速铁路文化自信提供了实践支持。飞驰的中国高速铁路列车，是 70 多年发展的最好见证。京津城际高铁、京广高铁、京沪高铁、哈大高铁，中国现在拥有着世界上最现代化的铁路网和最发达的高速铁路网。党的十八大以来，一条条高速铁路就像一条条血脉，奔向祖国的四面八方。截至 2023 年底，全国铁路营业里程 15.9 万 km，其中高速铁路 4.5 万 km，运营里程占世界高速铁路运营总里程的 70%，是世界上唯一高速铁路成网运行的国家，是世界上运营里程最长、在建规模最大的国家。

经过几代高速铁路人的孕育与拼搏，在传承和弘扬传统铁路文化的基础上，结合改革开放特定历史背景，融合新时代特色的高速铁路文化呼之欲出，有“勇攀科技高峰、争创世界一流”的拼搏精神，有“功成不必在我、不惧失败、永不言弃”的奋斗精神，有“青出于蓝而胜于蓝”的创新精神，有“拥抱世界，令高铁成就闪耀全球”的大同精神，更有“精益求精、严谨敬业”的工匠精神、“艰苦创业、无私奉献”的劳模精神等。这些富有时代特征、民族特色的宝贵精神财富，脱胎于铁路优秀传统文化，同时又在新形势下不断进行着再生再长、凝聚升华。正是这一个加一个的高速铁路精神，赋予了高速铁路从“追赶”到“超越”的发展动力和精神依靠，引领一代又一代铁路人为之努力和奋斗。

中国高速铁路跑出人民群众的幸福感，也跑出了中国人的民族自豪感。当前中国已经形成了完全自主创新的高速列车研发、设计、制造和运维支持一体化技术平台，再次证明坚定不移地走自主创新的道路是完全正确的。中国铁路对外界开放的程度前所未有，背后是中国拥抱世界的开阔视野和博大胸怀。可以肯定，实行更加积极主动的开放战略，在展现开放不止步魄力的同时，中国也将让世界人民享受到更多的市场红利。

欲人勿疑，必先自信。“高铁精神”是继新中国“两弹一星精神”“抗洪精神”“抗击非典精神”“载人航天精神”之后，中华民族伟大精神的又一次升华，集中体现了以爱国主义为核心的民族精神和以自主创新为核心的时代精神。“高铁精神”深入人心，家喻户晓，增强了全民族的自信心和自豪感，是展现在世人面前的一道亮丽的风景线。

10.2 高速铁路文化效应案例分析

10.2.1 高速铁路的区域文化交融效应案例分析

下面以高速铁路建设对四川省文化与旅游的影响为例进行介绍。

四川省位于我国西南边陲，自古就有“蜀道难，难于上青天”的说法。省内经济、文化交流受限于地理特点，城际内融合度较低。四川位于中国大陆地势三大阶梯中的第一级和第二级，即处于第一级青藏高原和第二级长江中下游平原的过渡带，高低悬殊，西高东低的特点特别明显。四川地貌复杂，以山地为主要特色，具有山地、丘陵、平原和高原 4 种地貌类型，分别占全省面积的 74.2%、10.3%、8.2%、7.3%。

四川当前已有 2009 年 9 月 26 日开通的成遂渝线动车、2010 年 5 月 12 日开通运营的成灌线快铁、2010 年 9 月 20 日开通的成达线动车、2014 年 12 月 20 日开通的成绵乐线城际高铁、2017 年 12 月 6 日开通运营的西成客专线、2018 年 12 月 28 日开通的川藏铁路成雅段与成蒲铁路、2019 年 6 月 15 日开通的成贵客专线乐宜段、2019 年 12 月 16 日开通的成贵客专线宜贵段、2021 年 6 月 28 日开通的绵泸高铁内自泸段等高速铁路、2022 年新成昆铁路全线开通。根据资料，截至 2023 年，四川省现有铁路运营里程 6 588 km，其中高速铁路 1 863 km。四川正在加快建设成达万、成自宜、成渝中线、渝昆等高铁项目，川藏铁路也将全面实施。

从图 10-16 可以看到，高速铁路的快速发展，带动了四川省内游客人数增加，从 2012 年的 434.52 百万人次到 2019 年的 754.96 百万人次，增长率约为 13.75%。同时，高速铁路在四川的发展，也带动了文化产业的交流及发展。

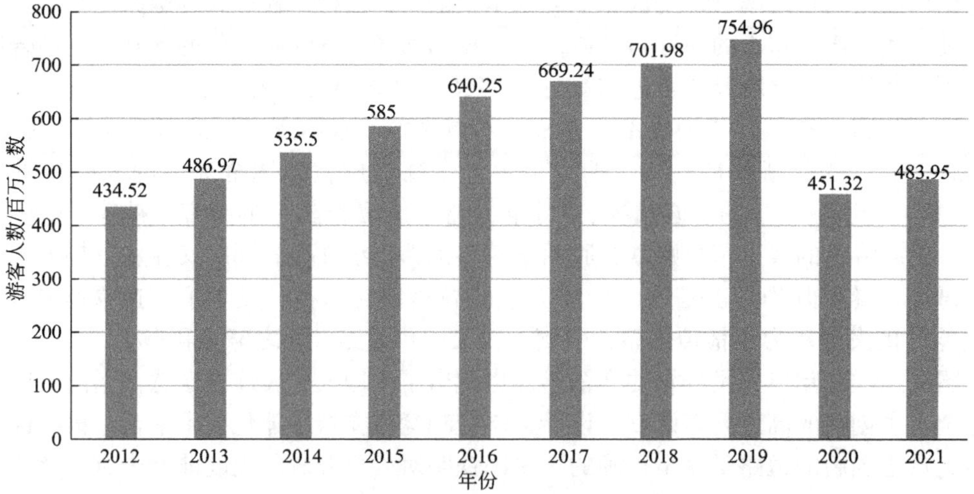

图 10-16 四川省内游客人数

现有的成都至兰州线路自成都东出发，经广元到达兰州，全程 6 h 52 min。根据国家发改委信息，成都至兰州新建项目自成都，经什邡、绵竹、茂县、松潘至九寨沟，向北延伸至在建兰渝铁路哈达铺站。李金路指出，新成兰高铁修建后，从成都至兰州将缩减至 3 个多小时，新建成的成兰高铁将是一条旅游文化专线，对于推动中部文化交流、旅游发展有积极的效益，仅“大九寨”区域就达 32 320.9 km^2，包括九寨沟景区、黄龙景区、红原诺尔盖景区、茂汶景区、卧龙四姑娘山景区、龙门山景区。城市化增强了人们对自然的渴望，新高铁的建成将会促进人们向自然的回归。

10.2.2　高速铁路的文化继承传播效应案例分析

高速铁路交通的通达可以打通文化交流的屏障，而且高速铁路相关建筑物也可以成为承担文化传播、传承的载体。本节以青岛高铁站为例进行介绍。

青岛站始建于 1900 年，于 1991 年拆除重建，1994 年 8 月 8 日建成后投入运营，2006 年 12 月 10 日再次改造，2008 年 8 月 1 日重新启用。作为城市的第一印象，火车站承载的是一个城市的历史及变迁。青岛火车站由德国建筑师路易·魏尔勒和格德尔茨设计，建成于 1904 年（见图 10-17）。

经过上百年的使用，历经百年的时光，青岛市政府对火车站进行了多次改造（见图 10-18）。改造后的火车站成为全国火车站中唯一一座仿欧式哥特式建筑。

图 10-17　1904 年的青岛火车站

图 10-18　改造后的青岛火车站

著名建筑学家吴良镛说：“文化的沉淀，存留于城市和建筑中，融汇在人们的生活中，对城市的建造、市民的观念和行为起着无形的影响，是城市和建筑之魂。”高铁站的修建应当全面考虑、融入地域文化特点，注重加入当地历史文化的设计构思。袁秋平和徐强认为建筑设计应充分融合地域文化的灵魂与精髓，建筑设计中既要发扬中国传统建筑与文化表现出的地域间多样性，又要体现时代特征、地域特点。高铁站及周边的建筑设计既是一个城市文化的载体，更是一个城市文化传播的窗口。高铁提速在增加客流的同时，也应将城市的文化在第一时间呈现在乘客的眼前。

高速铁路建设不仅能够彰显对本土文化的继承与传播，而且有助于带动区域文化快速高效的发展与融合。但在传播与融合的前提下，应当注意的是历史上文化传播与融合也会带来原文化的消失，如美国的西进运动对美国印第安文化的侵蚀。因此，在交通便利打破不同文化间的隔阂、原文化地域吸收外来文化的同时，应当坚持对自身文化的传承。同时需要吸收优秀的文化，并将自身文化进一步的发展壮大。另外，在高速铁路建设时，要防止单一的建设模式，应当综合自然、文化、社会等因素，结合景观培育、文化交流和遗产保留，做到价值并举。

第 11 章　高速铁路建设负面效应及风险防范

近年来，国内外掀起了高速铁路的建设高潮。作为交通运输业的一种革命性的运输工具，高速铁路的成功运营改变了运输格局，深刻地影响着高速铁路沿线地区的经济发展，产生了明显的经济、社会、政治和环境效应。国内外学者也基于不同角度论证了这些积极效应。与此同时，学者也开始关注高速铁路发展带来的发展挑战或者负面效应，包括虹吸效应、过道效应、错配效应、财务风险效应、冲击效应、房价驱动效应与环境污染效应等。借势高速铁路加快发展，必须明确树立这样一个总原则：扬正抑负，即把高速铁路的乘数效应、聚集效应等正面效应发挥到最大，把虹吸效应、过道效应等负面效应降到最小。要在这一总原则的指导下进行周密策划，尽力利用机遇，摆脱危机，力求实现协调共进。高速铁路的开通运营确实会对沿途城市、区域带来发展机遇，但也会带来当地生产要素流失、导致经济衰落的危机。当前，高速铁路的沿途城市、区域往往仅仅关注、重视高速铁路的正面效应和带来的机遇，而对其负面效应、隐藏的危机没有给予足够的关注，更谈不上重视，这是非常危险的，会导致投资失误、设施闲置。我们应重视机遇，但绝不能忽视、淡化危机，要树立机遇与危机并存的意识，尽力利用机遇而摆脱危机。

11.1　负面效应的内涵分析

11.1.1　虹吸效应及具体表现

“虹吸效应”也称为“虹吸原理”，最初指的是物理学意义上的连通器原理：虽然两边的大气压相等，但来水端的水位高、压强大，推动来水不断流出出水口。在经济学上意味着区域经济的某一地区，由于特定的源于区位优势条件产生的强大吸引力，会将其他地区的投资、消费或资源吸引过来，从而减缓被吸引地区的发展，加速要素引入地区的发展；对“抽夺”地区是一种正效应，而对其他被“抽夺”地区则是一种负效应。高速铁路的虹吸效应是指在高速铁路沿线，规模大、实力强的城市会获得相对明显的利益，而投资环境不佳的地区会因经济发展落后、集聚能力不强等原因，使资金、人才和信息向发展环境优越、行政效能高的区域聚集，进而造成高速铁路沿线中小城市与中心城市的差距越来越大的现象。

高速铁路经济带中的中心区域是指区域中的重要旅游目的地或中心城市，除此之外的区域就属于非中心区域。处于区域经济圈内的中心城市属于地区经济中心，汇聚尖端科技、优秀人才，产业发展实力雄厚，就业岗位众多，基础设施完善，社会福利全面，城市繁荣。这些都构成了中心城市的强大吸引力，大量优秀人才、优质企业纷纷扎根于此。高速铁路开通以后，便捷的交通促使中心城市的吸引力进一步放大，原本存在于周边中小城市的资源、劳动力、资金甚至企业逐渐流失，向中心城市集聚，中小城市经济增长受阻。大城市的经济实力和吸纳能力逐渐增强，中小城市的经济发展失去动力，城市差距越来越大，区域经济两极分化严重，发展不协调。以北京为例，在北京周边地区形成了一个环北京贫困带，当地与北京毗邻，有的仅一河之隔，但北京的经济发展水平、人均收入水平、基础设施建设水平远高于这些地区的平均水平。这就造成当地人口、资本都向北京集聚，削弱了自身发展的基础，经济发展进展缓慢。

高速铁路的建设和发展增强了城市间、区域间的流动性，便利了生产要素向经济发展水平较高、发展环境优越的地区流动，进一步强化了大城市的优势地位，提升了大城市的吸引力，聚集了更强大的发展势能。与之相反，经济发展缓慢、资源禀赋不足的地区面临着人才、资金、技术等本来就稀缺的生产要素资源进一步流失的风险，减弱了自身发展的动力，从而拉大了不同区域之间的发展差距。以京沪高铁为例，在北京、济南、南京、上海这 4 个大城市之间分布着许多中小城市，开通高速铁路之后，中小城市与大城市之间的通达性大大提升，大城市的消费市场更具有吸引力，中小城市的消费群体都朝着大城市流动，其他要素的流动为大城市提供了更多的资源和优势，但是中小城市自身发展受到了一定影响。

案例 11-1：成绵乐高铁

成绵乐高铁的开通对区域经济产生的经济效应是显而易见的，但是高速铁路产生的虹吸效应也是客观存在的。

成绵乐高铁沿线的成都属于经济圈中心城市、西部金融中心、贸易中心、科技中心，经济实力远超沿线非中心城市。成都聚集了西南地区最多的信息、资金和人才等资源要素，拥有完善的基础设施和社会福利。成绵乐高铁开通以后，区域通达性提高，区域之间资源要素的流通壁垒降低，成都区位优势进一步提升，对资源要素吸引力增强。绵阳、德阳、眉山和乐山的优势资源和人才向具有更高城市地位的成都流入，成都得益于高速铁路获得了更多的发展动力。而其他城市由于资源和人才的加速流失，城市发展失去后劲，与中心城市差距进一步拉大，出现了经济边缘化趋势。据统计，非中心城市科技企业的高级人才流失严重，主要流向是成都。非中心城市培养的青年人才流失加快，应届毕业生首选求职地点也是以成都为主。

对于城市地位差距较小的非中心城市之间，资源禀赋差异也会导致负虹吸效应。德阳的优势产业是机械和化工，高速铁路开通后资源优化配置效率提高，上下游产业向德阳集聚，相关企业、资金、人才等离开原有区域，流入德阳，其他非中心城市的机械、化工存在资源流失和竞争力弱化的风险。绵阳的电子信息产业在非中心城市中发展较为成熟，高速铁路开通以后，绵阳的交通区位优势也得到了进一步的提高，沿线其他非中心城市的电子信息资源、人才向绵阳等优势地区集聚，电子信息产业发展存在城市差距扩大的风险。

案例 11-2：武广高铁

武广高铁途经湖北、湖南、广东三省，辐射范围广，对区域经济影响深远。与此同时，其开通后对沿线中小城市产生的虹吸效应也逐渐体现，郴州中小企业的变化是虹吸效应的一个具体表现。

在谈到武广高铁开通的经济效应时，郴州纪委副书记指出："郴州有两个无奈和痛苦，一个企业的飞走和一个品牌的丢失。"飞走的是全国知名企业——远大集团，丢失的是远大对于本地的品牌效应。远大集团原总部在郴州，后来却离开了，郴州没有留住这个企业。由于高速铁路的快捷，原本从北方南下的客流可能在郴州换乘、驻留，现在变成了“过道”。郴州曾经以低廉的土地、水电打造的洼地优势正在慢慢消失。一是高端产业难以向郴州聚集，低端产业向成本更低的县镇转移；二是谋求发展的企业总部从郴州移出，导致人才、资金、技术等生产要素外流；三是中小企业被排斥，交通的便利让它们面临与更高级别的企业进行竞争的挑战，中小企业将无力抵抗，举步维艰。

11.1.2 过道效应及其具体表现

过道效应是指人流、物流、资金流和信息流仅在当地经过而未对当地产生任何效应。高速铁路建设的经济目标是对相邻地区或更大范围产生重要的作用和联动效应，而过道效应则与此目标背道而驰。从旅游场和社会网络看，高速铁路经济带中心区域扩散场强最大，同样旅游流外向程度中心性的系数最大，成为高速铁路线路最重要的旅游客源地，同时也削弱了非中心区域的旅游竞争力，使非中心区域成为中心区域游客往来的过道。

例如，京沪高铁站点中，天津紧靠北京，无锡紧靠上海、南京和苏州等重要旅游目的地，天津和无锡的集聚场强和内向程度中心性的系数均比较小，且高速铁路开通后均有下降的态势，呈现出旅游流集聚的过道效应。又如，长珲高铁站点中，松原紧靠长春，辽源紧靠吉林市，所以高速铁路开通前后松原市和辽源市的相互作用经济强度变化不像其他城市那样明显，长时间下来可能会有降低趋势，可能会加剧旅游流的过道效应。京广高铁把沿线近20座城市带入“两小时经济圈”，河北省拥有的优势不再为独有。而河南省凭借其资源、环境、政策等优势，承接产业转移的决心和力度非常大。同时，随着京广高铁与石太客运专线相连，太原与北京的时空距离同样大大缩短，这就使得大量人才、资金、物资虽然天天在河北经过，但却不能留在河北，对河北经济的发展无太大作用。河北承接产业转移、吸纳高端要素的“蛋糕”，面临被分割摊薄和截流的风险。

粤桂黔 4 h 经济生活圈的形成，除拉近人们的地理距离和心理距离，改变人们的工作、生活、消费和休闲活动空间外，便捷的交通也给区域要素流动（如人流、物流、资金流、技术流和信息流）带来了便利，加快了资源要素在节点城市的重新配置。在节点城市中，广州、南宁、桂林、贵阳是高速铁路线路中的区域中心城市或重要旅游目的地，它们吸纳了沿线更多的文化资源，并削弱了沿线非中心区域的文化竞争力。

11.1.3 错配效应及其具体表现

“资源错配”是针对资源的“有效配置”而言的。在经济学中，“有效配置”是指从社会角度看能使有效稀缺资源获得最大产出的配置效率，而“错配”则是对这个最优配置状态的偏离。资源错配的定义主要有两种：第一种是“内涵型错配”，即资源的边际产出在截面上不相等。在静态的经济系统中，如果所有企业的生产技术是凸的，最优配置状态下生产要素在各个企业的边际产出应该是相等的，否则就存在资源错配。第二种是“外延型错配”，指的是当经济中资源的边际产出在截面上都相等时，依然可以通过重新分配资源，提升产出的情形，主要包括两种情况：企业的生产技术非凸性和潜在进入企业比在位者具有更高的生产率。

交通基础设施发展不均衡是地区间资源错配的内在根源之一。改革开放以后，东部地区凭借国际贸易上的地理优势、历史形成的工业基础及配套的政策优惠，工业化程度高于中西部地区，并且集聚着大部分工业活动。因此，东部地区无论是技术积累还是集聚经济所产生的分工协作，都优于中西部地区。东部地区存在要素资源相对供给不足的问题，而中西部地区却存在要素资源相对过剩的问题。东西部基础设施配备严重不均衡，致使资本要素在东、中、西三个地区的错配程度越来越严重。东部地区存在要素资源相对供给不足，而中西部地区却无法形成对要素的有效利用，存在要素资源相对过剩的问题。

此外，高速铁路是最近几年才在我国建成运营的新型交通工具，而原先的城建规划、交通布局、产业体系都没有考虑高速铁路这一因素，必然产生不匹配的问题。再者，高速铁路是高科技成果，人们即便想与高速铁路对接、适应、匹配，也会面临技术、人才及资金上的困难，短时间内难如所愿。

案例 11-3：济南高铁

济南高铁建设后，济南市的商贸行业与高速铁路建设存在错配效应。目前在与高速铁路相关配套设施的建设上，尤其是在与高速铁路相关的商贸行业的发展上，济南市的发展水平较低，不能跟随高速铁路的发展，不能有效利用高速铁路经济发展所带来的机遇，高速铁路经济的发展不能与济南市省会城市的定位相匹配。济南市商业形态发展不均衡，休闲娱乐业、知名品牌餐饮等发展比较滞后，缺乏大型的商业综合体，缺乏快速时尚店、大型专业店等国际先进的商业形态，这使得济南不能有效利用高速铁路带来的机遇，创造更多的旅游、商务、消费等需求。商业布局方面，老城区“单核”结构问题突出，各级商业中心级配失衡，社区商业中心建设不足，这种不平衡的商业结构，使得济南缺乏购物、商贸、会展等一体化服务能力，不能更好地利用高速铁路促进城市的发展。经营主体方面，济南市尚未形成规范化、连锁化、现代化的服务水平，经营能力有待加强。虽然作为省会城市，但是济南市的发展较为缓慢，商贸行业的发展较为低下，商业服务水平有待提高。只有通过在开发区进行大规模、全功能、高起点的商业建设，才能匹配济南市省会城市的政治经济地位，促进济南实现跨越式发展。此外，随着济南高铁的通车，往返和停留于济南的人流增多，而济南市公共交通和出租车等行业的发展没有紧跟这种快速发展的步伐，从而无法有效地解决高速铁路经济发展所带来的人流问题。

案例 11-4：武广高铁

武广高铁配套的武广新城建设已经具有一定的规模，但诸如周边配套餐饮、住宿等服务设施运行、地铁修建，以及四通八达的公共交通线路开通等方面的建设还没加快速度。例如长沙，很多旅客反映，当前从主城区去长沙南站消耗时间过多是影响高速铁路客源的因素之一，乘坐高速铁路从长沙到湖南省内最远的郴州全程要消耗大约 1 h 15 min，可是从长沙主城区去长沙南站的市内交通恐怕在大部分状况下消耗的时间会高于 1 h 15 min，大部分的本地市民由于遥远的路途可能还从来没有去过长沙南站，众多外地中转的旅客需要几经打听才知道去往高铁站的公共交通的选择方式，很多相对短途的旅客也因此放弃高速铁路而选择其他的交通工具。由此可见，增加配套的高速铁路设施修建迫在眉睫，对实现实际意义上的外出方便，使高速铁路成为人们外出选择的第一交通工具的意义重大。

11.1.4　财务风险效应及其具体表现

当前高速铁路建设存在的财务风险也值得关注：一方面多数铁路盈利能力差、经营风险高；另一方面巨额高速铁路债务导致政府隐性债务积累，一旦出现资金链断裂，将带来连锁反应，引发全社会金融风险。

1. 多数高速铁路线路盈利能力差、经营风险高

据不完全统计，2008—2021 年，全国累计开通高速铁路 150 余条，累计营业里程超过 4 万 km。10 多年来，中国铁路固定资产总投资超 9 万亿元，其中大部分为高速铁路建设方面的投资。铁路建设是我国基础设施建设的重要抓手，然而从实际经营情况看，在已经开通的高速铁路线路中，除京沪线、长三角和珠三角等需求量较大的高速铁路线路盈利外，其余大都处于亏损状态。

2. 大规模高速铁路建设导致政府隐性债务积累

地方融资平台是高速铁路建设的重要资金来源，地方政府对融资平台提供着担保，这意味着如果城投公司出现违约，政府隐性债务将急剧上升。从各地参与高速铁路建设的城投公司来看，根据云南、江西铁路投资有限公司最近披露的年报，其资产负债率分别达到 46.37%（2022 年上半年）、53.11%（2022 年上半年），资产利润率分别为 0.50%、0.19%，在盈利能力差、债务规模不断扩大的背景下，地方政府隐性债务风险也不断累积。

3. 巨额高速铁路债务可能进一步引发全社会金融风险

作为高速铁路的主要投资者，中国国家铁路集团有限公司的负债总额呈现不断上涨之势，由 2011 年的 3.64 万亿元大幅上升至 2021 年年末的 5.92 万亿元，资产负债率也攀升至 66.33%。以中国国家铁路集团有限公司目前的经营情况为例，其收入尚不足以支付贷款利息，必须依靠大量财政补贴和不断借新债还旧债来维持。这意味着，一旦资金链发生断裂，将带来连锁反应，导致全社会范围内的金融风险。

11.1.5 冲击效应及其具体表现

“冲击效应”属于宏观经济学概念，它表示宏观经济中的总供给或者总需求在短期内受到突然而剧烈的影响，导致迅速提高或者降低。作为一种交通运输工具，高速铁路的建设与开通必然与水路、公路、航空等运输行业存在竞争关系，会对其造成一定的冲击。据统计，“从客流量来说，500 km 以内高速铁路对民航的冲击达到 50%以上，500~800 km 高速铁路对民航的冲击达到 30%以上，1 000 km 以内高速铁路对民航的冲击大约是 20%，1 500 km 高速铁路对民航的冲击大约是 10%，而 1 500 km 以上没有影响。”水路、公路、航空等这些传统运输行业受到冲击，难免会影响高度依赖它们的城市、地区经济的发展。相关公路客运企业的数据显示，受高速铁路的冲击，企业当月客流一般都要急速下降 15%~40%，以后呈逐步下降趋势，最高可达 70%以上。在高速铁路能够覆盖的城市中，行驶时间在 12 h 以上的公路客运班线，由于客流骤减，企业撤线调整率达 90%以上，许多过去的热点长途班线基本停运。受到高速铁路冲击，公路客运企业经济效益普遍陷入下行空间。

11.1.6 房价驱动效应及其具体表现

高速铁路建设与开通不但完善和均衡了沿线城市的交通格局，而且对沿线城市房地产价格也产生了重要影响。高速铁路的建设与开通推动沿线站点城市房价上涨。

高速铁路开通提高了城市间的通达性，带动地区房价上涨。我国幅员辽阔，相邻两个地级市的中心区域大都具有一定的距离。而人们出行时乘坐的汽车、火车等传统交通工具，平均运行时速最高大约 150 km，还常常出现道路阻塞问题。而较为快捷的飞机又因每日班次相对较少、机场常常修建在大中城市远郊等缺点，也无法成为大众出行的日常选择。与此同时，由于大城市具有较强的规模经济，往往汇聚着大量优质的经济、社会资源，吸引着人们不断前往工作与消费，频繁的跨城出行正逐渐成为我国居民的刚性需求。据测算，我国地级市距区域经济中心的平均距离为 184 km。此时，平均时速 200~250 km，运费每千米 0.5 元以下，日常班次相对密集的高速铁路为人们的跨城出行提供了极大的便利。因此，高速铁路提高了城市的通达性，使沿线居民出行更加便利，最终带动这些地区房价快速上涨。

高速铁路开通提高了当地居民的收入水平，导致房价上涨。相较于选址在高速铁路沿线的中小城市，开办在大城市的企业需承担高额的日常运营开支。只要从大城市迁出时企业增加的边际交通成本低于运营开支节省带来的边际收益，那么企业就有动力迁往高速铁路沿线的中小城市。伴随着这些企业沿高速铁路线路向经济低位城市流动，企业迁入地的经济环境、劳动就业环境均会得到改善。高速铁路开通会影响企业的选址，因此提升了沿线地区的就业水平，并且新增就业主要集中在高附加值的软件开发等生产性服务业、流通与餐饮等消费性服务业。随着就业环境的不断改善、就业质量的不断提高，高速铁路沿线地区居民的收入水平将得到大幅提升。而在房地产经济学中，房屋是正常商品，购房者通过市场价格竞争的方式分配住房资源。当居民可支配收入普遍增加时，没有住房的家庭为获取房屋将愿意支付更高的价格，而且收入增加还会刺激已有住房的家庭购置多套房产，因而从需求侧推高了市场中商品房的价格。所以，高速铁路开通增强了不同区域间的经济联系，使得大城市的规模经济扩散到了沿线经济相对落后的地区，从而带动了这些落后地区的经济快速发展，显著提高了高速铁路沿线地区居民的收入水平，最终推动了这些地区的房价快速上涨。

11.1.7　环境污染效应及其具体表现

相对其他工具，尽管高速铁路具有较大的环保优势，但是仍然对环境有着不可忽视的污染。高速铁路对环境的污染存在于运营期和建设期。

1. 运营期的污染

运营期的污染主要包括以下几种。

（1）噪声污染

高速列车运行过程中会产生轮轨噪声污染。虽然高速列车在技术上有了很大突破，相比普通铁路而言，轮轨噪声有了很大程度的降低，但并没有消除。高速列车的轮轨噪声主要来自列车在直线运行时机车车轨与钢轨之间摩擦撞击而产生的轮轨噪声和滚动声，以及列车在通过弯道时车轮与内外侧车轨挤压形成的摩擦噪声，这个时候产生的噪声要大于列车直线运行时的噪声。

高速列车运行过程中会产生空气动力噪声污染。高速列车的空气动力噪声是列车在高速运行过程中与空气气流摩擦而产生的，尤其是在列车运行速度在 300 km/h 以上时，列车产生的空气动力噪声随列车速度的提升而增大，成为高速列车噪声污染的主要部分。

列车运行过程中会产生集电系统噪声污染。集电噪声是指由动车组受电弓引发的噪声，它的噪声主要来源于以下几个方面：受电弓沿接触网导线滑动所引发的机械滑动声；受电弓离线时产生的电弧放电噪声，瞬间最大可达 100 dB，它与接触网吊悬的弧度大小有关；整个受电弓与导线滑动过程中产生的风切声，它与导线的张力有关；列车运行中的其他噪声，主要是机械噪声，包括牵引机电、空调机、动力传动机及车内其他装置等。

（2）污水、废气和固体废弃物污染

高速铁路运行过程中所排放的生活污水、固体排放物等皆会污染周边环境，如影响铁路附近河流湖泊的水环境、间接伤害水生动植物等。

高速铁路污水污染主要来自动车组、高铁车站、维修场所等污水排放，包括生活污水、含油污水、洗车后的废水及高浓度粪便污水等。

废气主要来源于燃煤供电厂的二氧化硫、粉尘及氮氧化合物等。高速铁路机车驱动设在不同线路区间，由变电站对其供电，而电能的最终来源大多是由燃煤电厂供给，煤在燃烧过程中会产生大量的二氧化硫、粉尘及氮氧化合物等污染物，这也是雾霾等大气污染的主要来源。

固体废弃物来自列车、车站及其他办公生活场所的生活垃圾、燃煤电站的废渣等生产垃圾、维修场所的工业垃圾等。

2. 建设期的污染

高速铁路在建设期的生态破坏突出，而环境污染较轻。生态破坏主要包括：路基的开挖填筑、桥梁隧道的修建及道路施工、取弃土场等大型临时工程的实施。建设期对环境的污染是局部的、短暂的，多集中于大型施工营地、场地排放的生产、生活废水和垃圾，施工机械的废气、噪声振动等。

建设期的环境污染要素主要有大气污染、水污染、固体废弃物污染及景观影响 4 个方面。建设期产生的固体废弃物主要有生活垃圾和工程弃渣。对于高速铁路来说，由于许多路段修建在山区，隧道较多，加之工程挖方等活动，因此弃渣量较大，易造成危害性的影响。桥梁的施工及雨水冲刷会导致弃渣流入河流湖泊中造成水体浑浊，影响水中浮游植物的光合作用，同时施工人员平时产生的生活污水也会造成一定程度的水体污染。扬尘是施工期间主要的大气污染源，主要产生于路基开挖、材料运输及土石方施工等。同时建设期间的各种施工机械在行驶、作业时会排放大量的含有有害物质的尾气，使大气严重污染。

此外，在施工过程中，工程建设所进行的地表开挖、取土弃渣等施工活动可形成大量裸露的土地，再加上夏季雨水等影响，很容易造成水土流失，若防护不当很容易造成泥石流灾害。部分工程会通过自然保护区、风景名胜区等，施工会使它们的原有自然风貌、建筑结构及其动植物的生存环境等受到严重影响。高速铁路建设中路基和隧道的开挖会造成地下水水位过低，而项目建成后路基排水又会造成地下水位升高，这种地下水的变化会使敏感植物发生连锁反应，造成植被衰亡和群落结构的改变。

案例 11-5：成绵乐高铁

成绵乐高铁建设施工长达 5 年之久，由于建设周期较长，覆盖城市较多，对沿线生态环境产生了一定的影响。轨道铺设改变了土地原有的利用状态；路基的建设破坏了铁路周边的植被、地貌、自然景观，动植物赖以生存的生态环境遭到破坏，生物多样性受到影响，使原生植被对生态系统的稳定能力削弱。隧道建设破坏了山体结构，原有的生态平衡被打破，对环境带来不可恢复性的伤害。施工阶段，工人在成绵乐沿线搭建临时板房，产生了大量的生活垃圾，污染了周边环境。成绵乐高铁还破坏了沿线地区的农田和农耕，农业生产活动受到限制。通车运营后，高速铁路的运行依靠电力牵引，电力能源的提供需要大量的燃料，虽然高速铁路在能源消耗方面优于高速公路和航空运输，但是在二氧化硫的排放量上明显高于其他交通运输方式，仍然对大气带来了污染，破坏了生态。高速铁路的高速运行会产生轮轨摩擦噪声污染和集电系统噪声污染，干扰了沿线地区居民的生活安宁和动物的生存栖息，运行过程中产生的辐射也对沿线地区动植物的生存生长及居民生活造成了一定程度的影响。

11.2　负面效应防范措施

11.2.1　虹吸效应、过道效应和错配效应的防范措施

1. 对高速铁路沿线经济进行战略谋划和顶层设计

国家在兴建高速铁路时，要预先对其经济效应做出评估，对沿途哪些城市、区域会崛起，哪些城市、区域会衰落做出前瞻性预测，并据此进行战略谋划和顶层设计。要利用高速铁路来加快中西部地区的发展，缩小地区差距。对沿途城市、区域的地理和人文环境、资源条件、发展基础进行准确分析，弄清当地的特点、优势和劣势，对高速铁路的同城共振效应、乘数效应、聚集效应及虹吸效应、过道效应对当地的影响做出科学评判，并据此进行战略谋划。

2. 统筹高速铁路沿线产业布局，加速区域融合发展

对不同城市、区域因势利导、错位发展，避免产业的同质化。当前，高速铁路沿线城市、区域或多或少地存在产业同质化问题，这就加剧了相互之间的竞争。例如，邯郸因地处河北最南端，承接京津地区、沿海地区的产业转移，不仅明显受到本省的石家庄、邢台、沧州、衡水及山东的德州、聊城、济南等城市地理区位上的阻滞，而且因产业雷同而与这些城市产生了激烈的竞争。因此，邯郸需要转变原有的产业发展模式，要与周边地区合理分工、错位发展，形成优势互补，与中心城市、发达地区转移出来的产业进行有效对接，从而实现生产要素的有机结合和产业转移的迅速承接，并在此基础上制定邯郸的总体产业发展战略。而保定因紧邻北京，轻工业历史悠久，基础雄厚，可据此着重发展现代商贸和物流业，形成京郊的商贸和物流中心。石家庄作为河北省的省会，又处于京广高铁和青太高铁的十字交叉口，是连接首都经济圈、中原经济区的枢纽，应充分发挥高速铁路、航空、高速公路等综合交通枢纽的叠加效应，力求成为首都经济圈南部商圈之核心。

(1) 推进区域资源整合，合作共赢

高铁站点具有很大的优势，但也使地域分割的矛盾更加凸显。国家及较大的区域应从速出台调整各地利益的措施，推进高速铁路沿线城市、区域间的深度合作。为此，可以采取以下措施：第一，放大同城效应，做好城市间的分工，进行一体化谋划，引导中小城市融入大都市圈及城市群的发展。对河北而言，毗邻北京的保定、唐山、承德、张家口、秦皇岛、沧州、石家庄、衡水等市应纳入首都经济圈，以此谋划产业布局；而邯郸、邢台两市因毗邻河南，应对接融入中原经济区，推进同城一体化发展。第二，加强统筹谋划，有序承接产业梯度转移，促进大型工业走廊和产业带的形成。国家及沿线各省的发改委应牵头，协调各地区、各部门，以先进制造业、现代服务业、新能源等产业为抓手，推进高速铁路沿线中心城市、大中城市及小城镇间的产业对接，努力创建国家级、省级、地市级及县级等级别不同的承接产业转移的示范园区，实现项目的集中布局、产业的集群发展、资源的集约利用、功能的集合构建，使其成为一个城市、区域承接产业转移的优质平台、跨区域合作的引领区、加工贸易的集聚区及转型发展的试验区。第三，以旅游业为龙头，推进沿线城市、区域间文化产业的深度合作。高速铁路的开通运营，受益最大的是旅游业。高速铁路是旅游的“黄金通道”，沿途各省各市应携手合作，成立不同省区间的高速铁路旅游联盟，共同打造国内一流的“高速铁路旅游休闲产业带”。应充分整合各省各市的旅游文化资源，进行高品位设计

包装，以系列化、精品化的旅游产品和线路展现当地的风情和文化魅力，进而促进不同省市文化产业的交流合作、协同发展。

（2）打造政策洼地、服务高地、投资宝地，优化发展环境

能否吸引人才、项目、资金向本地聚集，能否有效承接产业转移，关键在于发展环境是否优越。因此，必须打造政策洼地、服务高地、投资宝地，优化发展环境。为此，应出台财政税收、人才引进、土地使用、银行信贷等系列政策，以此促进相关产业落地生根，形成完整的产业链条。也可以合作共建园区、产业联盟，以此加强区域合作，实现共赢。例如对河北而言，不妨借助京广高铁，围绕首都经济圈、中原经济区、武汉都市圈、珠三角等重点区域进行招商活动，吸引大客商、大企业、大项目落地河北。

3. 高标准建设高速铁路新区，发展临站经济

高速铁路是经济发展的重要引擎，高速铁路沿线会获得发展的独特优势而快速发展，形成一个具有高度活力的经济带，其中高铁站又是这个经济带的核心、龙头，具有巨大的聚集、带动和辐射功能，会在附近形成繁荣兴旺的经济区块，进而带动整个城市及关联区域的发展。因此，为了借势高速铁路加快发展，就需高标准建设高速铁路新区，发展临站经济。

（1）高标准建设高速铁路新区

要秉持既能满足当前发展需要，又能满足今后一段时间发展需要的原则，以国内一流高速铁路生态城区为标准，对高铁站临近区域扩大开放，加强开发，加速融合，建设高速铁路新区。高速铁路新区的定位不能仅是一个城市单纯的对外交通集散地，而应定位为所在城市的高端交通商务区、新型产业集聚区及文化展示中心、生态人居中心等功能的现代新城区。为此，对于基础设施建设，务必做好线路规划、站点设置，引导和推进高速铁路与航空、快速路、公路等公共交通良好衔接，与城市公共交通实现零距离换乘。

（2）大力发展临站经济

应让临站经济享受与临港经济、临空经济同等水平的优惠。要按照临站经济发展的需要，对城市空间布局、发展规划做适当调整，推动城市功能区加快发展，围绕高铁站培育新的工商业园区。要新建一批标准化厂房与公共服务项目，努力发展新型商业服务、娱乐休闲、商务办公、创意产业等现代服务业并使之协调联动，加快城市多功能经济区的形成。

11.2.2 财务风险效应的防范措施

近年来，有关部门推动出台多个文件规范政府投资行为，推进铁路市场化改革，包括：2015 年 7 月，国家发展改革委会同财政部、国土资源部、银监会、国家铁路局等联合印发《关于进一步鼓励和扩大社会资本投资建设铁路的实施意见》，全面开放铁路建设与运营市场；2018 年 5 月，国家发展改革委印发《关于推进高铁站周边区域合理开发建设的指导意见》，强调应合理确定高铁车站周边用地规模、结构、布局及土地开发和供应时序，坚决防控单纯房地产化倾向；2018 年 6 月，国家发展改革委与商务部联合发布《外商投资准入特别管理措施（负面清单）（2018 年版）》，取消了铁路干线路网的建设、经营须由中方控股的限制，并取消铁路旅客运输公司须由中方控股的限制。虽然铁路改革推行多年，但是债务问题依然严峻、社会资本依然裹足不前，根本原因还在于未能建立起符合市场规律、公开透明的投融资体制，为此从以下方面提出防范措施。

1. 促进高速铁路建设与地区经济发展相匹配

当前高速铁路建设备受争议的一个问题就是高速铁路建设是否存在产能过剩。在中西部

客运需求量较小的地区，是否需要密集地建设高速铁路运输网络，特别是高速铁路建设还将挤占货运能力。基于此，高速铁路建设应当针对高速铁路客流量、中西部地区高速铁路运输能力、铁路货运能力等问题开展专项调研，对于那些经济效益和社会效益不突出的高速铁路项目应当缓投、缓建。此外，加强高速铁路与铁路支线干线及公路之间的衔接，减少无效供给、扩大有效供给，提高铁路系统供给结构对需求结构的适应性。

2. 提高与高速铁路建设相关的财务透明度

铁路建设市场资金需求巨大，单纯依靠国有资金难以满足所需，民营资本的进入既能补充建设资金的不足，也能提升铁路系统的管理效率。然而铁路市场化改革推行多年，社会资本在涉足这一领域时仍心存疑虑，一个重要原因还是缺乏公开透明的财务报告披露制度。以京沪高铁为例，作为首条引入市场化机构投资者的高速铁路线路，其在建设过程中先后出现投资规模超出预期、清算系统不透明、投资管理不规范等问题，导致一些参与投资的民企股东要求退股。可以说，财务不公开不透明、退出机制不完善，这些都对社会资本进入形成了阻碍。因此，应不断强化政府部门、中国国家铁路集团有限公司等定期财务报告的披露深度，公开高速铁路投资、运营、盈利、相关补贴及债务等方面的数据信息，增加对高速铁路项目动态投资收益及社会效益的情况说明，让社会资本有足够的知情权和话语权，为民营资本入股高速铁路建设奠定基础。

3. 加快铁路市场化改革

自 2013 年铁道部撤销、2019 年中国国家铁路集团有限公司改制成立以来，铁路市场化改革陆续展开。从已经采取的措施看，铁路领域的市场化进程仍然缓慢，改革力度有待增强。此外，应进一步创新金融产品，通过提升资产证券化率、发行铁路发展债券、引入社会资本等方式建立多层次的融资渠道，打破对于银行贷款的单一依赖，全面提升铁路的资金和资产运作效率。从需求端看，可以考虑构建弹性票价制度，根据不同时间点客流量的变化设计不同票价，提升铁路客货运输盈利能力，吸引社会投资者入股铁路建设。

11.2.3　冲击效应的防范措施

相比于其他运输方式，高速铁路因其具有先天优势会对其他运输方式产生冲击。在这种背景下，其他运输方式应扬长避短，实现与高速铁路的协同发展。

1. 公路运输应对之策

（1）发挥优势，灵活调整线路

总体思路应当是公路客运发挥优势、灵活调整线路、做好公铁衔接和提升服务水平。

公路运输具有灵活、机动、便捷、直达等优势，也存在安全性、舒适性、准点性低的劣势。因此，公路客运应从以下几个方面进行谋划。首先要避开干线劣势，发挥支线优势。发挥机动性强、可门到门服务的特点，发展起讫地在县城或经济强镇的直达或极少数站点停靠的快速班车，以抢占中途客运市场。其次，发挥集散功能，做好铁路分流。由于高速铁路客运主要扮演通道角色，连接经济活跃、人口多的大城市和城市群，会引发重要节点的聚集效应，客运企业应当把握机会重点发展与铁路主线的道路运输衔接业务，在重要的节点城市，做好与铁路运输的衔接和与农村客运的有效衔接。最后，强化短途运输，扩大业务范围。在短途运输上，公路客运占有绝对优势，如何做大做强这块市场，是重中之重。因此，应做到以下 4 点：及时了解短途旅客需求及变化情况，灵活应对；弥补空缺市场，扩大短途客运覆盖密度；积极开拓具有极大潜力的农村客运市场；扮演联系城乡社会经济往来纽带，开展新业务。

(2) 做好公铁衔接

高速铁路从表面上看带走了一部分原属于公路客运的客流，削减了公路客运的市场份额。但实际上，从长远来看，高速铁路的出现，让不同需求的旅客可以选择不同的交通服务，使潜在的客源得到培育，并激发出更大的客流，促进大区域间的流动，从而使供小于求的运输市场、受压抑的出行需求得到释放。公路客运市场挑战与机遇并存。

因此，我国公路企业要先知先觉，抓住机遇，变竞争为合作，针对高速铁路长距离大批量的干线运输特点，发挥公路支线网络密集的特点和机动灵活的集散功能，充分挖掘新的客源，合理开展公铁衔接，具体对策如下。

首先，做好时间上的合理衔接。公路班车班次与铁路客车班次在时间上合理衔接，使旅客在公铁中转的过程中，不因等候时间过长而增加旅行时间，也不能使旅客的时间过于紧张以至于错过班车。这个时间要考虑旅客在火车站与汽车站之间的正常行走速度、购票排队时间、候车时间。另外，在火车到站和发车的高峰时间段内，调整班车的发车密度与之衔接。在必要的时候，采取提前开班和延迟收班时间的措施，方便旅客转乘汽车。

其次，做好线路上的合理衔接。根据统计资料和经验，了解每一趟火车需要转乘的旅客数量、转乘的大致目的地，以便合理地安排班线、确定班车数量。

最后，做好高峰的特别措施。春运高峰期或旅游旺季，在客运车站开设“公铁联运”服务台，为旅客提供购票咨询、导乘服务。在火车站前设立通往周边几个较大城市和旅游景点的客运停车位，为下火车需要换乘公路班车的旅客提供方便的服务。

(3) 提升服务水平

公路运输服务质量的提升，要结合自身实际，体现自身特点，发挥自身优势。不仅要实现设施现代化，更要体现服务便捷化的要求。具体包括：加快技术改造步伐，推动运输工具和服务设施的更新换代，以提高运输的安全性和舒适性；按照便捷化运输的要求，加强服务规范的研究和制定，建立区域性的、统一的、人性化的服务规范，以体现服务的标准化和现代化，如建立统一的服务规范和标准的区域性的联合服务平台，实现便捷化运输要求；根据旅客的不同需求，细化旅客群体，推行差异化服务，以顺应现代服务潮流。如开辟贵宾候车区，开行商务专车，推广“绿色通道”，为高密度班线旅客提供服务。

2. 航空运输应对之策

(1) 调整市场定位，发挥优势特长

面对高速铁路竞争，采取减少航班、压低票价、回避竞争等暂时性对策，对航空公司来说绝非长久之计。高速铁路时代，民航需要细分市场，调整策略，发挥航空公司的优势。

飞机正常巡航速度为900 km/h，是高速铁路（300~350 km/h）的2.5~3.0倍。在长航线上，特别是国际航线上具有无可比拟的优势。因此，在有选择退出与高速铁路重叠且没有市场竞争力的短航线后，可以放出更多的起降时段给其他航线，航空公司也可以更专注开拓利润更高的长航线和国际航线。

在与高速铁路竞争激烈的重点航线上，因为商务出行较多，可有针对性地增加航班密度，打造空中快线，保持市场占有率，在机场设置专门值机柜台、安检通道、候机厅及行李提取区域，为商务旅客提供便捷、快速的服务。

(2) 降低运行成本，提高市场竞争力

航空运输业的高成本在单纯的价格竞争中没有优势，价格一直是民航的竞争短板。在与高速铁路的竞争中，民航应采取多途径来降低自己的成本。仅仅依靠打折机票可以暂时赢得高速铁路的客流量，但不能长久保持低价，否则会使支出大于收益，企业无力支撑，最终破产。要从根本上解决问题，需要降低民航业的运营成本，运用科技手段来提升管理水平，降低运营成本。对于航空公司来说，随着国际油价的上涨，航空燃油支出占比越来越高，甚至占航空公司总支出的 40% 以上，很多公司为了节约燃油，采取了很多手段。例如在不影响安全及舒适度的前提下，使用轻薄座椅，给飞机“瘦身”，减轻飞机重量；开发出优秀的节油软件，对机组和签派进行节油考核。在机票销售上，可通过电子商务平台构建网上 B2C 直销平台，降低售票成本，节约代理销售的佣金，提高售票效率等。

（3）减少程前程后时间，提升服务质量

旅客选择不同的出行方式，不仅仅考虑旅行时间和中转时间，还考虑从自己住所到机场或者火车站的时间。因此要提升民航的竞争力，需要缩短旅客到达及离开机场的时间，减少旅客候机时间。

机场大多建在远离市区的郊区，这给乘客带来了很大不便，要缩短旅客到达及离开机场的时间，首先必须重视城市交通干线和支线的建设，在地铁站、火车站、主要机场大巴站点建设“城市候机厅”，可为旅客提前办理值机和托运行李手续，加密机场和市内主要站点的发车频次，减少旅客等候时间。其次为保证安全，民航值机、安检手续烦琐，耗费时间较长。机场和航空公司要借助互联网技术及移动互联网技术简化手续，提高效率。最后机场和航空公司要加强对气候的预测，航空公司要科学合理安排航班，合理调配飞机和机组，提高机务保障质量，减少航班延误，提高航班正常率。

（4）重视空铁联运，发挥协同效应

高速铁路是民航的有力竞争对手，但在经济全球化的今天，寻求多方合作、优势互补，充分发挥协同效应，才能实现双方互惠共赢的局面。

空铁联运是指地方政府、机场、铁路系统、航空公司多方合作，发挥高速铁路快速、多站点停靠优势，民航快速、直达优势，无缝连接地面、空中的交通网络，实现线路、区位、客源、速度互补，形成“地—空”立体交通网络。

建立综合交通枢纽，实现机场、航空公司和铁路系统的联运。高铁站点与枢纽机场之间旅客无缝中转联程，实现“代码共享”“行李直挂”和跨方式行李联程托运等。利用高速铁路将周边旅客集中于枢纽机场，再从枢纽机场转运至长途和国际航线。旅客可通过航空公司的订票网络预订火车票，在为旅客提供方便快捷服务的同时，也为航空公司增加了更多的客源。还可以开发空铁畅行等业务，将航空公司、铁路、酒店等联合起来开发旅游产品等，增加企业的利润，打造自身品牌，实现多方互惠共赢。

11.2.4 房价驱动效应的防范措施

1. 增加政府调控

在房地产市场调控中，应该更密切关注高速铁路对沿线城市的房价溢出效应，既要防范高速铁路规划公布所带来的高铁站周边房价上涨冲击，又要密切关注高速铁路规划公布后通过虹吸效应对较远处住房的可能价格抑制作用，未雨绸缪。

2. 供给侧改革

在未来的城市规划中，应更加注意公共交通选址与住房用地审批在空间上的对应，争取从住房供给层面平衡由于公共交通的出现引起的住房市场在空间上的结构性扭曲，从而最大程度在发挥公共交通便利性福利的同时，不造成房地产市场的过度波动。

3. 转变筹资方式

高速铁路建设投资的成本大部分来自本省、市财政，根源上是由全市居民普遍承担的，由于增量房和存量房市场存在价格联动，所以高速铁路在增加了部分居民房产价值的同时，让另一部分居民的资产缩水，由此引起的不公平现象说明需要对公共交通建设的筹资方式进行全面考虑。

11.2.5 环境污染效应的防范措施

1. 规划阶段

首先，在规划阶段就要注意线位的选择，尽量避开环境敏感区和生态脆弱区，应尽量避开有野生保护动物经常活动的区域，无法绕避的，需提出相应的保证动物迁徙、栖息、繁殖条件的措施，必须做好隔离和通道措施，根据动物类型和习性设置通道，而且要与周围环境/地貌相协调，不能使动物望而生畏。

其次，减少铁路与既有交通线路之间的“夹心地”，从而减少土地资源浪费；采用环保型设计，如以桥代路，减少耕地占用，采用无缝钢轨等减振降噪技术，以减少噪声和振动污染。

最后，要充分考虑沿线居民的日常生活和工作以及动植物繁殖生活。在噪声方面，可以改进车体结构，降低噪声源辐射的噪声强度；在线路两侧建造隔声屏障，在传播过程中减少噪声污染；在房屋朝向铁路的一面采取门、窗隔声处理或建筑物的外壁隔声处理，以达到降低噪声影响居民生活的效果。仍不能完全达到环保要求时，噪声敏感处建筑物应考虑改变使用功能或予以拆迁。

2. 施工阶段

对于高速铁路周边的生态环境应及时进行生态恢复及绿化，在选择植物种类时要考虑当地的物种分布，防止外来物种入侵，加大监管力度，尽量减少甚至杜绝随意破坏植被的行为。对于废弃物处理应科学规划废弃物处理系统，在施工过程中集中处理生产废水废渣。跨越敏感水体施工时，要求施工单位制定详细的环保施工组织方案，桥梁施工尽量安排在枯水期；水中桩基采用水中搭设施工平台、钢护筒、反循环钻机成孔，承台利用吊箱围堰或套箱围堰施工，水上基础混凝土施工采用栈桥运输；在水中设泥浆运输船或在岸边设沉淀池处理施工泥浆，泥浆经处理后外运处置，严禁弃于水域或近岸；施工机械定期维修保持完好，避免事故性溢油，施工用油要妥善保管，避免遗撒；施工完毕后及时清理围堰、栈桥；建筑及生活垃圾集中管理，定期清运，并配备移动式厕所，禁止生活污水随意排放。

3. 运营阶段

高速铁路通车后，线路应实行封闭式管理，铁路占地范围内的地表能得到生态恢复，对沿线生态环境影响降至最小。铁路运营部门应该重视生态保护，加强各类环保设施的日常管理和维护，使其处于高效运转状态。积极采取低噪声动车组，必要时采取隔声屏障、隔声窗等降低噪声影响的技术措施，确保沿线声环境能得到改善。此外，对运营中产生的污水和固体废弃物污染进行集中处理，尽量避免对环境产生污染，对于废气污染可以安装废气处理装置，处理后再排放。

总体而言，高速铁路的建设和开通带来的正面效应远远大于负面效应。对此，我们应该正确看待这些发展中存在的问题，扬长避短。也只有如此，高速铁路才能获得持续健康的发展，进而推动国民经济又快又好的发展。

综上所述，由于各地区发展存在差异，高速铁路对沿线区域经济影响的程度和效果是不同的，不能笼统地一概而论，得出高速铁路建设和发展必然会普遍推进沿线区域经济发展的结论，认为高速铁路建设和发展对所有地区的经济发展都是有百利而无一害的。事实上，高速铁路建设和发展存在负面效应，具体可概括为虹吸效应、过道效应、错配效应、财务风险效应、冲击效应、房价驱动效应和环境污染效应等。正是从这个意义上讲，高速铁路的建设和发展对沿线区域经济发展来说，既是机遇又是挑战。我们应该趋利避害，尽量增强高速铁路建设和发展的正面效应，防止或减少可能产生的负面影响。本章对高速铁路建设与开通的负面效应也进行了客观的评价，并提出了相应的对策与方法。因此，对这些挑战的内涵研究和应对研究将会对高速铁路的持续和良性发展产生深远影响。

参考文献

[1] 初楠臣，吴相利，张平宇，等. 东北地区高速铁路的地域空间效应研究［J］. 经济地理，2022，42（8）：22-29，50.

[2] 段晓晨，鲍默，孟春成，等. 基于 BP 神经网络的海外铁路建设项目投资风险评估研究［J］. 铁道运输与经济，2022，44（7）：8-13.

[3] 黄漫宇，余祖鹏，陈磊，等. 高铁开通促进了城市绿色创新吗？［J］. 经济经纬，2023，40（1）：25-35.

[4] 蒋仁爱，杨圣豪，温军. 高铁开通与经济高质量发展［J］. 南开经济研究，2023（7）：70-89.

[5] 李凯，陈珂. 高铁开通、减排效应与城市经济发展［J］. 统计与决策，2022，38（6）：124-128.

[6] 林善浪，吴拓磊，王靓娴. 高速铁路开通对城市碳生产率的影响［J］. 软科学，2023，37（3）：59-64.

[7] 兰秀娟. 高铁网络促进了城市群经济高质量发展吗？［J］. 经济与管理研究，2022，43（6）：106-128.

[8] 任通先，林娟运. 高铁开通对城市经济增长的空间溢出效应研究：基于 277 个核心城市的证据［J］. 数理统计与管理，2022，41（3）：444-459.

[9] 王雨飞，王雅琦，曹清峰. 高铁开通对促进城市经济增长的影响：基于企业选择效应的研究［J］. 北京工业大学学报（社会科学版），2023，23（1）：84-97.

[10] 王群勇，王西贝. 高铁对城市经济增长的差异性溢出效应研究［J］. 经济纵横，2022（3）：47-58.

[11] 俞路，闫歌. 京沪高铁站点对周边地区的经济带动效应研究：来自 DMSP/OLS 和 NPP/VIIRS 卫星灯光数据的证据［J］. 世界地理研究，2022，31（2）：305-316.

[12] 张天天，李卫东，肖永青. 高速铁路对企业绩效影响及机制研究［J］. 铁道运输与经济，2022，44（6）：99-106.

[13] 张馨月，孔繁利. 高铁开通对沿线城市经济的影响效应：基于京沪高铁与京广高铁比较的视角［J］. 统计与决策，2023，39（8）：125-130.

[14] 国家铁路局编写组. 高铁经济学导论. 北京：中国铁道出版社，2018.

[15] ÅKERMAN J. The role of high-speed rail in mitigating climate change-The Swedish case Europabanan from a life cycle perspective［J］. Transportation research part D transport & environment，2011，16（3）：208-217.

[16] ALBALATE D，CAMPOS J，JIMÉNEZ J L. Tourism and high-speed rail in Spain：Does the AVE increase local visitors？［J］. Annals of tourism research，2017，65：71-82.

[17] ANDERSSON D E, SHYR O F, FU J. Does high-speed rail accessibility influence residential property prices? Hedonic estimates from southern taiwan [J]. Journal of transport geography, 2010, 18 (1): 166-174.

[18] CHEN C L, HALL P. The impacts of high-speed trains on British economic geography: a study of the UK's InterCity 125/225 and its effects [J]. Journal of transport geography, 2011, 19 (4): 689-704.

[19] CHEN C L, WEI B. High-speed railand urban transformation in China: the case of Hangzhou East Rail Station [J]. Built environment, 2013, 39 (3): 385-398.

[20] CHEN C L, VICKERMAN R. Can Transport in frastructure change regions' economic fortunes? Some evidence from Europe and China [J]. Regional studies, 2017, 51 (1): 144-160.

[21] CHESTER M, HORVATH A. Life-cycle assessment of high-speed rail: the case of California [J]. Environmental research letters, 2010, 136 (5): 123-129.

[22] DEZREBION Q, PEALS E, RIETVELD P. The impact of rail transport on real estate prices: an empirical analysis of the Dutch housing market [J]. Urban studies, 2011, 48 (5): 997-1015.

[23] DIAO M, ZHU Y, ZHU J. Intra-city access to inter-city transport nodes: The implications of high-speed-rail station locations for the urban development of Chinese cities [J]. Urban studies, 2016: 1-19.

[24] NOBORU H. High-speed railway construction in Japan and its socio-economic impact. Journal of urban and regional planning, 2011, 4 (3): 132-156.

[25] WILLIGERS J, BERT V W. High-speed rail and office location choices. A stated choice experiment for the Netherlands [J]. Journal of transport geography, 2011, 19: 745-754.

[26] KIM K S. High-speed rail developments andspatial restructuring: A case study of the capital region in South Korea [J]. Cities, 2000, 17 (4): 251-262.

[27] KWAN M P, MURRAY A T. Recent advances in accessibility research: Representation, methodology and applications. Eo-graphical Systems, 2003, 5: 129-138.

[28] MHESTER M, HORVATH A. Life-cycle assessment of high-speed rail: the case of California [J]. Environmental research letters, 2010, 136 (5): 123 - 129.

[29] PRIEMUS H. HST-railway stations as dynamic nodes in urban networks [C] //3rd China Planning Network Conference, Beijing. 2006: 14-16.

[30] VATURI A, PORTNOV B A, GRADUS Y. Train access and financial performance of local authorities: Greater Tel Aviv as a case study [J]. Journal of transport geography, 2011, 19 (2): 224-234.

[31] WU J, NASH C, WANG D. Is high speed rail an appropriate solution to China's rail capacity problems? [J]. Journal of transport geography, 2014, 40: 100-111.

[32] ZHAO J, ZHAO Y Y, LI Y. The variation in the value of travel-time savings and the dilemma of high- speed rail in China [J]. Transportation research part A: policy and practice, 2015, 82: 130-140.

[33] 白极星，周京奎，佟亮. 人口流动、城市开放度与住房价格：基于 2005—2014 年 35

个大中城市面板数据经验研究 [J]. 经济问题探索，2016 (8)：19-27.
[34] 蔡宏波，钟超，韩金镕. 交通基础设施升级与污染型企业选址 [J]. 中国工业经济，2021，403 (10)：136-155.
[35] 蔡永龙. 快速铁路开通对海南岛空间可达性格局和空间公平性的影响 [J]. 经济地理，2018，(38) 1：36-45.
[36] 陈丰龙，徐康宁，王美昌. 高铁发展与城乡居民收入差距：来自中国城市的证据 [J]. 经济评论，2018，2：59-72.
[37] 陈丰龙. 高铁发展与城乡居民收入差距：来自中国城市的证据 [J]. 经济评论，2018，2：59-73.
[38] 初楠臣，张平宇，吴相利，等. 基于日流量视角的俄罗斯首府城市铁路客运网络空间特征 [J]. 地理研究，2021，40 (1)：247-262.
[39] 戴学珍，徐敏，李杰. 京沪高速铁路对沿线城市效率和空间公平的影响 [J]. 经济地理，2016，36 (3)：72-77.
[40] 邓涛涛，赵磊，马木兰. 长三角高速铁路网对城市旅游业发展的影响研究 [J]. 经济管理，2016，(1)：137-146.
[41] 董艳梅，朱英明. 高铁建设的就业效应研究：基于中国 285 个城市倾向匹配倍差法的证据 [J]. 经济管理，2016，38 (11)：26-44.
[42] 董艳梅，朱英明. 高铁建设能否重塑中国的经济空间布局：基于就业、工资和经济增长的区域异质性视角 [J]. 中国工业经济，2016 (10)：92-108.
[43] 范建双，周琳，虞晓芬. 高速铁路和城市蔓延对雾霾污染的异质性影响 [J]. 地理研究，2021，40 (4)：1146-1164.
[44] 范子英. 公共交通对住房市场的溢出效应与虹吸效应：以地铁为例 [J]. 中国工业经济，2018，5：99-117.
[45] 方英，马芮. 中国与"一带一路"沿线国家文化贸易潜力及影响因素：基于随机前沿引力模型的实证研究 [J]. 世界经济研究，2018 (1)：112-121.
[46] 高翔，龙小宁，杨广亮. 交通基础设施与服务业发展：来自县级高速公路和第二次经济普查企业数据的证据. 管理世界，2015 (8)：81-96.
[47] 宫汝凯. 财政不平衡和房价上涨：中国的证据 [J]. 金融研究，2015 (4)：66-81.
[48] 郭向阳，穆学青，丁正山，等. "交旅"融合下旅游效率与高速交通协调格局研究：以长三角 41 市为例 [J]. 地理研究，2021，40 (4)：1042-1063.
[49] 郭学堂. "高铁外交"的地缘政治学解读 [J]. 社会科学，2015 (6)：17-23.
[50] 韩永辉，罗晓斐，邹建华. 中国与西亚地区贸易合作的竞争性和互补性研究：以"一带一路"战略为背景 [J]. 世界经济研究，2015 (3)：89-98+129.
[51] 何兰，马秀秀. 德国主流网站 WEB. DE 呈现的"一带一路"舆情研究 [J]. 国际论坛，2018，20 (2)：55-62+78.
[52] 贺正楚. 推进中国先进轨道交通全产业链的国际化发展 [J]. 湖南社会科学，2019 (2)：106-115.
[53] 胡必亮，聂莹，刘倩，等. 综述"一带一路". 北京：中国大百科全书出版社，2018.
[54] 黄洁. 企业在市场供需关系变化中存在的问题及对策研究 [J]. 中国市场，2019 (12)：130-131.

[55] 黄俊辉. 可变编组动车组设计 [M]. 北京：中国铁道出版社，2015.
[56] 黄凯南，孙广召. 高铁开通如何影响企业全要素生产率?：基于中国制造业上市企业的研究 [J]. 中国地质大学学报（社会科学版），2019，19（1）：144-157.
[57] 黄振宇，吴立春. 京沪高铁对沿线城市经济的影响：基于空间经济学理论的实证分析 [J]. 宏观经济研究，2020，255（2）：165-175.
[58] 贾文通，黄震方，刘俊，等. 高铁对区域旅游“时空压缩”效应的测度与分析：以长江经济带为例 [J]. 地理研究，2021，40（6）：1785-1802.
[59] 姜岩. “一带一路”中国高铁品牌战略研究 [M]. 大连：大连理工大学出版社，2017.
[60] 蒋海兵，张文忠，祁毅，等. 高速铁路与出行成本影响下的全国陆路可达性分析 [J]. 地理研究，2015，34（6）：1015-1028.
[61] 蒋茂荣，范英，夏炎，等. 中国高铁建设投资对国民经济和环境的短期效应综合评估 [J]. 中国人口·资源与环境，2017，27（2）：75-83.
[62] 金鑫，林永亮. “一带一路”建设中的智库交流：“一带一路”智库合作联盟建设实践及发展前景 [J]. 当代世界，2019（5）：27-30.
[63] 李保超，王朝辉，李龙，等. 高速铁路对区域内部旅游可达性影响：以皖南国际文化旅游示范区为例 [J]. 经济地理，2016（9）：182-191.
[64] 李超，李涵，唐丽淼. 高速铁路、运输效率与垂直专业化分工 [J]. 经济学（季刊），2021，21（1）：51-70.
[65] 李嘉楠，游伟翔，孙浦阳. 外来人口是否促进了城市房价上涨?：基于中国城市数据的实证研究 [J]. 南开经济研究，2017（1）：58-76.
[66] 李建成，陈建隆，邓敏. 地理约束、合作与劳动力知识分配空间偏好 [J]. 统计研究，2021，38（11）：115-129.
[67] 李建明，王丹丹，刘运材. 高速铁路网络建设推动中国城市产业结构升级了吗? [J]. 产业经济研究，2020（3）：30-42.
[68] 李建强，赵西亮，郑丽珊. 高铁开通对企业创新的影响：基于上市公司微观数据的实证分析 [J]. 中国经济问题，2021（1）：142-155.
[69] 李磊，陶卓民，陆林，等. 贵州省避暑旅游流网络结构特征及其影响因素 [J]. 地理研究，2021，40（11）：3208-3224.
[70] 李涛，李宇，戴靓，等. COVID-19 疫情影响下的“五一”小长假城际出行特征与影响因素 [J]. 地理研究，2021，40（11）：3225-3241.
[71] 李炜红，吴国琦，张磊. 雅万高铁项目产品准入国际互认实施方案研究 [J]. 中国铁路，2019（5）：52-57.
[72] 李希光. 中巴经济走廊：中国“一带一路”战略旗舰项目研究 [M]. 北京：北京出版集团公司，2016.
[73] 李祥妹，刘亚洲，王君. 基于偏离-份额分析法的区域制造业发展态势评估 [J]. 中国人口资源与环境，2014，24（S1）：392-396
[74] 梁若冰，席鹏辉. 轨道交通对空气污染的异质性影响：基于 RDID 方法的经验研究 [J]. 中国工业经济，2016（3）：83-98.
[75] 林晓言，张爱萍，郝亚平. 中国高铁技术创新三螺旋理论研究 [J]. 北京交通大学学报（社会科学版），2017，16（2）：22-33.

[76] 林晓言. 高铁经济研究成果述评及基础理论走向 [J]. 北京交通大学学报（社会科学版），2018，17（4）：20-37.

[77] 刘晶，方创琳，何伦志，等. “一带一路”沿线国家城镇化发展质量综合评价：基于经济、制度、社会视角 [J]. 经济地理，2019，39（4）：59-66.

[78] 刘生龙，胡鞍钢，交通基础设施与中国区域经济一体化 [J]. 经济研究，2011，46（3）：72-82.

[79] 陆林，邓洪波. 节点—场所模型及其应用的研究进展与展望 [J]. 地理科学，2019，39（1）：12-21.

[80] 罗能生，彭郁. 交通基础设施建设有助于改善城乡收入公平吗：基于省级空间面板数据的实证检验 [J]. 产业经济研究，2016（4）：100-110.

[81] 骆永民，樊丽明. 中国农村基础设施增收效应的空间特征：基于空间相关性和空间异质性的实证研究 [J]. 管理世界，2012（5）：71-87.

[82] 马光荣，程小萌，杨恩艳. 交通基础设施如何促进资本流动：基于高铁开通和上市公司异地投资的研究 [J]. 中国工业经济，2020（6）：5-23.

[83] 马红梅，郝美竹. 中国高铁建设与沿线城市生产性服务业集聚：影响机制与实证检验 [J]. 产业经济研究，2020（1）：99-113.

[84] 马青山，何凌云，袁恩宇. 新兴基础设施建设与城市产业结构升级：基于“宽带中国”试点的准自然实验 [J]. 财经科学，2021（4）：76-90.

[85] 满勇，刘颖琦. 高铁列车技术创新演进研究：中日两国的对比 [J]. 中国科技论坛，2021（1）：176-188.

[86] 牛方曲，辛钟龄. 中国高铁站的溢出效应及其空间分异：基于夜间灯光数据的实证分析 [J]. 地理研究，2021，40（10）：2796-2807.

[87] 纽西. 加强交流合作共建“一带一路” [J]. 当代世界，2019（5）：7.

[88] 彭羽，沈玉良，唐杰英. “一带一路”建设与沿线自由贸易区发展 [M]. 上海：上海社会科学院出版社，2018.

[89] 潜旭明. “一带一路”战略的支点：中国与中东能源合作 [J]. 阿拉伯世界研究，2014（3）：44-57.

[90] 钱则一，施贞怀，陈强远，等. 人熊赛跑：中国高铁站点争夺的区域竞争新解释 [J]. 南方经济，2021（2）：66-83.

[91] 乔英忍. 世界铁路综览 [M]. 北京：中国铁道出版社，2001.

[92] 秦山. 京沪高铁启动上市意味什么 [J]. 中国投资，2019（5）：70-71.

[93] 任远喆. “一带一路”与中国在东南亚的“高铁外交”实践 [J]. 东南学术，2019（3）：140-148.

[94] 塞巴斯蒂安·哈尼施，黄萌萌. 德国与中国“一带一路”倡议：初期评估 [J]. 欧洲研究，2018，36（3）：117-134+8.

[95] 石涛. 中国中车：打造精准扶贫的“高铁品质” [J]. 中国报道，2018（10）：76-77.

[96] 施震凯，邵军，王美昌. 创造还是破坏：高铁开通对制造业就业变动的影响效应 [J]. 经济评论，2021（1）：68-81.

[97] 孙宏日，刘艳军，周国磊. 东北地区交通优势度演变格局及影响机制 [J]. 地理学报，2021，76（2）：444-458.

[98] 孙文浩，张杰. 高铁运营推动城市全要素生产率提升 [J]. 上海经济研究，2021 (1)：90-104.
[99] 覃成林，杨晴晴. 高速铁路发展与城市生产性服务业集聚 [J]. 经济经纬，2016，33 (3)：1-6.
[100] 汤友富. 国内外铁路能源消耗现状比较与分析 [J]. 铁道运输与经济，2018，40 (1)：93-99.
[101] 汤玉刚，陈强，满利苹. 资本化、财政激励与地方公共服务提供：基于我国35个大中城市的实证分析 [J]. 经济学（季刊），2016，15 (1)：217-240.
[102] 唐昭沛，吴威，郭嘉颖，等. 基于城市产业结构特征的高铁生产性服务业集散效应：以长三角城市群为例 [J]. 地理研究，2021，40 (8)：2188-2203.
[103] 陶卓霖，杨晓梦，梁进社. 高速铁路对长三角地区陆路可达性的影响 [J]. 经济地理，2016，36 (8)：40-46.
[104] 同世隆，赵守国，王晗. 高铁开通与外资风险投资流入：基于中国城市面板数据 [J]. 中国软科学，2021 (1)：32-43.
[105] 汪波，黄兴建. 高铁快递的竞争力分析 [J]. 物流与供应链经济，2019 (4)：80-84.
[106] 王成金，李绪茂，陈沛然，等. 基于轨距的亚欧大陆铁路地缘系统格局及形成机理 [J]. 地理学报，2020，75 (8)：1725-1741.
[107] 王春杨，兰宗敏，张超，等. 高铁建设、人力资本迁移与区域创新 [J]. 中国工业经济，2020，393 (12)：102-120.
[108] 汪德根，章鋆. 高速铁路对长三角地区都市圈可达性影响 [J]. 经济地理，2015，35 (2)：54-61.
[109] 汪德根. 高铁网络化时代旅游地理学研究新命题审视 [J]. 地理研究，2016，35 (3)：403-418.
[110] 汪德根，徐银凤，赵美风. 长江经济带城市高铁枢纽接驳：集疏运绩效空间分异及机理 [J]. 地理学报，2021，76 (8)：1997-2015.
[111] 王刚，龚六堂. 浅析高速铁路对"一带一路"沿线区域产业发展的影响 [J]. 产业经济评论，2018 (2)：47-53.
[112] 王华清. 铁路运输经营管理体制改革探讨 [J]. 中国管理信息化，2018 (4). 77-78.
[113] 王姣娥，杜德林，魏冶，等. 新冠肺炎疫情的空间扩散过程与模式研究 [J]. 地理研究，2020，39 (7)：1450-1462.
[114] 王凯妮，邓小鹏，高铁能促进地级市旅游经济增长吗?：以京沪高铁为例 [J]，经济论坛，2018 (12)：43-48.
[115] 王录仓，刘海洋，刘清. 基于腾讯迁徙大数据的中国城市网络研究 [J]. 地理学报，2021，76 (4)：853-869.
[116] 王群勇，陆凤芝. 高铁开通的经济效应："减排"与"增效" [J]. 统计研究，2021，38 (2)：29-44.
[117] 王少剑，莫惠敏，吕慧妮，等. 区位因素影响下高铁站区产业结构特征：基于POI数据的实证分析 [J]. 地理学报，2021，76 (8)：2016-2031.
[118] 王雨飞，倪鹏飞. 高速铁路影响下的经济增长溢出与区域空间优化 [J]. 中国工业经济，2016 (2)：21-36.

[119] 魏丹丹，邓长淼. 摩洛哥愿成为“一带一路”框架下中非合作与中欧合作的纽带：专访摩洛哥前参议长穆罕默德·谢赫·比亚迪拉［J］. 当代世界，2019（5）：25-26.

[120] 魏丽，卜伟，王梓利. 高速铁路开通促进旅游产业效率提升了吗：基于中国省级层面的实证分析. 经济管理，2018（7）：72-90.

[121] 夏咏雪. 京津城际高铁对北京天津同城效应的影响分析［J］. 产业与科技论坛，2017，16（17）：104-106.

[122] 肖翔，姜钰羡，程钺. “一带一路”建设金融合作的现状与优化策略研究［J］. 海南金融，2019（1）：4-16.

[123] 肖翔，黄俊辉，康洪军，等. 新型可变编组高速动车组创新功能优势及经济效益评价研究［J］. 综合运输，2018（40）：5-6.

[124] 徐旭，俞峰，钟昌标. 人力资本流动视角下高铁与城市创新关系的研究［J］. 软科学，2019，33（5）：1-5+28.

[125] 徐照林. “一带一路”建设对全球经济发展的贡献［M］. 西安：西安电子科技大学出版社，2017.

[126] 徐曌，欧国立. 交通基础设施对区域间制造业分工的影响：基于制造业细分行业数据的实证研究［J］. 经济问题探索，2016（8）：28-35.

[127] 颜银根，倪鹏飞，刘学良. 高铁开通、地区特定要素与边缘地区的发展［J］. 中国工业经济，2020，389（8）：118-136.

[128] 杨海霞. 高铁投资需要放缓速度吗：专访中国国际工程咨询有限公司交通部赵旭峰［J］. 中国投资（中英文），2019（7）：22-25.

[129] 杨汝珩，马红梅. 贵广高铁对贵州沿线区域经济的影响浅析［J］. 中国集体经济，2018（5）：17-19.

[130] 杨善民. “一带一路”环球行动报告（2017）［M］. 北京：社会科学出版社，2017.

[131] 杨祥章. 中国—东盟互联互通研究［M］. 北京：社会科学文献出版社，2016.

[132] 杨秀云，赵勐，安磊. 高铁开通对中国城市房价的影响研究［J］. 西安交通大学学报（社会科学版），2019，39（2）：20-32.

[133] 杨言洪. “一带一路”黄皮书［M］. 银川：宁夏人民出版社，2016.

[134] 杨有国. 高速铁路对区域人才流动的叠加效应研究［J］. 铁道运输与经济，2019，41（3）：12-17.

[135] 杨宇芳，赵鹏. 可变编组动车组客货混用可行性研究［J］. 铁道运输与经济，2018（40）：6-11.

[136] 游士兵，郑良辰. 高铁对沿线中型城市的经济拉动效应评估［J］. 改革，2018（10）：150-159.

[137] 于爱芝，周建军. 高铁建设对中国农产品加工企业的出口影响研究［J］. 宏观经济研究，2021，273（8）：81-98.

[138] 于浩然. 动车组能耗和节能技术研究［J］. 铁道车辆，2019（2）：8-11+4.

[139] 于明远，范爱军. 全球能源互联网：推进“一带一路”发展新契机［J］. 理论学刊，2018（1）：78-84.

[140] 虞晨沛. 我国高铁出口贸易现状及问题分析［J］. 现代经济信息，2019（8）：162.

［141］袁宏伟，戴京璋．“一带一路”背景下中医药在德国的发展现状与策略［J］．世界中西医结合杂志，2019，14（2）：282-286．

［142］张俊．高铁建设与县域经济发展：基于卫星灯光数据的研究［J］．经济学（季刊），2017，16（4）：1533-1562．

［143］张梦婷．高铁网络、市场准入与企业生产率［J］．中国工业经济，2018（5）：137-156．

［144］张明志．高铁开通对城市人口分布格局的重塑效应研究［J］．中国人口科学，2018（5）：94-128．

［145］张铭洪，张清源，梁若冰．高铁对城市房价的非线性及异质性影响研究［J］．当代财经，2017（9）：3-13．

［146］张宇翔，赵国堂．全产业链模式下国际高铁项目联盟绩效影响研究［J］．宏观经济研究，2020，261（8）：156-165．

［147］赵佳丽．交通基础设施的就业效应及其地区差异：基于省级面板数据的实证分析［J］．江西社会科学，2018（7）：56-65．

［148］赵坚．中国铁路改革重组与高铁问题研究［M］．北京：中国经济出版社，2016．

［149］赵晋平．重塑“一带一路”经济合作新格局［M］．杭州：浙江大学出版社，2016．

［150］赵鹏军，吕迪，胡昊宇，等．适应人口发展的现代化综合交通运输体系研究［J］．地理学报，2020，75（12）：2699-2715．

［151］周浩，余金利．铁路提速、可达性与城市经济增长［J］．经济评论，2013（1）：52-70．

［152］周玉龙，杨继东，黄阳华，等．高铁对城市地价的影响及其机制研究：来自微观土地交易的证据［J］．中国工业经济，2018（5）：118-136．